中国绿色金融

经验、路径与国际借鉴

（修订版）

张承惠　谢孟哲（Simon Zadek）编著

GREENING CHINA'S FINANCIAL SYSTEM

中国发展出版社
CHINA DEVELOPMENT PRESS

图书在版编目（CIP）数据

中国绿色金融：经验、路径与国际借鉴/张承惠，谢孟哲（Simon Zadek）编著．—修订版．—北京：中国发展出版社，2017．11

ISBN 978－7－5177－0750－9

Ⅰ．①中…　Ⅱ．①张…　②谢…　Ⅲ．①金融业—研究—中国　Ⅳ．①F832

中国版本图书馆 CIP 数据核字（2017）第 216851 号

书　　名：中国绿色金融：经验、路径与国际借鉴（修订版）
著作责任者：张承惠　谢孟哲（Simon Zadek）
出 版 发 行：中国发展出版社
（北京市西城区百万庄大街 16 号 8 层　100037）
标 准 书 号：ISBN 978－7－5177－0750－9
经　销　者：各地新华书店
印　刷　者：北京明恒达印务有限公司
开　　本：710mm×1000mm　1/16
印　　张：27．75
字　　数：428 千字
版　　次：2017 年 11 月第 1 版
印　　次：2017 年 11 月第 1 次印刷
定　　价：80．00 元

联 系 电 话：（010）68990642　68990692
购 书 热 线：（010）68990682　68990686
网 络 订 购：http：//zgfzcbs．tmall．com//
网 购 电 话：（010）68990639　88333349
本 社 网 址：http：//www．develpress．com．cn
电 子 邮 件：fazhanreader@163．com

原版序言

2014年，我国经济总量突破10万亿美元，成为全球“10万亿美元俱乐部”仅有的两个成员之一。与此同时，我国也面临着前所未有的资源环境压力。近年来，全国雾霾现象呈严重化趋势，日益成为困扰经济社会发展的环境难题。不仅如此，水体污染、土地污染问题也日趋严重，能源资源浪费和过度使用等现象仍较普遍。导致上述问题的深层次原因是不合理的粗放型发展方式。经过30多年的高速增长后，我国经济发展进入新常态。随着增长阶段的转换，传统的数量扩张型经济增长模式难以为继，迫切需要形成“发展质量导向”的新机制，其中的一个关键要素，就是要全面推进绿色发展。新常态下加快绿色发展，既要解决好认识问题，把绿色发展看成发展模式的重大转型，看成潜力巨大的发展机遇，更要理念、战略、政策落到实处，形成绿色发展的可行目标和评价机制，促进绿色发展的激励机制和支持体系。在这种大背景下，大力发展绿色金融就成为新常态下的必然选择。

习近平总书记指出，“既要金山银山，也要绿水青山；绿水青山就是金山银山”。这充分揭示出绿色发展的动力来源。要使“绿水青山”成为“金山银山”，使人们有积极性保护和扩展“绿水青山”，加快发展绿色金融体系至关重要。社会公众追求、钟情绿水青山，是因为绿水青山带来了实实在在的好处，提高了人民群众的生活质量，因此，是有价值的。

但这种价值不能悬在空中，必须落到地上，应该也可以做到可度量、可评价、可交易，做到市场化、货币化、资本化。只有如此，绿色发展才可能有持久动力和可持续性。在此过程中，金融的介入是题中应有之义，更有意义的是，为真正意义上的金融创新提供了广阔的舞台。由于许多绿色金融产品具有明显的正外部性，应当得到政府资源和政策的支持。在一些场合，还需要直接使用政策性金融工具。经过努力，在可预期的将来，绿色金融有可能成为整个金融体系的重要组成部分。长期来看，随着绿色发展成为社会高度认同的发展模式，所有金融活动都应该是“绿色”的。

国际上关于绿色金融的讨论和研究已有较长历史。尤其是后金融危机以来，建设包括绿色金融在内的绿色可持续经济体系逐渐成为全球共识。绿色金融概念的提出，旨在通过重塑金融体系来推动绿色和包容性经济发展，其内涵包括多个方面，例如金融机构在投融资活动中充分考虑环境因素，减少乃至停止对污染项目的支持，加大对治理环境项目的扶持；构建绿色金融体系的整体框架，将社会风险、治理风险等纳入到该体系中去。目前，“绿色金融”概念正在向更大范围扩散，越来越多的国家开始将绿色金融纳入政策体系，而机构投资者已经成为发达国家推动绿色金融的重要力量。中国在绿色金融发展方面的经验越来越受到国际社会的重视。作为“地球村”的一员，中国在绿色金融领域加强国际交流与合作，不仅可以借鉴国际有益经验，而且可以通过积极参与国际绿色金融体系的构建和发展，贡献更多的中国理论智慧和实践经验。

国务院发展研究中心（DRC）金融研究所自2013年开始与国际可持续发展研究院（IISD）合作开展了“绿化中国金融体系”课题研究。在过去的两年多时间里，课题组对中国和国际的绿色金融发展进行了深入探讨。从本书的内容可以看到，这项研究具有突出的前瞻性和创新性，是目前我国全面研究绿色金融问题的重要成果。在绿色金融的中国实践与经验方面，课题组通过对中国绿色金融宏观环境、发展现状和政策环境等多角度的分析评估，总结归纳了中国绿色金融体系发展的经验和教训，包括政府和市场之间的权利义务分配、协调机制及配套政策的重要性和均衡发展等问题。在此基础上，课题组提出了绿色金融的概念框架，提出绿色金融不应局限于以往所重点关注的清洁能源、低碳交通、能效建筑等方面，而应扩展视野，为产业结构调整、传统企业节能改造、环境污染治理等提供金融支持。这是中国绿色金融体系有别于发达国家绿色金融的重要特征。另外，针对中国绿色金融的需求规模，课题组以中国绿色投资发展和融资结构特征为研究重点，估算出中国对绿色金融的需求每年在2万亿元左右。课题组对中国环境产业也进行了分析研究，研究内容涉及法律法规、管理体制、环保投资、绿色金融相关环境产业政策等多个方面。在国际实践与经验方面，课题组对国际绿色金融范畴中的前沿和热点问题，包括搁浅资产、货币政策与绿色金融、绿色保险和绿色债券，以及气候变化的影响和风险等逐一进行了分析，对国内外最新实践和趋势进行了比较和总结。在这些成果的基础上，课题组提出了中国发展绿色金融的行动框架。

目前，国内外对于绿色金融的研究仍处于探索阶段。展望未来，随着新兴产业的不断涌现和科学技术的持续进步，人们对“绿色”“可持续”等概念的理解也必将继续深入，关于绿色金融的研究和讨论仍需持续下去。我期待包括课题组专家在内的各界研究力量能为中国和世界绿色金融体系的发展贡献更多的真知灼见。

2015年1月于北京

中方再版序言

2013年5、6月间，国务院发展研究中心的同事找到我，说曾经和他们有过合作研究经历的国际可持续发展研究院（IISD，加拿大）希望和金融所合作开展项目研究，题目由我定，只要围绕可持续发展即可。当时我脑海里涌出的第一个词，就是"绿色金融"。在双方达成一致以后，我们围绕这个题目开展了两期、为期两年的合作研究。

在课题研究初期，我们几乎找不到关于绿色金融的研究参考材料，研究团队里的外国专家有的甚至不知道什么是"绿色金融"。当时较为人知的是"责任投资""绿色信贷""绿色债券"等概念，至于"绿色金融"，国际上既没有定义，也没有专门研究。国内情况则基本相同。虽然兴业银行加入了"赤道原则"，但引起的反响不大；当时有部分商业银行在中国银监会的引导下开展了绿色信贷业务，中国保监会开展了"环境责任险"试点，但受多种因素影响成效也很有限。在与IISD合作的研究中，我们一方面试图对"绿色金融"给出一个明确定义，测算到2020年中国实现绿色发展所需要的融资量，从体制机制和政策等多个方面探讨发展中国绿色金融存在的障碍和所需要的支持条件，进而提出相关政策建议；另一方面，我们也努力收集分散在各个领域的、零碎的国际实践，从中汲取可资借鉴的养分，借鉴成功的经验。课题研究的成果，就是2015年3月出版的《中国绿色金融：经验、路径与国际借鉴》。

让我没有想到的是，《中国绿色金融：经验、路径与国际借鉴》出版以后受到了广泛的欢迎。更让我没有想到的是，近两年绿色金融在中国得到了迅速的发展，越来越多的政府官员、学者、金融机构、企业家了解并正在践行绿色金融理念。在国际社会，中国政府推进绿色金融的努力得到很高的评价和广泛的响应。绿色金融工作被纳入G20议题，联合国环境署专门成立了“可持续金融体系探寻”项目……这一切，既让我感到我们团队的工作是有价值的，也让我觉得有必要通过修订本书让更多的人了解中国绿色金融实践的新进展，让更多的人参与到推动绿色金融发展的工作中来。本书的修订工作主要围绕以下三个方面展开：一是尽可能对素材、数据和政府采取的政策进行了更新，特别是近两年我国绿色金融的进展；二是增加了一些国内外案例；三是对原书进行了适当删减。希望这些修订工作能够给读者带来一些新的感受和启迪。由于学识、经验不足，本书肯定会存在一些疏漏和缺陷，欢迎读者批评指正。

两年的时间虽然不长，但也足够发生一些变化了。项目外方团队的主要成员马汉理（Mark Halle）先生、谢孟哲（Simon Zadrk）先生和余晓文女士已经离开IISD，转而供职于联合国环境署“可持续金融体系探寻”项目（UNEP Inquiry）。而我本人，也因到龄离开了金融所所长的工作岗位。值得欣慰的是，我们的研究工作虽已告一段落，绿色金融的征程却“风好正是扬帆时”。借此次修订机会，我要向为本书做出重要贡献的中外方团队和曾经给我们提供了热情帮助的朋友们表达感激之情。特别是魏仲加先生（Scott Vaughan，IISD总裁）和马汉理先生（Mark Halle，IISD原副总裁），为项目组织实施和信息交流提供了很大支持；谢孟哲先生作为外方主要专家，不仅在组织课题研究方面做了很多工作，还执笔了部分重要章节；余晓文女士则在中外团队协调、资料收集整理、国际交流等方面给我们提供了大量帮助；Leiv Lunde先生（挪威外交部战略主任），为我们访问挪威付出了很多时间和精力，他的优雅、平和给我们留下了深刻的印象。还有中方团队的同事们：张丽平女士、田辉女士和陈宁女士（DRC金融所）、卓贤先生（DRC发展部）、王刚先生（DRC金融所）、马中教授和蓝虹教授（中国人民大学环境学院）、郑铮先生（发改委宏观院投资所）等均为本书付出了很多时间和精力。特别是田辉女士，修订版的主要工作是由她承担的。一些机构例如上海证券交易所、青岛银行等也为本书提供了很好的案例支持。限于篇幅，我不能在这里一一列举，在此一并谨致谢忱。

是为序。

张承惠

国务院发展研究中心原所长　研究员

Foreword I

My colleagues in the Development Research Center of the State Council (DRC) approached me between May and June 2013 and brought me the message that the International Institute for Sustainable Development (IISD), which once worked with them on joint research, wished to conduct a cooperative program of research with the Research Institute of Finance, and the topic was to be at my discretion as long as it related to finance and sustainable development. The first phrase that crossed my mind at that moment was Green Finance. After the consensus was reached, we launched and later completed the two-year, two-phase joint research on this topic.

At the early stage of the research, very few reference materials relating to green finance existed, and many experts didn't know what green finance was. At that time, concepts such as Responsible Investment, Green Credit, Green Bonds, etc. were being used, but there was no international definition or very much specialized research on green finance. China was no exception to this situation. Although the Industrial Bank joined the Equator Principles in 2008, the impact on Chinese financial institutions was rather limited. Meanwhile, the green credit business conducted by some commercial banks under the guidance of the China Banking Regulatory Commission, and the pilot program of environmental pollution liability insurance carried out by China Insurance Regulatory Commission all led to limited impacts owing to a variety of factors.

For this reason, during the joint research with IISD, we tried to provide a specific definition to green finance, estimated the total funding required for China to realize green development by 2020, explored the existing barriers and supporting conditions required for greening China's financial system, including such aspects as institutions, mechanisms and policies, and then came up with relevant policy recommendations. We sought also to collect the fragmented international practices scattered in various fields in an effort to provide the referential guidance and experience to success. The achievement of the joint research was the book titled Greening China's Financial System, published in March 2015.

To my surprise, this publication was received with wide acclaim. Furthermore, increasing numbers of government officials, scholars, financial institutions and entrepreneurs came to know and put green finance ideas in practice with admirable aspirations. Green finance has progressed rapidly in China in the past two years. Internationally, the efforts of the Chinese Government to promote green finance have been highly regarded and widely imitated. The topic was included in the G20 agenda, and the UN Environment Programme (UNEP) established the Inquiry into the Design of a Sustainable Financial System. All of these made me realize the value of our team work and the need to help more people to know the latest advances in China's practice in green finance through this revised publication, so as to attract more people to join forces in promoting the development of green finance. The revision of this book is motivated principally by three considerations: first, we have tried our best to bring up to date the materials, data and governmental policies as they have evolved in China over the past two years; second, we add some domestic and international cases; and, third, we offer an abridgement of the original book. We hope the revision can bring new experience and inspiration to our readers. We welcome any comments, feedback and corrections as we know there are certainly some omissions and errors due to lack of knowledge and experience of the authors.

Though short, the two years are long enough for some changes to happen. Mr. Mark Halle, Mr. Simon Zadek and Ms. Kelly Yu, the three major members of the international team, have left IISD to work in the UNEP Inquiry team, while I have left the office of Director General of the Research Institute of Finance due to retirement. The good news is that, though our research project has come to an end, the journey of green finance is entering its prime time. Taking advantage of this revision, I would like to express my gratitude to the international and Chinese team who have made significant contributions to this book and friends who have offered us their warm hands. Many thanks go to Mr. Scott Vaughan, IISD President, Mr. Mark Halle. Both offered great support for the organization, implementation of the project and information exchange; Mr. Simon Zadek who had done a lot in organizing the project research and drafted some important chapters as the international expert; Ms. Kelly Yu who provided great support in terms of coordination of international and Chinese teams, gathering and arrangement of research materials and international exchanges; and Mr. Leiv Lunde, the Director of Strategy in the Norwegian Ministry of Foreign Affairs, who had devoted efforts and time to our visit in Norway, I was deeply impressed by his kindness and gentle manner. Many thanks also go to my colleagues of the Chinese team, and they are: Ms. Zhang Liping, Ms. Tian Hui, and Ms. Chen Ning (Research Institute of Finance, DRC), Mr. Zhuo Xian (Department of Development Strategy and Regional Economy, DRC), Mr. Wang Gang (Research Institute of Finance, DRC), Professor Ma Zhong and Professor Lan Hong (School of Environment & Natural Resource, Renmin University of China), Mr. Zheng Zheng (Investment Research Institute, Academy of Macroeconomic Research, NDRC) and others who have contributed their time and efforts to this book. Special thanks go to

Ms. Tian Hui who has undertaken most of the revision work. Such institutions as Shanghai Stock Exchange, Industrial Bank and Bank of Qingdao, etc. also provided excellent case support to this book. I want to extend my gratitude and thankfulness to all those who have contributed to this book but are not listed here.

Former Director General, Research Fellow

Research Institute of Finance, DRC

外方再版序言

2013 年，国务院发展研究中心（DRC）与国际可持续发展研究院（IISD）开展合作项目，评估绿色金融在中国的发展潜力，确定中国政府采取行动的优先领域。当时我们对绿色金融仍知之甚少。绿色金融那时基本上只是一个小众市场，满足富有良知的投资人将他们至少一部分的资本投入到会对环境产生积极而非消极影响的项目中去。绿色金融或许有幸成为主流的观点当时也被视为是一种乌托邦理想。当然也不会有人相信这次研究会引发一场绿色金融部门改革的全球运动并将其扩展开来。然而，这一切的看似不可能恰恰都实实在在地发生在我们眼前了。

开展绿色金融合作研究的倡议来得恰逢其时。中国政府深知其自身面临的环境挑战，因此邀请了所有相关部门来探讨如何发力，加快向生态文明的转型，而金融部门因其实力和重要地位是无法被排除在外的。

但是，国务院发展研究中心－国际可持续发展研究院合作研究的重要意义在于其所选择实施的全新路径。这次研究并未从如何扩展绿色投资这个小众市场入手，而是横跨整个金融部门，着手确定需要采取哪些必要的改革措施，以便将金融和资本市场与实体经济的需求密切结合，以及如何调整修订主导这些市场的硬性与软性规定，使得金融业通过正常发挥其职能就可以推动可持续发展。

四年之后，如世人所见，该项研究引发了全球规模的雪崩式影响。

在中国，该研究直接促成了绿色金融工作小组（Green Finance Task Force）的成立，其综合报告不但确立了中国金融部门的完整改革方案，还创建了绿色金融委员会来确保有组织的跟进。短短几年时间，中国就成为绿色金融转型的明确领导者。例如，自2015年底中国央行出台指引性文件推动绿色债券市场发展，中国在2016年就成为绿色债券发行的全球领导者。

但是更能体现其重要性的一点在于，中国在国际层面上倡导绿色金融的战略。国务院发展研究中心－国际可持续发展研究院合作研究一个非常直接的成果就是，联合国环境规划署可持续金融体系设计探寻项目的创建，该项目将中国提倡的策略推广到国际层面，基于中国的经验引领全球性绿色金融改革运动。紧接着，作为对国际关注的回应，在2016年担任二十国集团轮值主席国期间，中国政府创建了二十国集团财金渠道中的绿色金融研究小组（Green Finance Study Group），中国也在最高级别的国际政治合作中赋予了这个主题相应的政治合法性。2017年德国担任二十国集团轮值主席国期间，研究小组仍继续开展其相关工作。

这些活动的一个直接成果就是，绿色金融已经在越来越多不同发展水平的国家中成为一个主流话题，现在也成为世界各地全球性或区域性国际组织的重要话题。绿色金融在从世界银行、国际货币基金组织以及区域发展银行到经济合作与发展组织、联合国相关机构以及其他机构等组织的项目和声明中的重要性快速增长，令人瞩目。所有人都认识到这个议题与我们是否有能力履行可持续发展目标以及巴黎气候协定密切相关。

各金融市场主体也做出了回应。越来越多的全球网络，包括联合国可持续证券交易所倡议、普惠金融联盟、可持续银行网络、可持续保险原则与可持续保险论坛以及诸多其他网络，正纷纷携手，服务于不同的市场主体。这些网络与其成员密切合作，确定它们各自领域应当采取哪些措施来推动绿色金融改革议程，分享最佳实践，将其成员特别关注的问题和观点置于广泛讨论当中。通过这种方式，一个全球范围的、致力于绿色金融改革的金融从业者网络正日渐形成，并逐渐向更多的机构和国家不断扩展。

联合国环境规划署“设计可持续金融体系”项目工作组（Inquiry）将最新阶段称为“大势所趋，亟需转型”（From Momentum to Transformation）。显而易见，虽然现在充分的大势已经形成，但是离我们可以心安理得地宣布金融体系能够全面地支持绿色转型还为时尚早。我们需要的是金融市场和资本市场的真正转型，需要的是主导这两个市场运行的规则进行名副其实的转型。我们尚未实现这一目标。

但我们也要铭记：上述的所有进展都是在国务院发展研究中心开始探索中国绿色金融改革的潜力之后才发生的，而其中诸多进展都是由于该探索而直接或间接产生。但考虑到本书第一版发行之后世界发生了许多变化，我们感到亟需对本书进行修订、补充完整和升级，以确保其在全球绿色金融改革运动发展过程中所发挥的重大作用得到充分的认可。

国际可持续发展研究院高级研究员

联合国环境规划署可持续金融体系设计探寻项目高级顾问

Foreword II

When in 2013 the Development Research Centre of the State Council (DRC) invited IISD to cooperate on a project to assess the potential for green finance in China, and to identify priorities for action by the Chinese government, little was known about the field. Green finance was largely a boutique market for those investors with a conscience who wished to invest at least part of their capital in projects that would have a positive-not a negative-impact on the environment. The idea that green finance might be made mainstream was at the time considered utopian. Certainly nobody suspected that this research would trigger and amplify a global movement for green finance sector reform. And yet this is exactly what happened.

The call came at exactly the right time. The Chinese government, conscious of its environmental challenges, had invited all sectors to consider how they might contribute to accelerating the transition to "Eco-Civilization", and the financial sector, with its power and importance, could not be left out.

The significance of the DRC-IISD research, however, lay in the novel approach that it chose to take. Instead of asking how the boutique green investment market might be expanded, it set about to identify, across the entire financial sector, what reforms might be necessary to align financial and capital markets with the needs of the real economy, and how both the hard and the soft rules governing those markets might be amended so that finance would advance sustainable development simply through its normal functioning.

Four years later, it is clear that this research set off an avalanche of global dimensions. In China, it led directly to the establishment of a Green Finance Task Force, whose comprehensive report not only set out a complete reform programme for China's financial sector but also established the Green Finance Committee to ensure structured follow-up. In a brief few years, China has become a clear leader on the green finance transition. To take just one example, from a first green bond issued in 2015, China became the global leader in green bond issuance in 2016.

Of perhaps greater significance, however, is the way in which China has championed green finance at the international level. One very direct result of the DRC-IISD project was the establishment of the UN Environment Programme's Inquiry into the Design of a Green Financial System, which took the approach pioneered in China to the international level, leading a global movement for green finance sector reform building on the experience in China. In turn and in response to the work of the Inquiry, the Chinese Government established a Green Finance Study Group in the Finance track of the G20 during its presidency in 2016, China has given political legitimacy to the subject at the highest levels of international political cooperation. The Study Group has continued its work under Germany's G20 presidency in 2017.

As one direct result of this, green finance has become a mainstream topic in an ever greater range of countries at all levels of development, and it is now a priority topic in international organizations the world over, whether global or regional. The rapid increase in importance of green finance in the programmes and pronouncements of organizations from the World Bank, IMF and the regional development banks, though to OECD, the United Nations family and others has been striking. It is a topic that everyone has recognized is intimately connected to our ability to implement the Sustainable Development Goals and the Paris climate accord.

The financial market players have also responded. A growing number of global networks now unite and serve different market players-from the Sustainable Stock Exchange initiative, to the Alliance for Financial Inclusion, the Sustainable Banking Network, the Principles for Sustainable Insurance and the Sustainable Insurance Forum, and many others. These networks work with their members to identify what their respective sectors might do to advance the green finance reform agenda, to share best practice, and to bring to the surface issues and ideas from the particular perspective of their members. In this way, a world-wide web of financial practitioners dedicated to green finance reform is being woven and extends to more actors and more countries with every day that passes.

The latest phase in the work of the Inquiry is entitled "From Momentum to Transformation". It is clear that considerable momentum has been achieved, but there is still a long way to go before we might be justified in declaring that the financial system broadly supports the green transition. What is needed is genuine transformation of the financial and capital markets, and of the rules that govern them. We are not there yet.

But we should remember that all the progress noted above has developed since the DRC took the initiative to explore the potential for green finance reform in China, and much of it has happened directly or indirectly as a result of that initiative. But with everything that has happened in the time since the publication of the first edition of this book, it is important to revise, complete and update the publication and ensure that its seminal role in the development of the global green finance reform movement is adequately recognized.

Senior Fellow, IISD

Senior Advisor, UN Environment Inquiry

目录

内容提要

绿色金融是实现可持续发展的必要条件。所谓“绿色”金融，不仅金融机构的投融资活动要“绿化”，即决策时要充分考虑环境因素，减少乃至停止对污染项目的支持，加大对治理环境项目的扶持；而且要将环境因素纳入金融机构的风险管理体系，以更好地管理中长期风险，实现金融体系自身的可持续发展。研究绿色金融的目的，是探讨如何重新设计金融体系和金融服务业的方式，以推进可持续和公平发展。

近年来，环境生态保护逐渐成为中国政府关注的重点之一。在金融监管部门的推动下，中国的绿色信贷、绿色证券、绿色保险均取得了长足发展。无论是绿色金融的法律政策环境、规模还是市场机构建设，均走在世界前列。与此同时，国际上也兴起重塑金融体系、推动绿色和包容性经济发展的思潮。无论是在发达国家还是新兴国家，“绿色金融”的概念正在向更大范围扩散。尽管在“绿化”金融系统方面的国际经验还只是零散的、非系统的，但大多数发展中国家和一些发达国家已经在以下方面初步取得共识：

- 若存在投资者偏见（可能影响风险定价、市场效率和公平交易）或与特定环境风险相关的系统性风险，需要宏观审慎监管的干预。
- 金融体系中的透明度、评估方法、指数、激励、报告和治理，都应作为可持续性考虑因素纳入风险评估，以便提供更多的公众选择和政策干预工具。

●应把可持续发展置于金融风险管理的重要位置。需要建立特殊的评估机制，以评判环境风险对金融机构可能带来的损失并尽早采取防范措施。

●在机构投资决策机制中，应增强可持续性因素，包括对绿色投资的激励，提升投资者的社会责任感，把环境风险纳入常规评估等。

●由于环境风险将更多地内化于市场风险，因而产生了风险价值。应该更有效地检测“搁浅资产”①，金融机构或可能重视金融稳定性的央行和金融监管者对此应采取适当防范措施。

●绿色债券市场作为绿色金融服务的重要载体。通过产品创新、统一的标准、法规和税收激励，能够显著提高长期的绿色投资资金流和相关收益，支持绿色债券市场的发展。

●鉴于货币政策对经济和社会整体有广泛的影响，应在货币政策制定中纳入更多环境和广义的可持续发展目标。

未来无论是中国还是其他国家，对绿色金融都有着巨大的需求。从2015～2020年，中国绿色发展的相应投资需求大约为每年29000亿元，其中新增的绿色金融需求大体上在每年20000亿元人民。根据世界经济论坛（2013）的估计，截止到2030年，单是向能源、交通、建筑等绿色基础设施的转型，每年就需增加相当于全球GDP1.5%左右的额外投资。根据新气候经济全球委员会的预测，为保持低于2度的气候变化，未来在节能和清洁能源上需要每年净增投资4万亿美元。

但是，现有金融体系并不能满足如此巨量的可持续发展资金需求，对不可持续经济却支持过度。金融支持不足的原因并非缺少资金，而是企业、投资者和金融机构没有动力。造成这个问题的原因，一是政策缺乏或不当导致实体经济中的价格信号扭曲；二是绿色发展项目普遍前期投入大、回报慢，重视短期回报的投资者不愿投资；三是绿色金融的概念和定义不清，缺少绿色发展战略的顶层设计，中央政府和地方政府之间、政府

① 因意外或过早减记、贬值或转化为负债而受损的资产。

与市场机构之间存在利益背离和方式不同；四是绿色金融相关的市场和产品存在缺陷。本书对上述问题进行了研究并寻找解决方案。在总结中国绿色金融实践的经验教训、评估绿色金融发展状况和政策环境的基础上，对系统推进中国绿色金融发展提出了一整套政策建议，并以此推进国际绿色金融发展。此外，本书还通过一系列国内、国际案例，对绿色金融发展中的诸多关键内容进行了探讨。

Executive Summary

A green financial system is a necessary condition to realize sustainable development. This requires the "greening" of financing and investment decision-making, so that financial institutions take environmental factors into full consideration, integrating them into their risk management systems, and reducing or even stopping the financing of polluting projects. This is crucial to improve management of mid to long-term risks, and to realize the sustainable development of the financial system itself. This study's purpose has therefore been to explore ways of re-designing the financial system so as to advance its alignment with sustainable and equitable development.

In recent years, environmental development has become a key focus of the Chinese government. China's financial regulatory authorities have promoted green credit, green security and green insurance, achieving some improvements and providing leadership and innovation that has inspired action internationally. Meanwhile, reshaping the financial system as a driver of sustainable development has become an increasingly visible policy agenda internationally. Though international experience remains at an early, largely ad-hoc stage, broad consensus is evolving in some key areas, particularly amongst major emerging economies and some developed economies:

● Transparency, improved metrics, indexes, incentives, reporting and governance across the financial system is key to embedding sustainability considerations in risk assessment, and to enable greater public choice and effective policy interventions.

● Greening debt markets through product innovation, robust and unified standards, regulation and potentially tax incentives, can significantly advance long-term, green investment flows and associated outcomes.

● Assets at risk due to greater internalization of environmental factors into market valuations, so called stranded assets, need to be more effectively monitored, with suitable precautionary measures being taken by both financial institutions and, potentially, central banks and financial regulators concerned with financial stability.

● Monetary policies that have fundamental influence on the economy and the society as a whole need to be designed to take greater account of environmental and broader sustainable development objectives.

● Sustainability considerations, including systems but also competencies, incentives and a culture of social responsibilities, need to be integrated into financial institutions in ways that inform decision-making process.

In the future, China and other countries will significantly increase their demand for green finance. It is estimated that investment demand related to green development in China will be approximately RMB 2.9 trillion per year from 2015 to 2020. Within this market-based finance will need to provide some RMB 2 trillion per year. Internationally, estimates suggest green investments in energy, transportation, building and other green infrastructure alone require the equivalent of 1.5% of global GDP per year by end of 2030. Recent estimates suggest that in order to stay below 2° C of climate change, an overall net additional annual investment of USD 4 trillion on energy conservation and clean energy will be required in the future.

The current financial system is not meeting these financial needs. On the contrary, there is a continued overinvestment in an unsustainable economy. This situation is not a matter of capital shortage, but as a result of a lack of motivation from enterprises, investors and financial institutions. There are several reasons behind it: first, perverse price signal resulting from absent or inappropriate policies; second, unwillingness of short-term focused investors to finance green development projects that often require higher upfront investment and slower returns; and third, the very ambiguity of green financing, which results in an inadequate top-level design on green development strategy. Furthermore, there are divergent interests and approaches between central and local government, as well as between government and market institutions; fourth, both market and products that should advance the flow of green finance remain immature and not fully effective.

This book presents the results of a two-year study of approaches and potential to align China's financial system with sustainable development, drawing on existing Chinese practice and international experience. The book sets out policy proposals that would promote a systematic approach to China's green finance development, and catalyze related developments internationally.

总报告

张承惠　谢孟哲(Simon Zadek)　陈宁　马汉理(Mark Halle)

本报告参考并部分引用了技术报告的观点。

第一部分

中国发展绿色金融的背景

引 言

经过30多年的发展，中国经济取得了举世瞩目的成绩，经济总量位居世界第二，人均收入跨入了中等收入国家行列。然而，传统的高消耗、高污染的粗放经济发展方式也隐含着巨大风险。随着经济的快速增长，中国资源消耗和环境污染等问题日趋严重。虽然中央政府出台了一系列政策限制高污染、高能耗和资源性（“两高一资”）行业的发展，但现实中有的地区高污染行业却依然发展强劲，由此带来严重的空气污染、水污染、土壤污染等问题，不仅对经济的可持续发展形成无法回避的威胁，更造成难以估量的生命、健康损失。目前，环境问题已经上升为重大的民生问题，成为中国急需解决的难题。与此同时，过去数十年积累了大量的结构性矛盾，蕴含着较为严重的财政和金融风险，中国的工业化进程面临资源环境的制约和应对气候变化的新挑战。在这种情况下，发展绿色经济已经成为中国必然的战略取向。相应地，为绿色经济提供支持的绿色金融也被赋予了更多的责任和使命。

随着对绿色发展重要性认识的深入，环境生态保护等也逐渐成为中国政府关注的重点。十八届三中全会将生态文明建设提升到了前所未有的高度，为中国绿色金融的发展赋予了新的战略机遇。2014年习近平总书记就环境保护问题作出17次批示，其他6位常委批示共543次，表明中国最高领导层对环境问题的重视。自2015年以来，中国绿色金融进入了发展的快车道，在顶层设计、政策体系、市场实践、外部环境等方面，都取得了长足的进步。为使中国金融体系更有效地支持绿色经济发展，支持中国经济转型，国务院发展研究中心（DRC）金融研究所与国际可持续发展研究院（IISD）联合组成研究团队，围绕如何建设中国绿色金融体系开展深入研究。经过 2 年的调查、讨论和分析，研究团队重点研究了如何在中国金融改革和宏观经济转型的过程中充分考虑可持续发展因素；如何在政策层面引导金融市场对于绿色和包容性发展提供有效的支持，使中国的金融体系转变为“绿色”的金融体系，并为全球绿色和包容性金融体系的发展做出更大贡献。在研究过程中，研究团队还就国际发展绿色金融的实践进行了多个专题的研究，丰富了绿色金融的理论和实践，为中国发展绿色金融提供了有价值的建议。2017 年，研究团队对已有研究成果进行了修订和完善，以期对理论、政策和实践的最新进展进行追踪和呈现。

一、中国绿色金融取得的成就

绿色金融在中国的发展可追溯至 20 世纪 80 年代改革开放时期。特别是近年来，中国的绿色金融在相关法律政策环境、绿色金融产品种类和规模、绿色金融市场机构建设等方面均取得了成就，以绿色信贷为代表的绿色金融实践已经走在世界前列。

首先，在政府的推动下，中国的绿色金融法规体系已经逐步建立。中国政府从改革开放伊始便开始关注环境保护问题，相关部门发布过一些与绿色金融相关的文件。进入 21 世纪，中国政府的环境保护思路开始从主要运用行政手段转变为综合运用法律、经济、金融、技术等多种手段解决环境问题。从“十一五”期间绿色金融政策体系初步确立开始，“十二五”规划首次对包括绿色金融在内的环境经济政策进行了统一规划。随后，2013 年的十八届三中全会提出了“加快生态文明制度建设”，为中国绿色金融的发展创造了层级更高、权威性更强的环境经济政策空间。2015 年以来，在中共中央、国务院发布的纲领性文件《关于加快推进生态文明建设的意见》《生态文明体制改革总体方案》中，绿色金融都是重要的内容。2016 年，全国两会通过《“十三五”规划纲要》，明确提出要建立现代金融体系，支持绿色金融发展。2016 年 8 月 31 日，中国人民银行、财政部、国家发展和改革委员会、环境保护部、中国银行业监督管理委员会、中国证券监督管理委员会、中国保险监督管理委员会等七部委联合印发了《关于构建绿色金融体系的指导意见》，更是成为绿色金融发展的顶层设计文件。目前，中国绿色金融政策体系主要包括两类：与绿色金融直接相关的政策以及和基础设施建设相关的财税、价格配套政策。总体来看，中国绿色金融政策体系的基本框架已初步成型，对中国绿色金融市场的启动和发展起到了关键性作用。

其次，绿色金融产品的规模逐渐增加，对绿色可持续发展的支持力度逐步加大。从总量上看，根据课题组测算，2012 年中国的绿色投资规模已经超过 16418 亿元人民币，占当年 GDP 的比重为 3. 16%。按当年实际到位资金计算，相应的绿色金融规模大约为 11258 亿元，占全部资金来源的比重为 68. 57%（其余为财政资金和企业自筹资金）。在绿色信贷领域，银行业金融机构支持节能环保项目的个数从 2007 年的约 2700 个上升到 2013 年的 1. 4 万多个，贷款余额从 2007 年的约 3400 亿元上升到 2013 年的约 1. 6 万亿元[①]。从 2013 年到 2015 年，21 家主要银行业金融机构的绿色信贷余额从 5. 2 万亿元人民币增加到 8. 08 万亿元人民币。在绿色保险领域，从 2007 年至 2015 年三季度，全国投保环境污染责任保险的企业累计超过 4. 5 万家次，保险公司提供的风险保障金累计超过 1000 亿元。在绿色债券领域，中国发行人发行的绿色债券在 2016 年迅速增长，从几乎为零增长到人民币 2380 亿元（约 362 亿美元），占全球发行规模的 39%。在碳排放市场，近年来我国已经在 7 省市开展了碳排放权交易试点，2017 年将启动全国碳排放权交易市场。

再次，主要金融机构及非金融机构发挥了不同作用。绿色信贷实施较早且相对完善，这与中国以银行业为主导的金融体系结构相关。同时，绿色环保文化、绿色低碳运营等概念也在银行领域体现得较为充分。三家政策性银行利用其业务的不同特点，在不同领域以不同方式支持绿色环保产业和生态环境建设[②]。保险公司则通过环境责任险协助企业加强环境风险的管理能力，提升污染治理水平，减少污染事故发生几率，借此确保生态环境安全。私募股权和风险投资基金在回归价值投资的过程中，逐步加大对可再生能源和清洁技术等可持续性行业的投资。此外，中介服务机构及绿色非政府组织

---

① 《中国银行业社会责任报告》（2007 ~ 2011 年），银监会网站。

② 例如国家开发银行重视与部委和地方政府的合作，中国进出口银行支持较多具有国际背景额的项目，农业发展银行则将重点放在农业和农村经济的绿色发展上。

（NGO）也为推动绿色金融和绿色发展起到了重要的补充作用。

总体来看，绿色金融在资源配置方面对经济的转型调整起了一定的促进作用。例如，绿色信贷在一定程度上抑制了“两高一资”项目贷款的占比，同时对多数环保新兴产业提供了有力的支持。从地方的做法来看，多数省市也制定了自身的绿色金融发展战略，在引导金融机构支持节能环保产业方面逐步确立了更高层次更长期的制度安排。

二、下一步中国经济转型对绿色金融的需求

中国经济过去30多年来的粗放型发展方式越来越受到资源和环境的约束。如果中国继续延续旧的发展模式，只会出现“越发展，越污染”的局面。环境破坏带来了巨额的环境污染成本，环境污染损失已经成为经济社会发展的严重负担。据有关部门测算，近年来环境污染成本占GDP的比重始终在3%左右，至2020年中国受环境污染影响的损失可能达到GDP的13%左右。近年来，中国政府已经逐渐意识到原有模式的不足，但仍未完全摆脱过去“先发展，后治理”的模式。因此，中国亟须从资源消耗型经济过渡到资源节约型和环境友好型经济。可以认为，当前中国正处于经济结构调整和发展方式转变的关键时期，对支持绿色投资和可持续发展的绿色金融的需求正在不断扩大。

经济发展方式向绿色发展的调整，包括促进绿色产业发展和改造传统产业两个层面。从具体实践来看，未来政府的主推方向将是清洁能源、工业节能、建筑节能、交通节能、终端能效提高以及治理环境污染（包括消除已经产生的污染和遏制新的污染源）等。根据课题组测算①，2015～2020年，中国绿色发展的相应投资需求大约为每年29000亿元，总计17.4万亿元。年度投资平均规模占各年GDP的比重将超过3%。2015～2020年预计我国的财政收入总额为127万亿元左右②，绿色发展的总投入将占到预计财政收入的14%

① 见《绿色金融需求》分报告。

② 国务院发展研究中心“中长期增长”课题组：《中国经济增长十年展望（2014～2023）》，课题组测算。注：（1）此处财政收入是指公共财政收入，不包括政府性基金收入；（2）假设2014～2020年财政收入/GDP比重维持不变。

以上，大大超出了财政的负担程度。因此，金融支持尤为重要。课题组预计，2015～2020年的6年间，中国新增的绿色金融需求大体上在每年20000亿元人民币。中国金融体系在遵循金融行业本身发展的特征和趋势的同时，通过金融资源的配置作用，有效引导金融资源的流向，促进产业结构的调整，加速增长模式的转变，化解产能过剩，减少资源环境约束，为整个经济的转型发展提供强有力的支撑。另一方面，金融体系自身也需要寻找有别于传统金融的绿色发展模式，有效识别和防范环境因素导致的金融风险。因此，使金融向着绿色可持续发展的改革变得十分必要，绿化中国的金融体系已迫在眉睫。

三、未来中国绿色金融发展面临的问题

中国绿色金融的发展虽然已经取得了多方面的成就，但绿色金融在满足上述绿色发展和绿色经济的需求时仍面临一定困难。由于绿色发展项目普遍存在前期投入大、收益期长、现金流覆盖能力低、收益不确定、风险高的特点，影响了金融机构参与的积极性。而以政府政策推动为主要动力的绿色金融在发展过程中也存在一系列问题。

（一）绿色金融的概念和定义仍不甚清晰，绿色发展战略的顶层设计仍有缺陷

迄今为止，中国关于绿色金融尚缺乏完整、统一、明确的概念框架和统计意义上的详细定义，决策者及各参与机构对绿色金融概念的内涵和外延的理解不完全相同，导致各方对绿色金融及相关概念存在理解狭隘、概念冲突等问题。此外，虽然中国明确了绿色可持续发展的国家战略，但缺少一个关于绿色金融战略实施的顶层设计和具体实施规则，部门之间的协调机制仍不完善。这使得该战略难以在金融政策的制定过程中得到完整有效的落实，绿色金融发展的战略和战术层面尚未有效衔接。

（二）相关法律、监管以及制度上存在问题

一是绿色金融的法律和监管体系不完善，责任归属不明，操作性不强，

执行不力。中国已制定颁布了环境保护的法律、法规、规章、标准和规范性文件，形成了比较完整的环境保护政策体系。然而，现有法律文件之间存在着相当程度的机构重复和职权交叉，政府相关部门关系不明，甚至不同立法文件之间内容矛盾。权责不明导致具体实施过程中相关规定被不断弱化，执行和监管不力，客观上降低了环境保护的标准，难以对破坏环境的行为形成强有力的外部约束，制约了绿色金融的发展①。总的来说，环保领域存在的法规不严、执行不力、标准过低等问题，难以有效引导绿色金融资源充分流向环保产业。

立法层次低也在相当程度上影响了法律和监管制度的效力。例如绿色保险中，环责险的主要依据仅是国家环保总局和保监会联合发布的两份部门规章。排放权市场的相关法律也存在类似问题，例如排污权可交易的法律地位至今尚未明确。

二是相关机制存在缺陷。以信息披露为例，政府产业部门、环境管理部门和金融监管部门之间及政府与金融机构之间缺乏有效的信息联通机制。银行关于绿色信贷的披露信息缺乏一致、清晰的口径，导致数据缺乏可比性。上市公司关于主要污染物排放情况、治理措施及效果等重要信息的披露也不足，且仅针对 IPO 环节。排放权市场上，监测、报告和核证体系尚未建立，市场体制尚不完善，排放权交易制度的设计能力尚不足。

三是未能通过法律、政策和体制安排，将市场价格体系下绿色项目的正外部性和污染投资的负外部性显性化，导致地方政府和企业缺少减少排放、治理污染的动力，加大了金融机构的风险。

（三）绿色金融政策的操作过程中存在问题

中央政府和地方政府之间、政府与市场之间的利益关系存在背离和偏差。在绿色发展的大背景和中央政府的考核压力下，地方政府的行为具有矛盾性：一方面，有绿色发展和改善环境的迫切需要；另一方面，为维持一定的经济增速，又存在容忍破坏环境严重但税收贡献大的产业的动机。表现在行动上，就是一方面积极发展新兴绿色产业，另一方面对现有企业的环境污染监督力

① 目前，中国环境监管对象的范围狭窄，监管不严导致偷排严重，无处理排放大量存在。

度不够。同时，由于中国经济发展水平存在巨大的地区差异，在发达地区，地方政府的环境意识通常强于欠发达地区。此外，条块分割的管理模式因地方政府之间复杂的竞争合作关系而无法满足流域、区域管理的需要。加上中央有关职能部门对地方政府消极执行环境政策的行为缺乏制约，最终导致中央政府制订的环境保护制度难以在地方得到有效执行。而且，目前中国绿色金融的发展更多源自行政性推动，而非市场主体的主动行为，企业对绿色金融的有效需求不足，而“两高一资”企业因高利润和高回报对商业银行仍颇具吸引力。

（四）绿色金融相关的市场和产品存在一定的缺陷

绿色金融产品种类较为有限，覆盖范围较窄，且仍以绿色信贷为主要资金来源，环保资金渠道单一。其中，绿色信贷也仍以传统流动资金贷款为主。绿色保险目前多仅指环责险，且其保险覆盖范围相对狭窄。绿色证券方面，上市公司的环评绩效评估仅在部分地区进行了试点。此外，部分经营主体的专业化程度仍然较低①。

（五）缺乏政策和人才、中介机构的配套

一是财税价格等配套政策推出较晚，进展滞后。目前，针对金融机构经营绿色金融业务所实施的财税激励政策不完全到位。虽然中央财政对环境保护的投入在逐年增加，但仍存在财政性环保投资缺乏有效整合、环保资金以应急为主而缺少长期统筹考虑、缺少有效监管且重投资轻效益等问题②。

二是缺少专业人才发展战略，中介市场及服务机构发展相对缓慢。例如，绿色保险的关键配套制度——环责险的评估制度就因人力、物力、资源不足、缺少专门的环境污染损害鉴定评估机构等因素而难以落实。商业银行则因在专业领域的技术识别能力欠缺，影响了绿色信贷的投放。

---

① 例如绿色保险中，部分环责险的经营主体专业化程度低，产品缺乏足够的吸引力。

② 具体参见《绿色金融发展产业政策环境》分报告。

四、中国在推进全球可持续发展方面的作用

作为全球经济增长的重要引擎，中国在全球推进绿色可持续发展的过程中已经发挥了作用并在国际上产生了较大的影响。未来，中国仍然可以在更多方面进一步发挥作用。

首先，中国是推进全球可持续发展的“坚定支持者和积极实践者”，并在政策框架和市场实践上走在全球前列。在中国的倡议和推动下，2015 年 12 月通过的《巴黎协议》为全球气候行动开启了新的征程。2015 年底在中国的倡议下，G20 设立绿色金融研究小组，由中国人民银行和英格兰银行共同主持，秘书处工作由联合国环境署承担。2016 年 9 月召开的 G20 杭州峰会上，首次将绿色金融和气候合作列为重点议题，并成立绿色金融工作组，在全球范围内研究建立绿色金融体系、推动全球经济绿色转型、加强绿色金融的国际合作等问题。2015 年 10 月中国农业银行在伦敦成功发行绿色债券。2016 年 7 月，金砖国家新开发银行在资本市场的首次亮相，同样选择了在中国银行间债券市场发行人民币绿色金融债券。上述现象说明，绿色金融正成为少有的既能凝聚国际共识又有鲜明中国烙印的金融领域，更成为中国开展国际合作、进一步获得国际话语权和发挥国际影响力的重要抓手。

其次，中国发展绿色金融的模式具有自己的特点，可以为其他国家，尤其是发展中国家提供借鉴。中国的绿色金融是在政府推动和政策主导下发展起来的。中国政府将经济社会的绿色可持续发展上升为国家战略，给予了前所未有的高度重视，为绿色金融发展赋予了广阔的空间和机遇。同时，中国政府也已经认识到要实现这一战略，需要把绿色金融作为环境经济政策的有机组成部分进行整体规划设计，以平衡好各方利益，加强各相关方的协调和配合，加快推动政策框架的搭建和实施。例如，“十二五”规划不仅包含了绿色金融的相关内容，也涵盖了财政政策、税收政策等，这些都构成绿色金融发展所依托的内外部环境。

再次，中国可以在全球绿色可持续发展中发挥更大的作用，特别是在加强绿色金融的国际政策和监管层面。2014 年 11 月中美两国第三次《中美气候

变化联合声明》，正式公布了各自减排计划[①]，明确了未来的目标。这是中美两国第一次在气候和减排方面做出的具有约束性的实质承诺。联合国秘书长潘基文就此发表声明称，中国和美国展现了“世界所期待的领导力”，为2015年的巴黎气候峰会达成新协议做出了重要贡献[②]。同时，中国也在逐步推动多项战略合作协议的形成。例如习近平主席提出的“一带一路”战略，李克强总理在第17次中国－东盟领导人会议上提出的中国－东盟新型战略伙伴关系，都显示了中国在支持全球可持续发展方面的良好意愿。具体到国际绿色金融领域，未来中国将通过不同的形式积极参与绿色金融的国际政策和国际监管活动。通过国际交往，积极促进国际绿色金融标准方面的制订和应用，促进国际最佳实践经验的传播。同时通过自身的经济转型，在推动地区乃至全球的可持续发展方面起到更大作用。

① 中国承诺2030年将非化石能源占一次能源的消费比例提升至20%，并首次提出在2030年之前停止增加碳排放；美国则在早前已公布的2020年减排目标（在2005年的基础上减排17%）基础上，追加了2025年的减排目标——在2005年的基础上减排26%～28%，大致相当于在1990年的基础上减排16%。

② http：//news. xinhuanet. com/yzyd/energy/20141122/c_ 1113361376. htm。

第二部分

国际绿色金融的实践和经验

近年来，国际上兴起了“责任投资”“绿色信贷”“绿色债券”等概念，期望通过对金融体系的重塑来推动绿色和包容性经济的发展。在中国的引导之下，这些相对狭窄的概念被拓展为“绿色金融”这一带有系统意义的发展理念。就绿色金融的内涵而言，不仅指金融机构的投融资活动要“绿化”（即决策时要充分考虑环境因素，减少乃至停止对污染项目的支持，加大对治理环境项目的扶持），而且要构建绿色金融体系的整体框架，并将环境风险纳入金融机构风险评估体系，力求降低金融资产的中长期风险。

导致“绿色金融”兴起的背景因素主要是，建设更加绿色和包容性的可持续经济体系逐渐成为全球共识，但建设这一体系需要大量资金支持。根据世界经济论坛（2013）的估计，截止到2030年，单是向能源、交通、建筑等绿色基础设施的转型，每年就需增加相当于全球GDP1.5%左右的额外投资。根据新气候经济全球委员会的预测，为保持低于2度的气候变化，未来在节能和清洁能源上需要新增投资超12万亿美元。由于发展清洁能源将减少化石燃料和其他高碳基础设施的需求，抵消后需要净增投资4万亿美元。与此同时，全球委员会预计每年需要把6万亿美元的投资“变绿”（主要投资于交通、水、垃圾、能源、电信以及对建筑和工业的能效计算）。多数人认为要达成2030年可持续发展议程和《巴黎协定》所订的目标，需要对公共财政和民间金融进行前所未有的动员，在接下来的15年里其规模将达到90万亿美元左右。作为迄今为止最综合性的评估之一，联合国贸易与发展会议（UNCTAD）的《2014年世界投资报告》（*World Investment Report* 2014）预计，为实现可持续发展目标（SDGs）投资，每年全球的投资需求将在5万亿~7万亿美元之间。

然而，可持续发展不仅是与气候相关的基础设施建设。30国集团预计，出于全球增长和就业的担心，主要经济体（巴西、中国、法国、德国、印度、日本、墨西哥、英国和美国）每年还将有19万亿美元的长期投资需求（目前为12万亿美元），主要投资于设备、软件、房地产、基础设施、培训和研发等领域。

但是，现有金融体系并不能满足如此巨量的可持续发展资金需求，对不可持续经济却支持过度。联合国贸易和发展会议（UNCTA）预计，要满足2015年后的发展目标，仅发展中国家每年就有2.5万亿美元的投资缺口。同时在全球范围内，中小企业贷款需求缺口估计达到3.5万亿美元。有研究表明，伦敦股票交易所和纽约股票交易所旗下上市公司隐含的二氧化碳强度在2011~2013年间分别提高了7%和37%①，这意味着资本市场仍然主要是为石油、煤炭等化石能源服务，而没有为可再生能源的发展提供足够支持。

金融支持不足的原因并非缺少资金，而是企业、投资者和金融机构没有动力。政策缺乏或不当导致实体经济中的价格信号扭曲是导致这个问题的因素之一，例如全球每年对化石燃料的补贴超过0.5万亿美元（Whitely，2013）、污染物和碳排放定价过低、在公共采购中普遍缺乏对整个生命周期成本的考虑、环境执法不力。纠正实体经济中的定价和政策失灵非常紧迫，但仅靠这些是不够的。2008年的全球经济危机以后，人们越来越清楚地认识到实体经济中的市场失灵并不是阻碍投资的唯一原因。完全依靠市场机制自发转向"绿色金融"是很困难的，必须加大政府的介入和引导，并借助国际组织的力量。中国、巴西等新兴市场国家将环境风险因素纳入银行的监管规则、推动绿色信贷快速发展的案例，已被视为成功的典范。反面的案例是，国际金融危机后推出的新国际资本监管规则《巴塞尔协议Ⅲ》并没有将可持续发展因素考虑进去，新的资本和流动性监管要求可能限制银行对长期项目的资金投入或增加长期融资的成本，从而影响银行未来对投资期较长的可再生能源项目的支持力度②。

结论是，现行的投融资模式不能带来可持续发展，需要一揽子政策措施

---

① Leaton, J, Ranger, N., Ward, B., Sussams, L. and Brown, M. (2013), Unburnable Carbon 2013: Wasted capital and stranded assets. London: Carbon Tracker Initiative/Grantham Institutie on Enviroment and Climate Change.

② 只是在近期，巴塞尔委员会才开始考虑从绿色发展的角度修订《巴塞尔协议Ⅲ》的问题。

来弥补缺口，并以调整金融监管方式、在评估金融稳定性时加入可持续性标准等措施，作为调整传统定价机制和公共投资政策的必要补充。

一、现有国际经验

总体上看，在“绿化”金融系统方面的国际经验还只是零散的、非系统的。金融政策决策者、中央银行、金融监管者以及金融和资本市场标准制定者对于环境的担忧也只是近期才有的现象。

尽管如此，国际上在绿色金融发展方面仍然取得了一些进展。例如：

孟加拉：央行把可持续发展看作其使命的整体部分，并通过目标再贷款额度和其他工具实现绿色目标。

巴西：央行通过长期关于可持续发展的国家层面对话对银行业环境和社会风险提出新的要求。

欧洲：传统的对可持续信息披露的关注正在转移到关于撬动长期资本进行可持续经济恢复的关键问题上。

南非：取消种族隔离后的金融宪章表达了与可持续发展有着广泛联系的商业、政府和劳动者之间新的社会契约关系。

美国：更多的关于气候变化的长期经济风险的研究，要求资本市场把对可持续性因素的披露常规化。

从现有实践中得出的经验主要如下。

第一，在存在投资者偏见或系统性风险时，需要宏观审慎监管的干预。特别是当投资偏见可能影响风险定价进而影响市场效率和公平交易，或者存在与特定环境风险相关的系统性风险（如空气污染或碳市场的法规出台对银行资产负债表的影响）时，更是如此。

需要注意的是，政府干预的一个关键点是保持政策协调一致。要使政府部门、央行和金融监管者的政策与使命相一致。

第二，应把可持续发展置于金融风险管理的核心。越来越多的国家正在把可持续性因素加入（或考虑加入）法规中。目前的重点在银行层面，如孟加拉和巴西。另一个新动向是建立一种特殊的评估机制，以使金融机构能够从环境和社会因素角度预测潜在的资产价值损害和波动。在欧洲国家，用

表 1　　各国发展绿色金融的主要做法

国家	主要政策
孟加拉	• 鉴于价格和金融稳定、经济增长、贫困、不平等和环境可持续性相互间的动态关系，央行可以（尽管具有争议性）在现有的要求下对可持续性目标采取措施 • 央行可以通过专项再融资这一潜在渠道使资金流向更加绿色和更具包容性的经济 • 协调区别化的贷款上限和其他为了可持续性目标采取的规范措施 • 央行在促进金融普惠方面扮演关键角色
巴　西	• 需要针对金融机构环境和社会风险规范展开有关全球协调的讨论，特别是巴塞尔银行协议 • 对配置到绿色经济上的金融资源进行标准化并监控非常重要 • 分担环境损害带来的金融责任有助于降低交易成本
欧　洲	• 强化面向投资者的风险披露（欧盟层面和各成员国层面），特别是对上市公司，制订了一系列与环境相关的要求 • 政策着眼于长期融资 • 对环境相关风险的审慎和宏观审慎管理正得到越来越多的关注，如英国央行正在领导保险业中的气候审慎风险评估
南　非	• 通过披露、原则、准则和其他治理要求实现治理创新，使金融市场在可持续性中得到更多关注 • 每个国家都会优先可持续发展某些特定方面，例如，在南非就是增强黑人经济授权
美　国	• 要求公司提供基于风险的面向投资者的报告，明确将环境问题纳入金融市场中 • 发展绿色债务市场，在标准（如证书、保险和信贷评级方法）方面创新通过财政政策推动绿色金融发展。相关财政激励政策既有面向实体经济的，也有直接针对金融行业的

“环境压力测试”来评估碳风险对长期资产持有者的影响的尝试已经开始（如英国）。压力测试被监管者用来评估金融机构在环境因素（气候、污染、能源和水压力）变动情境下可能带来的风险，并帮助监管者对可能发生的系统性风险加以防范。

第三，应在机构投资中增强可持续性因素，包括信托责任、托管和长期投资。机构投资者控制的是资金配置中最大的资产池，尽管现有一些机构已经把可持续因素纳入其运营超过数十年，但这只是一种自发的、零散的行为，现有的金融政策框架并不足以调动长期可持续发展所需的资金流。一系列的市场和政策失灵限制了机构投资者为受益人创造可持续价值的能力，包括激励问题，缺少透明度和问责制，以及金融系统中对可持续性专业能力的匮乏。

第四，绿色债券市场可以成为重要载体。由于绿色债券作为中长期金融产品更容易被机构投资者纳入投资组合，绿色债券已经成为绿色金融的重要载体。自 2007 年欧洲投资银行发行了第一只“绿色债券”以来，全球绿色债券市场以大于 50% 的复合年均增长率快速发展，2014 年绿色债券的余额已达到了 400 亿美元。根据气候债券倡议组织（Climate Bonds Initiative，CBI）发布的《债券与气候变化：市场现状报告 2016》，截至 2016 年中期，全球气候相关债券市场规模达到 6940 亿美元，其中贴标绿色债券规模达到 1180 亿美元。与此同时，绿色债券的创新层出不穷。例如，2016 年，全球首只“森林债券”由世界银行下属机构国际金融公司发行，共筹集 1.52 亿美元，为森林保护提供资金。为了进一步发展“绿色债券”市场，一些国家正在研究一些关键的政策问题，如保证市场统一的通用标准、鼓励增加资金流入的税收激励、实现机构配置的信用增级等。同样重要的还有把环境风险纳入对信用评级机构可信度的常规评估中。通过不断发布新的研究报告，强调碳排放和气候风险的影响，引导新的投资者加入绿色债券市场。

第五，应使货币政策与绿色金融目标相协调。鉴于货币政策对经济和社会整体有广泛的影响。央行在绿色金融中的角色正在提上政策议程。央行在对已到期的证券进行再投资时的选择，会为绿色金融带来巨大机遇。另一方面，未来的货币政策工具会对绿色金融产生重大影响。例如印度储备银行规定了特定行业的最小贷款比重，孟加拉央行对特定产品提出债务上限要求等都是央行使用的工具。

二、“绿色金融”的发展动向

（一）无论是在发达国家还是新兴国家，“绿色金融”的概念正在向更大范围扩散

关注绿色金融的，不乏孟加拉、巴西、肯尼亚、乌干达、南非、印度等

发展中国家，一些发达国家也开始关注绿色金融的问题。在国际层面，联合国环境规划署和世界银行等机构正积极推动可持续金融的规划和实施。2014年1月，联合国环境规划署建立了“设计可持续金融体系”项目工作组，以期探索如何促进金融体系与可持续发展更紧密结合的政策，乃至对金融体系进行系统性变革。2014年7月，世界银行发布《环境和社会框架：为可持续发展确定标准》报告，试图搭建绿色金融发展的框架、要求、标准和流程。世行旗下的国际金融公司更是在实践中推行可持续发展理念，并成为市场先锋。

（二）越来越多的国家开始将绿色金融纳入到政策体系中去

随着绿色金融理念的推广，近年来不少国家开始采取行动推动绿色金融发展。例如，巴西中央银行于2014年4月出台了新的监管办法，要求商业银行必须制定环境管理和社会风险管理的战略行动和治理框架，并将其作为整体风险管理的核心要素加以实施；几乎在同时，欧盟要求大上市公司披露实施环境和社会政策的情况；美国财政部有80%的对外援助项目有绿色要求；英格兰银行开始关注保险公司的资金投向；挪威等国政府通过主权基金、税收和发展中国家基金对发展绿色经济进行引导；孟加拉央行特别将增加金融包容度作为中央银行货币政策的明确目标，并对商业银行提供了包括新能源、污染治理、提高能效等内容的信贷指南，目前绿色信贷占比已达5%；南非2011年出台的监管准则要求企业披露其财务与可持续性能力；马来西亚证券委员会2014年1月发布机构投资者规则，明确要求机构投资者应该将公司治理和可持续发展考虑纳入到投资决策程序中；2014年3月，澳大利亚股票交易所发布了新的上市公司治理报告要求，要求上市公司披露是否面临着实质性的经济、环境和社会可持续风险暴露及如何管理这些风险。G20绿色金融研究小组的《G20绿色金融综合报告》于2016年9月二十国集团领导人杭州峰会期间发布，提出了7个供自主考虑的可选措施，以解决与绿色金融动员相关的具体挑战。

（三）机构投资者成为发达国家推动绿色金融的重要力量

自20世纪90年代以来，以保险公司、养老基金为代表的机构投资者，越来越认同并践行“社会负责任投资”这一理念，并通过股东投票权、将不符合可持续发展理念的公司排除在投资组合范围内等手段对被投资企业施加影响，切实推动了国际绿色投资的发展①。很大程度上，起源于2007年的欧洲、自2013年迈入快车道的国际绿色债券市场就是在保险公司、养老基金等机构投资者的推动下发展起来的。另外一个案例是，近年来，欧美国家兴起了一股化石燃料撤资运动，即投资者减持或配售手中持有的石油、天然气和煤炭等化石燃料行业的股票，通过“以脚投票”的方式，向其施压，以迫使化石燃料企业向低碳燃料供应商转型。目前，化石燃料撤资已经发展成为一场轰轰烈烈的社会运动，甚至被比喻为继南非种族隔离问题、烟草危害人健康之后另外一个全球性的撤资运动。根据《纽约时报》2016年12月的报道，控制超过5万亿美元资金的投资者们已经承诺，将从他们的投资中减少或清空化石能源相关的股票。这股浪潮还在世界各地传播，来自76个国家中的688个投资机构和6万名个人投资者放弃了至少一种化石能源公司的股份。撤资运动的参与者包括大型的养老基金、保险公司、金融机构和宗教组织。已出售或承诺出售投资的大型投资者包括挪威国家养老金基金、法国保险集团安盛（Axa）、北欧最大的基金管理公司“北欧银行资产管理公司”（Nordea Asset Management）、加州大学（University of California）等。

三、对中国的启示

国际经验对中国的启示主要有以下三点。

（一）应大力推广绿色金融理念，并将绿色金融纳入经济转型和生态文明战略

2007年以来，在有关部门的推动下，中国绿色信贷发展较快并得到国际社会好评。与此同时，带有“绿色”性质的企业债、环境责任保险等金融产品也开始兴起。尽管如此，绿色金融理念还远未在政府部门、金融机构中普

① 一些欧洲国家已以法律形式规定了对养老基金等长期资本的绿色投资要求。譬如，瑞典在2000年生效的一项公共养老基金法案规定，瑞典所有公共养老基金每年都要公布计划，说明他们将在养老基金投资中如何考虑环境因素和伦理因素，并说明这些计划对基金管理团队产生何种影响。

及，大型投资基金、各类养老保险基金也没有将绿色投资纳入投资组合的评价标准。特别在一些地方，专注于环境导向的绿色金融发展理念往往与GDP导向格格不入。在这种情况下，发展绿色金融任重道远，迫切需要将绿色金融理念纳入经济转型和建设生态文明工作，并为建设绿色金融体系组织专门研究。

（二）发展绿色金融需要深化基础制度建设

具体来看，一是要建立“绿色”评估机制，把握中国绿色金融的发展现状和存在问题，及时提出对策；二是要将环境风险纳入金融机构资产质量评价体系，有效防范环境因素可能引致的风险。三是要加强和改善金融机构在可持续发展方面的信息披露要求，加强评估、数据分析等金融基础设施建设，以鼓励金融机构开发绿色金融产品，吸引投资者将资源更多地配置在绿色发展领域。四是通过更具导向性的政策措施，积极推动绿色债券市场的发展。

（三）积极参与相关国际合作项目，争取共识

在建设绿色金融体系这一共同目标下，发展中国家与发达国家有明显不同的利益诉求。前者更多地关注环境污染治理和能效提高，后者则以气候变化作为主要环境风险因素，有的国家甚至将化石能源的使用完全排除在绿色金融之外。在绿色金融领域，中国起步较早且已得到国际认可，未来应以积极的态度参与可持续金融发展的相关国际合作项目，争取在未来国际绿色金融框架定义和设计过程中达成共识、统一标准、共同推进；还要在金砖国家开发银行和亚洲基础设施投资银行运营机制设计中，明确绿色金融原则，并在这一原则指导下开展业务。

第三部分

绿色金融的定义与发展模式

一、关于“绿色”的定义

绿化一国的金融体系并非为了提升金融市场效率而提出的“额外”行为要求，而是关系到整个金融体系效率和有效性的核心问题。如果没有绿色金融，最终将导致资金的不合理分配，以及更高风险、更乏力的长期经济增长，并产生不良资产压力，导致金融市场的不稳定和低迷。在可以预见的未来，实现可持续发展需要所有的资金流都应该“绿化”，以应对环境风险。

“绿化”金融体系需要对“绿色”有一个明确的、得到认同的定义，这样才能确保政策、规则、标准和激励能够有效运用。目前，国际上并没有一个被广泛采纳的“绿色金融”的定义。关于绿色金融，可能已经有上百种不同又有重叠的定义（或者是相近的术语，比如可持续金融、气候金融、环境金融、负责任的金融、绿色投资等）。这种定义上的含糊和范围的不明确，已在很大程度上影响了绿色金融的发展。世界各国关注绿色金融发展的人们普遍感到，当前迫切需要统一绿色金融的定义和标准。

概括地看，目前对绿色金融的定义大体上有狭义和广义两类，参见表2、图1。

表2　　绿色金融的国际定义

狭　义	广　义
哪种金融活动（或金融工具）是绿色的？	对绿色金融系统整体而言，绿色意味着什么？
• 侧重过程：用来评估环境管理、生命周期的影响 • 侧重点：行业、技术以及问题	• 侧重目的：一种有助于可持续发展的金融系统 • 侧重实质影响：经济转型、稳定、增长等

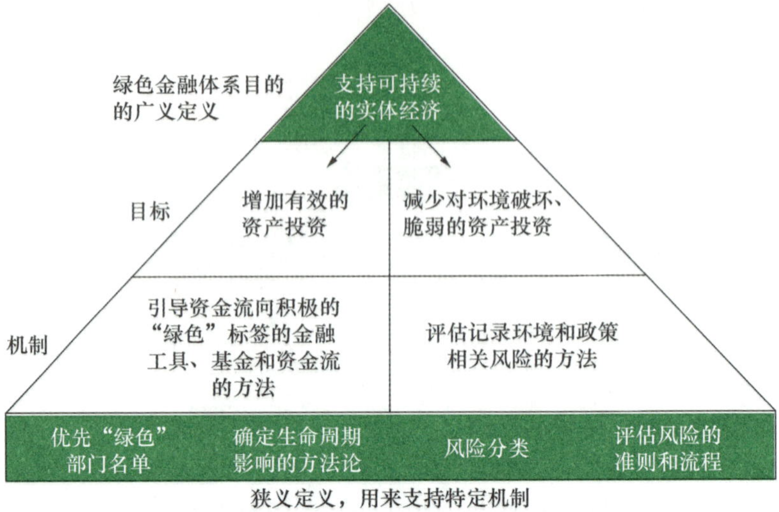

图 1　绿色金融定义框架

资料来源：联合国环境规划署“Inquiry”。

两种定义的目的和侧重点有很大的不同：狭义定义想要确定特定金融资产有多大比例是绿色的。其衡量标准有些是程序标准（如测算“环境、社会和治理”管理），有的是事前定义优先支持的绿色产业（技术）的行业标准（如可再生能源、循环、废弃物管理和环境保护）。狭义定义重点在于评估环境状况，确定绿色金融支持的重点行业、重点技术等。

广义定义想要确定金融系统在可持续性方面的整体目标，并提出测量其有效性的方法。根据金融系统的目标设定融资标准，对环境风险有效且高效地进行资本分配，其侧重点在于整个金融系统和宏观经济稳定。

目前，发达国家和发展中国家在“绿色金融”定义上的一个重要差别，就是前者更关注气候，将未来的气候变化和相应的技术调整作为金融机构的主要风险因素。例如设在挪威奥斯陆的国际气候和环境研究中心在对绿色债券的发行提供评估意见时，将对化石能源的投资定义为“非绿色”。而在中国等发展中国家，只要能够节约化石能源的使用量、降低单位能耗，其投资都属于“绿色”（例如高铁债券在中国被认为属于绿色债券，但发达国家并不认同）。在发达国家，由于已经完成了工业化进程，工业化早期阶段经常出现的环境污染问题已基本解决，因此在评价一项投资是否“绿色”时，往往不考虑其治污和防污作用；而在中国，这类投资被纳入“绿色”

范畴。

在全球范围内要想找到一个所有条件下都成立的“绿色金融”的定义，几乎是不可能的。无论如何，至少在一国范围内应有一个明确的绿色金融标准，这是政府应当也能够做到的事情。未来在跨越国境的部分区域范围乃至全球，如果能够明确一个被普遍接受的定义和标准，无疑对绿色金融的发展是十分有利的。

二、关于绿色金融的发展模式

发达国家与发展中国家的另一个明显差异是，前者更重视市场化机制，靠市场的力量来发展绿色金融。例如更多地依靠机构投资者（如养老基金、保险公司等）通过行使股东投票权、对不符合可持续发展理念的公司不予投资等手段对企业的“绿化”施加影响①。而后者则更多地依靠政府管理和金融监管，来引导金融机构越来越多地支持可持续发展。

其实很难比较这两种模式的优劣，特别是从长期效用来说。而且这两种模式也开始出现融合的迹象。例如在发达国家，越来越多的人认识到，要改变金融市场“可持续”因素影响力偏低的问题，完全依靠市场机制的自发调整是很困难的，必须加大政府的介入和引导。巴西、中国等新兴市场国家在政府推动下将环境风险因素纳入银行监管规则的做法，已经得到国际社会的普遍关注和认可。另一方面，发展中国家政府行政性干预的科学性也开始受到质疑。人们认识到主要靠行政力量推动的绿色金融是有缺陷的，政府应该在激励引导市场意愿、创造良好政策环境方面下工夫，尽可能发挥市场作用，避免过多的直接干预。

根据现有实践，政府至少可以在以下几个方面发挥更大的作用。

第一，明确“绿色”的定义、标准、原则和框架，为绿色金融的发展建立范本和模式。

第二，通过财政性措施对绿色金融的发展加以引导。这些措施包括：在

① 举例来说，从2013年起，全球最大的机构投资者之一挪威政府养老基金开始将烟草生产企业排除在投资组合范围之外。

政府采购时有意识地选择“绿色”产品或秉持绿色发展理念的企业的产品；要求国有金融机构更多地开发和销售绿色金融产品；要求政策性金融机构发挥在绿色信贷、绿色保险等领域的带头作用；在对外援助时强化“绿色投资”标准；对政府系机构投资者的投资组合提出“绿色”要求；等等。

第三，利用各种金融政策支持和引导绿色金融发展。这些政策在不同的金融行业可能有着不同的特点。例如对银行业，主要通过信贷政策和监管政策促进绿色信贷；对证券业，主要通过投资政策和上市公司信息披露要求引导股票上市和交易活动，发展绿色债券市场；对保险业，主要通过强化企业的环境风险控制来引导绿色保险的发展。

第四，强化监管约束，培育环境风险意识。例如要求上市公司提交环境风险报告（或在年报中加入有关环境的披露内容），要求金融机构提交可持续发展报告、对环境风险进行压力测试等等。

第五，在金融监管部门之间、金融监管部门与政府行政管理部门之间建立有效的跨部门协调和信息共享机制，使绿色金融理念在政府层面被广泛认识和推行。

第六，建立发展绿色金融的基础设施。一方面，要着手解决绿色投资外部性的计量问题，如碳排放权、排污权的产权如何有效界定？环保项目投资所产生的外部效益如何收费？通过政策设计和体制安排，将绿色项目的正外部性和污染投资的负外部性显性化，为绿色金融发展提供足够的市场激励；另一方面，要发挥第三方机构（中介组织）的作用，支持绿色金融评估机构的发展，引导现有专业服务机构（信用评级、资产评估、会计师事务所、律师事务所、咨询公司、数据服务公司等）开展绿色金融相关业务。

第七，加大对地方政府政绩评估中环境因素的权重，促使地方政府以及地方性金融机构支持和推进绿色金融的发展。

第八，加大对绿色金融理念的宣传教育，培养环境风险评估、绿色金融产品创新等方面的人才，加强与境外部机构的合作。

第四部分

绿色金融行动框架

——系统推进中国绿色金融发展的顶层设计

一、推动绿色金融立法，加大执法力度

按照十八届四中全会“依法治国”的思想，以法律的形式确立绿色金融制度，在投融资领域加强企业的社会责任。

为此，一是在对《商业银行法》《证券法》和《保险法》等相关法律进行修改时，加入“绿色”元素。二是进一步完善环境保护的法律法规和实施细则，明确并加大环境污染者的法律责任。在国家立法为主的前提下，鼓励各省、市、自治区人大因地制宜地制定绿色发展的地方法规，促进本地区经济的可持续发展。三是按照“民事责任为主，刑事、行政责任为辅”的原则，强化有关责任部门的执法权力，加大环境保护的执法力度，激发企业保护环境和减少污染的内在动力，促使金融机构自发地承担环境社会责任和推行绿色金融。

二、以完善信息协调和共享为抓手，加强政府部门之间、政府与第三方机构之间的协调合作

发展绿色金融涉及“一行三会”、国家发改委、财税部门、环保部门、金融机构以及社会中介机构等多方主体的职责，需要建立稳定的跨部门协调机制，确保绿色金融政策的统一性和稳定性。同时，要构建工业管理部门、环保部门与金融监管部门的双向信息沟通与共享平台，及时沟通有关环境保护的技术信息、行业标准以及违法违规处置情况。此外，中央政府和地方政府

还应建立与第三方机构的协作机制，充分借用社会监督、社会评估的力量，及时反馈执法和政策落实情况，提高政府工作效率。

三、完善绿色金融政策支持体系，引导金融机构加快绿色金融产品创新、投资者调整投资行为，使投资组合“绿化”

原则上，应比照当前对农村金融和小微企业的支持力度，建立和完善绿色金融政策支持体系，推进财税政策、货币政策、信贷政策与产业政策的协调与配合，强化对金融机构开展绿色金融业务的激励和约束。

（一）促使货币政策与绿色金融目标相协调

货币政策对经济和社会整体有广泛的影响。央行关于利率水平、通胀目标和汇率所采取的行动是投资决策的关键因素。

货币政策可以采取的措施，一是对货币政策工具进行结构化设计，如将存款准备金率、利率、SLO（短期流动性调节工具）、SLF（常设借贷便利）等常规货币政策工具与“绿色金融”挂钩，以进一步发挥货币政策定向微调的功能。二是制定专门的“支绿”再贷款政策。三是在调整央行资产结构时，增加“绿色”因素（如购买绿色债券）。在宏观调控需要实施量化宽松的货币政策时，尽可能形成“绿色量化宽松”。四是将环境相关风险纳入评估金融稳定性的指标体系和模型，制定一个绿色宏观、微观评估框架①，以及一套标准化的环境评估方法，以使监管机构和政策制定者能够测量、评估企业与环境政策目标相关的活动。该框架可以帮助监管机构审查整个金融体系的环境风险影响，评估金融机构在“看似不可能但却真实存在的”情境下的弹性，并引导宏观审慎监管进行相应的调整。

未来还需要进一步探寻货币政策与绿色金融的关系，包括：央行的决策对绿色和包容性增长的目标产生的重大影响；确定并消除当前货币政策中与

① 在欧洲，大家更关注的是对“环境压力测试”的应用，用来评估碳风险对长期资产持有者的影响。压力测试已经被监管者扩展到环境因素，鼓励金融机构更好地预测气候、污染、能源和水压力带来的风险。

绿色经济目标不匹配之处；审核差别存款准备金要求的应用，及其与绿色金融目标相匹配的可能性；提升关于环境退化和资源稀缺可能对价格和金融稳定性产生的影响的认知能力和知识储备；更好地理解利率水平对能源、水和资源安全领域所需长期投资的影响；等等。

（二）在银行监管政策中融入绿色金融内容，并将可持续发展作为金融风险管理的重要内容

目前，越来越多的国家正在把可持续性因素加入（或考虑加入）金融监管体系。从中国的国情出发，可以采取的措施：一是对符合条件的绿色信贷不计入存贷比考核指标；二是引入环境压力测试制度，开发适用于不同类型金融资产组合的环境压力测试的标准、评测体系和方法；三是树立“绿色资产”在抵押担保方面的优惠地位；四是为绿色信贷建立更加便捷的证券化通道。

（三）证券市场监管政策与发展绿色金融协调，加大发展绿色债券市场的力度

当前中国绿色投资实践中的市场化融资渠道，主要是商业贷款。相对于绿色投融资的实际需要，这种相对单一融资结构的可持续性相对较低。而中国绿色投资资金来源主要依赖银行贷款的现实状况，并不是投资主体选择银行贷款的意愿更强，而是由于其他融资渠道存在制度性限制。针对上述问题，未来证券市场的监管政策应重点围绕三个方面推进：一是积极建设绿色债券市场；二是建立上市公司和发债企业环境信息强制披露机制；三是推动建立绿色投资者网络，完善投资者社会责任体系。

发展绿色债券市场，首先，需要对什么是与债券挂钩的绿色投资给出明确的标准和定义。应建立一个得到政府认可的定义（可以涵盖可再生能源、能效、低碳交通、水、废物管理、可持续农业和气候变化对策等领域），并通过建立政府认可体系或第三方机构为公司债券发行人以确保债券的“绿色”，为公司债券发行人提供便捷通道。其次，形成一个以绿色债券为主的债券交易市场需要大量的绿色贷款。相比非绿色贷款而言，对绿色贷款提供差别价格机制（或为绿色债务性产品提供差别银行资本充足率要求）可以有效增加绿色信贷。第三，为绿色证券提供信用增级。第四，在一定范围内对绿色债

券投资收入给予免税，以支持对绿色债券的投资。第五，各级政府和政府相关机构可以发行具有双重追索权的绿色债券或有政府担保的收益债券，以便为投资者提供分析绿色资产表现的经验，使投资者避免暴露于更高的风险。随着投资者对绿色资产的表现更加熟悉，市场可以发展为绿色资产担保证券。第六，发行绿色城市建设债券。这类债券可用于资助一系列绿色项目，特别是对中国城市化发展来说非常重要的交通运输、可再生能源和清洁用水项目。绿色城市债券可以在国内市场、或以人民币结算的离岸债券市场发行，以吸引更广泛的投资者。

在证券监管政策方面，还可以开发既与政策目标相连又能获得公共部门激励措施的环境友好型基准股票和债券指数。这些指数产品可以直接植入股票市场管理规则中，也可以与针对资产管理公司的激励措施（如税收优惠）相关联。

（四）促使保险监管政策与发展绿色金融相协调

为此，一是要拓展绿色保险的定义及范围。现有绿色保险的定义和范围过窄，限制了保险人更好地了解、预防和减少环境风险的潜力及支持环境可持续发展积极性的发挥。绿色保险不仅仅是应对短期环境污染事故风险的工具，更是解决气候变化等长期风险的一种有效机制。拓展绿色保险定义的目的是促成对环境风险管理形成一套综合方法和各种各样的保险解决方案（如太阳能电池板和风力涡轮机的履约保险、能源和水效率建筑保险、“按里程付费”保险）。二是要进一步改进和提升环境污染责任保险制度，包括建立健全环境污染责任保险相关的法律法规体系、优化地方政府在环责险发展中的角色定位、出台必要的财税政策支持环责险的业务发展、对环责险制度的效果进行评估等。三是加快建立完善环境污染损害鉴定评估机制，规范环境污染事故的责任认定和损害鉴定工作，健全环境损害赔偿制度。支持和鼓励保险经纪机构提供环境风险评估和其他有关保险的技术支持和服务。

（五）财政政策在支持绿色金融方面可以发挥更大的作用

在继续通过财税、价格、土地等政策鼓励和支持企业进行绿色投资的同时，政府政策和政府信用应尽可能由直接用于满足融资需要本身，更多地将其转向对市场化绿色金融供给的激励上。换言之，财政信用和财税政策，除了更集中于必需的领域之外，应更多用于支持绿色金融供给的渠道拓展和金融产品创新，而不是简单地对绿色金融供给的替代。

可以推进的举措包括：一是伴随金融业“营改增”的税制改革，对各类金融机构开展绿色金融业务的收入实行适当的所得税和增值税优惠。二是会同中国人民银行、银监会，研究制订科学、便捷、有效的对绿色投资项目的贴息制度，甚至可以将直接发放给企业的节能奖励转化为信贷贴息，以市场的手段确保财政资金使用的效率性、公平性和普适性。三是对绿色债券的投资收入减免税收，以支持绿色债券投资和绿色债券市场发展。四是通过政府采购，更多地支持绿色企业发展，以增强绿色金融的稳健性。

四、大力培育中介服务体系，加快绿色金融基础设施建设

绿色金融项目通常技术较为复杂，难以全面准确揭示项目风险，需要专业技术评估的支持。为此，要在发挥现有中介服务机构的作用的基础上，加快培育和完善独立的第三方评估机构，建立规范高效的交易市场，完善二级流转市场，提升对绿色金融服务的支持效率。

在绿色金融基础设施方面，一是以政府购买服务的方式，建立公益性的环境成本信息系统，打通目前缺乏项目环境成本信息和分析能力的瓶颈，为决策者和全社会投资者提供依据。可以参考英国 Trucost 公司提出的自然资本负债概念，将大气污染排放、水污染、垃圾生成等造成的环境成本尽可能量化，评估未被当前市场价格所反映的“外部性”规模①。二是建立绿色评级体系，尽快进行绿色评级试点，研究绿色因素对主权政府、地方政府和企业评级的影响路径、影响程度等，合理确定评级标准与方法。

---

① 该信息系统的数据既可以为政策制定者在确定价格补贴、资源税、排污费时提供决策参考，也可以为市场各类投资者在投资和授信决策时采用。

五、发挥政策性金融机构在绿色金融领域的引导作用

为此可以采取的措施，一是建立国家级“绿色金融专项基金”，资本金部分来自政府（污染罚款、环境税和财政收入划拨等），部分来自社会资本（包括社保基金、保险公司和其他具有长期投资意愿的市场机构），通过引入激励机制，直接在股权层面撬动社会资本。二是要求现有政策性银行信贷进一步“绿化”，按照“赤道原则”调整业务流程和产品结构。同时，政策性银行应在成为银团贷款牵头行时，对贷款用途有更清晰的导向，支持节能环保的投资项目和对被投资企业施加影响。在政策性银行内部应设立专门的绿色金融部门，主要负责对信贷对象和信贷组合进行基于绿色金融标准的评估。三是对现有政府系的各类基金（如社保基金、医保基金、住房公积金等）的投资活动增加社会责任要求，更好地发挥政府的投资引领作用。

参考文献

[1] Alexander, K (2014). Stability andSustainability in Banking Reform: AreEnvironmental Risks Missing in Basel Ⅲ?, CISL& UNEP FI, Cambridge.

[2] Brown, M (2013). Unburnable Carbon 2013: Wasted Capital and Stranded Assets. Carbon Tracker Initiative/Grantham Institute on Environment and Climate Change, London.

[3] Coutinho, L (2014). Development Banks Good in Crises, Even Better all Other Times, FT Alphaville, July 22 2014, http://ftalphaville.ft.com/2014/07/22/1904392/development-banks-good-in-crises-even-better-all-other-times/.

[4] Douglas, R (2014). Integrating Natural Disaster Risks & Resilience into the Financial System, Concept Note, Willis Research Network. Available at: http://www.willisresearchnetwork.com/assets/templates/wrn/files/natural_ disaster_ resilience_ financial_ system_ concept_ note_ june2014.pdf.

[5] Eyraud, L., Wane, A., Zhang, Ch., Clements, B (2011). Who is Going Green and Why? Trends and Determinants of Green Investment. IMF Working Paper WP/11/296, Washington DC.

[6] Global Commission on the Economy and Climate (2014). Better Growth, Better Climate: The New Climate Economy Report (Finance Chapter), Global Commission on the Economy and Climate, London.

[7] Group of Thirty (2013) Long Term Finance and Economic Growth, Twelfth Report of Session 2013-14. Volume 1, G30 Consultative Group on International and Monetary Affairs, Washington D. C.

[8] Inderst, G., Kaminker, Ch., Stewart, F. (2012) Defining and Measuring Green Investments: Implications for Institutional Investors Asset Allocations, OECD Working Papers on Finance, Insurance and Private Pensions, No. 24, OECD Publishing, Paris.

[9] Intergovernmental Committee of Experts on Sustainable Development Financing (2014) Report of the In-

tergovernmental Committee of Experts on Sustainable Development Financing, UN, New York.

[10] International Energy Agency (2014) World Energy Investment Outlook, Paris.

[11] Lund, S., Daruvala, T., Dobbs, R., Härle, P. Kwek, J. and Falcón, R (2013) Financial globalization: Retreat or reset? McKinsey Global Institute, London.

[12] McCrone, A. (Ed.) (2014) Global Trends In Renewable Energy Investment 2014, Frankfurt School-UNEP Collaborating Centre/ UNEP/ Bloomberg New Energy Finance, Frankfurt.

[13] Stein, P., Goland, T. and Schiff, R. (2010) Two Trillion and Counting, IFC and McKinsey & Company, London.

[14] Teulings, C. and Baldwin, R. (Eds.) (2014) Secular Stagnation: Facts, Causes and Cures, Centre for Economic Policy Research, London.

[15] UNCTAD (2014) World Investment Report 2014-Investing in SDGs, UNCTAD, Geneva.

[16] UNEP Inquiry (2014a) Aligning the Financial System to Sustainable Development: An Invitation, UNEP Inquiry, Geneva.

[17] UNEP Inquiry (2014b) Aligning the Financial System to Sustainable Development: Insights from Practice, UNEP Inquiry, Geneva.

[18] UNFCCC (2014) Safeguarding Future Retirement Funds: Time for Investors to Move Out of High Carbon Assets says UN's Top Climate Official (press release). Available at: http://unfccc.int/files/press/press_ releases_ advisories/application/pdf/pr20140115_ ceres_ final1.pdf.

[19] UNTT Working Group on Sustainable Development Financing (2014) Chapter 1: Financing for sustainable development: Review of global investment requirement estimates, Intergovernmental Committee of Experts on Sustainable Development Financing, New York.

[20] Whitely, S. (2013) Time to Change the Game: Fossil Fuel Subsidies and Climate, Overseas Development Institute, London.

[21] World Economic Forum (2013) The Green Investment Report-The ways and means to unlock private finance for green growth, WEF and the Global Green Growth Alliance, Geneva.

[22] World Bank (2013) Capital for the Future: Saving and Investment in an Interdependent World, Global Development Horizons. Washington, DC.

[23] Zadek, S. and C. Flynn (2013) South Originating Green Finance: Exploring the Potential, International Institute for Sustainable Development and UNEP Finance Initiative, Geneva.

[24] Zadek, S. and N. Robins (2014) Imagining a Sustainable Financial System, Framing Paper for UNEP Inquiry-CIGI Academic Symposium, UNEP Inquiry, Geneva.

[25] Zadek, S. and C. Zhang (2013) Greening China's Financial System: An Initial Exploration, International Institute for Sustainable Development and the Finance Institute of the Development Research Centre of the State Council, Geneva.

上部

绿色金融的中国实践与经验

中国绿色金融体系发展的经验和教训

田　辉　陈　宁　张丽平　王　刚

概　要

近年来，中国的环境形势日益严峻，空气、水、土壤等污染不仅对经济的可持续增长形成无法回避的威胁，更造成无法估量的生命、健康损失。某种程度上，绿色经济已经是中国社会不能不实施、不得不实施的一个战略取向。相应地，为绿色经济提供支持的绿色金融也将被赋予更多责任和使命。经过数年各方努力，中国的绿色金融市场已经获得了初步发展，政策体系也初步形成，并在实践和探索中取得了不少宝贵的经验和教训。十八届三中全会将生态文明建设提升到了前所未有的高度，为中国绿色金融的发展赋予了新的战略机遇。本报告将对绿色金融在中国的实践和经验进行较为全面的梳理和总结，为未来政策的调整和完善奠定决策基础。

本报告主要分为四部分内容：第一部分简要描述中国绿色金融发展的国内外宏观环境；第二、第三部分分别对中国绿色金融的市场现状和现行政策体系进行评估；第四部分则对正面经验和负面教训进行总结。

一、中国绿色金融发展的宏观环境

（一）国际背景：环境保护的全球浪潮

随着人类社会的发展，生产力的进步，环境保护问题日渐成为世界关注的主要议题之一。1972 年，第一届联合国人类环境会议在瑞典斯德哥尔摩召开，会议首次发表了与环保相关的《人类环境宣言》，并确定每年6月5日为“世界环境日”。1992年联合国开始举办环境与发展会议，率先提出《21世纪议程》，倡导在促进发展的同时注重环境的保护，成为世界范围内注重经济可持续发展的开始。此后，国际环保方面不断有多项成果及公约的制定。在2013年召开的华沙气候大会上，重申了落实巴厘路线图的重要性，敦促发达国家进一步提高2020年前的减排力度，并进一步加强对发展中国家的资金和技术支持。同时，会议围绕资金、损失和损害问题达成了一系列机制安排，为推动绿色气候基金注资和运转奠定了基础。近年来，在环境保护主要领域的国际合作也有所深入。以中国为例，与韩国共同商讨大气雾霾的治理，与俄罗斯探讨能源的合作。国际上关于国际环境公约履约、化学品管理、短寿命气候变化污染物、环境技术交流、南南环境合作等议题也有较多的讨论。

总的来说，在国际范围内，环境保护和经济社会可持续发展的进程沿着风险降低和收益扩大两个方向推进。风险包括降低面临的环境风险（如能源风险、气候变化风险等）以及因此导致的社会风险，收益扩大主要是以培养新的发展方式为主，例如经济的可持续发展模式。这已经成为全球绿色发展的重要趋势。

（二）国内背景：经济发展方式面临挑战，产业结构调整迫在眉睫，从而对绿色经济发展提出新的要求

中国在过去30年来保持了较高速的增长，GDP平均增长速度接近10%，使得中国的GDP总量目前跃居世界第二，成为仅次于美国的经济总量大国。经济的高速发展，大幅提高了人民的生活水平，2013年人均GDP超过6600美元，中国已经由改革开放初期的低收入国家发展为中等偏上收入国家。然而，随着经济的迅猛发展，粗放型的资源消耗出现了爆发式增长，“三高”产业的产能扩张，对环境产生了破坏性的影响。由于有效的环境保护机制并未完全建立，无法有效地遏制环境恶化的趋势，导致污染范围大幅扩大，污染物排放量大幅提高，生态环境迅速恶化，部分地区甚至出现了退化，资源和环境的约束逐渐显现。近年来，愈发严重的雾霾问题、垃圾问题、水污染问题等事件频发，影响范围逐步扩大，有些甚至成为全国性问题。这些问题都是中国长期粗放型、高消耗型的经济模式发展到一定阶段的必然结果。环境

破坏的结果是巨额的环境污染成本。根据国家环境保护部发布的《中国环境经济核算研究报告》①，近年来环境污染成本占 GDP 的比重始终在 3% 左右，而国家环保总局和 OECD 发布的《OECD 中国环境绩效评估》表示②，2020 年中国受环境污染影响损失为 GDP 的 13% 左右。

严峻的环境形势，迫使中国亟须从资源消耗型经济过渡到资源节约型和环境友好型经济，中国进入了经济结构调整和发展方式转变的关键时期。国务院发展研究中心副主任刘世锦认为③，中国经济正在经历的转型包括经济结构、增长动力和增长色彩转变三层含义。如果过去是灰色或黑色增长，未来将是绿色增长，即以清洁、低碳、低耗为代表的可持续增长。这个调整和转变的核心内容包括发展绿色产业以及改造传统产业。绿色产业，即生产过程中能够统筹环境因素，做到节能减排的产业，在我国主要以环保新兴产业为主。2010 年发布的《国务院关于加快培育和发展战略性新兴产业的决定》中，将“节能环保产业、新一代信息技术、生物、高端装备制造、新能源、新材料、新能源汽车”七个产业作为现阶段重点培育对象。对传统产业的改造，则是将中国大量的传统的高污染行业，按照可持续发展的方式进行绿色改造。这些行业由于不规范的生产流程，导致对环境影响的潜在成本较高，因此对这些行业的传统产业进行改造是必需的。例如，中国钢铁生产大省之一河北省正在着手准备对其钢铁产业进行重组。另外，结构调整的过程中也不能忽视技术进步。目前发展迅猛的互联网技术已把社会改变成信息化社会，因此在发展过程中需要把绿色发展与科技及文化发展相结合，统筹考虑，使各方互相促进，合理推动社会经济的转型。

（三）新的机遇：政府对环境保护日益重视，多项基础设施建设开展，为绿色经济发展提供了新的机遇

随着对绿色发展重要性认识的深入，环境生态保护等也逐渐成为党和政府关注的重点。2007 年，党的十七大报告首次提出建设生态文明，提出需要

---

① 张庆丰、克鲁克斯：《迈向环境可持续的未来——中华人民共和国国家环境分析》，中国财政经济出版社 2012 年版。

② http://www.cssn.cn/ddzg/ddzg_ldjs/ddzg_jj/201312/t20131202_891925.shtml。

③ http://biz.21cbh.com/2014/3-25/4NMDA0MTNfMTEwODA4Ng.html。

从以生态文明为基础来协调环境保护与经济社会发展之间的关系。2011 年在开始实施的“十二五”纲要中，政府也提出了“绿色发展”的概念，明确了“十二五”规划的首要任务是“实现绿色发展，推动绿色革命，创建资源节约型和环境友好型社会，全面降低能耗，减少温室气体排放，促进发展模式由‘黑猫’向‘绿猫’转型”。在此之后，党的十八大报告首次单独大篇幅论述生态文明，做出“大力推进生态文明建设”的战略决策，将生态文明与经济建设、政治建设、文化建设、社会建设相并列，成为建设有中国特色的社会主义总体战略规划中不可缺少的组成部分，由原来的“四位一体”拓展为“五位一体”，这是总揽国内外大局、贯彻落实科学发展观的一个新部署。在党的十八届三中全会审议通过的《中共中央关于全面深化改革若干重大问题的决定》中，提出“必须建立系统完整的生态文明制度体系，实行最严格的源头保护制度、损害赔偿制度、责任追究制度，完善环境治理和生态修复制度，用制度保护生态环境”。明确了需要在耕地保护、水资源管理和环境保护方面建立完善且严格的制度。“用制度保护生态环境，这是十八届三中全会在生态文明建设方面最重要的一个精神或者说是一条主线。”①

在十八大明确了生态文明建设的战略方向后，一系列政策法规也陆续出台，为中国生态文明建设添砖加瓦。2014 年 4 月，十二届全国人大常委会第八次会议表决通过了修订后的《环境保护法》，2015 年 1 月 1 日起施行。新的《环境保护法》从法律层面上体现了经济社会发展与环境保护协调的环境优先原则，明确了政府、企业和公民三方各自应承担的责任，赋予了负有环境保护监督管理职责的部门一定的权力，提出了信息公开和民众参与的要求，扩大了公益诉讼主体至环保组织。其较为严格的法律条款及责任承担机制也是我国环保领域法律的一大进步。同时，新的《环境保护法》还引入了“生态保护红线”概念，从地域上明确了“红线”的位置。除此之外，国务院从 2013 年下半年开始陆续发布了涉及产业调整、防治大气污染、规划城市可持

① 刘世锦，http：//biz. 21cbh. com/2014/3 -25/4NMDA0MTNfMTEwODA4Ng. html。

续发展及实施节能减排低碳发展等多项文件①，从多个角度逐渐部署生态文明建设的战略，逐步推进各项与环保相关的政策法规，逐步完善与环保相关的法律制度。

从具体实践情况来看，由于雾霾等大气污染的治理需求迫在眉睫，未来政府的主推方向将是清洁能源、工业节能、建筑节能、交通节能、终端能效提高等。国务院总理李克强在2014年4月主持召开的国家能源委员会全体会议上表示，当年将重点放在清洁能源的建设上，一批与核电、水电、风电、太阳能等清洁能源相关的项目将在年内开工建设，并加快推进重点领域和单位节能工程的进程。另外，在农村和较偏远地区，对开发利用生物质能、太阳能、风能、地热能等新能源和可再生能源也给予一定的支持。同时，政府还引进先进风能技术，进行多项技术示范工程，推动风电的发展。政府主要通过市场的手段促进风能风电的发展，例如开展多项十万千瓦级风电场特许权试点工作。

（四）小结：经济发展转型、产业结构调整以及生态文明建设推动着绿色金融在中国的发展

对于中国来说，未来几年既是经济社会绿色转型的关键时期，也是生态文明建设的重要时期，同时需要避免转型过程中出现不必要的成本，避免旧问题的反复和新问题出现。尽力解决环境污染的历史问题，将反映环境程度和经济增长的主要指标的优势结合，以实现环境与经济的双赢。在这个历史的转折时期，经济和社会的绿色发展对金融的需求也将日益增长，绿色金融将成为金融领域未来发展的新趋势。可以通过金融的资源配置作用，有效引导金融资源的流向，促进产业结构的调整，加速增长模式的转变，且能够化解产能过剩，减少资源环境的约束。目前，绿色证券政策框架思路初步成形，绿色保险覆盖范围逐渐扩大，绿色信贷实施较早并逐步完善，中国“绿色金融”体系雏形已现。

---

① 《国务院关于加快发展节能环保产业的意见》国发［2013］30号；《国务院关于化解产能严重过剩矛盾的指导意见》，国发［2013］41号；《国务院关于印发大气污染防治行动计划的通知》国发［2013］37号；《国务院关于印发全国资源型城市可持续发展规划（2013－2020年）的通知》，国发［2013］45号；《国务院办公厅关于印发2014－2015年节能减排低碳发展行动方案的通知》，国办发［2014］23号；《国务院办公厅关于印发大气污染防治行动计划实施情况考核办法（试行）的通知》，国办发［2014］21号。

二、中国绿色金融的发展现状评估

（一）与绿色金融相关的机构

1. 资金和服务需求方

（1）传统产业。

在中国，传统产业主要指一些发展已至成熟的行业，其高速增长期已过，但多数拥有成熟稳定的技术，例如钢铁、煤炭、电力、水泥、石化、有色金属、建筑、汽车、纺织等。由于对技术要素等的依赖以及成长的放缓，部分行业对经济的贡献度逐渐下降，但由于缺少环境安全的考虑，这些行业对环境的负面影响逐渐显现，有些行业则成为产能严重过剩行业。一方面，有些特征体现了产业发展中的不足；另一方面，这也是产业在其周期发展中必经的阶段。同时，传统产业也具有规模大、集中度高、技术基础好及市场份额高的优点，对经济的支撑作用是重大的，在寻求可持续发展的目标下，对传统产业进行绿色改造是十分必需的。

联合国曾在2011年发布报告呼吁资源消耗量较大的亚太地区展开新的绿色工业革命，通过提高资源利用效率，实现经济的持续繁荣。从国际上看，传统产业的绿色转型主要通过技术改造、管理创新和公益参与三大途径来实现[①]。企业通过积极应用国内外最新技术创新成果，建立专门的环境保护部门，改造其产品从研发到售后的一系列流程，改造企业的组织决策结构，并通过积极参与公益活动来拓宽社会责任的承担范围，确保绿色的理念渗入企业运营的每个环节。在我国，各省市也积极推行绿色转型。例如山东省为了加快传统产业的改造升级，政府从传统产业（例如轻工、纺织、机械、化工等）中挑选出几百个项目作为重点突破项目。其中，从秸秆中提取新材料打通秸秆产业链条被列为重点攻关项目之一。

在这个过程中，传统产业对金融资源的需求也是巨大的。产业的调整包括传统制造业生产中产品设计和制造中的节能减排、清洁改造、废物回收等

---

① http：//finance. people. com. cn/nc/GB/15918242. html。

环节，使传统产业的结构得到优化，附加值提高，成为技术先进、吸纳能力强的产业。由于整个调整过程面临周期长、投入高、风险大的特点，金融资源需要在新技术的引入、设备购买、市场拓展及风险管理等方面发挥作用，并且能够给予企业稳定长期的资金支持，以促进整个产业调整过程更加平稳有效。

（2）环保新兴产业[①]。

环保新兴产业是指为发展绿色经济、保护生态环境提供物质基础和技术保障的产业，包括一切与新能源、信息、生物相关的产业发展。环保新兴产业具有知识密集、技术领先、物质资源有效消耗的特点。近年来，由于一系列与污染物排放、环境监测和环境管理标准相关的新标准陆续出台，催生了在污染防治、装备清洁生产和新技术服务等方面的巨大市场需求，环保新兴产业也因此逐步发展壮大。“十一五”期间，中国节能环保产业产值累计已经超过 7 万亿元，增加值约 2 万亿元，带来了可观的回报和效益[②]。

在 2010 年发布的《国务院关于加快培育和发展战略性新兴产业的决定》中，提出了战略新兴产业的概念，明确“战略性新兴产业是以重大技术突破和重大发展需求为基础，对经济社会全局和长远发展具有重大引领带动作用，知识技术密集、物质资源消耗少、成长潜力大、综合效益好的产业”，也指出对战略性新兴产业的培育对推进我国现代化建设具有重要战略意义。2010 年发布的该文件确定了七个现阶段重点培育产业，并提出到 2015 年，将战略性新兴产业增加值占 GDP 的比重提高到 8% 左右，到 2020 年，将战略性新兴产业增加值占 GDP 的比重提高到 15% 左右。2013 年，国务院发布《关于加快发展节能环保产业的意见》，提出在重点领域促进节能环保产业发展水平全面提升，推广节能环保产品并扩大市场消费需求，加强技术创新以提高节能环保产业市场竞争力，强化约束激励，营造有利的市场和政策环境等要求。

由于环保新兴产业处于行业发展的初期，技术研发和产业培育都是刚刚起步，相较于传统行业，新兴环保行业基础薄弱，具有有形资产少、企业普遍规模较小的特点。同时，技术的开发、成果的推广，都有很多不经济性和

---

① 国务院文件中的节能环保产业主要指高效节能技术装备及产品，与本文环保新兴产业略有不同。

② http：//www. topcj. com/html/1/TPXW/20140620/7141233. shtml。

很多不确定性，因此金融的支持十分重要。新兴环保行业对资源的需求在规模上和种类范围上均有所体现，而资源能否优势配置对行业未来的成长具有方向性和决定性的作用。如何利用市场手段，有效引导金融优势资源支撑新兴环保行业的良好持续发展，是目前各方均需要考虑的问题。

2. 资金和服务供给方

（1）金融机构。

金融机构是绿色金融资金和服务的主要提供方，包括传统的银行、保险公司和与证券相关的金融机构，以及政策性金融机构等。

①商业银行。商业银行作为主要金融资源的提供方，也是中国绿色金融，特别是绿色信贷提供的主体，是推进改革转型的中坚力量。在金融领域中，绿色的概念最先在商业银行中体现。2008 年兴业银行成为中国第一家遵循赤道原则的金融机构，并成立专门的环境金融部，整体负责绿色相关业务的开展和推广。随后中国建设银行、中国工商银行和光大银行等也逐步建立起自身的绿色金融支持体系。截至 2013 年底，已有 49 家银行发布社会责任/可持续发展报告或同类报告①，其中，13 家银行报告经过了第三方审验，10 家银行发布了多语言报告，增进了利益相关方及社会各界对银行业社会责任推进工作的理解和认可。在 2013 年 11 月的全国银行业化解产能过剩暨饯行绿色信贷会议上，29 家银行承诺签署《中国银行业绿色信贷共同承诺》，表明商业银行积极承担社会责任，展示了其主动接受社会公众监督的信心和决心。另外，商业银行绿色金融实践还体现其经营过程中推广绿色文化、打造生态银行的理念。在中国银行业协会《2013 年度中国银行业社会责任报告》中，银行业金融机构打造“绿色银行”的措施体现在：网络化无纸化办公的推行，可回收降解材料和环保产品的使用，节水节电降能减污的倡导，以及采购环节中对供应商和产品的筛选②。

②保险公司。在党的十八届三中全会通过的《中共中央关于全面深化改革若干重大问题的决定》中，提到了须实行严格的损害赔偿制度，也就是需

① 中国银行业协会，《2013 年度中国银行业社会责任报告》，http：//www. china－cba. net/do/bencandy. php？ fid＝42&id＝12823。

② http：//bank. jrj. com. cn/2014/06/26171817495387. shtml。

要充分体现保险在绿色金融中的作用。目前，保险公司提供的绿色金融服务主要是一些保险产品，其中主要为环责险。由于环责险有强制性要求，因此保险公司也是绿色金融服务主要的提供者。环保部与中国保监会在 2013 年 1 月 21 日发布的《关于开展环境污染强制责任保险试点工作的指导意见》中，明确保险公司应做好对投保企业环境风险管理的指导和服务工作，定期开展梳理和检查，查找环境风险和事故隐患，及时提出消除不安全因素或者事故隐患的整改意见，并可视情况通报当地环保部门。这表示保险公司需要为投保企业提供类似于“环保体检”的服务①。保险公司在实际操作中也会组织专家进厂评估并出报告，评定风险等级，并据此与企业协商确定保费。企业通过参保，能够得到保险公司的协助，加强环境风险的管理能力，提升污染治理水平，减少污染事故发生几率，借此确保生态环境安全。由此可见，保险公司也为企业提供环境安全的事前防范机制。环保公司的评估除了评估生产全过程中的潜在风险外（如生产流程中污染防治设备的运营情况、应急设备物资的完善情况等），也会检测环评报告的有效性（环评报告是否过时）。

③PE/VC 及机构投资者。在国外，绿色私募股权和风险投资基金是绿色金融领域中重要的融资方式之一。由于中小型创新企业是环保新兴产业的生力军，而由于资产规模的原因这些中小企业无法进入公开市场进行交易，PE/VC为其提供了融资渠道。同时，PE/VC 能够对中小企业的投资和管理经营发挥筛选的作用，仅具有突出的经营业绩以及良好的市场表现的企业才有可能到公开市场进行交易。在我国，PE/VC 也已关注战略新兴产业。根据清科集团 2014 年一季度中国私募股权投资研究报告及中国创业投资研究报告，互联网、生物技术、电信及增值业务均位于按规模和按案例数的一级行业投资分布的前列。同时，《绿色建筑评价标准》的出台，使得越来越多的 PE/VC 开始关注绿色建筑产业链条的投资机会。随着私募股权市场 2012 年以来漫长“寒冬”的结束，创业环境逐渐成熟，PE/VC 行业发展也迎来了新机遇。绿色经济将成为国家经济发展的重要方向，PE/VC 行业将继续洗牌过程，基金管理人也将更加专业化和专注化，回归价值投资。而对可再生能源、清洁技术和可持续性行业等方面的投资，也将成为 PE/VC 行业下一轮发展的主

---

① http：//insurance. jrj. com. cn/2014/03/31092916955856 – 1. shtml。

要关注点。

④政策性金融机构。我国的政策性金融机构主要为三家政策性银行，其具体实践方式略有不同。国家开发银行与多部委和各地政府合作，积极筹集和引导社会资金投向绿色产业、生态环保领域。例如，和省级政府部门共同出资建立节能减排基金，通过多渠道解决企业在减排过程中所需的资金投入问题。中国进出口银行则通过节能环保贷款帮助中国企业突破国际绿色贸易壁垒，利用外国政府或国际金融机构的转贷资金支持国家生态环境建设、节能减排等多个节能环保领域的固定资产投资项目，同时推出转贷项目人民币配套资金贷款业务，这对推动我国合同能源管理机制建设和促进生态环境保护具有十分积极的作用。另外，进出口银行也推出了清洁发展机制顾问业务，协助中国企业在发展中国家开展清洁发展机制项目①。农业发展银行则将支持的重点放在农业和农村的经济节能环保绿色发展重点项目，特别是城镇污水处理、河道治理、水资源节约利用以及改善农村生态和生活环境的重点工程项目。

（2）其他机构。

①中介服务机构。中介服务机构是指在传统商业性金融机构或政策性金融机构之外，为企业和居民提供各类非银行金融机构的中介服务业务，被称为“新型金融业态”。中介服务机构是连接金融机构和企业之间的桥梁。以信用贷款为例，主要涉及认证机构、会计师事务所、资产评估机构、信用评级和担保机构等。而绿色金融的中介业务，尤其是碳金融业务相关的 CDM 项目，存在周期长、关系复杂的特点，需要中介机构的专业化服务。目前，部分金融中介机构已经开始探索将环境保护因素纳入业务范围，在提供各种咨询服务的同时考虑绿色可持续发展的作用。例如担保公司，其对绿色金融的支持主要体现在为对商业银行的绿色贷款提供融资担保。目前，多个省市已经展开担保公司与银行的合作，并为中小微企业提供“绿色通道”，确保金融资源流向新兴产业。2014 年 1 月，中国人民银行、国家发改委、中国银监会、环境保护部联合发布了《企业环境信用评价办法（试行）》，规定企业环境信用等级分为环保诚信企业、环保良好企业、环保警示企业、环保不良企业 4 个等级，依次以“绿牌”“蓝牌”“黄牌”“红牌”标示，成为中介机构展开

---

① http：//news. xinhuanet. com/2014 －04/23/c_ 1110376492. htm。

绿色业务时重要的依据之一。

②民间环保组织。中国的民间环保组织从多个方面参与到绿色金融的推广过程中。例如，运用绿色信贷的理念对银行信贷进行评级，是民间环保近几年介入环境领域保护的一种新方式。在 2009 年，民间环保自助“绿色流域”就联合国内 8 家环保组织，连续 4 年编写出版了《中国银行业环境记录》，使用 13 个指标作为评价银行绿色信贷的标准。同时，民间环保组织还可以作为环境公益诉讼的主体向法院起诉①。最新的环保法中也明确了民间公益组织的公益诉讼主体地位。例如，2013 年，民间环保组织中华环保联合会就作为环境公益诉讼的主体总共向各级法院起诉 8 起环境侵权案件。此外，各环保组织还与主要的相关机构进行对话，提请他们注意信贷与环保协调发展。民进环保组织作为政府和企业外的独立第三方，持续引进国际先进可持续理念，也成为各方沟通的桥梁之一。例如，兴业银行就定期与主要的民间环保组织保持沟通，作为其提供绿色金融服务的信息支持。而“绿色流域”还不定期地向主要银行公布污染企业的名单，目前已得到数十家银行的响应，不再向污染重、排放高的企业发放贷款。

（二）绿色金融的产品及市场

绿色金融从产品的角度大致可以分为三类②：绿色信贷（绿色存贷款业务，包括抵押贷款、项目贷款）、绿色保险及绿色证券（股票、债券、基金、碳金融等）。

1. 绿色信贷

绿色信贷是指银行（包括政策性银行、商业性银行和其他银行业金融机构）为支持绿色发展而投放资金的活动。绿色信贷是目前中国绿色金融的主要工具。

中国“绿色信贷”主要包含两重含义：一是银行对于绿色、低碳企业应给予信贷资金支持；二是需要关注和防范贷款项目因环境问题而出现风险。这与国际上的通行做法基本相同。主要银行在绿色信贷方面的具体做法也存

① http：//news. xinhuanet. com/gongyi/2014 －06/19/c_ 126638559. htm。

② http：//www. yicai. com/news/2014/02/3499572. html。

在很大的差别。从各金融机构绿色信贷原则确立的方式看，可分为三类①：一是兴业银行等加入国际公约（“赤道原则”），以国际准则为主的金融机构；二是工商银行和建设银行等自身建设绿色信贷政策的金融机构；三是中小银行为主的转发主管机构和地方文件为主的金融机构。其中，第三类金融机构仍然停留在绿色信贷的认识和理念建立阶段，缺少具体的操作规则或操作规则不完全。从各金融机构对绿色信贷政策实施的控制上看，分为两类②：一是国有和大型股份制银行为了对政策的执行情况进行严格确认，保证资金的流向，采取了自上而下的控制方式；二是各地方股份制银行和城商行则因能力的缺乏，采取了自我约束的控制方式。根据银行业协会《2013 年度中国银行业社会责任报告》，截至 2013 年底，银行业金融机构节能环保贷款余额为 16045 亿元，共支持了 14403 个节能环保项目。21 家主要银行业金融机构绿色信贷余额达 5.2 万亿元，占其各项贷款余额的 8.7%，支持节能环保企业债务融资近 3300 亿元③。这相当于年节约标准煤 18671 万吨、水 43807 万吨，年减排二氧化碳当量 47902 万吨，有效支持了我国经济社会绿色、循环、低碳发展。绿色贷款的规模呈现上升趋势，在绿色信贷的产品方面，各商业银行也在不断丰富创新产品。以兴业银行为例，其开发了合同能源管理项目未来收益权质押融资、合同环境服务融资、国际碳产质押融资、国内碳产质押融资、排污权抵押融资、节能减排融资和结构化融资等新型特色产品，并提供了涵盖碳交易、排污权交易、节能量交易、水资源利用和保护、产业链综合服务、行业整合和特定项目融资等领域的多层次解决方案，以满足不同客户在节能环保领域的多种金融需求。同时，兴业银行的绿色团队也根据节能环保产业各细分行业的全产业链需求特征，制定个性化改造方案，为客户提供更专业的绿色金融服务④。

2. 绿色保险

绿色保险又称环境保险，是将污染的隐性成本显性化、负外部性内部化，

---

① http：//bank. xinhua08. com/a/20120828/1011381/shtml。

② http：//jjckb/xinhuanet. com/2012 – 11/19/content_ 412933. htm。

③ http：//www. legaldaily. com. cn/xwzx/content/2014 – 04/21/content _ 5468791. htm？ node = 53628。

④ 兴业银行：《2013 年可持续发展年度报告》。

以实现环境风险管理的金融工具。目前最常见的绿色保险工具是企业的环境责任险。

绿色保险的目的并不是为污染企业兜底，也无法直接杜绝污染，其意义在于防患于未然和污染之后的善后处理。截至目前，据不完全统计，我国的环境污染责任保险试点省、市、自治区已经达到28个，投保企业累计达到2.4万家次，提供风险保障金568亿元，支付赔偿款2000余万元，行业涉及重金属、石油化工、危险化学品、危险废物处置、电力、医药、印染等，对解决企业的环境污染纠纷、减轻企业的负担、缓解社会矛盾起到了积极的作用①。环责险在中国的发展现状主要呈现出三大特点：一是主要由环保部、保监会等中央政府职能部门和地方政府推动实施②。二是具体运营模式在不同地区存在显著差别③。三是自试点启动以来，环责险呈现出加速发展的态势，但相对于中国保险市场的整体发展情况而言，依然落后④。目前，中国的环境污染责任保险实行市场化运作，保单的范围也在不断扩大，环境污染责任保险利用市场机制防范和分散环境风险的作用已初步显现⑤。但各大保险公司环境污染责任保险产品的条款不一，对环境污染等概念的阐述也不一致，环境污染责任保险的产品需要进一步统一并且标准化。同时，相对于发达国家，中国环境污染责任保险的保障范围仍然较窄。

3. 绿色证券

绿色证券是指除了对企业的间接融资（绿色信贷和绿色保险）实行环保控制外，还针对企业的直接融资施行环保控制的相关措施，包括绿色市场准

① http：//money.163.com/14/0618/09/9V0SIPUM0025335M.html。

② 2007年底环保部与保监会联合发布了《关于环境污染责任保险工作的指导意见》。随后，江苏、湖北、湖南、重庆、沈阳、深圳、宁波、苏州等省市作为试点地区展开了相关工作。2013年2月，在新的政策推动下，又有一些新的省市和地区启动了环责险的试点工作，环责险的试点范围不断扩大。

③ 环责险主要采取地方试点的方式推进，受地方政府重视程度、管理思路等因素的影响，在运营模式上存在显著差别。

④ 整体看，2008年约700家企业投保，保费收入达1200多万元。2012年底，投保企业升至2000多家，承保金额近200亿元。然而，环责险的业务发展状况并不理想。2009年，全国试点地区环责险保费收入仅占当年财产保险保费总收入2875.83亿元的0.015%；2012年这一比重并没有明显提高。在一些地区，环责险的投保状况不仅没有逐年增长，反倒逐年恶化。

⑤ http：//www.iepz.cc/New/View.aspx？ID=6894。

入制度、绿色发行及配股制度和环保绩效披露制度，试图全方位抑制“双高”企业的无序发展。从证券发行主体来看，绿色证券主要涉及上市公司发行的股票和债券。而从投资方来看，除了传统的银行和保险机构，也包括绿色基金（包括共同基金和私募基金）。从产品的角度来看，碳金融交易是目前资本市场的主要产品。

（1）绿色股票/债券。2013 年 6 月，民间组织公众环境研究中心与绿色江南、绿色潇湘、商道纵横等多家机构共同发布绿色证券报告，从中国的大气环境污染问题入手，以水泥行业为突破口，揭示水泥上市公司违规排污、回避信息披露等问题，以此呼吁公众推动上市公司和它们的中外投资者承担责任。公众环境研究中心还设立了绿色证券数据库网站①，投资者可以查询公司的环境表现、排放数据以及其关联方的相关数据，同时对部分金融投资者和实业型投资者在环境方面的表现进行评分。目前该网站共收录近千余家上市公司的环境监管记录。在绿色债券方面，根据银行间交易商协会的数据，截至 2014 年 6 月 15 日，超过 700 家绿色企业发行债务融资工具，融资高达 9685.8 亿元②。2014 年 6 月，首只以人民币计价的“绿色债券”在伦敦发行，标志着人民币国际化又向前推进一步③。

（2）绿色基金。环保已经成为投资者关注的重要话题，特别是在 A 股市场。随着十八大以来社会对于环境保护的愈加重视，各基金经理也看好对于环保行业的投资机会。据不完全统计，目前市场上已经成立和在发的环保主题基金一共有 12 只④，主要在近两年内成立。基金规模从最低的不到 1 亿份到最多的 14 亿份，平均在 5.5 亿份，平均单位净值在 1.04 元左右。

（3）碳金融。碳金融是指由《京都议定书》而兴起的低碳经济投融资活动，或称碳融资和碳物质的买卖，即服务于限制温室气体排放等技术和项目的直接投融资、碳权交易和银行贷款等金融活动。中国的排放权交易市场经过 20 多年的不断摸索，在交易规模、试点示范、基本制度、交易平台以及交易标的物等方面均得到了显著发展，已涵盖大气污染物排放权交易、水污染

① http://www.ipe.org.cn/gca/greeninvest.aspx。

② http://jjckb.xinhuanet.com/2014-06/25/content_509969.htm。

③ 这只债券由国际金融公司（IFC）发行，期限3年，筹集资金5亿元人民币，票面收益率为2%。

④ http://finance.sina.com.cn/money/fund/20140609/025019349296.shtml。

物排放权交易以及碳排放交易，其中碳排放交易发展得最快。根据《中国低碳金融发展2014年度报告》，到2020年中国碳排放总量将达到世界的1/3。目前，作为重要金融要素的碳排放权，已在7个省市启动碳排放权交易试点，包括深圳、上海、北京、广东、天津、湖北和重庆。目前，虽然各地方运作方式有所不同，但运行中的7个碳排放权交易试点已分配了10亿多吨二氧化碳排放配额给约2000个控排企业或单位。目前，各地碳交易平台的建设以企业家支持为主，金融机构参与程度有限，未来可考虑引入金融机构和风险资金。

（三）对中国绿色金融市场的基本判断

1. 中国的绿色金融仍主要以银行提供的绿色信贷产品为主，绿色保险、绿色证券和其他金融机构的绿色金融业务发展相对滞后

无论从机构的规模上、产品的种类上、业务的发展上或是信息的建设情况上来看，绿色信贷的发展均要远远领先于绿色保险和绿色证券。这与中国以银行业为主导的金融体系结构是分不开的。作为规模体量最大、对实体经济支持程度最重的银行业，当之无愧地承担起绿色金融发展的带头重任。而中国的银行业也积极携手企业和个人，通过实施绿色信贷，创新金融产品，推广绿色环保文化，开展绿色低碳运营，为美丽中国和生态文明建设贡献了主要的力量。因此，银行业通过实施绿色信贷、推广绿色环保文化等一系列工作，对我国绿色发展提供了坚实保障。相对而言，多数保险及证券行业的绿色产品的开发则仍处于初级阶段，多数风险投资对绿色能源项目仍处在观望阶段，总的来说投资额度和金融支持力度有限。证券业和保险业的金融机构都应积极推行绿色证券和绿色保险政策，在规范和促进上市公司加强环境保护和污染治理、引导投资者进行绿色投资决策、发展低碳经济等方面发挥积极作用。同时，其他金融机构，例如政策性金融机构和类金融机构也有进一步发展的空间。其中，应该鼓励小贷公司和融资性担保公司等类金融机构参与绿色金融业务，支持绿色经济发展，不断拓宽个人、家庭和小企业的融资渠道。

2. 中介及NGO机构起到了重要的补充作用，但影响仍然有限

各中介机构及NGO组织是重要的信息提供方，例如兴业银行就与多家中介机构及NGO建立了良好的沟通机制，定期从这些组织获取关于行业或企业的相关信息，并以此为其绿色信贷业务流程中重要的信息来源。此外，许多

中介机构在提供各种咨询服务的同时，也开始逐步考虑绿色的作用，例如与银行合作的担保机构开始对绿色项目重视。然而，中国的中介市场仍发育不完全，缺乏专业技术咨询体系来帮助金融机构进行分析、评估或规避与项目和交易相关的风险。例如，国外的中介机构能够开展 CDM 项目评估及排放权购买业务，而中国的中介机构由于缺乏足够的信息基础，无法承担相应的项目。另外，许多中介机构也没有适应目前金融领域的发展，例如尚无法利用互联网金融优势提供创新产品。而个性化的绿色金融专业中介服务机构不足，在信用评级、资产管理、经纪咨询或登记结算方面无法提供有效的信息支撑。因此，必须加强对中介机构的培育，包括对参与绿色金融的咨询、披露评估、法律会计等中介机构的培育。除此之外，也要鼓励民间机构继续发挥作用，进一步鼓励民间金融中介机构提供多项服务。

3. 绿色金融在资源配置、经济的转型调整上起了一定作用

以绿色信贷为例，其在一定程度上抑制了“两高一资”项目贷款的占比。截至 2013 年底，“两高一资”行业贷款余额 14041 亿元，同比降低 24.8%。另一方面，绿色信贷也对多数环保新兴产业提供了有力的支持。截至 2013 年底，21 家主要银行业金融机构对战略性新兴产业的贷款余额达到了 2.1 万亿元，同比增长 15.3%，新兴产业得到了蓬勃发展。此外，各个省市也制定了自身的绿色金融战略。例如，北京提出了“绿色北京”战略，在自主建设环保节能机制的同时，促进主要金融机构在节能减排方面的控制措施，建立北京的银行业绿色信贷评估体系，强化各部门之间及相关机构的联席机制，引导北京金融机构大力支持节能环保产业，扩大绿色金融的社会影响力，共建“绿色北京”、和谐社会①。在第八届中国节能环保展上，由北京市金融工作局及首都金融服务商会负责组织的绿色金融板块签约金额达到约 260 亿元。

4. 仍需进一步发挥绿色金融的作用

目前中国的绿色金融仍处在发展的起步阶段，对实体经济的支持作用仍然有限。例如发展相对较好的绿色信贷，其规模与银行业总贷款规模以及商业银行的总产总额相比仍较低。2013 年底，银行业金融机构本外币贷款余额为 76.6 万亿元，21 家主要银行业金融机构绿色信贷余额仅占 7% 左右。由北

---

① http://finance.qq.com/a/20140612/057766.htm。

大深圳研究生院环境与能源学院低碳金融研究中心和深圳市绿色低碳发展基金会联合完成的《中国低碳金融发展2014年度报告》表示，中国目前绝大多数银行绿色信贷总额与总资产比例在2%之下，绿色信贷业务排名第一的兴业银行该比例则为3.46%。而绿色保险业和绿色证券业务的开展无论从规模还是从覆盖面上看都十分有限。相较于传统金融业务，绿色金融的发展仍面临很多制约因素，也缺少成熟的发展模式和方案。因此，绿色金融的发展除了要遵循金融行业本身发展的特征和趋势外，也需要与相关产业的行业有较好的融合，并在充分了解相关行业特征和技术的基础上，对行业乃至整个经济的转型发展提供有效的支撑。

三、中国绿色金融政策评估

中国绿色金融的发展特别依赖于政府的支持以及良好的政策环境。之所以如此，原因在于三点：一是绿色金融所服务的实体经济绿化目标对中国的经济发展、结构调整乃至维护人民生命、健康安全极端重要，政府必须予以支持和推动；二是绿色金融的概念框架乃至实际运营均有很多不同于传统金融之处，不论从更好地服务于环保和新能源等新型产业角度[①]，还是弥补绿色经济投资需求和融资供给方面的巨大缺口角度，均需要政府实施特别政策予以支持和推动；三是绿色金融的发展既依赖于金融市场的不断完善，也依赖于其他非金融领域的改革成果，既涉及顶层设计，也涉及跨区推进，需要大量协调、整合工作，非政府领导不足以实施。近年来的发展实践表明，中国绿色金融不能不有政策支持，也不得不有政策支持。

（一）中国绿色金融政策体系演进历程

改革开放伊始，环境保护已经进入中国政府视野[②]。然而，政府长期使用检查、关、停、并、转等行政手段进行环境保护，效率十分低下。进入21世

---

① 一个例子是，我国许多节能服务公司虽拥有技术，但普遍缺少土地、厂房等银行接受程度高的抵押品，依靠传统银行经营模式，往往无法获得贷款，这就需要政府某种形式的介入。

② 一个例证是，早在“六五”期间（1981～1985年），国家环境保护计划就作为独立篇章被纳入国民经济和社会发展规划中。

纪，中国政府的环境保护思路有所转变，开始考虑从主要运用行政手段保护环境转变为综合运用法律、经济、金融、技术等多种手段解决环境问题。这一转变的一个重要背景是我国环境形势变得异常严峻，甚至直接威胁到公众生命健康安全，单纯依靠环保一个部门、行政一种手段已经不足以遏制不断恶化的环境形势①。在这种背景下，金融机制开始受到重视，成为可能的政策选项之一；金融部门也加入到环境保护的行列中来。可以说，中国绿色金融及其政策体系肇始于环境保护的切实需要，此后随着宏观形势和自身发展的需要逐渐丰富了其内涵和外延。

具体来说，中国绿色金融政策体系的演进历程可以划分为 3 个阶段。

1. 绿色金融政策体系主要是在“十一五”期间得以初步确立

较早时期，相关政府部门也零星地发布过一些绿色金融文件②，但由于配套环境不具备等原因，既没有产生显著的市场效果，绿色金融政策本身也没有形成体系。直到“十一五”规划时期（2006～2010 年），这种状况才得以改变，重要的绿色信贷、绿色保险、绿色证券等政策相继出台，初步搭建了中国绿色金融政策体系的基本框架，并推动中国绿色金融市场获得了切实发展。

绿色信贷政策首先出台。2007 年 7 月，中国人民银行、环保部、银监会三部门联合发布了《关于落实环境保护政策法规防范信贷风险的意见》。意见要求，银行应依据国家产业政策进行分类放款；对未通过环评审批或者环保设施验收的项目，不得新增任何形式的授信支持；对违规排污的企业严格限制流动资金贷款。此外，还应在环保部门、中国人民银行、银监部门和金融机构之间建立信息沟通机制。这一文件是国家环境监管部门与金融监管部门首次展开合作，改变了以往单部门出台环保相关政策的做法。它标志着中国绿色信贷制度的正式建立③。

① 例如，2007 年以来我国水污染事故频发，部分地区群众的饮水安全受到严重威胁。国家环保总局采取了空前严厉的手段，包括公布“区域限批”及挂牌督办企业名单，加大执法力度，开展多轮环境执法专项行动等。即使在这样的重典之下，不少企业仍然违法排污甚至顶风作案，建设项目环保违规屡禁不止，突发污染事件依然接连发生。

② 例如，1995 年中国人民银行发布了《关于贯彻信贷政策与加强环境保护有关问题的通知》，要求各级金融机构将信贷发放与保护环境资源、改善生态环境结合起来，银行发放贷款考虑环境保护和污染防治的影响。

③ 稍前发布的（2007 年 6 月）《关于改进和加强节能环保领域金融服务的指导意见》，是由中国人民银行单独发布的，缺乏环保部和银监会参与。

紧随其后，环保部门与金融部门的合作范围扩大到保险、证券等领域。2007年12月，由国家环保总局和中国保险监督管理委员会联合制定的《关于环境污染责任保险工作的指导意见》正式对外公布，选择部分环境危害大、最易发生污染事故和损失容易确定的行业、企业和地区，率先开展环境污染责任保险的试点工作。这一文件意味着绿色保险制度正式启动，成为继“绿色信贷”后环保总局联合金融监管部门推出的第二项环境经济政策。

2008年1月，证监会发布《关于重污染行业生产经营公司IPO申请申报文件的通知》，指出从事火力发电、钢铁、水泥、电解铝行业和跨省从事其他重污染行业生产经营活动的企业申请首次公开发行股票的，申请文件中应当提供国家环保总局的核查意见，未取得相关意见的，不受理申请。2008年2月，环保总局发布的《关于加强上市公司环境保护监督管理工作的指导意见》，明确未来公司申请首发上市或再融资时，环保核查将变成强制性要求。这两个文件被视为开启了中国“绿色证券”制度。

2. 国家“十二五”规划首次对包括绿色金融在内的环境经济政策进行统一规划

进入“十二五”期间（2011～2015年），中国政府对环境保护的重视程度进一步提高。相比“十一五”只出台了《全国环境保护法规建设规划》，“十二五”首次就环境经济政策建设出台专项规划，合并颁布了《“十二五”全国环境保护法规和环境经济政策建设规划》。这意味着在中国政府眼中，环境经济政策与环保法规建设同等重要。专项环境经济政策建设规划出台的一个重要背景是“十一五”以来，包括绿色金融在内的各项环境经济政策在筹集环保资金、调控环境行为、激励企业减排、提升管理效率等方面日益发挥着重要作用，环境经济政策的地位在环境政策体系中不断提升，亟须统一规划，明确发展方向。

根据“十二五”规划，中国的环境经济政策覆盖面很广泛，包括10个领域、33项具体任务。其中，10个领域为：①推动现有税制“绿色化”；②完善环保收费制度；③改革环境价格政策；④深化环境金融服务；⑤健全绿色贸易政策；⑥建立排污权有偿使用和交易制度；⑦构建生态补偿机制；⑧完善公共财政支持环保政策；⑨制定和完善环境保护综合名录；⑩推进污染损害鉴定评估。可以看出，中国绿色金融只是环境经济政策的有机组成部分，这反映出绿色金融政策的制定和实施是一个复杂的系统工程，其本身作用的发挥，必须依赖于其他经济政策的配合，包括价格政策、财税政策等。

在明确的规划指导下，“十一五”期间确立的各项绿色金融政策在“十二五”期间继续延续，并得以进一步深化。到目前为止，重要的文件包括：2012 年 2 月银监会发布了《绿色信贷指引》，对银行业金融机构开展绿色信贷、大力促进节能减排和环境保护提出了明确要求；2013 年 2 月，在对五年的试点情况进行总结基础上，环保部、保监会进一步发布相关政策文件，提出应针对涉重金属、石化、化工等高环境风险的企业和行业开展环境污染强制责任保险制度。

3. 十八届三中、五中全会为中国绿色金融的发展搭建了层级更高、权威性更强的环境经济政策空间

2013 年 11 月，《中共中央关于全面深化改革若干问题的决定》为中国直到 2020 年多项重要领域和关键环节上的改革提出了明确的任务，其中就包括“加快生态文明制度建设”。生态文明制度建设主要包括 4 方面内容：一是健全自然资源资产产权制度和用途管制制度；二是划定生态保护红线；三是实行资源有偿使用制度和生态补偿制度；四是改革生态环境保护管理体制。2015 年 10 月召开的十八届五中全会提出了“创新、协调、绿色、开放、共享”五大发展理念，其中坚持绿色发展，“必须坚持节约资源和保护环境的基本国策，坚持可持续发展，坚定走生产发展、生活富裕、生态良好的文明发展道路，加快建设资源节约型、环境友好型社会，形成人与自然和谐发展的现代化建设新格局，推进美丽中国建设，为全球生态安全作出新贡献”。

十八届三中全会、五中全会虽然没有直接对绿色金融有所要求，但几乎所有生态文明建设有关的改革任务都与绿色金融的发展密切相关。例如，要求对自然资源和产品价格进行市场化改革；要求对造成生态环境损害的责任者严格实行赔偿制度；要求独立进行环境监管和行政执法等。这些改革任务有助于理顺绿色金融发展的外部环境，扩展对绿色金融（包括投融资以及风险管理）的有效市场需求，并提高金融机构开展绿色金融业务的内在动力。显然，在十八届三中全会生态文明建设精神和十八届五中全会五大发展理念指引下，中国绿色金融正面临着更大的发展机遇，绿色金融的政策体系也正面临着更大的拓展空间。

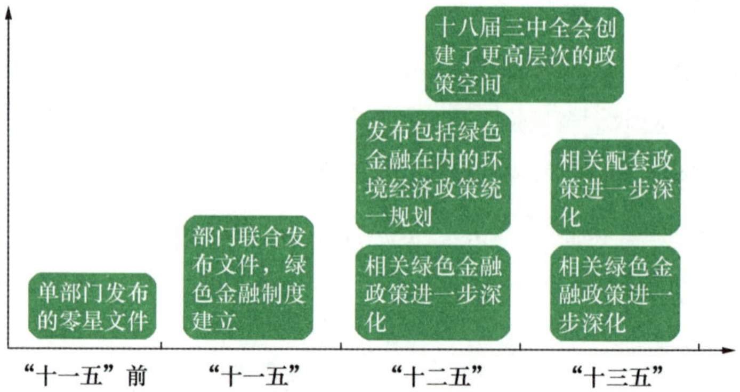

图 1　中国绿色金融的政策体系演进历程

表 1　部分重要的绿色金融政策文件

政策文件名称	发布时间	发布部门	主要内容
《关于落实环境保护政策法规防范信贷风险的意见》	2007 年 7 月	环保总局、中国人民银行、银监会	• 在环保部门、中国人民银行、银监部门和金融机构之间建立信息沟通 • 对未通过环评审批或者环保设施验收的项目，不得新增任何形式的授信支持 • 依据国家产业政策进行分类放款 • 对违规排污的企业严格限制流动资金贷款
《绿色信贷指引》	2012 年 2 月	银监会	明确银行业金融机构绿色信贷支持方向和重点领域，要求实行有差别、动态的授信政策，实施风险敞口管理制度，建立相关统计制度
《关于环境污染责任保险工作的指导意见》	2007 年 12 月	国家环保总局和中国保监会	选择部分环境危害大、最易发生污染事故和损失容易确定的行业、企业和地区，率先开展环责险的试点工作
《关于开展环境污染强制责任保险试点工作的指导意见》	2013 年 2 月	环境保护部与中国保监会	在涉重金属企业和石油化工等高环境风险行业推进环境污染强制责任保险试点
《关于重污染行业生产经营公司 IPO 申请申报文件的通知》	2008 年 1 月	中国证监会	重污染行业生产经营活动的企业申请首次公开发行股票的，申请文件中应当提供国家环保总局的核查意见，未取得相关意见的，不受理申请

续表

政策文件名称	发布时间	发布部门	主要内容
《关于加强上市公司环境保护监督管理工作的指导意见》	2008年2月	国家环保总局	公司申请首发上市或再融资时，环保核查将变成强制性要求

（二）当前中国绿色金融政策体系的主要内容及其政策效果评估

目前，中国绿色金融政策体系主要由两大类组成：一是推动绿色金融本身发展的政策，主要包括绿色信贷、绿色保险、绿色证券（股票、债券等）、排污权有偿使用和交易相关的金融政策等；二是绿色金融发展所依托的外部配套政策，包括财税政策、价格政策、基础设施建设政策等。

1. 绿色金融政策

（1）绿色信贷。

①差异化的信贷放款政策。即根据项目环境风险状况，区别对待实施放贷政策，有保有压。对节能减排、环保投资等绿色经济项目予以信贷支持，对“两高一资”行业的信贷供给则施行严格的限制甚至不予贷款。这一政策的实施产生了积极的效果，表现为近年来“两高一资”行业的贷款大幅缩减。

②绿色信贷环境信息的网络途径和数据平台建设。即将企业的环境行为纳入中国人民银行征信系统，作为银行评估借贷风险以及监管部门监督银行的重要依据。目前，这一环境数据平台正在建设过程中，以地区推动为主。例如，2011年4月，河北省环保信息管理系统已与中国人民银行征信系统对接，企业或个人的环境违法行为记录可在征信系统中查询；2013年8月，北京市环境保护局和中国人民银行营业管理部、中国银行业监督管理委员会北京监管局联合印发通知，将企业环境违法信息纳入中国人民银行企业信用信息基础数据库，进入银行征信系统，作为银行审批贷款的必备条件之一。根据目前可获得的最新公开数据，截至2012年10月，环保部门累计已向中国人民银行征信系统提供了8万多条环境信息。中国银监会对环保部处罚的多家违法企业贷款余额进行了重点跟踪，并对放贷银行进行了专门的监督。

③绿色信贷政策效果评估制度。这一制度目前主要在地方政府层面推动。

例如，2010年底山西省开始实施由中国人民银行太原中心支行、省环保厅联合制定的《山西省绿色信贷政策效果评价办法（试行）》，绿色信贷政策效果评价对象为全省银行业金融机构，主要是对绿色信贷实施效果进行综合量化评分定级，评价结果将作为考核和奖励金融机构的重要依据。根据该办法，将每两年对全省银行业金融机构进行评估一次。评估采用百分制，90分以上为优秀单位，80~90分为良好单位，70~80分为达标单位，60~70分为基本达标单位，60分以下为不达标单位。被评定为优秀等级的单位，由中国人民银行太原中心支行和省环保厅联合授予绿色信贷优秀单位称号并通报表扬，对被评为60分以下不达标等级的银行业金融机构将被通报批评并责令限期整改。

（2）绿色保险。

①高环境风险领域试行环境污染责任保险。环境污染责任保险是指以企业发生污染事故对第三者造成的损害依法应承担的赔偿责任为标的的保险。2007年起，环保部和保监会开始推动在部分地区的高环境风险领域开展环境污染责任保险试点，2013年进一步明确规定涉重金属企业需要投保环境污染强制责任险。不过，2014年新修订的《环保法》明确鼓励企业投保环境污染责任险，并没有采取“强制”的字眼。目前，全国大部分省（市、地区）都启动了环境污染责任保险的试点和推广工作。

②推动环责险发展的地方性政策。除了中央政府的推动外，一些地方针对环责险的发展出台了特别的推动政策。例如，根据马鞍山市2014年7月出台的办法，市环保局设立了环境责任险专项补助资金，对参保企业按照参保额20%的比例予以补助；将试点范围内的企业投保环境污染责任保险作为申报环保专项资金、开展行业准入审查等的前置条件；对经环境风险评估被确定为环境风险高、较高，又不按规定参保的企业，对其新、扩建项目依法实行环保限批，并在企业环境行为等级评定中作降一级的评定，同时不予向银行或者证券监管部门出具环保守法证明。

③环责险配套制度。主要包括两个方面：一是环境风险评估技术规范。环保部和保监会陆续印发了硫酸、氯碱等行业的环境风险评估技术指南，为保险公司给这类高环境风险企业开展环境污染责任保险提供了技术依据。二是环境污染损害责任认定和鉴定评估机制。自2011年开始，环保部在河北、

江苏、山东、河南、湖南、重庆、昆明五省二市试点这一制度。不过，现实情况是，目前中国多数地区仍没有建立专门的环境污染损害鉴定评估机构，即使有这类机构，也往往因为缺乏专项的鉴定评估经费等原因而“不能做”。

（3）绿色证券。

①上市公司环境保护核查以及后续监督制度。环保核查是指高污染企业申请首发上市（IPO）或再融资的，必须根据环保总局的规定进行环保核查；未取得环保核查意见的，证监会将不受理相关融资申请。该制度的目的是为了引导证券市场的投融资行为为中国经济的绿化服务。此外，对于已经通过环保核查的公司，环境保护主管部门还通过后督查机制对其继续进行监督管理[①]。环保核查和后续监督制度建立以来，纳入环保核查范围的重点行业范围不断扩大，发挥了一定的积极作用，部分企业因为未通过环保核查而无法通过股票市场进行融资；部分通过核查后上市的公司因为后续检查时存在严重的环保问题却又未按期整改，被环保部门施以通报批评的惩罚。不过，总体来说，环保核查制度并没有能够阻止近年来中国上市公司环境污染事故频发的现象。

②上市公司环境信息披露制度。它分为强制公开和自愿公开两种形式。其中，发生可能对上市公司证券及衍生品种交易价格产生较大影响且与环境保护相关的重大事件，投资者尚未得知时，上市公司应当立即披露，说明事件的起因、目前的状态和可能产生的影响。目前上市公司环境信息披露制度还很不完善，比如环境信息披露内容不规范不全面，所披露信息主要为企业环保认证、环境风险、财务信息等，缺乏关于企业主要污染物排放情况、污染物治理措施及效果等重要信息。

③上市公司环境绩效评估。目前在一些地区开展了试点，但尚未建立全国层面的、较为完善的上市公司环境绩效评估标准以及相关政策办法。

④绿色债券。中国尚未出现类似绿色信贷、绿色保险那样，由金融监管部门和环境保护部门合作、通过共同颁布政策文件而确立的绿色债券制度，

---

① 2010 年，环境保护部根据《关于进一步严格上市环保核查管理制度加强上市公司环保核查后督查工作的通知》（环发［2010］78 号）文件，对 2007～2008 年通过环境保护部环保核查的上市公司进行了后督查，后督查的内容主要针对其承诺整改环保问题的完成情况。

不过，在绿色债券的概念框架内，中国金融市场存在一些可以归类于绿色债券的产品。例如，“十二五”规划提出要“开展环境保护债券政策研究，积极支持符合条件的企业发行债券用于环境保护项目”。显然，这里的“环境保护债券”属于绿色债券的范畴。环保债券的一个例子是，2012年巢湖市城镇建设投资有限公司公开发行债券，发行总额达12亿元，筹得资金全部用于巢湖市入湖河道水环境综合治理工程项目建设。这是该年度全国县级平台发行的票面年利率最低的企业债券。

用于节能减排和环保目的的绿色债券，在发行方面也获得了一定的政策支持。2013年5月，国家发改委对由其负责的企业债券发行开始施行分类监管，有的限制发行，有的则鼓励发行。其中，节能减排和环境综合整治、生态保护项目被列入到应该“加快审核，并适当简化审核程序”的行列中去。在这一政策推动下，近年来中国绿色债券的发行步伐在加快，特别是以地方政府融资平台为发行主体的城投债而言，2013年以来债券发行募集资金用于污染治理、新能源等绿色项目的明显增多。根据国家发改委的数据，自2000年以来截至2013年11月底，经国家发改委批准，企业债券累计发行32044亿元（其中2013年1～11月发行5700亿元）。从企业债券募集资金投向结构看，9470亿元投向铁路、公路、港口、机场等交通项目，4786亿元投向水电、火电、太阳能、风能、煤矿等能源项目，4685亿元投向市政基础设施项目，3987亿元投向保障房及棚户区改造项目，2464亿元投向工业领域传统产业升级改造和并购重组项目，1030亿元投向水务项目，840亿元投向江河湖泊治理项目，639亿元投向产业园区基础设施项目，513亿元投向城市轨道交通项目，其他投向还包括农业、旅游等国家政策支持领域的项目建设。显然，企业债券的相当部分可以归属于绿色债券范畴。

此外，近来中国债券市场还出现了首例“碳债券”。2014年5月，由中广核风电有限公司为发行主体，由浦发银行主承的10亿元附加碳收益中期票据在银行间市场成功发行。发行期限为5年，债券利率由固定利率与浮动利率两部分组成，其中浮动利率部分与发行人下属5家风电项目公司在债券存续期内实现的碳（CCER）交易收益正向关联，浮动利率的区间设定为5BP～20BP，最终发行利率为5.65%，较同期限AAA信用债估值低46BP，充分体现了投资人对附加碳收益的信心。通过在产品定价中特别加入与企业碳交易收益相关的浮动利息收入，使债券投资者可以通过投资本期碳债券间接参与到蓬勃发展的国内碳交易市场。这标志着国内首只与节能减排紧密相关的绿色债券顺利推出，填补了国内与碳市场相关的直接融资产品的空白。

⑤地方政策。例如，2013 年 9 月，江西省出台了《关于加快发展节能环保产业发展的二十条政策措施》，专门提出鼓励节能环保企业利用各种资本市场融资。具体内容包括："支持符合条件的节能环保企业赴境内外资本市场上市，支持有条件的节能环保企业在全国中小企业股份转让系统、'新三板'市场挂牌融资，鼓励节能环保企业进入区域性股权交易市场，鼓励符合条件的节能环保企业通过发行企业债券、中小企业私募债券等方式进行直接融资。"在这类政策支持下，节能环保企业利用多层次资本市场融资时，可能优先享受地方财政的优惠政策。例如，上市或挂牌的财政补贴等。

（4）排污权有偿使用和交易相关的金融活动及政策。

自 2007 年起，财政部会同环境保护部、国家发展改革委先后批复了天津、江苏、浙江、陕西等 11 个省（市）作为国家级试点单位，积极探索实行排污权有偿使用和交易制度。其中，财政部安排了数亿元财政资金用于支持试点省（市）加强污染物排放监测监管以及交易平台建设。2008 年起，北京、天津、上海等许多地区纷纷成立环境交易所，以此开展排污权交易。整体来看，目前中国排污权有偿使用和交易仍存在着试点范围小、地区操作差异大且不规范等问题，没有国家层面的指导性文件，环交所排污权交易非常清淡，业务量很少。

现阶段，中国开展排污权相关的金融活动的主要机构是商业银行，主要金融产品是排污权抵押贷款，以地方层面推动为主。例如，截至 2013 年一季度，浙江省共有 232 家排污企业通过排污权抵押，获得银行贷款 35.1 亿元；2014 年 4 月，中国人民银行石家庄中心支行与河北省环保厅联合出台了《河北省排污权抵押贷款管理办法》，允许通过交易有偿获得的排污权，可以作为抵押物进行贷款；同时，借款人近三年曾发生过重大环境事故或者近一年内曾发生偷排等环境违法事件的，不得办理排污权抵押贷款。

2. 绿色金融配套政策

配套政策主要发挥两方面作用：一是建立有效的激励、约束机制，以便增加全社会对绿色经济投融资以及环境风险管理的需求，进而影响绿色金融的发展。例如，如果政府加大对可再生能源、环保投资的财政资金支持力度，有助于吸引社会投资进入这些领域，可能推动中国 VC/PE 环保基金的发展。二是理顺绿色金融发展的外部环境，使得绿色金融的开展能建立在法制化、规范化、长效化的基础上，激发市场机制发挥充分作用，提高金融机构经营绿色金融业务的效率。

本报告将绿色金融配套政策划分为三类：财税政策、价格政策和基础设施建设政策。

（1）相关财税激励政策。目前，中国针对生态环境保护本身出台了许多财税支持政策。

在财政政策方面，主要包括排污收费制度、环保预算投入、政府采购和排污权交易机制。例如，在生态保护、重大环保基础设施建设、新能源开发等市场参与不足或未参与的领域，财政资金发挥着非常重要的作用。

在税收政策方面，主要是通过征税限制和税收优惠引导来实现激励和约束。目前涉及的税种主要包括资源税、消费税、所得税等。例如，环境保护、节能节水项目可以享受一定程度的企业所得税优惠。未来还将通过扩大资源税、消费税征收力度、开征环境税等措施加强税收的引导作用。

与之相反，目前对于金融机构从事绿色金融业务，却较少施行财税激励；即使有，也是地方性政策，范围和力度都十分有限。一个例子是，目前中央层面对企业投保环责险没有施行保费补贴，但个别地方则有。例如深圳市、武汉市对凡投保环境污染责任保险的科技企业给予 50% 以内的保费补贴；根据马鞍山市 2014 年出台的办法，市环保局设立了环境责任险专项补助资金，对参保企业按照参保额 20% 的比例予以补助。

（2）价格政策。市场化的价格政策有助于吸引社会资金对绿色项目的投资，同时抑制其对“两高一资”行业的投资。目前中国资源和环保的价格相关政策取得了一定的进展，但仍处于形成和完善过程中，远未完成。一是在资源性产品价格形成机制方面。2006 年起国家对电解铝、铁合金、电石、烧碱、水泥、钢铁、黄磷、锌冶炼等行业实施差别电价，以抑制高耗能行业的盲目发展；水资源定价改革也在进行中，如山东、浙江对高耗水企业实施用水累进加价政策；北京、天津实施再生水价格政策改革等。二是在环保收费政策方面。如浙江、北京等地相应提高了污水处理收费标准；北京、安徽、东莞、长沙、昆明、武汉、合肥等实施或拟实施垃圾处理费捆绑水费征收的方式。三是在生态补偿机制方面。截止到2012年底，已有27个省级地区建立了省级财政森林生态效益补偿基金；已有30个省级地区建立了矿山环境恢复治理保证金制度。

（3）基础设施建设政策。绿色金融发展所依赖的基础设施主要包括以下几点。

①法律框架。2014年4月，最新修订的《中华人民共和国环境保护法》出台，增加了保护环境是国家的基本国策，并明确环境保护应坚持保护优先、预防为主、综合治理、公众参与、污染者担责的原则。这部法律被许多人视为“史上最严环保法”，与已经实施25年的旧《环保法》相比有很多亮点，为中国绿色金融的发展奠定了更完善的基础法律框架。

②环境保护综合名录。2011年、2012年环保部连续向有关部委提供《环境经济政策配套综合名录》（2011版、2012版），并针对仍享受出口退税优惠政策的53种“双高”（高污染、高环境风险）产品、仍在开展加工贸易的64种“双高”产品，分别向有关部门提出了取消出口退税、禁止加工贸易的建议。

③企业环境行为信用评价制度。即环保部门根据企业环境行为信息，按照规定的指标、方法和程序，对企业环境行为进行信用评价，确定信用等级，并向社会公开，供公众监督和有关部门、机构及组织应用。2013年12月18日，环境保护部、国家发展改革委、中国人民银行、中国银监会联合发布《企业环境信用评价办法（试行）》，自2014年3月1日起正式实施。该办法确定的评价指标主要包括污染防治、生态保护、环境监理、社会监督4个方面21项；污染物排放总量大、环境风险高、生态环境影响大的企业，均应当纳入环境信用评价范围；企业环境信用等级分为环保诚信企业、环保良好企业、环保警示企业、环保不良企业4个等级，依次以“绿牌”“蓝牌”“黄牌”“红牌”标示。对环保不良企业，《办法》建议银行业金融机构对其审慎授信，在其环境信用等级提升之前，不予新增贷款，并视情况逐步压缩贷款，直至退出贷款；建议保险机构提高环境污染责任保险费率。

④环境损害鉴定和评估制度。参见“绿色信贷”的相关内容。

（三）基本判断

1. 中国绿色金融政策体系的基本框架初步成型

这主要表现在两个方面。

一是银监会、证监会、保监会等主要金融领域都在政策层面明确了金融绿化的导向和措施。环保部门和金融监管部门合作，搭建了绿色信贷、绿色证券和绿色保险的政策框架，并且在各自范围内不断完善相关制度建设。比如绿色信贷制度，2007 年建立以来不断推出新的举措。2012 年 2 月，银监会印发了《绿色信贷指引》，从组织及流程管理、政策和制度制定、内控管理与信息披露等方面对银行业金融机构节能减排、环境保护、防范环境与社会风险提出了具体要求；2013 年银监会制定了《绿色信贷统计制度》，对银行业金融机构开展绿色信贷业务进一步加以规范；此外，银监会还于 2012 年和 2013 年分别发文，以便建立绿色信贷实施情况的考核评价体系。从业务指引到统计制度到考核评价，绿色信贷的政策体系日趋健全。

二是将绿色金融视为环境经济政策体系的有机组成部分，注重配套制度的建设。自"十一五"规划开始，中国高度重视环境法规体系和环境经济政策体系的建设。其中，环境经济政策体系涵盖的内容十分广泛、全面，除了绿色金融以外，还涉及财税政策、价格改革政策、基础设施建设等内容。绿色金融的发展离不开这些金融以外制度的支持。在中央政策层面，许多重要的配套制度建设已经初见成效。例如，2014 年 4 月十二届全国人大常委会第八次会议表决通过了修订后的环境保护法，自 2015 年 1 月 1 日施行。新的环保法将环境污染责任保险的制度正式纳入，明确鼓励企业投保环境污染责任险，这显然有利于环责险在全社会范围内的推广。此外，环保税将逐渐取代排污费，更有针对性的污染企业罚款规则、第三方环评机构违法需承担连带责任等一系列新规也利于绿色金融业务向更深层次拓展。在地方政府层面，更有很多带有创新型的宝贵探索。

2. 政策体系对中国绿色金融市场的启动和初步发展产生了非常关键的作用

在 2007 年之前，中国绿色金融市场几乎可以忽略不计，但随着各项政策的推出，环保部门、金融监管部门、地方政府、金融机构等的共同努力，中国绿色金融市场取得了积极成绩，获得了初步发展。以居主导地位的银行业务为例，目前中国商业银行普遍树立了绿色信贷意识，相关政策措施产生了积极的效果。根据银监会统计，截至2013年6月末，21家主要银行机构绿色信贷余额4.9万亿元，占其各项贷款的8.8%；从每万元贷款节能减排成效看，每万元贷款分别节约标准煤0.93%吨，减排二氧化碳当量2.08吨；减排化学需氧量0.01吨；减排氨氮0.001吨；减排二氧化硫0.03吨；减排氮氧化物0.01吨；节水2.90吨。截至2013年第三季度末，21家主要银行机构节能环保、新能源新材料和新一代信息技术领域贷款等战略新兴产业贷款余额分别较2013年初增长了9.8%、26.2%、11.0%和25.9%；相比之下，“两高一资一剩”行业贷款（扣除转型升级部分）增速低于各项贷款平均增速9个百分点。在绿色保险领域，截至2014年5月，全国有28个省（区、市）开展环责险试点，投保企业累计达2.4万家（次），提供风险保障500多亿元，支付赔偿2000多万元。

3. 中国绿色金融政策体系仍处于演进中，许多政策并未产生明显效果，大量工作亟须推进

从金融部门与环保部门开展密切合作启动绿色金融制度算起，还不到10年时间，一些政策只是搭建了框架，缺乏更深入的细节（如环境债券、上市公司信息披露制度）；有些则由于配套政策的进展滞后而无法获得有效落实（如缺乏对金融机构从事绿色金融业务的财税支持）；有些政策则是实施不久，还没来得及对市场产生重大影响（如企业环境行为信用评价制度、新环保法等）。这意味着，中国绿色金融政策体系的建设任务仍然异常繁重，任重而道远。

表2　中国重要的绿色金融政策及其初步效果评估

类别	主要内容	政策效果初步评估
绿色信贷	有保有压，差异化信贷政策	一定程度上抑制了“两高一资”行业贷款
	绿色信贷环境信息的网络途径和数据平台	越来越多的环境信息被纳入中国人民银行征信系统
	绿色信贷政策效果评估制度	部分地方建立该制度，作为考核和奖励金融机构的重要依据

续表

类别	主要内容	政策效果初步评估
绿色保险	高环境风险领域试行环境污染责任保险	2007 年启动，2013 年在部分领域试行强制保险制度，全国大部分省已经启动了试点和推广工作
	地方层面对环境污染责任保险的探索	如马鞍山市实行 20% 保费补贴，将企业投保环境污染责任保险作为申报环保专项资金、开展行业准入审查等的前置条件等
	环境风险评估技术规范和环境污染损害责任认定/鉴定评估机制等配套制度	尚处在构建和完善中。如损害鉴定评估制度只在全国 7 个地方开展试点
绿色证券	上市公司环境保护核查及后续监督制度	公司申请首发上市或再融资时，必须进行环保核查。该制度实施后，上市公司环保事故仍然屡见不鲜
	上市公司信息披露制度	很不完善。如，环境信息披露缺乏实质内容，缺乏持续改进机制的披露等
	上市公司环境绩效评估	只在一些地区进行试点
	绿色债券	中国有类似的概念，如环境保护债券；2013 年在国家发改委鼓励政策下，用于节能环保的企业债券发展比较快；2014 年还出现了首只碳债券
	地方鼓励政策	鼓励企业利用主板、新三板、区域股权市场、债券市场等多层次资本市场融资，节能环保企业能够优先享受相关政策优惠
排污权有偿使用和交易相关的金融活动及政策	排污权抵押贷款	排污权有偿使用和交易在部分地区试点，但交易清淡，没有发展起来；在部分地区环部门和中国人民银行推动下，商业银行可以使用有偿获得的排污权进行抵押贷款
配套制度	财税激励政策	财税政策主要针对生态环保企业或项目展开，对金融机构开展的绿色金融业务基本没有支持，只在地方有零星试点
	价格政策	包括资源价格形成机制、环保收费制度等，仍在摸索试点中；十八届三中全会提出会加快这方面的改革步伐

续表

类别	主要内容	政策效果初步评估
配套制度	基础设施建设政策	2014 年《环境保护法》修订出台，完善了基本法律框架；全国性的企业环境行为信用评价制度于 2014 年 3 月 1 日起实施，将对绿色信贷和绿色保险有指导作用；其他还包括环境保护综合名录等。十八届三中全会提出会加快相关改革步伐

四、绿色金融的中国经验和教训

中国在绿色金融的市场实践和政策体系方面不断进行着探索，在取得积极进展的同时，也在不断根据时代发展潮流以及宏观社会经济形势进行着自我调整和完善。尽管这一过程还远未结束，但目前为止已经出现了很多值得总结和汲取的经验、教训。有的经验是正面得来的，来自于已被证明卓有成效的政策及实践；有的教训则是反面得来的，既反映了现行政策体系中的缺陷，也暴露了实践中有待解决的问题，并凸显出尽快修正的必要性、紧迫性。总结绿色金融的中国的经验和教训，不仅有助于推动中国沿着可持续发展之路更稳健迈进，而且能够为其他国家（特别是新兴市场国家）提供宝贵借鉴①。

经验一：战略和战术上都应高度重视绿色金融的发展

正确的行动来自于正确的理念。对于许多以经济发展为第一要义而全民绿色环保理念又普遍有待加强的新兴市场国家而言，将绿色可持续发展定为国策，并自上而下地强力推动，无疑是迈向正确发展道路的重要一步。在这一方面，中国可谓既有经验也有教训。

---

① 事实上，近年来中国绿色金融政策已经引起了许多同样面临环境挑战的新兴市场国家政府的关注。例如，越南、孟加拉等国家政府曾多次派团到中国就绿色信贷政策的模式和经验进行借鉴和学习。绿色信贷政策在对外交流中也被作为推进可持续发展的重要实践屡次提及。其中，尼日利亚政府在访问中国期间，在获知中国绿色信贷政策后，其央行也开始在本国力推环境和社会风险管理政策。

中国的经验是，将经济社会的绿色可持续发展上升为国家战略，予以前所未有的高度重视，这为绿色金融发展赋予了广阔的空间和机遇。

早在“六五”计划期间（1981～1985年），国家环境保护计划作为独立的篇章开始尝试纳入国民经济和社会发展规划中。其后，环境保护规划在科学性和可操作性方面都有一定进展。随着可持续发展战略逐步被认知和接受，自“九五”规划开始（1996年），环境保护规划目标在国民经济和社会发展规划中开始单列，但直到“十五”规划，总体上仍然是以污染防治为主。自2006年开始的“十一五”，第一次由国务院印发专门的《国家环境保护“十一五”规划》（以往国务院批复的形式较多），规划发布层次的提升，表明其已经摆脱了部门规划的色彩[①]，开始纳入国家层面。2013年，中国共产党十八大将生态文明建设上升到“五位一体”建设总体布局，强调将生态文明建设摆到更加突出的位置，融入经济建设、政治建设、文化建设、社会建设各方面和全过程。2014年4月，最新修订的《中华人民共和国环境保护法》出台，增加了保护环境是国家的基本国策。这些现象足以表明，绿色可持续发展已经成为中国的国家战略之一。

在地方政府层面，近年来对绿色可持续发展的重视程度也大幅提升。一个例证就是，许多省份都单独出台了支持生态文明建设的文件，其中绿色金融是重要的内容；有的省份干脆联合监管部门针对绿色金融而专门发文。例如，2013年9月，江西省出台了《关于加快发展节能环保产业发展的二十条政策措施》，明确指出将对节能环保产业加大财税、金融政策的支持。2014年2月，中国人民银行呼和浩特中心支行、自治区发改委、环保厅、金融办、银监局、证监局和保监局7个部门联合印发《金融支持内蒙古生态文明建设指导意见》，指出应充分发挥金融在生态文明建设中的杠杆作用和资源配置功能，并进一步细化为发展绿色信贷，支持节能减排和淘汰落后产能；发展“绿色保险”，支持生态建设和环境保护；严禁对产能过剩行业违规建设项目提供任何形式的新增授信和直接融资；积极开展森林、草原保险试点，探索建立对森林、草原火灾、洪涝、病虫害等自然灾害的保险补偿机制，提高森林、草原的防灾减灾能力；对列入国家、省级循环经济发展综合管理部门批

① “国家环境保护规划的回顾、分析与展望”，www. docin. com。

准的循环经济示范试点园区（示范基地）、企业给予包括信用贷款在内的多元化信贷支持等。

另一方面，中国的教训是，绿色可持续发展这一国家战略尚未在金融政策的制订和实施过程中得到充分有效的落实，换句话说，绿色金融发展的战略和战术尚未有效衔接。

在中国，金融支持实体经济发展的过程中存在着两大薄弱环节：农村金融和中小企业融资，并由此成为政策的关键着力点。不论是货币政策、财税政策，还是信贷政策、资本市场发展政策，都对农村金融和中小企业融资倾斜有加。相比之下，绿色金融却没有被提到同样的重视高度，享受的政策支持也相对有限。表3列示了农村金融、中小企业融资和绿色金融的政策支持对比，不难看出，中国的绿色金融政策体系还有很大的扩展空间。

表3　农村金融、中小企业融资和绿色金融的政策支持对比

	农村金融、中小企业融资	绿色金融
中国人民银行	有专门针对农村金融机构、小型城商行等发放的支农再贷款、支小再贷款；对“三农”和小微企业贷款达到一定比例的商业银行定向下调准备金率	无类似再贷款，也不在定向准备金下调范围内
银监会	与农户和小微企业贷款有关的相关贷款不计入存贷比考核指标	存贷比调整中没有涵盖绿色金融
资本市场	允许商业银行发行“三农”专项金融债、小微企业专项金融债	无类似专项绿色金融债
保险市场	农业保险的发展被高度重视，并出台了专门的农业保险条例	无专门的绿色保险条例
财政部	对“三农”和小微金融业务提供相关的补贴，包括金融机构业务经营补贴、农业保险保费补贴等，并有相应的税收优惠	经营绿色金融的金融机构及其相关业务很少直接享受财税激励政策

经验二：必须在政府意愿（利益）和市场意愿（利益）之间寻求共同点

绿色金融涉及政府和市场等多个主体，政府包括中央政府及相关职能部

门、各级地方政府、金融监管机构（“一行三会”），市场包括金融机构（银行、保险公司、证券公司、PE/VC 机构等）、投资者（机构投资者和个人投资者）、融资者（绿色企业或项目）、其他利益相关者等。即使绿色可持续发展已经成为人类共识，已上升为国家战略，现实中出于不同的利益考量，一段时期内这些主体在行为上也可能表现出相当大的偏差或背离。这意味着，良好的政策设计可能无法充分落实，或者产生扭曲的后果，或者进展缓慢。从这个角度看，协调好政府利益和市场利益至关重要。

中国在这方面有一定的正面经验，主要表现为，在政策框架搭建和实施时对协调各方利益这一因素有所考虑。比如，许多绿色金融及其配套政策都是以地方试点的形式展开，鼓励地方在一定框架内进行创新性探索，这旨在调动地方的积极性，协调中央和地方的利益。又比如，一些省份的人民银行对旗下商业银行绿色信贷实施效果进行综合量化评分定级，并根据评分结果予以通报表扬或批评，这实际上旨在引导商业银行沿着监管机构的思路进行“合意贷款”。

不过，中国在协调各方利益方面更多表现出的是负面的教训。由于考核机制不完善、政策体系仍有待健全等因素，政府意愿和市场意愿、政府利益和市场利益之间存在很大偏差和背离，直接导致绿色金融市场的发展滞后于预期。这突出表现在以下两个方面。

一是中央政府意愿和地方政府意愿的偏差。有些地方政府以 GDP 增长为最高目标，急于发展地区经济。在这种情况下，环保目标自然退居二线。结果是，尽管中央部门出台的绿色信贷政策严格限制“两高一资”贷款，绿色证券制度规定高污染行业申请 IPO 时必须进行环保核查，但地方政府往往通过给金融机构施加压力或者给环保部门施加压力等手段，规避这些规定，使得环保没有达标的项目仍然如愿获得融资支持。

通过表 4 环境保护部和各省级环保部门 2010 ~ 2012 年出具的环保核查意见对比可以一定程度上看出这种偏差。可以看出，没有通过环保核查的企业只是少数，而且主要集中在由环境保护部审核的部分；各省环保部门的环保核查意见都是通过的，没有否决。

表 4　　2010～2012 年环境保护部门出局的环保核查意见统计表

年份	核查单位	申请核查公司数量	通过核查数量	未通过核查数量	暂停核查数量	终止核查数量	待核查或补充材料数量	不予受理数量
2010～2012	环境保护部	176	145	2	3	2	23	1
2011	各省级环保部门	95	95	0	0	0	0	0
2012	各省级环保部门	87	87	0	0	0	0	0

资料来源：王起国，“绿色证券法制研究”，《西南政法大学学报》2013 年 6 月第 3 期，第 77～88 页。

出现中央意愿和地方意愿偏差的重要原因在于政府官员的考核机制。整体来看，中国目前对地区及领导干部的考核指标主要侧重于经济增长、招商引资等内容，环境绩效考虑流于形式，力度和刚性不强。环境绩效考核在中国更多的只是一种理念，虽然有些地方进行了探索，但一来真正实践的地区有限，二来即使将环境因素纳入党政干部政绩考核体系中，其所占比重也偏低，尚不能发挥重要作用。不过，这一状况有望改变。根据十八届三中全会发布的《中共中央关于全面深化改革若干重大问题的决定》，在加强生态文明制度建设部分，提出了“探索编制自然资源资产负债表，对领导干部实行自然资源资产离任审计，建立生态环境损害责任终身追究制”这样的表述，显示出中央政府强化领导干部环境绩效考核力度的决心。

二是政府意愿和市场意愿之间的偏差。尽管金融监管部门大力推动绿色金融制度，绿色金融市场也获得了初步发展，但多源于行政性的强力推动，而非来自市场的主动行为。在绿色信贷方面，一方面许多“两高一资”企业以高利润、高回报等特点对很多商业银行仍然颇具吸引力，另一方面，大量以中小企业为主的节能环保企业，由于缺乏抵押品或担保机制而无法获得贷款。结果是，“两高一资”项目贷款虽然总体降低，但是占比依然偏高，特别是中小商业银行在“两高一资”项目和企业上的投资还比较多；商业银行在节能环保产品方面的总体开发动力不足。在绿色保险方面，虽然 2013 年以来绝大部分省份都启动了环境污染责任保险试点，但实际的业务发展并没有随之产生飞跃。

影响政府意愿和市场意愿偏离的一个重要因素在于企业环保违法违规行

为的成本偏低，从而降低了对绿色金融的有效需求，并进一步降低了金融机构研发和经营绿色金融业务的动力。随着新环保法的实施，这种情况有望改变。根据原环保法，企业的违法行为只接受一次处罚；而根据新环保法，如果企业不改正违法行为，可以按照原处罚金额按日连续处罚，罚款上不封顶。这一规定显然将大幅度提高企业的环境违法成本。

经验三：应该对绿色金融的内涵和外延进行清楚的定义

什么是绿色金融？金融机构如何认定某一类企业或项目必须一票否决不能予以贷款或必须投保环责险？符合什么样的标准就应该被纳入到绿色金融政策框架所覆盖的范围内？监管机构如何统计绿色金融业务发展情况并与以往年度进行对比？发展绿色金融不可避免会首先遇到这类问题。由此可见，清楚定义绿色金融的内涵和外延非常关键。

在定义方面，中国做出了很多积极尝试。例如，尽管2012年银监会《绿色信贷指引》没有对绿色信贷进行定义，但2013年的《绿色信贷统计制度》将纳入统计的绿色信贷包括12类，即绿色农业开发项目、绿色林业开发项目、工业节能节水环保项目、自然保护/生态修复及灾害防控项目、资源循环利用项目、垃圾处理及污染防治项目、可再生能源及清洁能源项目（包括太阳能、风电、生物质能、水力发电、其他以及智能电网项目）、农村及城市水项目、建筑节能及绿色建筑项目、绿色交通运输项目、节能环保服务项目、采用国际惯例或国际标准的境外项目，并依次给出了定义。此外，银监会还要求对这些绿色信贷项目形成的年节能减排能力进行统计，包括标准煤、二氧化碳减排当量、化学需氧量、氨氮、二氧化硫、氮氧化物、节水7项指标。

不过，中国目前所做的还远远不够，至今缺乏完整、统一、明确的绿色金融概念框架以及详细定义，并由此导致了实践中存在很多问题。可以说，某种程度上正是现实中存在的诸多问题提示中国获得了这一宝贵经验，即对绿色金融进行清楚定义是多么重要。

1. 对绿色金融的狭隘理解，可能限制政策支持体系以及市场实践的发展

突出表现在保险领域。在国外，绿色保险通常是指与环境风险管理有关的各种保险计划，其实质是将保险作为一种可持续发展的工具，以应对与环境有关的一些问题，包括气候变化、污染和环境破坏。相比之下，现阶段中

国对绿色保险的定义要狭窄得多，通常指一类特定的险种，即“环境污染责任保险”，还没有把气候变化这一更为长期的环境风险纳入绿色保险范畴内。考虑到作为发展中的大国，理应把有限的资源和拓展重心放在最为迫切同时又相对容易入手的议题，发展初期对绿色保险的这种狭窄认知是完全可以理解的。然而，如果一直保持这种认识，无疑将大大限制绿色保险的拓展。比如，目前中国不论在监管政策上还是保险公司实践中，对电动汽车和燃油汽车投保无任何区别，条款、费率、价格等方面都不能反映出对绿色能源汽车的支持导向。显然，这与“车险和绿色保险基本无关”的狭隘思路有相当密切的关系。实际上，保险机制在环境风险管理方面的应用领域非常广泛，远远超出环境污染损害责任赔偿这一范畴。

2. 多个类似的概念框架关系不清，容易使人无所适从

在实践中，中国还有一些与绿色金融类似的概念框架，如下。

（1）非“两高一资”行业。这是政策文件中经常出现的名词，其中，“两高”行业指高污染、高能耗的资源性行业；“一剩”行业即产能过剩行业。与之类似的还有“两高一资”，即高污染、高耗能和资源性。

（2）战略新兴产业。这是温家宝在 2010 年 9 月 8 日主持召开国务院常务会议，审议并原则通过《国务院关于加快培育和发展战略性新兴产业的决定》中提出的概念。根据这一决定，从我国国情和科技、产业基础出发，现阶段选择节能环保、新一代信息技术、生物、高端装备制造、新能源、新材料和新能源汽车 7 个产业作为战略新兴产业，在重点领域集中力量，加快推进，采取扶持政策加以支持。

（3）低碳经济。这是指在可持续发展理念指导下，通过技术创新、制度创新、产业转型、新能源开发等多种手段，尽可能地减少煤炭、石油等高碳能源消耗，减少温室气体排放，达到经济社会发展与生态环境保护双赢的一种经济发展形态。2010 年 8 月，国家发改委确定在 5 省 8 市开展低碳产业建设试点工作。

上述概念之间是什么关系？是否一律属于绿色经济从而应该被纳入绿色金融的服务范畴？是否有所遗漏？对上述问题还需要深入研究才能解答。不过有一点可以肯定，上述任何一个定义都十分笼统，失之简单，因而用处不大。以国家发改委披露的一组数据进行分析，自 2000 年以来截至 2013 年 11

月底，经国家发改委批准，企业债券累计发行 32044 亿元（2013 年 1 ~ 11 月发行 5700 亿元）。从企业债券募集资金投向结构看，9470 亿元投向铁路、公路、港口、机场等交通项目，4786 亿元投向水电、火电、太阳能、风能、煤矿等能源项目，4685 亿元投向市政基础设施项目，3987 亿元投向保障房及棚户区改造项目，2464 亿元投向工业领域传统产业升级改造和并购重组项目，1030 亿元投向水务项目，840 亿元投向江河湖泊治理项目，639 亿元投向产业园区基础设施项目，513 亿元投向城市轨道交通项目，其他投向还包括农业、旅游等国家政策支持领域的项目建设。在这些债券中，哪些可以归类为绿色债券？哪些属于战略新兴产业？是否有些债券具有“两高一资”行业之嫌而得到了不应该的支持？从统计数据本身不难看出，国家发改委并没有“绿色债券”的统计意识，而上述提到的几个定义也都不足以直接引用来回答上述问题。

3. 概念缺乏细则规定，使得实践中缺乏指导

一是概念之间可能存在冲突。例如，节能环保自然属于绿色金融应该支持的范畴。然而，光伏产业一般被视为是典型的绿色经济代表，但其生产过程，特别是发展初期技术不太成熟时，往往会造成高耗能、高污染。这种情况下是否应该继续予以支持？此外，如果本来属于高污染、高能耗的行业，但由于采取了必要的技术和手段，在生产、运输、储存等环节将环境污染降到最低程度、能源节约到最大程度，这些企业是否予以信贷支持？

二是不同金融机构执行不同的标准，导致数据缺乏可比性。目前，各商业银行出于对“绿色信贷”内涵、外延的不同理解，采取了不同的信贷政策执行标准。如中国工商银行在行业信贷政策中共归纳提炼了 90 条绿色信贷标准和 125 条国家产业政策标准，并将其全部纳入行业（绿色）信贷政策，作为全行必须严格执行的信贷标准；国家开发银行的评审管理手册中，针对“两高一资”行业的信贷准入、退出政策和评审条件等做出明确规定，并出台了一系列节能环保行业政策；中国建设银行制定了《落实银监会绿色信贷指引工作方案》，确定绿色信贷发展战略，并在信贷政策与结构调整政策中，将节能环保产业和战略性新兴产业列为优先支持行业。在不同的标准下，不仅数据统计受到影响，甚至可能影响具体业务的开展。有些项目在这家银行贷不到款，另外一家却贷得到。

经验四：应建立有效的多部门协调和合作机制

绿色金融既是生态保护问题，也是金融改革问题，是一项涉及多个主管部门的系统工程，因此建立多部门协作机制的重要性不言而喻。中国在这方面同样既有经验又有教训。

中国的经验是，很早就意识到部门协作的重要性，因此在制度搭建之初就对此有所涉及。主要表现在两个方面。

一是部门联合发布政策文件。2007 年之前，已有一些相关的政策文件发布，不过都是由单独部门发布（如人民银行或者环保部）。直到 2007 年以后，金融监管部门和环保部门加强合作，联合发文，绿色金融制度才得以正式建立。例如，早在 1995 年，人民银行就颁布了绿色信贷的相关文件，但影响不大。2007 年 6 月人民银行又单独发布《关于改进和加强节能环保领域金融服务的指导意见》，这一文件的影响力显然不如稍后 7 月由人民银行、环保部、银监会三部门联合发布的《关于落实环境保护政策法规防范信贷风险的意见》。因为后一个文件中，环保部、银监会的加盟进一步强化了文件的权威性，特别是银监会的加入为监督商业银行落实环境政策提供了组织条件。

另一个例子是在绿色证券方面。早在 2003 年国家环保总局出台了《关于对申请上市的企业和申请再融资的上市企业进行环境保护核查的通知》，自此开展了重污染上市公司的环保核查工作；2007 年国家环保总局办公厅文件《关于进一步规范重污染行业生产经营公司申请上市或再融资环境保护核查工作的通知》。但直到 2008 年 1 月，证监会发布《关于重污染行业生产经营公司 IPO 申请申报文件的通知》，对相关问题进行回应，上市公司环保核查制度才有了实质进展。

类似地，绿色保险的两个关键性文件也是由环保部联合保监会共同发布的，这些都是部门合作的具体体现。

二是制度设计时就强调了有关部门间环境监管和信息沟通的问题。2007 年在绿色信贷的文件中，明确要求环保和金融部门要加强相互沟通和协调配合，建立信息沟通机制。环保部门要按照职责权限和《环境信息公开办法（试行）》的规定，向金融部门提供 8 个方面的环境信息，主要是环保部门执法过程中形成的信息，以作为银行信贷管理的直接依据或重要参考。此外，文件还要求环保部门和金融部门及有关商业银行可根据需要建立联席会议制度，确定本单位内责任部门和联络员，定期召开协调会议，沟通情况。经过6年多的建设，环保部门与银行业监管机构的合作不断加强，企业环境信息共享机制初步建立并不断完善，报送的信息从企业违法信息扩大到环评、“三同时”验收、强制性清洁生产审核等类型。

不过，由于制度细节不完善等原因，目前中国绿色金融中的部门协作仍存在很大问题，并由此导致了协作沟通不足、措施落实不力等问题，制约了绿色金融的发展。信息的缺失或不完整可能直接影响金融机构的判断，从而使得一些环境风险很高的企业仍然可能得到贷款，仍然能够获得IPO资格。

具体说来，中国在绿色金融的部门协作方面有如下教训值得汲取。

一是政策设计中的信息共享机制并未完全得到落实。目前虽然在中央层面和部分省级层面已经建立起了环保部门与金融监管部门之间的信息沟通机制，但仍有很多省市尚未建立。北京市直到2013年8月才出台相关规定，将企业环境违法信息纳入中国人民银行企业信用信息基础数据库，进入银行征信系统，作为银行审批贷款的必备条件之一。进一步来说，即使有些地区建立了信息沟通机制，在具体执行时也没能全面、及时地进行信息交流。

二是信息共享机制是单向流动的。目前的政策文件仅要求环保部门向金融监管机构提供企业环境违法信息，而没有要求金融监管机构向环保部门共享污染企业的信贷等信息，即信息流动是单向的，环保部门并不了解相关企业在银行的融资信息。这种信息单向流动既不利于环保部门加强监督职能，也影响部门之间的互信，从而妨碍长效合作机制的建立。

三是缺乏来自外部的有效监督。绿色金融的部门协作，不仅仅是内部事宜，而具有外部溢出效应，涉及环境安全和公众利益，因此需要外部机制对这种协作进行监督，或者至少有一种外部机制评估协作的效果。然而，目前中国缺乏这一机制，普通公众对污染企业的相关融资信息毫无知情权，即使这一企业的环境违法行为已经严重威胁到普通公众的生命健康安全。

一起发生在云南的案例揭示了目前中国在绿色金融部门协作方面存在的上述问题。2011年6月，云南省发生了一起恶劣的企业环境污染事件，民间环保组织“绿色流域”由此向中国人民银行昆明中心支行、云南省银监局和云南省环保厅提出了政务信息公开申请，要求公开为肇事企业及其关联企业提供贷款的银行信息及贷款情况，以及金融监管部门与环保部门针对这一污染事件的信息协作情况。中国人民银行昆明中心支行回复说，为该污染企业——陆良化工提供贷款的银行信息及贷款情况“涉及企业商业秘密”，按照相关规定不能公开。云南省环保厅称，“虽然我国目前建立绿色信贷机制，我厅会同人行昆明支行启动了这项工作，但由于网络技术、银行融资信息使用范围等问题，还没有建立起固定的、可查询的信息共享渠道。目前，我厅只是定期或不定期向银行系统通报环保专项行动挂牌督办企业、接受行政处罚企业的信息。关于企业的贷款融资信息，银行系统还没有向环保部门提供过或征求过意见”①。在部门之间环保信息沟通不畅而又缺乏公众监督的背景下，尽管环保部门对涉事企业实施了严厉的行政惩罚（即环境保护部对污染企业所在的曲靖市实施区域限批），但根据媒体报道，环保部门处罚后不久污染还未清理时，肇事企业就已部分恢复生产，该企业法定代表人甚至公开表示“将在近期启动中小板的上市计划”！

部门协作不畅与目前中国有些部门在职能和分工方面缺乏明确的界定有一定关系。例如，人民银行和银监会在信贷政策的制定、实施与监管等职能分工上缺乏明确、系统的规则界定；节能环保工作则涉及发改委、经贸委、环保局等多个部门。在这种格局下，出现关键事项上部门之间推诿、扯皮或争权和保护等行为和现象，就不足为奇了。

经验五：配套政策必须充分

在前文绿色金融政策体系评估部分，已经反复强调了配套政策的重要性。中国在这方面的正面经验是：把绿色金融作为环境经济政策的有机组成部分进行整体规划设计。根据“十二五”规划，环境经济政策体系涵盖 10 个领域、33 项具体任务，除了绿色金融的相关内容外，还包括财政政策、税收政策、环境价格政策、环保收费制度、绿色贸易政策、生态补偿机制、环境保护综合名录和污染损害鉴定评估等内容，这些实际上都构成绿色金融发展所依托的内外部环境，既有激励约束机制，也有金融基础设施。这表明，中国充分认识到，绿色金融的发展不完全是金融监管部门或者金融市场的事，金

---

① http：//news. xinhuanet. com/politics/2012 -02/17/c_ 122713982. htm。

融以外的因素同样重要。

与此同时，中国在绿色金融配套政策方面存在很多问题，构成了以下宝贵的教训。

一是配套机制发展得较晚，还没能对绿色金融的发展产生足够积极的作用。2007 年绿色信贷制度已经基本建立，但企业信用风险评价制度直到 2014 年 3 月 1 日才正式实施；还有许多配套制度的建设虽然已经启动，但多只限于地方的零星试点，影响有限。例如，包括环境资源产品定价机制、收费机制等内容的环境损害成本的合理负担机制尚未形成，使得市场主体加大环保投资、防控环境风险的内在动力不足，进而影响了绿色信贷、环境污染责任保险、绿色证券等环境经济政策的有效实施。

二是针对金融机构经营绿色金融业务所实施的财税激励政策不充分、不到位。目前的财税政策主要针对节能环保企业或项目展开，但对支持这类企业或项目发展的金融机构及其业务却缺乏相应的配套激励政策。例如，在绿色信贷方面缺乏财政贴息、税收减免、税前计提拨备、坏账自主核销等优惠政策，在绿色保险方面缺乏中央财政的保费补贴等。

三是一些配套机制的建设尚没有引起足够的重视。如专业的人才发展战略等。绿色金融是专业性、技术性较强的工作，需要同时掌握环保技术和金融业务等方面的复合型知识。目前中国金融机构在这类复合型人才的建设、引进、培育等方面还缺乏专门规划，相关工作尚未启动。

经验六：必须发展均衡的绿色金融市场服务体系

均衡的绿色金融市场服务体系有其深刻的内涵，包括：①融资渠道的均衡：即绿色经济的融资不仅仅依赖银行间接融资，还包括直接融资市场。事实上，对于很多节能环保项目而言，传统的银行信贷并不是适合的融资方式，而更适宜采用股票、债券、PE/VC、融资租赁等其他方式。②投资者的均衡：即投资者结构不会被某一类群体所主导，从而形成很高的集中度风险。③服务的均衡：既有银行、保险公司等资金提供者，也有提供其他市场服务的中介机构，比如独立的环境损害鉴定和评估机构、环境风险评估机构、数据服务公司等。此外，还有有效保护消费者利益的监管机构。④功能的均衡：即有丰富的金融产品满足各类绿色金融投资者、融资者，以及环境风险管理者的需求。

中国在发展绿色金融市场方面有一些正面的经验，比如目前绿色金融政策就涵盖了绿色信贷、绿色保险和绿色证券等多方面内容，显示了均衡发展的愿望。然而仔细分析就会发现，中国的绿色金融市场主要由银行信贷主导，相关政策支持体系也更偏向绿色信贷；绿色保险和绿色证券市场则尚未完全启动，政策支持体系也比较薄弱。这与中国现阶段以银行为主导的金融体系特征相一致。

简而言之，现阶段中国在发展均衡的绿色金融市场服务体系方面的教训远远多于经验。主要表现为以下方面。

1. 融资渠道不均衡

银行长期扮演着企业融资主渠道的角色。近年来，随着非银行金融机构的发展以及资本市场的兴起，银行贷款占比虽然有所下降，但仍占据主导地位。2016 年，全社会融资规模达到 17.80 万亿元，其中，人民币贷款占 69.9%，外币贷款占 -3.2%，委托贷款占 12.3%，信托贷款占 4.8%，未贴现的银行承兑汇票占 -11.0%，企业债券占 16.9%，非金融企业境内股票融资占 7.0%。考虑到在债券市场、信托市场、融资租赁市场等领域银行直接或间接控制着资金汇集、承销、交易等关键环节，发挥着极端重要的作用，中国由银行主导金融体系的格局并没有发生根本性变化。

相比之下，直接融资市场和非银行金融机构尽管发展很快，但总体实力仍然偏弱。2016 年末保险业总资产为 15.12 万亿元，而同期银行业总资产为 232.25 万亿元，保险业资产只有银行业资产的 6.51%。

2. 投资者结构不均衡

一是机构投资者实力较弱，占比较低。在国外发达市场，重要的机构投资者，例如大学捐助基金会、慈善基金会，在中国基本不存在，或者刚刚起步，还没有发展到运用专业管理团队进行投资运作的阶段。现有的机构投资者以所谓契约性储蓄机构为代表，实力较弱。2016 年末，保险业总资产为 15.12 万亿元，全国社会保障基金总资产为 2.04 万亿元，企业年金基金累积规模为 11074.62 亿元。契约性储蓄机构资产合计只有 18.27 万亿元，占当年 GDP 的比重为 24.55%，远远低于发达国家平均水平。

由于机构投资者规模小、实力弱，在金融市场的参与度相对较小。以股票市场为例，投资交易仍以中小散户为主。截至 2013 年底，A 股市场以公募基金、保险机构、QFII 为代表的三类专业机构投资者合计持有 A 股市值为 2.58 万亿元，仅占两市总市值的 10.87%。

表 5　　以债券市场托管量衡量的主要券种投资者持有结构（%）

券种 年份	国债		政策性银行债		企业债		中期票据	
	2010	2016	2010	2016	2010	2016	2010	2016
合计	100.00	100.00	100.00	100.00	100.00	100.00	100.00	100.00
特殊结算成员	26.11	15.09	0.54	0.36	0.37	0.14	1.43	1.71
商业银行	61.36	67.07	79.66	64.79	34.21	14.58	66.38	34.89
信用社	1.09	0.84	2.77	3.84	6.07	1.47	4.43	3.56
非银行金融机构	0.49	0.26	0.11	0.35	1.21	0.37	1.38	0.58
证券公司	0.04	0.38	0.23	0.61	3.58	3.68	3.27	2.19
保险机构	6.11	3.23	11.60	4.70	37.88	4.92	1.96	9.14
基金	1.32	3.27	5.03	22.88	9.55	47.69	20.56	46.17
商业银行理财产品	0	0.01	0	3.93	0	1.29	0	3.04
非金融机构	0.10	0.02	0.06	0.01	0.89	0.06	0.57	0.08
个人投资者	0.04	0	0	0	0	0	0	0
交易所	3.32	5.89	0	0	6.21	26.69	0	0
其他	0.03	3.94	0.01	2.46	0.02	0.42	0.02	1.69
境外机构	0	3.93	0	2.46	0	0.42	0	1.69

在组合投资方面，近年来外资开放力度有所加大。截至 2016 年 12 月末，共有 407 家境外机构获准 进入银行间债券市场，包括：58 家境外央行类机构（包括境外央行、国际金融机构和主权财富基金）、112 家境外商业银行、28 家非银行类金融机构、204 家金融机构产品类投资者、5 家其他类型机构投资者。

2016 年末，QFII 和 RQFII 两者合并后的总批准额度约为 1600 亿美元。在市值高达 7.3 万亿美元的 A 股中，国外资金的比例还不足 3%。

3. 产品和服务不均衡

在产品方面，以传统的信贷业务为主。尽管近年来有一些创新，开发了诸如绿色融资租赁、碳金融产品和清洁发展机制应收账款保理融资等新型产品，但多属于零星的探索，并没有成为市场主流。绿色信贷资产证券化等业务也没有发展起来，绿色保险、绿色证券领域同样存在类似问题。

在服务方面，环境风险评估、损失鉴定等专业的绿色金融服务机构十分缺乏。

4. 市场机制没有充分发挥作用

中国金融市场上，政府在所有者、监管者、行业促进者等三个方面仍然扮演着重要的角色，有时角色职能相互冲突，有时相互重合，从而对金融市场产生扭曲。这种扭曲也反映在绿色金融市场上，使得市场机制没有充分发挥作用，而更多的是政府推动和主导。主要表现为：

- 商业性金融机构和政策性金融机构的职能和业务边界有待进一步厘清；
- 股票和债券市场都存在不必要的行政审批制；
- 资本市场信息披露不足，透明度不高；
- 企业的公司治理机制有待进一步完善；
- 金融监管框架有待进一步完善；
- 金融衍生品市场发育不够；
- 投资者保护制度存在缺陷。

参考文献

[1] 董战峰等．“十二五”环境经济政策建设规划中期评估，环境经济，2013（9）

[2] 王起国．绿色证券法制研究．西南政法大学学报，2013（3）

[3] 杨姝影，沈晓悦．绿色信贷靠什么激活，中国环境报，2013（6）http：//www. qstheory. cn/st/xhjj/201306/t20130604_ 236969. htm.

[4] 叶燕斐、李晓文．构建中国绿色信贷政策制度体系．中国银行业，2014（3）

过去两年中国绿色金融的新进展

田　辉　王　刚　王　洋

一、概　况

自 2015 年以来，中国绿色金融进入了发展的快车道，在顶层设计、政策体系、市场实践、外部环境等方面，都取得了长足的进步。

（一）绿色金融在促进国内经济转型、开展国际合作中的作用得到进一步明确和提升

我国经济面临“不协调、不平衡、不可持续”问题，其中不可持续重点体现在气候和环境方面，严重的雾霾、水体污染、土地污染、能源资源浪费、过度使用等使我国面临前所未有的资源环境压力。自十八届三中全会以来，加快生态文明制度建设、推进绿色发展已成为我国经济社会发展的一项战略任务。这个思路在“十三五”规划中得到了进一步体现。“十三五”规划提出了“创新、协调、绿色、开放、共享”五大发展理念，既是全面建成小康社会决战阶段的强大思想武器，也是引领未来发展的指导原则，其中的绿色理念正体现了经济由“不可持续”向“可持续”的转型要求。

绿色金融作为为发展提供支持的金融体系，构成绿色可持续发展不可或缺的组成部分。

一方面，发展绿色金融有利于动员更多的社会资本进入绿色产业，从而培育新的经济增长点，加速“绿水青山”向“金山银山”的顺利转化；另一方面，不同金融机构和金融手段的全面参与能够帮助抑制资金流向“两高一剩”等领域，“有保有压”，既帮助增加绿色投资，也帮助抑制非绿色投资，也有利于推动我国经济结构的转型。由此可见，绿色金融能同时发挥稳增长、

调结构的双重作用。正因为如此，2015 年以来，在中共中央、国务院发布的纲领性文件《关于加快推进生态文明建设的意见》《生态文明体制改革总体方案》中，绿色金融都是重要的内容。2016 年，全国“两会”通过《中华人民共和国国民经济和社会发展第十三个五年规划纲要》（以下简称《“十三五”规划纲要》），明确提出要建立现代金融体系，支持绿色金融发展。2016 年 8 月 31 日，中国人民银行、财政部、国家发展和改革委员会、环境保护部、中国银行业监督管理委员会、中国证券监督管理委员会、中国保险监督管理委员会等七部委联合印发了《关于构建绿色金融体系的指导意见》，更是成为绿色金融发展的顶层设计文件。

另一方面，我国是全球绿色金融的倡导者和先行者，在政策框架和市场实践上走在全球前列。在中国的倡议和推动下，2015 年 12 月通过的《巴黎协议》为全球气候行动开启了新的征程。2016 年上半年，《巴黎协议》开放签署，获得热烈响应。截至当年 6 月底，已有 179 个缔约方完成签署，并有 19 个缔约方递交了国内批准文件。2015 年底在我国的倡议下，G20 设立绿色金融研究小组，由中国人民银行和英格兰银行共同主持，秘书处工作由联合国环境署承担。2016 年 9 月召开的 G20 杭州峰会上，首次将绿色金融和气候合作列为重点议题，并成立“绿色金融工作组”，在全球范围内研究建立绿色金融体系、推动全球经济绿色转型、加强绿色金融的国际合作等问题。2015 年 10 月，中国农业银行在伦敦成功发行绿色债券。2016 年 7 月，金砖国家新开发银行在资本市场的首次亮相，同样选择了在中国银行间债券市场发行人民币绿色金融债券。上述现象说明，绿色金融正成为少有的既能凝聚国际共识又有鲜明中国烙印的金融领域，更成为我国开展国际合作、进一步获得国际话语权和发挥国际影响力的重要抓手。

（二）绿色金融的政策体系进一步完善

不同于发达国家采取的自下而上、主要由机构投资者推动的路径，我国绿色金融发展主要采取了自上而下的推动方式，重点表现在相关政策文件出台的比较多，既有多个部委联合颁布的政策，也有单个职能部门独自出台的政策。表 1 列示了 2015 年以来主要的绿色金融政策文件，发文单位包括国务院、发改委、“一行三会”、交易所、交易商协会等多种机构。这些文件的出台，对过去两年中国绿色金融市场的快速发展至关重要。例如，中国金融学会绿色金融专业委员会的《中国绿色债券项目支持目录（2015 年版）》和国家发改委《绿色债券发行指引》颁布了有关绿色债券的国内标准，为中国绿色债券的蓬勃发展提供了动力。

表 1　2015 年以来与绿色金融相关的主要政策文件

发布部门	文件颁布时间和文件	主要内容
七部委	2016 年，《关于构建绿色金融体系的指导意见》	在立足我国国情的基础上，借鉴国际经验，总结了近一年来我国绿色金融发展的成功实践，研究提出了很多创新性的融资工具和激励约束机制，以更好地满足绿色产业发展多层次、多元化的投融资需求，如设立绿色发展基金、通过央行再贷款支持绿色金融发展、发展碳交易市场和碳金融产品
国务院	2016 年，《"十三五"控制温室气体排放工作方案》	要出台综合配套政策，更好地发挥中国清洁发展机制基金作用，积极运用政府和社会资本合作模式及绿色债券等手段，完善气候投融资机制
银监会	2015 年，《能效信贷指引》	衡量信贷投放对企业能源效率的效果
中国人民银行	2015 年，《绿色金融债券公告》	在银行间债券市场推出绿色金融债券，建立绿色金融债券发行核准绿色通道，允许发行人在资金闲置期间投资于信用高、流动性好的货币市场工具及非金融企业发行的绿色债券
国家发改委	2015 年，《绿色债券发行指引》	明确现阶段"绿色债券"的 12 个重点支持领域，企业申请发行绿色债券，可适当调整审核准入条件
上交所、深交所	2016 年，《关于开展绿色公司债券试点的通知》	绿色公司债券设立了专门的申报受理及审核绿色通道，并对绿色公司债进行了统一标识
保监会	2015 年，《关于保险业履行社会责任的指导意见》	引导保险企业树立社会责任理念，并把保险企业履行社会责任情况与保险机构服务评价体系等监管工作结合起来

续表

发布部门	文件颁布时间和文件	主要内容
证监会	2017 年，《关于支持绿色债券发展的指导意见》	绿色公司债券募集资金必须投向绿色产业项目，严禁名实不符，证监会应建立审核绿色通道，适用“即报即审”政策，提升绿色公司债发行的便利性
银行间市场交易商协会	2017 年，《非金融企业绿色债务融资工具业务指引》	对绿色债务融资工具的资金用途、遴选机制、专户管理、信息披露等进行了明确

（三）绿色金融的市场实践向纵深发展

1. 绿色信贷

绿色信贷是我国绿色金融发展的主导形式。从 2013 年到 2015 年，21 家主要银行业金融机构的绿色信贷余额从 5.2 万亿元人民币增加到 8.08 万亿元人民币。截至 2016 年 6 月末，绿色信贷余额已达到 7.26 万亿元人民币，占各项贷款的 9%；其中，不良贷款余额 226.25 亿元，不良率为 0.41%，低于同期各项贷款不良率 1.35 个百分点。见表 2 所示。

表 2　　21 家主要银行绿色信贷余额

年　份	绿色信贷余额（万亿元人民币）	占贷款总额的比重（%）
2013	5.2	8.7
2014	6.01	
2015	8.08	
2016.6	7.26	9

2. 绿色债券

2016 年中国绿色金融市场实践最突出的特点就是绿色债券市场的异军突起。根据气候债券倡议组织（CBI）和中央国债登记结算有限责任公司联合编制的《中国绿色债券市场现状报告 2016》，在 2016 年全球绿色债券发行规模达到了 810 亿美元（约人民币 5590 亿元），这在很大程度上是受到中国发行人的推动。中国发行人发行的绿色债券在 2016 年迅速增长，从几乎为零增长到人民币 2380 亿元（约 362 亿美元），占全球发行规模的 39%。它们中的大部分债券在境内市场发行，少部分在离岸市场发行。绿色债券类型十分丰富，出现了绿色资产支持债券（ABS）和绿色担保债券等新品种。见图 1 所示。

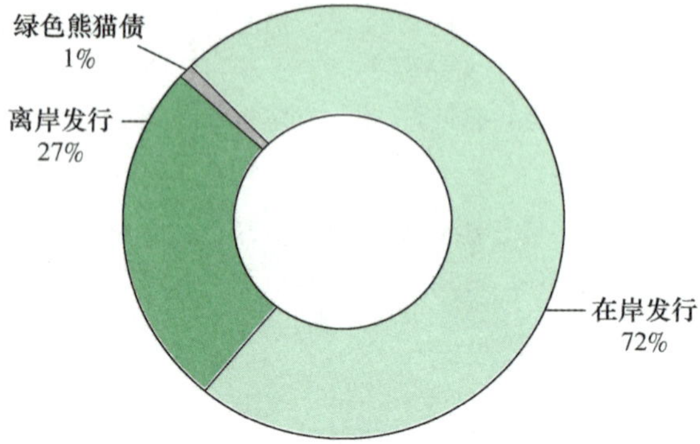

图 1　2016 年中国绿色债券的发行结构

资料来源：《中国绿色债券市场现状报告 2016》。

3. 绿色保险

中国的绿色保险主要是指环境污染责任保险。近年来，环境污染责任保险的试点范围和领域不断扩大。截至 2016 年年中，几乎全国所有省份都开展了试点，试点涉及重金属、石化、危险化学品、危险废物处置、电力、医药、印染等多个领域。广东、南京等省市在全国率先试行将环境污染责任保险由自愿变为强制。例如，2015 年 7 月起实施的新《广东省环境保护条例》规定“在重点区域、重点行业依法实行强制性环境污染责任保险”。2007～2015 年三季度，全国投保环境污染责任保险的企业累计超过 4.5 万家次，保险公司提供的风险保障金累计超过 1000 亿元。2015 年，我国环境污染责任保险签单数量 1.4 万单，同比增长 5.27%；签单保费 2.8 亿元人民币，同比增长 14%；提供风险保障 244.21 亿元，同比增长 7.52%。

2017 年，环境污染责任保险的推广有了新的进展。当年 5 月，保监会发布实施《化学原料及化学制品制造业责任保险风险评估指引》，对化学原料及化学制造企业的环境污染风险从政策、经营、管理等方面进行量化分析，以便为保险公司承保前风险评估制定参考标准。这是保险业首个环保责任保险金融行业标准。6 月，环境保护部和保监会联合研究制订了《环境污染强制责任保险管理办法（征求意见稿）》，对“从事环境高风险生产经营活动的企业事业单位或其他生产经营者”强制投保环境污染责任保险及其相关事项进行了规定。

在绿色投资业务方面，保险业也日趋活跃。根据中国保险资产管理业协会数据统计，截至2016年，保险机构通过发起设立债权投资计划、股权投资计划、资产支持计划等投资计划651项（不含组合类产品），合计注册（备案）金额16524.9亿元。在这一过程中，保险资金坚持责任投资和绿色投资，以多种方式和途径参与到绿色金融的进程中。项目涵盖了清洁交通、清洁能源、资源节约与循环利用、污染防治等多个领域。截至2016年，保险资金实体项目投资中涉及绿色产业债权投资计划规模达5258亿元，投资规模占比达到39%。

4. 其他实践

一是地方实践。从2016年开始，国务院开始制定并批准跨区域的城市群规划，例如长三角城市群、珠三角湾区城市群等，这些城市群在规划设计时，均明确提出资源集约节约利用、实现绿色低碳发展的目标。许多地方政府都出台了专门文件，意图通过构建绿色化的金融组织体系、加快绿色金融产品和服务方式创新、拓宽绿色产业融资渠道、推进绿色金融要素交易市场建设等综合手段，推动本地绿色金融市场的发展。

二是绿色指数。上海证券交易所和中证指数有限公司于2015年10月正式发布上证180碳效率指数，用于高效地识别资源利用效率高的低碳行业和股票，帮助被动式的机构投资者进行绿色投资。截至2016年年中，我国绿色股票指数共有19个，分为可持续发展指数、环保产业指数、绿色环境指数三类，占全部指数的约2%。相应地，根据绿色指数进行产品开发的活动日益活跃。截至2016年7月中旬，国内基金管理机构已推出环保、低碳、新能源、清洁能源、可持续为主题的基金近百只，规模近980亿元。

三是个人碳账户。2016年8月27日蚂蚁金服宣布为旗下支付宝平台的4.5亿用户全面上线了“碳账户”。碳账户是一种创新的碳金融工具，是支付宝三大账户之一（资金账户、信用账户、碳账户）。该账户目前主要用于记录人们的低碳绿色足迹，未来还可能变成碳资产的交易账户，实现碳资产买卖、投资。

四是碳排放市场。近年来我国已经在7省市开展了碳排放权交易试点，积极探索建立符合中国国情的碳排放交易体系，截至2016年9月，试点的碳市场配额现货交易累计成交达到了1.2亿吨二氧化碳，累计成交金额超过32亿元人民币。2017年将启动全国碳排放权交易市场。

（四）绿色金融外部发展环境进一步优化

1. 司法环境

2015年，为配合新《环境保护法》实施，最高人民法院发布《最高人民法院关于审理环境民事公益诉讼案件适用法律若干问题的解释》，对“环境公益诉讼”做出细化规定。2016年1月1日起修订后的《中国大气污染防治法》施行，在许多方面进行了完善修改，例如，专章阐述“重污染天气应对”，县级以上地方人民政府应当将重污染天气应对纳入突发事件应急管理体系，要求由设区的市级以上地方政府环境保护主管部门确定重点排污单位名录，并向社会公布。此外加大了企业处罚力度，取消了罚款“最高不超过50万元”的封顶限额，同时增加“按日计罚”的规定。环保部发布实施“按日连续处罚”“查封、扣押”“限制生产、停产整治”“企业事业单位环境信息公开”“环境保护公众参与”“突发环境事件应急管理”“约谈暂行办法”等部门规章，进一步对环境监督进行规划。

在执行层面，环境违法行为的惩罚力度显著加强。根据原《环境保护法》，企业的违法行为只接受一次处罚；而根据新《环境保护法》，如果企业不改正违法行为，可以按照原处罚金额按日连续处罚，罚款上不封顶。这一规定大幅度提高了企业的环境违法成本，实际执行中效果也已经初显。根据金融指数提供商明晟（MSCI）2016年6月发布的研究：自从2015年1月新的《环境保护法》实施以来，155家样本企业受到环境处罚的金额是前一年的近两倍，罚金总额从2014年的220万元人民币升至420万元人民币（合64.4万美元），同时对违法企业采取处罚行动的可能性提高了近两倍[①]。

2. 地方政府环境保护主体责任

2015年7月1日，中央全面深化改革领导小组十四次会议审议通过《环境保护督察方案（试行）》，要求全面落实党委、政府环境保护“党政同责”“一岗双责”的主体责任。此外，会议还通过了《生态环境监测网络建设方

---

① http：//www.80sd.org/caijing/2016/05/17/99211.html。

案》《关于开展领导干部自然资源资产离任审计的试点方案》《党政领导干部生态环境损害责任追究办法（试行）》等文件，强化了地方政府对环境保护的主体责任。2016 年 1 月 4 日，被称为“环保钦差”的中央环保督察组正式亮相启动，首站选择河北进行督察。督察内容和形式将借鉴中纪委（中央巡视组），拟在未来两年对全国各省（自治区、直辖市）督察一遍。环境督查结果将作为被督察对象领导班子和领导干部考核评价任免的重要依据，在环保绩效与官员仕途间建立稳定联系。2016 年 9 月，中共中央办公厅、国务院办公厅印发了《关于省以下环保机构监测监察执法垂直管理制度改革试点工作的指导意见》，上收生态环境质量监测事权，建立环境监察专员制度，加强环保重点领域基层执法力量。上述措施的目的均在于督促地方政府更主动、更积极地开展环境保护工作。

（五）绿色金融发展过程中存在的一些痼疾尚待解决

1. 标准问题

对绿色和非绿色的不同界定直接影响相关政策设计及金融机构和投资者的决策。以近年来蓬勃发展的绿色债券为例，目前有关绿色债券的界定存在很多标准。国际标准包括国际资本市场协会（ICMA）的绿色债券原则（GBP）、气候债券组织（CBI）的气候债券标准、世界银行标准等。国内在这个领域有很大进展，目前已经出台了两个相关标准，一是中国人民银行旗下中国金融学会绿色金融专业委员会的《中国绿色债券项目支持目录（2015 年版）》，二是国家发改委的《绿色债券发行指引》。

目前存在的最大问题不是标准的有无，而是标准过多需要相互协调。一方面，中外标准之间存在协调问题。例如，发达国家由于污染问题已经基本解决，更关注气候变化风险，他们往往对化石能源采取较为极端的态度，将对化石能源的所有投资均定义为“非绿色”；相比之下，我国更关注环境污染问题，只要能够节约化石能源的使用量而降低单位能耗，其投资都属于“绿色”。另一方面，国内标准之间也存在协调问题。央行主导下的绿金委标准共有 6 大类（一级分类）和 31 小类（二级分类）；发改委标准则涵盖 12 大项，相对更为宽泛。两个标准在口径方面有差异，而且缺少互相的认可，额外增加了发行、交易成本。

2. 财政补贴问题

通过适当的补贴政策，有助于培育和激励绿色金融市场的发展。不过整体看来，我国绿色市场的补贴效率不高，存在企业骗取补贴的行为。2016 年 9 月，财政部发布通报，包括苏州金龙在内的 5 家问题企业，一共骗取了 10.1 亿元的新能源汽车补助。这一骗补案件推高了舆论对产业政策和补贴效率的争论，可能对未来绿色金融的补贴政策产生影响。如何看待补贴政策、如何实施补贴政策是个非常复杂的问题，还需要进一步加强研究。不过，可以肯定的是，补贴绝对不是给钱就可以一走了之的事情，而是涉及一系列综合事项，包括由谁以及如何来确定接受补贴的资格？如何对补贴发放后的绩效进行追踪复核？如何在实际操作中确定明确的、严格的标准，堵住可能的漏洞？如何根据情况灵活调整？等等。

3. 外部发展环境还需要进一步优化

尽管环境违法行为处罚力度相比以往显著加大，但还不足以产生足够的威慑和激励效果，环责险的投保意愿仍然偏低。例如在江西省，从 2013 年 12 月至 2015 年底，试点两年，只有 57% 的投保企业购买了环责险，投保到期后少有企业主动续保①。在环保部督查方面，力度仍然有限，且掣肘颇多。例如，区域督查中心的督查工作职责大部分与地方环保部门执法检查职责重叠，事权层级划分不清，存在“多头执法、重复检查”现象；督查发现环境违法问题，督查中心只有检查、调查和建议权，缺乏相应的制约手段；国家环保督察职责尚未完全执行到位；等等。

4. 相关基础设施建设不足

在信息搜集和共享机制建设方面，仍有省市尚未将环境违法信息充分纳入中国人民银行企业信用信息基础数据库，进入银征信系统，作为银行审批贷款的必备条件之一。在绿色债券的第三方评估或认证机构方面，存在机构不足、能力偏弱问题。目前，国外的专业认证机构有 7 家，而我国目前尚没有独立专门从事绿色认证的第三方机构，主要由评级机构、第三方咨询公司、会计师事务所等担当绿色评估工作，评级的专业性和质量有待提高，评级行为的规范性也有待加强。

---

① http：//finance. jrj. com. cn/2016/01/14103020413042. shtml。

二、我国商业银行发展绿色金融的现状、挑战与对策

中共中央关于“十三五”规划建议确立了绿色发展的理念，提出“坚持可持续发展，坚定走生产发展、生活富裕、生态良好的文明发展道路，加快建设资源节约型、环境友好型社会，形成人与自然和谐发展现代化建设新格局”，以此解决发展不可持续的问题。要实现绿色发展，离不开绿色金融的支持。当前我国政府正在积极构建绿色金融体系，2015 年 9 月印发的《生态文明体制改革总体方案》中，我国首次明确了建立中国绿色金融体系的顶层设计。2016 年 3 月，全国人大通过的《“十三五”规划纲要》明确提出要“建立绿色金融体系，发展绿色信贷、绿色债券，设立绿色发展基金”。构建绿色金融体系已经上升为中国的国家战略。2016 年 7 月召开的二十国集团财长和央行行长会议批准了绿色金融议题下的主要成果，会后公报强调了发展绿色金融的重要性，并明确支持二十国集团绿色金融研究工作组提出的发展绿色金融的七项措施。二十国领导人杭州峰会发表的杭州行动计划明确提出，欢迎 G20 绿色金融研究小组制定的关于如何增强金融体系的能力以动员私人部门资金进行绿色投资的自愿可选措施，将采取切实可行措施推进绿色金融发展。2016 年 11 月，国务院印发《“十三五”生态环境保护规划》，首次将生态文明建设上升为国家战略。总的看来，作为我国金融业的主力军，绿色金融必将成为未来银行业金融机构转型发展的重要方向。虽然近年来商业银行绿色金融服务发展迅速，但在法律保障、政策环境、激励机制、专业人才、产品和服务创新等方面仍面临一系列挑战，亟须群策群力，多措并举，推动我国绿色金融可持续发展。

（一）我国商业银行绿色金融的发展现状

现阶段我国商业银行绿色金融业务以绿色信贷为主，近一两年来绿色债券业务也在迅速发展。在我国，“绿色信贷”主要包含两重含义：一是银行对于绿色、低碳企业应给予信贷资金支持；二是需要关注和防范贷款项目出现环境问题。这与国际上的通行做法基本相同。2007 年以来，我国先后出台《绿色信贷指引》《绿色信贷统计制度》《绿色信贷实施情况关键评价指标》

等部门规章和规范性文件，制度体系不断完善。同时，银监会在《银行业金融机构绩效考评监管指引》中设置社会责任类指标，从2015年起每年组织国内主要银行业金融机构开展绿色信贷自评价，督促全面对照标准自查绿色信贷工作中的缺陷并要求及时整改。据中国人民银行统计，截至2015年末，我国绿色信贷余额7.01万亿元，同比增长16.4%，占全部信贷余额的10%左右。绿色债券是募集资金专项支持绿色产业项目的特殊债券。2015年12月，中国金融学会绿色金融专业委员会发布《绿色债券支持项目目录》，初步明确了“绿色”项目的确立标准。随着制度体系的确立，我国绿色债券市场得到长足发展。截止2016年3月末，我国绿色债券市场市值规模达到2.45万亿元。

在商业银行层面，部分商业银行将发展绿色金融作为提高经营效益的重要因素，在资源投入、体制机制建设等方面不断加强。农业银行2015年10月在伦敦发行9.95亿美元等值的双币种绿色债券，并在伦敦交易所挂牌上市。同时与法国东方汇理资产管理公司合作发起中法国际能源过渡绿色基金。建设银行2015年成立全行绿色信贷委员会，制定《中国建设银行绿色信贷实施方案》，全面推进绿色经营管理的各项任务。兴业银行截止2015年末已累计为6000余家企业提供绿色金融融资8046亿元，2016年1月又发行100亿元绿色金融债。浦发银行2016年两次累计发行350亿元绿色金融债。华夏银行2015年发起设立100亿元的碧水蓝天产业投资基金，深化与世界银行等机构的绿色信贷国际合作。截至2015年末为34家企业的49个项目提供外国政府绿色信贷转贷款24.23亿元。平安银行成立能源业务中心，在专营创新的基础上，推行全行新能源领域客户策略。

（二）我国商业银行发展绿色金融面临的挑战

虽然我国商业银行绿色金融业务已经取得了长足发展，但与国外同业相比，整体上我国银行业绿色金融产品和服务还处在发展的初级阶段，部分银行发展绿色金融还停留在社会责任层面。绿色信贷和绿色债券的供给还无法满足绿色金融的需求。究其原因，在以下关键环节还存在一系列挑战。

1. 绿色金融发展的基础较为薄弱

特别是与绿色金融发展相配套的法制建设、市场建设、系统建设、信息披露等方面，与发达国家尚存在较大差距。以法律法规为例，我国绿色金融立法始于20世纪90年代，迄今已经出台了多部规章和规范性文件。但存在如下问题：首先立法层次偏低。现有绿色金融规范性法律文件的制定主体主要是国务院及有关部委，没有国家最高权力机关制定的效力层级最高的绿色金融法律。位阶较低的法律文件多具有政策指导性和宣示性，缺乏法律应有的强制力和权威性。其次缺少相应的法律责任规定。现阶段的绿色金融立法条款规定多是建议和宣示性的声明要求，鼓励金融机构贯彻执行，但没有责任追究制度和惩罚手段，造成“违法难究”，规定无法落实。事实上，责任制度是经济法律关系的实体法基础，只有在法律上明确规定环境污染者应承担的责任，并加大执法力度，企业才会有充足的压力和动力去保护环境和减少污染，金融机构才能更好地督促客户管理环境和社会风险，推行绿色金融。再次操作性差。纵观现有的绿色金融立法，多是以宏观性、原则性规定为主的意见和指引，实践中难以执行和落实。以《绿色信贷指引》为例，监管部门只是给出了大的政策原则、方向和框架，并没有提供耗能、耗水、耗电等绿色产业准入、技术、排放、能耗和循环使用的具体标准，导致银行执行起来困难重重，相关规定难以落地。

2. 商业银行发展绿色金融缺乏有效的机制安排

多数银行对绿色金融的认识仍较为简单，如把绿色信贷等同于“环保一票否决制”“两高一剩”行业限额管理等。在具体落地的机制安排上：一是缺乏鼓励、引导资金流向节能环保领域的制度、流程、产品、资源等机制和措施；二是银行在融资服务过程中缺乏识别、防范、管理环境和社会风险的机制安排；三是银行缺乏提升自身环境与社会表现的机制安排，如开展绿色办公，自身节能降耗，开展公益活动提升社会责任等。

3. 绿色信贷发展的组织体系不完善

目前国内只有少部分银行建立了绿色信贷组织体系、设置了绿色信贷专门的职能部门，多数银行并未针对绿色信贷建立相应的组织体系和组织框架，有的连绿色信贷相应岗位都没有，造成实践中绿色金融业务混同于一般银行业务一并处理。但绿色金融毕竟是发展尚不成熟、技术含量较高的新兴业务，银行展业中不可避免会遇到许多不同于一般业务的新问题，因此需要内设专门的绿色金融部门或者委员会专门负责指导和管理绿色金融业务。

4. 绿色信贷专业能力不足

绿色信贷服务于国民经济各个领域，要求提供金融服务的团队或人员的知识面能够覆盖国家的宏观政策以及产业、环保、安全、金融等多领域。换言之，银行发展绿色信贷必须拥有具备企业生产经营、节能、环保、安全生产知识和经验的专业人员。如果不具备专业技术人员，就无法准确评估项目和企业的经营风险及收益能力，无法制定具体的授信政策和实施细则，只能对这些项目持审慎态度"敬而远之"。

5. 绿色金融发展缺乏激励机制

当前节能减排项目的外部性较强，企业申请绿色贷款、提升自身能效与环保表现的积极性不高，导致绿色信贷的真实需求远远小于多数政府部门的预测。对银行业金融机构而言，开展专业性较强的绿色信贷业务，必将伴随风险、人力、宣传、购买第三方服务等成本的提高。在当前绿色信贷尚未形成规模效应而又缺乏激励政策扶持的情况下，银行业金融机构绿色信贷业务普遍营利困难，很难实现商业的可持续发展，因而深入开展绿色信贷的内生动力不足。在我国，绿色信贷更多源于监管部门的推动，而非商业银行的自觉，更多视其为公益性活动而非核心商业要素，往往出现"口号多、行动少""松一阵、紧一阵"的现象。从宏观角度看，无论监管、税收还是财政部门，均缺乏对银行业金融机构开展绿色信贷的有效、可持续激励机制，这不利于引导金融资本配置于绿色产业以及传统产业的绿色升级。

6. 绿色金融产品和服务不丰富

除兴业银行推出少量绿色租赁和绿色信托服务外，国内商业银行开展绿色金融业务的主渠道仍然是绿色信贷。相比而言，国外银行的绿色金融产品和服务范围更加广泛，除绿色信贷之外，还包括为环保企业提供上市融资服务等。此外，国内银行在绿色金融服务对象上局限性也比较大，绿色信贷和绿色债券主要针对企业或项目的需求。除兴业银行发行国内首张低碳信用卡外，少有银行针对个人客户的消费需求挖掘创新绿色金融产品和服务。

（三）"十三五"时期我国商业银行发展绿色金融的机遇

"十三五"时期，在利率市场化改革深入推进、同质化竞争模式难以维系的背景下，发展绿色金融是商业银行在经济转型中抓住发展机遇的迫切需要，是促进和实现自身可持续发展和实现自身资产结构转型调整升级的有效渠道，同样也是提升品牌价值和社会形象的重要方式。具体如下。

1. 加大支持绿色产业力度能够优化商业银行对公客户结构

随着产业转型升级加快，原先与其他经济部门相互交叉、渗透，呈碎片化分布于工业、建筑、交通、城市基础设施等各个行业的节能环保项目逐渐聚拢，形成一批产业密集度较高、具备较大商业机会的绿色细分产业。这为商业银行转型发展提供了广阔空间，银行可通过建立完善的绿色信贷机制，增加绿色信贷有效供给。未来绿色产业将成为我国推进生态文明建设的重要抓手，其中会蕴含大量的优质企业金融需求，因此支持绿色产业必将成为银行缓解资产荒、对接新兴产业的重要方向。

2. 聚焦绿色消费领域以巩固商业银行优质零售客户基础群

绿色消费要为大众接受和认可，需要商业银行提供更加优质的金融服务，推动全社会形成绿色消费自觉。商业银行可以进一步积极探索个人绿色贷款，为购买新能源汽车、太阳能设备等绿色产品的消费者提供优惠贷款利率。以新能源汽车为例，我国潜在市场规模居于全球之首，因此蕴含巨大的金融机会。

3. 适度发行绿色债券能够提升商业银行资源投放能力

2015 年央行发行《绿色债券支持项目目录》，正式启动绿色债券业务，为国内银行业通过绿色债券实践绿色发展理念提供空间。绿色债券主要是有中长期限、有稳定现金流的绿色融资项目，其不仅可以为企业开拓新的融资渠道，降低融资成本，也能丰富商业银行的业务模式，解决期限错配问题，提升商业银行中长期资金投放能力。

（四）“十三五”时期我国商业银行发展绿色金融的政策建议

1. 改善外部环境

（1）推动绿色金融立法。要充分发挥绿色金融政策调控市场和保护环境的作用，就应当以法律的形式确立绿色金融制度，秉承“寓义于利”的理念，在融资领域加强企业的社会责任，并与其他相关的环境经济法律相配套，最大限度发挥法律的规范和调控作用。形成以绿色金融基本法为基础，以有关绿色金融法制的单行法、行政法规、部门规章和地方性法规为主体，以相关环境保护法律为补充的完整的绿色金融法律体系。

（2）完善绿色金融政策支持体系，强化激励机制，以市场手段引导金融机构加快绿色金融产品创新。绿色金融业务的正外部性和高风险性需要政府介入提供必要的激励。发达国家的经验表明，强有力的政策支持是绿色金融发展的重要保障。基于绿色金融对生态文明建设的重要意义和积极影响，我国有必要在整合资源的基础上，比照当前对农村金融和小微企业的支持力度，着力完善现有绿色金融政策支持体系，推进财税政策、货币政策、信贷政策与产业政策的协调与配合，加强对金融机构开展绿色金融业务的激励和约束。

在货币政策方面，将存款准备金率、利率、SLO、SLF 等常规和创新货币政策工具与绿色信贷挂钩，并制定专门的“支绿”再贷款政策。在监管政策方面，银监会可以考虑借鉴对小微企业贷款的支持政策，在《资本管理办法》中对符合一定条件的绿色信贷适用比例不同的优惠风险权重，从而降低绿色信贷的资本要求。同时也可将符合条件的绿色信贷不计入存贷比考核指标。另一方面，采取措施限制商业银行对“两高一剩”企业和项目提供金融服务。建议在《资本管理办法》中对相关贷款适用更高的风险权重，提高资本要求。

在财政收入方面，伴随金融业“营改增”的税制改革，对各类金融机构开展绿色金融业务的收入实行不同程度的所得税和增值税优惠。在财政支出方面，发挥财政资金“四两拨千斤”的杠杆作用，提高金融机构开展绿色金融业务的积极性。建议财政部会同中国人民银行、银监会，研究制定科学、便捷、有效的对绿色项目的贴息制度，考虑将直接发放给企业的节能奖励转化为信贷贴息，以市场的手段确保财政资金使用的效率性、公平性和普适性。扩大政策覆盖面，既支持治污改造项目，也支持新型绿色产业。添加清洁能源、天然气汽车等内容，并建立定期效益评估和项目清单修改机制。在企业规模上，分别针对大型企业和中小型企业设立不同的贴息项目，在贴息幅度、审批程序等方面有所区分，尽可能涵盖更多符合条件的中小企业。建立各种主体风险共担的绿色金融可持续发展机制，完善政策性担保与商业性担保并行分担机制，安排政策性担保机构承担限定比例风险，商业担保机构承担剩余风险，培养市场机制内生的激励约束。

（3）大力培育绿色金融中介服务体系，加快基础设施建设。政府的支持虽然必不可少，但市场化运作始终是绿色金融可持续发展的关键因素，绿色金融市场化的运作需要完善的中介服务体系提供支撑。绿色信贷项目通常技术复杂程度较高，难以全面准确揭示项目风险，需要借助第三方的专业技术评估。我国虽然也成立了环境交易所、节能减排项目中心等专业机构，但较之发达国家存在技术识别能力不高、覆盖领域狭窄、缺乏有效行业监管、公信力不足等缺陷，无法为绿色金融业务提供有效支撑。为此，需要在发挥现有中介服务机构的作用并借鉴其经验教训的基础上，加快培育和完善独立的第三方评估机构，建立规范高效的交易市场，完善二级流转市场，提升对绿色金融服务的支持效率。

2. 完善商业银行内部体制机制

商业银行自身应落实绿色信贷的各项监管要求，一是在公司治理机制中拓展绿色金融内涵，形成“寓义于利”的经营理念，实现治理机制的激励约束功能。二是以基本制度－管理办法－操作规程等成套的完整制度体系将国家有关绿色金融的政策和监管规则内在化。三是依托网络技术支撑实现自身金融服务“绿色化”。除此之外，还应在如下三个方面着力。

（1）积极参与国际合作。国内商业银行可以与世界银行等国际金融机构建立风险分担合作模式，由国际金融机构负责向国内商业银行提供不超过一定金额的资金，并对信贷项目提供专家技术支持。国内银行负责进行贷前调查、贷中审批和贷后管理，缓解当前发展绿色金融面临的部分资金问题和技术问题。

（2）完善组织机构，加大人才培养力度。商业银行可以参照国际赤道银行的做法，成立绿色金融专责机构，负责制定绿色金融战略与政策，应对重大绿色金融项目的授信与审批、贷后的风险管理。该机构可以吸收宏观政策研究、低碳技术、环境保护等领域的专家，制定完善的绿色金融战略，对绿色金融业务进行科学指导。商业银行还需要加强环境金融复合型人才的引进和培养，建立拥有深厚行业知识背景的专家库，熟悉专业领域的技术工艺，能够对环境风险作出评估，为开展绿色金融提供技术保障。

（3）积极推动绿色金融产品和服务创新。商业银行应根据客户的不同需求，积极拓展绿色信贷以外的发展途径，可以考虑实施绿色租赁、绿色信托、绿色资产证券化等，同时重视个人消费者的环保需求，根据个人消费者的特点，推出满足个人消费者需求的绿色金融产品，拓展商业银行的业务发展领域。同时积极开展绿色金融压力测试，提高绿色金融业务风险管理能力。

（4）完善绿色金融考核评价机制。一是建立内部考核机制。商业银行总行应建立绿色信贷管理机构、管理体系、评价方法、评价流程，提高绿色信贷独立评估能力；同时建立绿色信贷考核责任制，强化内部激励与约束，制定惩戒措施。二是建立环境风险评估机制。引导商业银行接受赤道原则。对银行而言，接受赤道原则有利于提高声誉，保护市场份额，同时也能减少项目政治风险。三是建立和完善监管激励约束机制。加强对商业银行发展绿色金融的监管指导，结合非现场监管和现场检查情况，全面评估银行业机构的绿色信贷成效，并按照相关法律法规将评估结果作为银行业机构监管评级、机构准入、业务准入、高管人员履职评价的重要依据。

三、中国绿色债券市场的快速发展

近年来，世界绿色债券市场发展迅速，绿色债券已经成为国际上普遍使用的为绿色产业融资的债务工具。中国一些金融机构和企业也尝试发行募集资金用于绿色相关领域的债券，对发展中国绿色债券市场进行了有益的探索和尝试。2015 年以来，随着相关政策的陆续出台，中国迅速成为全球绿色债券市场的领跑者。

（一）中国绿色债券相关政策逐步落地

2015 年 9 月 21 日，中共中央、国务院发布《生态文明体制改革总体方案》，首次明确提出了建立我国绿色金融体系的整体思路，并将绿色信贷、绿色股票指数、绿色债券、绿色信贷资产证券化作为构建绿色金融体系的重要组成部分。

2015 年底开始，各监管部门和证券交易所陆续出台绿色债券相关政策和指引，标志着国内绿色债券市场的起步，在引导中国绿色债券发展的过程中起到重要作用。

2015 年 12 月 22 日，中国人民银行发布 2015 年 39 号公告和《绿色债券支持项目目录》，在银行间债券市场推出绿色金融债券，为金融机构发行绿色债券提供了制度指引，采用政府引导和市场化约束相结合的方式，对绿色金融债券从绿色产业项目界定、募集资金投向、存续期间资金管理、信息披露和独立机构评估或认证等方面进行了引导和规范，强调募集资金只能用于支持绿色产业项目。

2016 年 1 月 13 日，国家发改委印发《绿色债券发行指引》，界定了绿色企业债券的项目范围和支持重点，公布了审核条件及相关政策。在审核方面，绿色债券比照发改委“加快和简化审核类”债券审核程序，提高审核效率；债券募集资金占项目总投资比例放宽至 80%；发行绿色债券的企业不受发债指标限制。在资金使用方面，允许企业使用不超过 50% 的债券募集资金用于偿还银行贷款和补充营运资金；主体信用评级 AA + 且运营情况较好的发行主体，可使用募集资金置换由在建绿色项目产生的高成本债务。在政策支持方面，鼓励地方政府通过投资补助、担保补贴、债券贴息、基金注资等多种方式，支持绿色债券发行和绿色项目实施；拓宽担保增信渠道；推动绿色项目采取“债贷组合”增信方式，鼓励商业银行进行债券和贷款统筹管理；等等。

2016 年 3 月和 4 月，沪深交易所分别发布《关于开展绿色公司债券试点的通知》，绿色公司债进入交易所债市通道正式开启。

2016 年 8 月 31 日，中国人民银行、财政部、国家发改委、环保部、银监会、证监会、保监会七部委联合发布《关于构建绿色金融体系的指导意见》，提出了 35 条推动我国绿色金融发展的具体措施，中国成为世界首个建立了比较完整的绿色金融政策体系的经济体。其中，在绿色债券方面，强调加强部门间协调，建立完善统一的绿色债券界定标准，明确发行绿色债券的信息披露要求和监管安排等；采取措施降低绿色债券的融资成本，研究探索绿色债券第三方评估和评级标准；支持开发绿色债券指数及相关产品；支持地方充分利用绿色债券市场为中长期、有稳定现金流的绿色项目提供融资；支持我国金融机构和企业到境外发行绿色债券，引导国际资金投资于我国的绿色债券等绿色金融资产。

2017 年 3 月 2 日，证监会发布《中国证监会关于支持绿色债券发展的指导意见》，引导交易所债券市场进一步服务绿色产业健康有序发展：建立审核绿色通道，适用“即报即审”政策，提升企业发行绿色公司债券的便利性；

中国证券业协会定期发布“绿色债券公益榜”，将证券公司承销绿色公司债券情况作为证券公司分类评价中社会责任评价的重要内容。同时要求绿色公司债券募集资金必须投向绿色产业项目，严禁名实不符，冒用、滥用绿色项目名义套用、挪用资金。

（二）中国绿色债券市场发展迅猛

中国绿色债券市场起步较晚，但在2015年底相关政策逐步落地后，迅速成为全球绿色债券市场的领跑者。

1. 中国绿色债券市场的整体情况

国际金融公司（IFC）在2014年发行了世界上第一只人民币绿色债券。2014年5月8日，中广核风电有限公司发行了国内第一只“碳债券”，创新性地采用“固定利率+浮动利率”的定价方式，与债券存续期内中广核5个风电场的核证自愿减排量收益挂钩，是中国绿色债券的初步尝试。2015年，新疆金风科技股份有限公司在海外发行了中国第一只绿色企业债券，中国农业银行在伦敦证券交易所发行了中国首只海外绿色金融债，为国内绿色债券市场的发展起到了很好的示范效用。

据Wind资讯统计，2016年末中国债券市场的绿色债券规模达到2093.27亿元，各类债券83只。从债券余额看，绿色金融债规模达1550亿元，占总发行的74%，是主要的绿色债券品种，银行间债券市场也因此成为绿色债券的主要发行场所。从债券数量看，证监会主管的ABS发行达到27只，发行只数最多，但单只规模小；商业银行债19只；一般公司债16只，中期票据10只，企业债6只。2017年1~2月，中国发行7只绿色债券，发行债券规模达到106.4亿元。具体见表3。

2. 2016年以来中国绿色金融债券

2016年，三家政策性银行中的两家——中国农业发展银行和中国进出口银行发行了绿色金融债；八家商业银行发行了绿色金融债，其中上海浦东发展银行和交通银行分别发行了500亿元和300亿元绿色金融债，成为绿债市场的领先者，青岛银行和江西银行作为两家规模中等的地方城商行也分别发行了80亿元的绿色金融债，是绿债市场的积极参与者。2017年1~2月，除绿色政策性银行债、商业银行债之外，两家融资租赁公司发行了3只绿色其

表 3　　2016 年中国绿色债券市场的数量和余额

类　别	债券数量（只）	数量比重（%）	债券余额（亿元）	余额比重（%）
金融债	21	25.30	1550.00	74.05
政策银行债	2	2.41	70.00	3.34
商业银行债	19	22.89	1480.00	70.70
企业债	6	7.23	150.90	7.21
一般企业债	6	7.23	150.90	7.21
公司债	17	20.48	201.40	9.62
私募债	1	1.20	10.00	0.48
一般公司债	16	19.28	191.40	9.14
中期票据	10	12.05	111.00	5.30
一般中期票据	10	12.05	111.00	5.30
国际机构债	1	1.20	30.00	1.43
资产支持证券	28	33.73	49.97	2.39
证监会主管 ABS	27	32.53	45.98	2.20
银监会主管 ABS	1	1.20	3.99	0.19
合　计	83	100.00	2093.27	100.00

资料来源：Wind 资讯。

他金融机构债。

3. 2016 年以来中国绿色企业债券

据 Wind 资讯统计，2016 年中国发行绿色企业债券 31 只，发行总额 443.3 亿元。2017 年 1 ~ 2 月，中国发行 2 只绿色企业债券。从发行市场和债券品种来看，2016 年发行的 31 只绿色企业债券中，在银行间市场发行的有 9 只，均为中期票据；深交所发行 3 只：2 只一般企业债，1 只一般公司债；上交所发行 19 只，包括了 14 只公司债、4 只企业债、1 只私募债，发行总额占到 72.7%，上交所成为绿色企业债券的主要发行场所。

从 2016 年绿色企业债券发行额的行业分布看，第一大行业为电力、热力生产和供应业，发行总额达 193.4 亿元，接近总额的一半；其次是综合类和水的生产和供应业，也分别达到了 76 亿元和 63 亿元。基础设施类的公用事业是绿色债券的主要覆盖行业。如图 2 所示。

从 2016 年绿色企业债券发行额的省区分布看，集中度很高，第一大地区

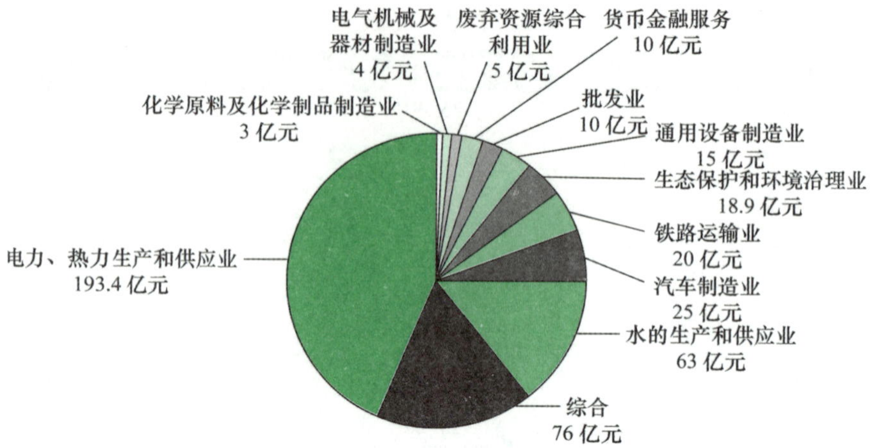

图 2　2016 年绿色企业债券发行余额的行业分布

资料来源：Wind 资讯。

是北京，发行总额高达 350. 4 亿元，接近总额的 80%；但绿色企业债发行额的覆盖面较低，只覆盖了 8 个省区。如图 3 所示。

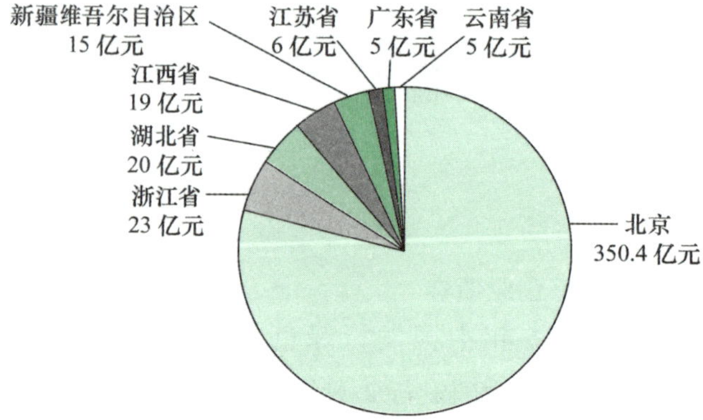

图 3　2016 年绿色企业债券发行余额的地区分布

资料来源：Wind 资讯。

行业和省区分布的高集中度与发行人公司属性有关。2016 年发行的绿色企业债总额中，中央国有企业占比达到 54. 5%，地方国有企业占比达到 32. 5%，二者合计高达 87%。民营企业、合资企业发行的绿色债券比例很低。中国绿色债券市场的快速发展主要是政府和国有企业推动的。所图 4 所示。

4. 2016 年以来中国绿色 ABS

2016 年证监会主管的 ABS 发行三个基础资产的 23 只，分别是公交经营

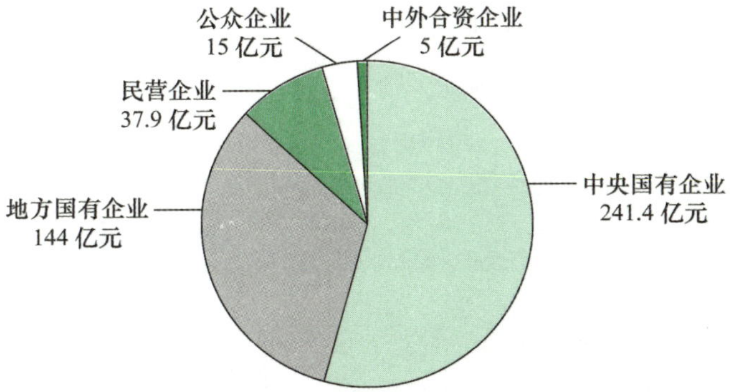

图 4　2016 年绿色企业债券发行余额的发行人属性分布

资料来源：Wind 资讯。

收费收益权、水电上网收费权和风电收费收益权，发行总额达到 40. 55 亿元。全部在上交所发行。

5. 2016 年中国绿色债券的评级分布

在 2016 年发行的 76 只绿色债券中，不完全统计有评级的债券为 54 只，其中，AAA 评级 26 只，AA + 评级 16 只，AA 评级 10 只，AA – 评级 2 只且均为公司债。绿色债券总体评级较高，特别是 19 只绿色金融债均获得 AA 及以上评级。如表 4 所示。

表 4　2016 年中国绿色债券的评级分布

评级 绿色债券	AAA	AA +	AA	AA –
金融债：商业银行债	8	8	3	
企业债：一般企业债	3		3	
一般公司债	10	1	2	2
一般中期票据	4	2	2	
国际机构债	1			
银监会主管 ABS		5		
合　计	26	16	10	2

资料来源：Wind 资讯。

6. 2016 年中国绿色债券的期限结构

在 2016 年发行的绿色债券中，只数超过 70% 都在 3 ~5 年之间，合计 54 只；5 年以上的有 16 只，最长期限为 15 年（中期票据）；3 年以下有 6 只，均为证监会主管 ABS，规模也比较小。绿色债券期限较长能够满足绿色债券投资项目周期较长的需要。如表 5 所示。

表 5　2016 年中国绿色债券的期限分布

绿色债券＼期限	3 年以下	3～5 年	5 年	5 年以上
金融债				
政策银行债		1	1	
商业银行债		10	9	
一般企业债		1	2	3
公司债				
私募债			1	
一般公司债		2	8	5
一般中期票据		2	6	1
国际机构债			1	
证监会主管 ABS	6	6	4	7
合　计	6	22	32	16

资料来源：Wind 资讯。

7. 2016 年中国绿色债券的融资成本

从市场反应看，投资人对绿色债券认可度较高，目前已发行的绿色债券大多数得到超额认购，中央国债登记结算公司通过对比证实，在相同债券评级下，绿色债券的发行利率略低于同类型非绿色债券的发行利率，这说明绿色风险因素对债券发行定价有一定影响。如图 5 所示。

8. 2016 年中国绿色债券的覆盖面

尽管中国绿色债券已经涵盖金融债、公司债、企业债、中期票据和资产支持证券等国内主要债券品种，但还没有覆盖国债、地方政府债、保险公司和证券公司等金融债、短期融资券、定向工具等债券品种。在绿色债券已经覆盖的品种中，无论是只数占比还是余额占比仍然很低。绿色债券只数和余额占比分别只有债券市场整体的 0.27% 和 0.33% 。但也可以注意到商业银行债（不包括次级债券）的占比已经较高，只数占比接近 10% ，余额占比超过 16% 。如表 6 所示。

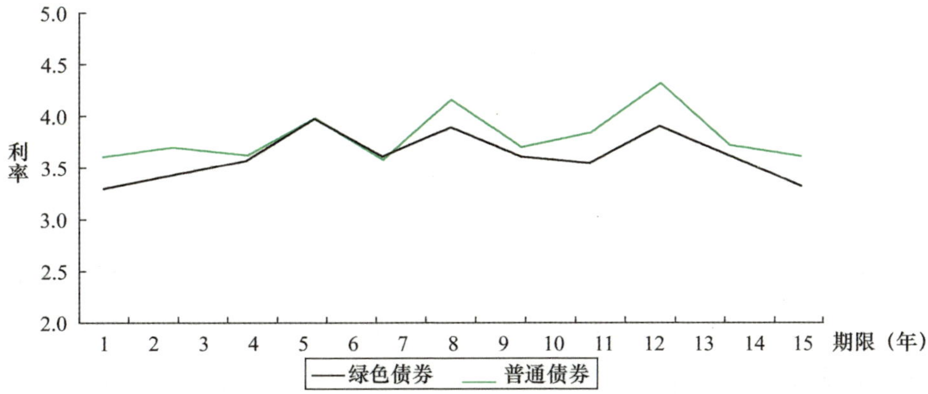

图 5　绿色债券与同类型普通债券发行利率比较

资料来源：《中国绿色债券市场现状报告 2016》。

表 6　　2016 年中国绿色债券在债券市场中的占比

绿色债券	只数占比（%）	余额占比（%）
金融债	1.47	0.95
政策银行债	0.48	0.06
商业银行债	9.31	16.62
企业债	0.22	0.46
一般企业债	0.22	0.46
公司债	0.35	0.47
私募债	0.03	0.05
一般公司债	1.02	0.83
中期票据	0.31	0.24
一般中期票据	0.31	0.24
国际机构债	14.29	17.65
资产支持证券	0.86	0.46
证监会主管 ABS	1.04	0.78
银监会主管 ABS	0.17	0.09
合　计	0.27	0.33

资料来源：Wind 资讯。

（三）中国绿色债券市场的展望和政策建议

伴随中国债券市场的快速发展，中国也将成为世界绿色债券规模最大的国家。但中国的绿色债券市场作为一个新兴市场，不可避免地存在一些问题，如对于绿色评估标准不够统一，监管还不够协调，责任投资者队伍缺乏，第三方认证机构不规范，与国际接轨还有距离，各种融资上的优势还没有通过相应制度安排充分体现出来，等等。因此建议如下。

1. 完善绿色债券的相关制度和监管规则

要使绿色债券能够成为真正的绿色债券，降低“漂绿”或虚假绿色项目产生的风险，起到保护和改善环境、促进经济结构调整的作用，就要吸引更多投资者。一是统一对绿色债券的界定和项目分类。国家发改委明确了绿色企业债定义及资金募集的重点支持领域，但缺乏明确界定标准，需进一步给出每类项目明确的“绿色”界定标准和条件。各品种绿色债券所界定投向的绿色项目均应一致，而不应该采取不同的分类标准。二是健全对募集资金使用的特殊管理制度。三是统一绿色债券的信息披露标准和制度。四是出台绿色债券认证机构准入标准和自律准则，引入独立的评估或认证机构，建立完善的绿色评估体系。

2. 增进绿色债券的相关激励机制

采用多方位的政策激励措施，增强增信措施，明确税收优惠，完善责任投资者队伍建设，使得绿色债券能够享受到相应便利和成本优势。尝试如碳排放权、排污权等特殊绿色资产质押、绿色保险等创新型增信方式。鼓励地方政府设立地方绿色债券担保基金，专项用于为发行绿色债券提供担保。推动绿色项目采取“债贷组合”增信方式，鼓励商业银行进行债券和贷款统筹管理。对认购绿色债券的机构投资者，执行类似购买国债享有的免税政策。对投资于绿色债券的银行，允许其持有的绿色债券所对应的风险资产占用比例减半。对于发行绿色债券的企业，鼓励地方政府通过投资补助、担保补贴、债券贴息、基金注资等多种方式，支持绿色债券发行和绿色项目实施。

3. 进一步拓展绿色债券的应用

扩展发债主体，覆盖更多债券品种，鼓励不同主体以不同形式发行绿色债券，特别是鼓励更多的民营企业参与到绿色债券发行，创新债券发行方案。

参考文献

[1] 王遥，徐楠. 中国绿色债券发展及中外标准比较研究. 金融论坛，2016（2）

[2] 史英哲，李勐. 中国绿色债券市场2016年度总结. 中央财经大学绿色金融国际研究院，2017（1）

[3] 李睿，金上. 银行间债券市场绿色金融债券创新与实践. 中国银行业，2017（1）

[4] 气候债券倡议组织和中央国债登记结算有限责任公司联合编制. 中国绿色债券市场现状报告2016，2017（1）

绿色金融：将绿水青山变为“金山银山”的金融机制

卓　贤　张丽平

由于外部性的存在，自然环境中内含的价值不易被量化，绿色发展面临着传统金融市场失灵以至于金融供给不足的局面。绿色金融是一种新的金融发展范式，它以内部化绿色发展外部性的政策体系为内核，以有效传导价格信号的排放权市场为基础，通过整合政策金融机构、商业金融机构和新兴金融机构等不同参与主体的力量，借助绿色信贷、绿色保险、绿色债券、绿色风险投资基金等金融创新工具，将绿水青山的隐性收益和污染的隐性成本显性化，重构了金融要素的价格形成机制，改变了金融主体的行为偏好，实现资金在绿色领域更有效的跨时空配置。我国发展绿色金融的背景与条件有别于发达经济体，需要大力完善直接融资市场，将政府的行政干预手段转为市场调节工具，化政府的隐性担保为显性担保。

金融是经济的核心，现代绿色经济的发展离不开现代绿色金融的支撑。本文基于绿色金融与传统金融的功能比较，对绿色金融的内涵和外延进行了界定，并论述了绿色金融的政策体系、市场基础、参与主体与金融工具如何消除绿色发展的外部性，提出了“用可持续的绿色金融机制支持经济可持续发展”的框架和条件，最后分析了中国发展绿色金融机制需要克服的制度障碍。

一、绿色金融的概念框架：基于金融功能的视角

当前，从全球到中国，关于绿色金融的讨论如火如荼。但对于绿色金融的含义、为什么需要绿色金融及其研究的范围并没有明确的界定。建立完整的概念框架，有助于我们更好地从政策和监管层面理解绿色金融。

（一）绿色金融旨在内部化金融系统的外部性

传统金融体系无法满足现代绿色经济发展的需要。全球目前的金融体系是伴随工业文明的发展而成熟的，强调利润最大化，追求短期高额的回报，金融机构提供金融服务的决策依赖所投项目的生产收益和风险。这一工业时代的金融体系，以各式创新工具构建了基于物质生产未来现金流的信用和风险体系，在过去100多年来有力地支持了实体经济的发展，极大改变了全球经济社会发展的面貌。在工业文明主导的经济中，成熟产业的信息不对称程度相对较低，私人收益（成本）和社会收益（成本）较为一致，短期收益与风险的匹配度较高，容易获得金融资源的支持。但当经济进入绿色发展的时代，这种过于强调未来现金流收益的金融体系越来越无法满足环境可持续发展的需要。资料显示，当前金融体系对绿色金融的支持十分有限。以清洁能源投资为例，全球用于化石燃料开采的投资为6740亿美元，但清洁能源投资仅为2500亿美元（UNEP，2014）。

绿色金融概念框架的提出有助于内部化金融系统的外部性。传统金融体系与绿色发展不匹配的原因是多方面的。比如，绿色产业的若干革命性技术尚在孕育，绿色项目的融资规模大且回报周期长等。但这些因素都属表象，最为核心的是现有金融体系无法解决绿色发展领域的外部性问题：由于技术、政策、发展理念等原因，排污权、碳排放权等负外部性公共品的产权不能有效界定，难以进行定价和交易，导致出现“公地悲剧”；而降低污染、保护生态的努力等有正外部性的行为，其收益中较大比重是未来的非排他性社会收益，如果这部分收益无法显性化，那么很难通过市场行为引导金融资源向绿色领域配置。外部性的存在，束缚了逐利的金融体系对绿色发展领域的供给能力。为了内部化绿色发展领域的外部性，人们进行了多种尝试，绿色金融被视为其中最重要的机制之一。

（二）绿色金融的概念框架

关于绿色金融（Green Finance）的定义有很多，但并没有形成统一的意见。准确的定义对于绿色金融来说至关重要，因为界限清晰、概念完整的定义，有利于统计和社会评价的一致性、政策的针对性以及监管的有效性。但目前已有的定义要么过于狭隘，如不少研究者将绿色金融的概念和绿色投资（Green Investment）绑定在一起（PWC，2013），认为绿色金融就是将资金引向可持续发展项目、环境保护领域的投资工具和金融政策（Höhne 等，2012），忽视了绿色金融在风险管理、公司治理等方面的功能；或仅将绿色金融等同于低碳金融，而不重视绿色金融对解决碳排放问题以外的环境问题的作用。有的定义又过于宽泛，比如有研究将绿色金融用于解决所有可持续发展问题（UNEP，2014）。经济的可持续发展包括经济、社会和环境可持续发展三个层面，虽然绿色金融通过实现环境的可持续，间接地促进经济和社会的可持续，但我们更倾向于将绿色金融界定为以实现环境可持续发展为目的的金融体系。

绿色金融是将绿水青山变为“金山银山”的金融机制。由于外部性的存在，绿水青山等公共品的产权不能有效界定，其内含的价值不易量化，难以通过传统金融体系实现资金的跨时空配置。因此，绿色金融机制不能通过对传统金融体系的修补而形成，而是要建立新的金融发展范式，将绿水青山的隐性收益和污染的隐性成本显性化，重构资金要素的价格形成机制，通过政策和市场信号降低自然资源和碳密集型投资的经济价值，改变金融主体的行为偏好。绿色金融不只限于绿色投资，而是要重塑金融体系的功能，推动绿水青山（即减排收益）的货币化、提高环境资产流动性、开展环境风险管理、改善企业公司治理。绿色金融不是金融机构社会责任式的负担，而是在政策驱动下金融机构的全新发展空间，是金融业拓展服务范围的未来方向。本文给出了如图 1 所示的绿色金融概念框架：绿色金融就是以内部化绿色发展外部性的政策体系（包括宏观和产业政策、监管政策、行业规范和社会评价体系等）为内核，在绿色金融市场提供的价格信号激励和流动性保证下，促使政策性金融机构、商业性金融机构、互联网金融机构等市场主体，在与能耗、污染、土地、健康、安全、移民安置、生态保护、气候变化等相关的领域，有效提供绿色信贷、绿色保险、绿色债券、绿色风险投资基金等金融产品的一种机制。绿色金融机制既有助于减少对环境有负面影响的实体经济活动或资产的融资，又有助于增加能够节能减排、污染治理等对环境有积极作用的资产或活动的融资。

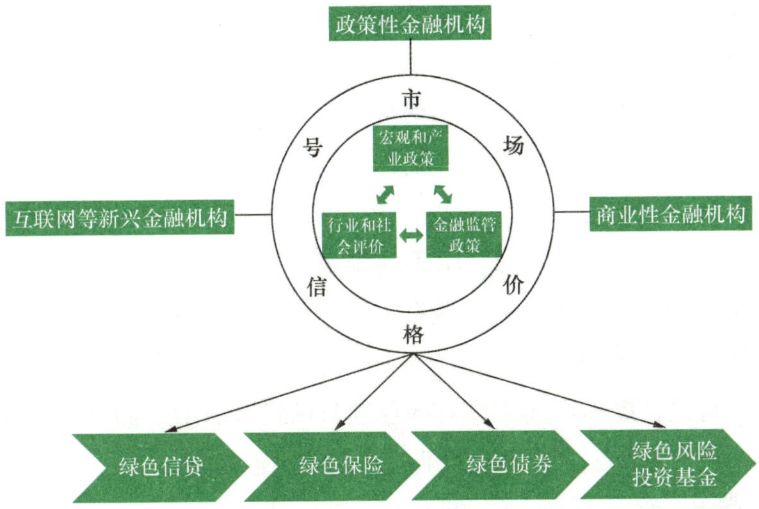

图1 绿色金融机制结构示意图

二、内部化绿色发展的外部性是绿色金融机制的内核

为消除前述外部性，政府与非政府组织都应对绿色发展领域实施适时适度的干预，缓解金融市场失灵，应对绿色金融供给不足的局面。只有使企业非绿行为的成本和绿色行为的收益显性化、数量化、货币化，才能改变绿水青山与蓝天白云这些公共物品的稀缺性，从而提高金融机构和金融市场对绿色项目的偏好，减少投资者对污染项目的投资倾向，引导更多社会资金流向绿色发展领域。

（一）政府的宏观和产业政策

1. 货币政策

央行运用结构化的定向货币政策能够改变金融机构对绿色项目的偏好。以往，央行的窗口指导被作为结构化货币政策的主要手段，但由于不具备强制性而有效性不足。未来，可以尝试将存款准备金率、利率、SLO（短期流动性调节工具）、SLF（常设借贷便利）等常规货币政策工具，进行结构化设计，对节能减排、环保投资等绿色经济项目予以支持，发挥货币政策定向微调的功能。定向货币政策的运用，改变了金融机构的成本－收益模型，以市场化的手段替代道义劝导，引导市场资金流向绿色发展领域。

2. 财税工具

财税政策工具能够对金融起到四两拨千斤的杠杆作用。联合国环境规划署的一项研究发现，政府投资于气候变化的资金可以引发 5～15 倍的私人投资，具有较强的杠杆效应。一是绿色公共采购，政府以长期价格采购混合动力公交车、可再生能源发电、绿色节能建筑等产品或服务，使这些绿色产业获得稳定的未来现金流，为其提供融资上的增信。二是绿色信贷贴息，政府对环境保护领域的中小企业融资提供资金贴息。三是对绿色债券免税，免缴投资者收入所得税，提高市场主体对绿色项目的投资收益。四是建立绿色引导基金，为吸引社会资金支持绿色产业发展起到示范效应。

3. 环境产业政策

政府的环境产业政策是界定排放权、量化外部性的基础。只有在产权界定清晰后，排放权才能成为非公共物品，其稀缺性及市场价值才能显现，进而才能成为金融交易的客体。政府通过法律法规创造出绿水青山的市场稀缺性，使之变为实实在在的金山银山，直接改变了企业、金融机构和地方政府等主体对绿色投资的行为偏好。政府的环境政策工具包括地区能源（如煤炭）消耗总量额度控制、地区主要排放物总量额度控制、行业主要污染物排放总量控制、生态补偿政策、资源税与环境税、项目环境影响评价审批等。这些政策工具的共同导向是，通过政府强制力创造出排放权的稀缺性，将有节能减排成本优势和劣势的主体分别培育为排放权市场的供给方和需求方，从而使绿色金融交易成为可能。

（二）金融监管政策

1. 监管标准

要制定绿色金融的监管原则、准则或指引，将环境风险因素引入金融监管，使环境风险成为金融机构风险管理的重要变量，提升金融机构发展绿色金融的外部约束力。在一个环境保护法治化的社会中，贷款项目对环境的破坏将导致项目的失败，从而影响贷款的偿还，环境风险成为银行风险管理的重要变量。为此，金融监管当局下调绿色项目敞口的风险权重，提高银行和保险公司非绿项目资产的风险资本计提水平，将改变金融机构风险管理的激励与约束机制，显性化绿色资产的收益和非绿信贷的成本，提高投资者向绿色领域倾斜的意愿。在此基础上，金融监管当局还可以引入“环境风险压力测试制度”，公布金融资产中因未来环境政策变化所潜藏的风险敞口，并依此判断是否将其视为系统性风险的来源，并强制要求没有通过测试的金融机构增加风险缓冲资本。

另外，金融监管当局还可以对金融机构实施指引型的政策。比如，将环境影响纳入对金融机构（包括商业性机构和政策性机构）的治理框架中；要求指定的金融机构向目标客户（如三农）或特定资产类别（如绿色债券）配置约定比例的信贷及/或投资；允许金融机构根据特殊用途实行定向筹资（如金融机构针对可再生能源领域在资本市场上进行专款专用的再融资）。

2. 信息披露

规范统一、高度透明的信息收集和披露是金融机构发展绿色金融的另一重要外部约束。资产估值是资本市场的核心功能，准确估值的基础在于完整的信息披露。无论是对于上市公司还是发行债券的企业，金融监管当局都应要求其向市场披露企业主要污染物排放情况、污染物治理措施及效果、企业在环保领域的投入等信息，把环境风险纳入信用评级框架，并发布环境成本会计和有关计算指标，要求企业对其所产生环境影响进行成本量化。企业环境信息披露及其衍生出的企业环境成本测算结果，将通过股价涨跌和信用评级的升降，改变企业的融资成本，降低市场主体对非绿项目的投资偏好。

（三）行业规范与社会评价体系

行业规范和社会团体的独立第三方评价成为降低绿色金融外部性的重要力量。近年来，国际上各类行业自律组织以及 NGO 等社会团体越来越注重通过对项目投资的环境评估，量化企业和金融机构投资行为的环境危害或收益，以社会责任的压力（荣誉）提高其对非绿（绿色）项目投资的成本（收益），影响金融资本配置的决策。目前，国际上这类规范或评价体系主要有以环境、社会和治理三个维度形成的社会责任投资框架（Socially Responsible InvestmentFramework），测量金融机构投融资活动“碳足迹”的融资项目排放方法（Financed Emissions Methodologies），区分“绿色”资产与“棕色”资产的绿色/棕色比率（Green / Brown Ratios），量化企业和项目的大气污染排放、水资源消耗、垃圾生成等环境成本的自然资本负债（Natural Capital Liabilities）等①。这些评价体系正在发挥作用。例如，在绿色/棕色比率方法的指引下，NGO 的倡议项目和部分基金已经从“棕色”部门撤出。与前述两类政府的政策工具相比，这类工具属于准公共品，政府可以通过购买服务或补贴的形式予以推动，并无偿或低价地提供给金融机构在投资决策时使用。

三、有效传导价格信号的排放权市场是绿色金融运行的基础

获得有效传导环境资源稀缺性的价格信号，关键在于构建能实现价格发现功能的市场。从这个角度来看，以碳交易为主的排放权市场（下文以碳交易市场为例）是绿色金融机制运行的核心基础。全球碳交易市场由两个交易系统组成。一个是以排放权配额为基础的交易，供需双方在“限量与贸易”（Cap and Trade）规则下交易减排配额。另一个是以项目为基础的减排量交易，通过清洁发展机制（CDM）、联合履行机制（JI）下分别产生的核证减排量（CERs）和减排单位（ERUs）以及其他减排义务获得减排信用交易额。基于项目和基于配额的两类市场减排指标产生了现货与期货交易，后者在减排指标的价格发现功能上发挥重要作用。成熟活跃的排放权交易市场不仅具备了为减排活动融资的功能，而且实现了价格发现、减排成本最小化和权益变现的功能，引导社会资金流向排放权利用效率最高的地区和领域，是绿色金融机制得以有效发挥的重要基础。

价格发现是排放权交易市场的核心功能。在排放权市场交易机制下，传统排放企业、节能减排企业、金融中介、风险投资基金等扮演着供给者、需求者、投资者等一个或多个角色。随着排放权现货、期货以及其他衍生品工具的发展，众多市场主体参与到对环境污染负外部性以及节能减排正外部性的定价活动中，极大提高了排放权的商品属性和货币属性，并以市场价格信号的形式内部化了环境的外部成本。排放权市场的价格发现功能，使绿色产业显现出应有的价值和回报，为经济结构转型和投资决策提供了清晰的信号

---

① “棕色”部门是那些高能耗、高排放、高污染的领域。

和决定性的引导力量。

排放权交易市场实现了更大规模的金融配置，最小化了减排成本。不同于一般的金融交易，排放权交易实现了更大范围的资源配置，使得减排的努力可以集中在效率最高、成本最低的地区或企业，从而降低全球的减排成本，达到最大的减排效果。在地域上，它突破了国家的界限，发达国家可降低减排成本，发展中国家可获得额外的资金和先进技术，从而促进全球减排市场的价值链分工。在行业上，排放权份额的标准化和通用性拓展了其流动性，实现了跨行业的交易，比如新能源企业能将配额交易给传统的钢铁企业。

排放权交易市场的流动性功能为绿色金融投资提供变现退出机制。随着排放权市场的不断深化，排放权的货币化程度不断提高，并进一步演化出具有更强流动性的金融衍生产品，极大地提高了环境投资工具的流动性。类似于风险投资的退出机制，排放权交易市场为绿色投资提供了流动性便利，使得市场主体能够开展积极有效的碳资产管理，增强了绿色金融领域对投资者的吸引力。

四、绿色金融体系需要多元化的参与主体

绿色金融体系的参与者主要包括政策性金融机构、商业性金融机构以及互联网金融等新兴金融机构在内的各类金融主体。

（一）政策性金融机构

政策性金融机构应在绿色金融体系中起到“领头羊”的作用。不同于成熟产业的稳定性与周期性，绿色发展项目要么处于技术创新的前沿，如海上风电、废物再生能源等，面临技术路线、商业应用前景等信息不确定性；要么属于需要长期投资才能获得回报的领域，如城市节能基础设施等，其商业价值并不能在短期内变现。另一方面，受金融危机后监管标准收紧，以及基于短期目标激励机制的影响，原本应该承担中长期投融资的保险公司、养老基金等商业性机构却更偏好于期限更短的投资项目（Working Group on Long-term Finance，2013）。这引发了一种正反馈的恶性循环，即绿色发展项目因为

信息的不确定性和回报的长期性而难以获得商业金融机构提供的启动性融资，导致技术突破和发展前景更为不确定，社会资本更加不愿意涉足其中。这种困境需要政策性金融机构的干预才能打破。政策性金融机构不受短期商业利益的驱使，能够站在全局性和长远性的立场评判绿色项目的发展前景，并依靠在大额、长期投融资领域积累的信息分析能力，把握各类新型绿色产业的发展趋势，降低信息不对称性。凭借准国家信用所获得的大量、长期且稳定的资金来源，政策性金融机构能够为绿色项目提供规模大、期限长的资金支持，能够有效解决绿色项目远期收益高、建设周期长、前期收益低的难题。由政策性金融机构领投绿色发展项目，还将对整个金融市场产生信息溢出效应，可以在一定程度上打消商业金融机构的观望情绪，鼓励社会资本的跟投（杜莉、张云、王凤奎，2013）。根据《英国绿色投资银行 2014 年年报》，2013～2014 财年该政策性银行投资 1 英镑可撬动 2.81 英镑私人领域资金（见表 1），部分解决绿色项目融资的市场失灵。政策性金融机构既可以是由一国主权信用支持的机构（如中国的国家开发银行），也可以是跨主权的国际机构（如国际金融公司、金砖国家开发银行、亚洲基础设施投资银行等）。

表 1　　英国绿色投资银行（GIB）投资情况表

	2013～2014 财年	2012～2013 财年	合　计
项目数	18	8	26
GIB 投资额（百万英镑）	668	635	1303
社会资本投资额（百万英镑）	1879	1630	3509
总投资额（百万英镑）	2547	2265	4812
投资撬动率（倍）	2.81	2.57	2.69

资料来源：《Green Investment Bank Annual Report 2014》。

（二）商业性金融机构

商业性金融机构是绿色金融体系中的主体。无论是政府财政的贴息、担保，还是排放权市场的价格发现和流动性功能，抑或是政策性金融机构的领投，都是为商业性金融机构进入绿色发展领域提供更具可持续性的金融生态环境。毕竟，在全球 225 万亿美元的金融资产中，商业性金融机构占据了绝大部分的份额。在良好的金融生态环境中，绿色金融不仅仅是商业性金融机构履行企业社会责任的行为，更是提供了“源源不断的交易服务机会和不断延伸的金融创新空间”（阎庆民，2010）。诚然，绿色金融领域比传统金融领域有着更多不确定性与风险，但对于依靠经营风险、管理风险而获利的金融机构和投资者而言，这意味着更大的产品创新空间和更宽的金融服务边界。通过在绿色发展领域创新商业模式和金融工具，商业性金融机构将能够形成独特的比较竞争优势和核心竞争力，拓展客户群体，获得新的利润增长点，提升自身在公司治理、风险管理、业务流程等方面的能力。

（三）互联网金融机构等新兴金融主体

互联网金融机构是绿色金融体系中的新生力量。互联网金融是金融的新业态，其特征与绿色金融要解决的问题是契合的。首先，互联网金融的核心竞争力是基于大数据分析和云计算的风险定价能力，能够为传统金融的抵押、担保等手段覆盖不到的企业或个人进行授信，有利于解决绿色发展领域信息不对称的问题。第二，互联网金融衍生出产品商业化的新模式，如众筹融资将投资者和消费者的角色合一，存在阈值（Threshold）的融资过程本身就是一个对项目市场前景预判的试错行为，这进一步降低了信息不对称性，提高了获得融资项目最终成功的概率。第三，互联网金融的投融资门槛低，参与者众，呈现出小额、分散、流动性强的特征，不仅能够有效地分散绿色发展领域的不确定性风险，而且还能够对冲绿色项目融资规模大、期限长而产生的风险升水。第四，更为重要的是，绿色金融体系需要以灵活创新的投融资工具解决普遍存在的市场失灵问题，而富有创新精神的互联网金融机构能够真正以客户需求为核心，创造性地开发符合绿色发展特点的支付结算、融资、投资理财、保险等方面的金融工具。

上述金融机构的力量有效整合的理想模式是：当某个绿色发展领域尚处于技术突破的前夜，政策性金融机构应成为金融服务供给的先发者；待到产业成熟阶段，政策性金融机构应适时退出，更大规模的商业性金融机构应接续跟进；在一项新的绿色发展理念、技术或模式刚刚萌芽之时，互联网金融有其用武之地。

五、金融工具创新是可持续绿色金融的保证

绿色金融体系的运行最终要落实到具体的金融工具上。虽然政府的激励型干预部分化解了绿色发展领域的外部性，但绿色金融的市场主体仍然需要通过金融合约的创新设计，缩小绿色项目高风险和低收益的差距，缓解市场失灵，降低绿色金融的外部性，形成“以商业可持续的绿色金融支持经济可持续发展”的机制。

（一）绿色信贷：以创新抵押担保方式降低信息不对称

绿色信贷是实现当前银行储蓄与未来绿色项目收益跨期配置的金融工具。从严格意义来说，限制污染性项目贷款的额度并实施惩罚性高利率，以及给予循环经济生产、绿色制造和生态农业等绿色项目优惠的贷款利率，属于绿色信贷政策，并非绿色信贷工具。绿色信贷工具更强调创新抵押担保的方式，挖掘排放权、能源效率提升等非物质对象的内在价值，替代传统抵押担保品化解信贷市场信息不对称的功能，以商业可持续的方式将资金引入传统抵押担保品不足的绿色项目。具体而言，绿色信贷产品包括清洁发展机制（CDM）项下融资、合同能源管理（EMC）融资、节能减排技改项目融资、节能减排设备供应商买方信贷融资等。

（二）绿色保险：将污染的隐性成本显性化

绿色保险是将污染的隐性成本显性化、负外部性内部化以实现环境风险管理的金融工具。目前我国的绿色保险工具主要是企业的环境责任险，对于购买保险的企业，一旦污染发生，保险公司赔付内容不仅包括清理污染的数额，还包括罚金、不动产价值损失、全部相关法律费用、医疗费用等。环境责任险是一种应对短期环境污染事故风险的工具，能将环境成本显性化，分散企业的经营风险，减少环境风险过大的投资行为。除此之外，绿色保险还可以为管理气候变化等长期风险提供一种有效机制，以应对海平面上升、洪水风暴等自然灾害风险。

（三）绿色债券：以高信用级别获得优惠利率

绿色债券是由国际机构、政府或者政策性金融机构发行的一种以优惠利率支持绿色项目的直接融资工具。世界银行、亚洲发展银行、英国绿色投资银行等发行者获得融资之后，再用募集资金投资于经过筛选的具体项目。由于发行者的信用级别较高或享受政府免税等政策，可以较低的利率来支持绿色项目。绿色债券之所以能吸引投资者，一是因为绿色债券的期限一般比其提供融资支持的项目期限更短，一般为 3 ~ 7 年，在二级市场的流动性更好（马骏，2014）；二是因为很多绿色债券享受投资收益免税的优惠，投资回报良好。绿色债券的投资者类型众多，既有养老基金，也有全球资产管理机构、知名公司以及中央银行。以世界银行 2014 年 1 月发行的浮动利率绿色债券为例，它吸引了黑石集团、美国教师养老基金以及高盛集团私人财富管理公司等多个大型机构投资者。截至 2014 年 6 月，全球当年绿色债券已发行 166 亿美元（如图 2），预计年内将突破 400 亿美元（BNEF，2014）。

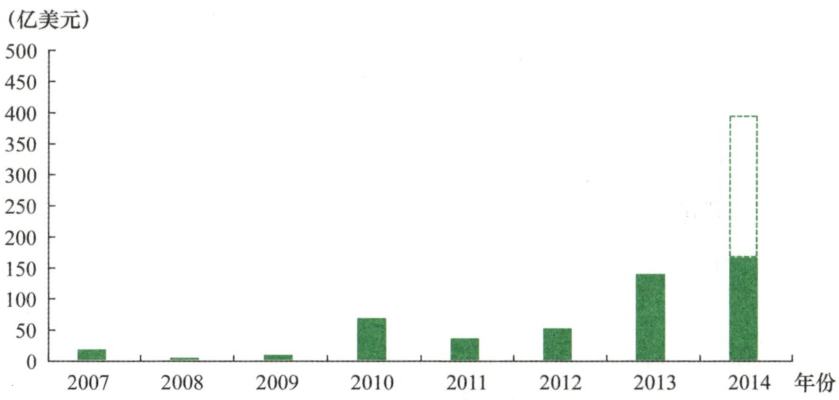

图 2　近 8 年全球绿色债券发行额

注：在 2014 年的数据中，阴影框为截至 6 月份数据，虚线框为下半年预测值。

资料来源：BNEF（2014）。

（四）绿色风险投资基金：以高资本收益内化外部性

绿色风险投资基金是将资金引导至开展绿色项目但不具备上市资格的中小企业的金融工具。绿色风险投资基金多以股份的形式参与对绿色项目的投资，投资对象为蕴藏较大市场风险的资源节约型企业和环境友好型的高新技术企业，在指导所投资企业尽快成熟并取得上市资格后，通过证券市场转让股权而获得资金增值，继续投向其他绿色风险项目。绿色风险投资基金契合了绿色发展项目高风险的特征，无需风险企业的资产抵押担保，是一种以高资本收益降低外部性的金融工具。以世界资源所（World Resources Institute）的新风险投资（New ventures）项目、气候变化资本集团（Climate Change Capital）等为代表的国际金融项目或机构，是绿色风险投资基金的主导者。

六、中国绿色金融的发展需要金融体系转型与变革

中国发展绿色金融的背景与条件有别于发达经济体。首先，发达国家和发展中国家在"绿色金融"定义的界定上存在差别。前者更关注气候，将未来的气候变化和相应的技术调整作为金融机构的主要风险因素。而在中国等发展中国家，绿色金融的着力点不仅应包括发达经济体所重点投入的清洁能源、低碳交通、能效建筑等领域，还要为产业结构调整、传统企业节能改造、环境污染治理等提供金融支持。因此，只要与节约化石能源的使用量、降低单位能耗与排放相关的金融活动都可纳入绿色金融的范畴。同时，中国的金融深化程度、信用环境等都有别于具有成熟金融体系的发达经济体。对于中国的金融体系而言，建立绿色金融体系并非对金融制度提出的"额外"要求，而是着眼于为满足健康蓬勃的实体经济发展而提供长期融资，其形成演化的轨迹处于整个中国金融体系改革的核心位置。

（一）绿色金融体系的完善需要直接融资市场的发展

中国由银行主导金融体系的格局并没有发生根本性变化。2013 年，中国全社会融资规模为 17.29 万亿元，其中本外币贷款占 54.8%。考虑到在债券市场、信托市场、影子银行市场等领域，银行直接或间接控制着资金的融通与交易，中国纯粹意义上的直接融资市场比重更低。如前文所述，绿色发展项目充满着技术、市场以及政策的不确定性，在间接融资方式下，受知识能力所限，若干银行客户经理以及信贷审批专家无法充分意识到这些领域所蕴含的收益和风险。因此，仅仅依靠绿色信贷远不能满足绿色金融的发展需求。提高绿色金融体系经营、管理以及交易风险的能力，必须大力发展绿色股票、

绿色债券、绿色衍生品等直接融资市场，让大量机构投资者、中介机构、风险投资人乃至互联网用户等主体贡献多角度的判断，借助市场的力量评价绿色项目的前景，实现对项目风险的准确定价，从而拓展金融服务供给空间。

（二）政府对绿色金融领域的引导应从行政手段为主转向依靠市场力量为主

致力于经济转型的中国政府往往通过产业扶持政策、信贷窗口指导、地方融资平台等工具，直接干预绿色金融领域。对于过去处于后发追赶阶段的中国经济而言，政府干预的积极意义在于融资的规模大、速度快且期限长，支持了技术路径明确的基础设施、传统产业的跨越式发展。但在绿色发展阶段，中国在很多领域与全球一样处于技术前沿，政府对绿色项目创新前景并不具有信息优势。相反，直接干预所诱发的大规模、高速度且长期限的金融配置，更容易导致行业性的资金错配以及由此引发的系统性的金融风险（如近年来出现的光伏产业融资风险）。因此，中国政府对绿色金融的干预应更多地通过财政贴息、结构性准备金率、区别性风险资本权重、完善环保信息披露等市场化工具，引导绿色金融市场更好地发挥价格发现、信息甄别与风险管理的功能。

（三）政府对绿色发展领域的担保要从隐性变为显性

中国政府对新能源等绿色发展项目采取了隐性担保的方式，表现为区域性金融风险爆发后的地方财政救助、行政性债务重组、“拉郎配”式的兼并收购。隐性担保固然能够解决一时的风险，但也中断了市场“创造性破坏”的机制，容易对企业和银行造成政府“兜底”的预期，从而形成预算软约束，不利于绿色金融的可持续发展。不同于许多发达经济体，我国整个担保体系以商业性担保为主，追求盈利的商业性担保机构开展高息融资、违规放贷的现象很普遍。由于频发的风险，仅 2013 年融资担保机构就减少了 405 家。我国政府对绿色发展项目的担保必须从隐性转向显性，在两个渠道发挥主导作用：一是发展政策性担保机构，每年安排一定比例的预算直接向从事绿色项目的企业提供担保；二是建立政府主导的绿色再担保体系，对绿色项目担保提供再担保服务，起到事前增信、事中分险和事后维稳的作用。

参考文献

[1] BNEF. Green Bonds Market Outlook 2014, Bloomberg New Energy Finance Report, 2014.

[2] Green Investment Bank. Green Investment BankAnnual Report 2014. www. greeninvestmentbank. com.

[3] Höhne, N. Khosla , S. Fekete , H. Gilbert, A. Mapping of Green Finance Delivered. Ecofys Report, 2012.

[4] PWC. Exploring Green Finance Incentives in China. Pricewaterhouse Coopers Consultants Report, 2013.

[5] UNEP. Aligning the Financial System with Sustainable Development, UNEP Inquiry: Design o f a Sustainable F inancial System, 2014.

[6] Working Groupon Long-term Finance. Long-term Financeand Economic Growth, The Group of Thirty Report, 2013.

[7] 杜莉，张云，王凤奎．开发性金融在碳金融体系建构中的引致机制．中国社会科学，2013（4）

[8] 马骏．绿色金融政策中国如何运用．财新网，2014

[9] 阎庆民．构建以“碳金融”为标志的绿色金融服务体系．中国金融，2010（4）

绿色金融需求

郑 征

本文通过对中国绿色投资实践的历史回顾，总结归纳出中国绿色投资的融资结构特征，在此基础上，根据未来中国绿色投资的发展，推算对绿色金融的需求。2012 年，中国的绿色投资规模已经超过 16418 亿元（人民币），占当年 GDP 的比重为 3.16%。按当年实际到位资金计算，通过绿色金融实现的融资规模大约为 11258 亿元，占全部投资资金来源的比重为 70%。2015 ~ 2020 年中国绿色发展的主要政策目标可能会更集中于工业污染治理和温室气体排放的控制。总体上，每年至少需要大约 29000 亿元的相应投资，对绿色金融的需求大约为 20000 亿元。为适应这样的绿色金融需要，财税政策在继续促进企业进行绿色投资的同时，还应激励市场化绿色金融的发展，而不是直接替代金融去满足绿色投资的资金需求。

对绿色金融提出需求的应是绿色投资，从这个角度出发，本文认为绿色金融需求可以理解为，绿色投资的融资需求。而所谓绿色投资则是为发展绿色经济所进行的固定资产投资。这一界定参考了联合国环境规划署《迈向绿色经济，实现可持续发展和消除贫困的各种途径》中关于“绿色经济”“绿色发展”，以及有关“绿色投资”的概念。[①] 同时也考虑了中国的具体实践，政策可操作性以及数据的可获得性。

从行业分布看，所谓绿色投资主要指环境污染治理业，林业，制造业中的废弃资源综合利用产业，电力产业中的水电、风电、核电和太阳能发电，

① UNEP:《迈向绿色经济，实现可持续发展和消除贫困的各种途径》，第 28 ~418 页。

以及公共设施管理业中与城镇环境基础设施相关部分的固定资产投资。

这样的界定包括了部分以二氧化碳减排为核心的低碳领域的投资（非化石能源为一次能源的电力、林业等），也包括了一般意义上的环境污染治理（废气、废水、固体废弃物等）投资，同时也包括直接为环境保护服务的部分制造业投资。但是，这样的界定并没有完全涵盖为绿色经济发展应该进行的所有技术推广和努力。尤其是没有特别强调电力以外其他非化石能源的减排投资，如绿色建筑、绿色交通等。对于这些专门针对低碳发展目标的相应投资需求，我们将直接引用已有专门研究成果①。

一、中国绿色投融资的实践

（一）中国绿色投资发展概况

中国的绿色投资起步于20世纪70年代，在20世纪90年代开始有较大发展。进入21世纪之后，中国的绿色投资规模在国民生产总值的比重不断上升。2012年，中国的绿色投资规模已经超过16418亿元（人民币），占当年GDP的比重为3.16%。

按照本文的绿色投资定义，即以环境污染治理为核心，并包括控制温室气体排放概念，则中国以“三同时”为主要标志的绿色投资实践，可认为起始于1973年②。据不完全统计，1973～1981年，由国家财政安排的治理污染资金为5.04亿元③，大约相当于同期国家财政支出的0.056%。

1982年，随着环境保护政策被正式列入国家第六个“五年计划”，环境保护投资也开始大幅上升。据统计，“按当年价计算的环保投资从1981年的25亿元增长到1991年的160亿元，增长了5倍多。与此同时，环保投资在

① 姜克隽：“中国低碳金融之路”；E3G：“中国低碳金融之路”报告，附录A。

② 张连辉，赵凌云：“1953～2003年间中国环境保护政策的历史演变”，《中国经济史研究》，2003年4期。所谓“三同时”，是指环境保护设施与生产设施同时设计、同时施工，同时运行。

③ 中国环境保护行政二十年编委会：《中国环境保护行政二十年》，中国环境科学出版社1994年，第83页。转引自张连辉。

GNP 中的比重也从 0.51% 增加到 0.74%，其中，1987 年一度达到 0.77%”①。

进入 20 世纪 90 年代，“随着可持续发展战略的实施，环境保护得到前所未有的重视。环保投资占 GNP 的比例，1999 年首次突破 1%，2000～2002 年均在 1% 以上。环保投资占 GNP 的比例基本达到一些发达国家 1970 年代的水平”②。

进入 21 世纪之后，中国经济进入一个新的高速发展阶段，与之相伴随的是环境污染也日益恶化。不过，中国在环境保护方面的绿色投资也在不断大幅提高。环境污染治理的年度投资规模从 1999 年的 823 亿元投资规模，上升到 2012 年的 8253 亿元，年均增长 19.4%。占当年 GDP 的比重，也从 0.92% 上升到 1.59%。如图 1 所示。

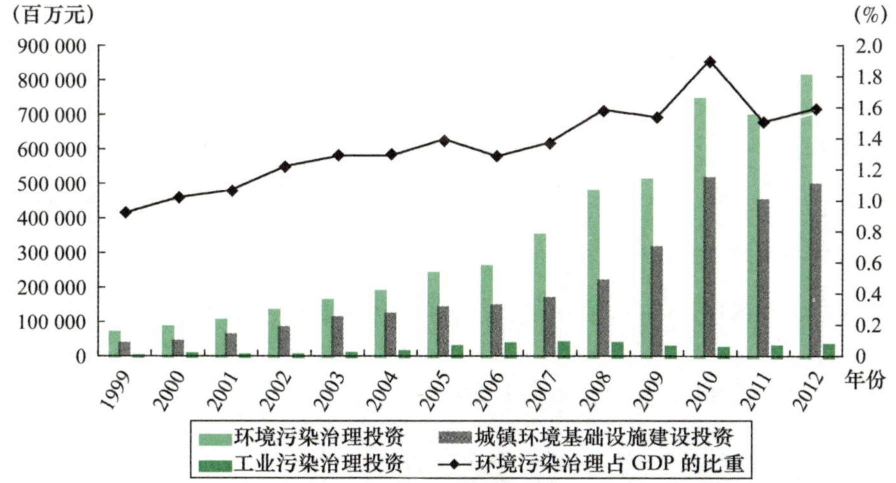

图 1　中国环境污染治理投资及其占 GDP 的比重

资料来源：CEIC 数据库。

按照本文关于绿色投资的界定，在环境污染治理投资之外，我们把制造业中的废弃资源综合利用业投资，能源业中的水力发电、风力发电、核电和太阳能发电业投资，以及低碳经济概念下的林业投资等合并进来，则这一时期中国的绿色投资规模在 2008 年达到 7171.98 亿元，到 2012 年增加到

① 中国环境保护行政二十年编委会：《中国环境保护行政二十年》，中国环境科学出版社 1994 年，第 83 页。转引自张连辉。

② 中国环境年鉴编委会：《中国环境年鉴 2001》，第 107、139 页。《中国环境年鉴 2002》，第 228 页。转引自张连辉。

16418.18 亿元，年均增长 23%，占当年 GDP 的比重从 2.28% 上升到 3.16%。如图 2 所示①。

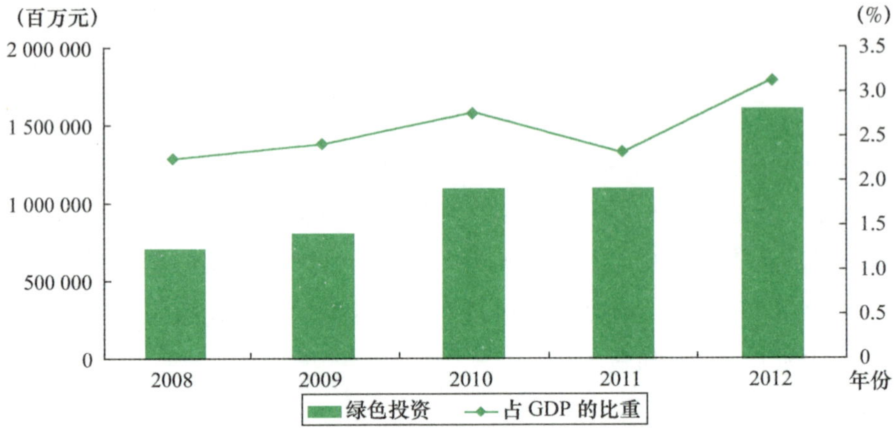

图 2　中国绿色投资及其占 GDP 的比重

资料来源：CEIC 数据库。

2011 年绿色投资规模的下降，主要由风电投资规模的变动引起。当年风电投资从 2010 年的 1037.55 亿元，下降为 902.44 亿元。此外，在其他各项绿色投资中，自 2011 年开始统计口径发生变化，统计起点从之前的 50 万元人民币上升到 500 万元投资规模，因此总体规模可能会有遗漏，年增长速度有所低估。

（二）中国绿色投资的融资结构特征

1. 中国环境污染治理投资的资金来源结构②

2012 年，按照当年实际到位资金，除去项目自有资本金，中国环境污染

① CEIC 数据库关于环境污染治理统计数据与《中国环境统计年鉴》的数据一致。其中，城镇环境基础设施建设投资的数据则来自城乡建设部，参见《中国环境统计年鉴 2013》，第 126、127 页。主要包括燃气、集中供热、排水、园林绿化和市容环境卫生。工业污染源治理包括了治理废水、废气、固体废物、噪声及其他。但是这两部分数据之和要小于《中国统计年鉴》，以及基于国家统计局数据编纂的《中国固定资产投资统计年鉴》中与环境污染治理相关的投资统计数据。据我们了解，原因主要在于对“水污染治理”和“污水处理及其再利用”方面数据的处理。根据《中国统计年鉴 2013》，2012 年“环境治理业”的投资为 8410.59 亿元，而 CEIC 数据则是 8253，其中排水投资 934.1 亿元；根据《中国统计年鉴 2013》，2012 年“水的生产和供应业”项下的“污水处理及再利用业”为 949 亿元，而环境治理业中“水污染治理”为 438 亿元。为谨慎起见，在环境治理的总体数据上，我们没有根据《中国固定资产投资统计年鉴》数据重新加总，而是直接引用环保部的数据。

② 所有结构数据只回溯到 2008 年。

治理投融资中，国家预算内资金的占比平均为18.54%；其他市场化融资占比平均为61.46%，规模大约为5072.82亿元。2008年，国家预算内资金的占比为19.58%，其他市场化融资的占比为60.42%，规模大约为2982.94亿元。

在中国，通常将固定资产投资的资金来源分为国家预算资金、国内贷款、利用外资、自筹资金及其他①。

本文所谓绿色金融需求是指满足绿色投资需求的市场化融资需求，也就是绿色投资中项目自有资本资金和国家预算资金之外的其他融资，包括贷款、债券、权益融资或者其他市场化融资等。在现有固定资产投资资金来源统计中，这些市场化融资主要分布在国内贷款、利用外资、自筹资金和其他资金的统计当中。

建设项目单位自有资金的项目资本金规模，按照国家规定分不同行业按不同比例计算。为简化起见，我们统一将其按项目投资额的20%计算②。

---

① 指标解释：（1）国家预算资金：国家预算包括一般预算、政府性基金预算、国有资本经营预算和社保基金预算。各类预算中用于固定资产投资的资金全部作为国家预算资金填报，其中一般预算中用于固定资产投资的部分包括基建投资、车购税、灾后恢复重建基金和其他财政投资。各级政府债券也应归入国家预算资金。（2）国内贷款：指报告期固定资产项目投资单位向银行及非银行金融机构借入用于固定资产投资的各种国内借款，包括银行利用自有资金及吸收存款发放的贷款、上级主管部门拨入的国内贷款、国家专项贷款（包括煤代油贷款、劳改煤矿专项贷款等），地方财政专项资金安排的贷款、国内储备贷款、周转贷款等。（3）利用外资：指报告期收到的境外（包括外国及港澳台地区）资金（包括设备、材料、技术在内）。包括对外借款（外国政府贷款、国际金融组织贷款、出口信贷、外国银行商业贷款、对外发行债券和股票）、外商直接投资、外商其他投资（包括利用外商投资收益在国内进行固定资产再投资活动的资金）。不包括我国自有外汇资金（国家外汇、地方外汇、留成外汇、调剂外汇和国内银行自有资金发放的外汇贷款等）。各类外资按报告期末的外汇牌价（中间价）折成人民币计算。（4）自筹资金：指固定资产投资单位在报告期收到的，由各企、事业单位筹集用于固定资产投资的资金，包括各类企事业单位的自有资金和从其他单位筹集的用于固定资产投资的资金，但不包括各类财政性资金、从各类金融机构借入资金和国外资金。（5）其他资金：指在报告期收到的除以上各种资金之外的用于固定资产投资的资金，包括社会集资、个人资金、无偿捐赠的资金及其他单位拨入的资金等。（中国国家统计局网站 http://www.stats.gov.cn/tjsj/zbjs/201310/t20131029_449538.html）。

② 根据“国务院关于调整固定资产投资项目资本金比例的通知”（国发［2009］27号），各行业固定资产投资项目的最低资本金比例按以下规定执行：钢铁、电解铝项目，最低资本金比例为40%。水泥项目，最低资本金比例为35%。煤炭、电石、铁合金、烧碱、焦炭、黄磷、玉米深加工、机场、港口、沿海及内河航运项目，最低资本金比例为30%。铁路、公路、城市轨道交通、化肥（钾肥除外）项目，最低资本金比例为25%。保障性住房和普通商品住房项目的最低资本金比例为20%，其他房地产开发项目的最低资本金比例为30%。其他项目的最低资本金比例为20%。

2012 年、2008 年环境治理方面的投资资金来源分别如表 1、表 2 所示。据此我们推算 2012 年环境污染治理业全部投融资中，市场化融资的规模应该为 5072.82 亿元，2008 年为 2982.94 亿元。

表 1　　2012 年环境污染治理投资各类资金来源的占比（%）

	预算内资金	国内贷款	债　券	利用外资	自筹资金	其他资金
环境治理	18.54	9.99	0.25	0.24	65.25	5.74
城市市容管理	18.53	4.09	0.21	0.34	63.88	12.94
城市环境卫生	28.51	7.47	0	0.57	56.22	7.23
水污染治理	20.02	8.15	0	0.27	64.86	6.71
危险废物治理	22.97	31.28	0	0	44.52	1.23
其他环境治理	16.32	10.04	0.57	0	28.60	3.77
城市绿化管理	23.68	5.00	0	0.14	63.11	8.06
全社会投资	4.74	12.83	0.28	1.12	67.17	13.87

资料来源：《中国固定资产投资统计年鉴（2013）》，中国投资杂志社，第 342 ~ 413 页。

表 2　　2008 年环境污染治理投资各类资金来源的占比（%）

	预算内资金	国内贷款	债　券	利用外资	自筹资金	其他资金
环境治理	19.58	8.72	0.04	2.01	61.93	7.72
城市市容管理	19.46	7.35	0	0.26	66.10	6.84
城市环境卫生	22.36	7.43	0.17	2.61	59.05	8.39
水污染治理	18.85	12.10	0	3.90	58.02	7.12
危险废物治理	11.78	8.24	0	1.27	75.90	2.80
其他环境治理	19.44	6.45	0.01	0.22	64.94	8.94
城市绿化管理	16.26	10.92	0	0.02	66.01	6.79
全社会	4.65	16.06	0.41	2.96	61.70	14.21

资料来源：《中国固定资产投资统计年鉴（2013）》，中国投资杂志社，第 342 ~ 413 页。

2. 中国非火力发电投资的资金来源结构

2012 年中国电力投资中，在非火电发电的全部到位资金中，除去项目自有资本金，国家预算内资金的占比例平均为 2.57%；其他市场化融资的占比为 77.43%，规模大约为 4987.43 亿元。2008 年，国家预算内资金的占比平均为 1.5%，其他市场化融资的占比平均为 78.5%，规模大约为 1095.6 亿元。

在国家统计局发布的中国电力投资统计数据中，从2012年开始提供风力发电和太阳能发电的投资数据，此前，只有核力发电和其他能源发电。

可以看出，除去核力发电，其他非火力发电投资的全部资金来源中，对国家预算内资金的直接依赖平均只有2.57%，远远低于全社会投资资金来源对国家预算内资金依赖的平均水平。非火力发电投融资中，对市场化融资占全部资金来源的比例平均为77.43%，明显高于全社会平均水平。如表3所示。

据此计算，2012年所有非火力发电电力投资中，市场化绿色投融资规模达到4987.43亿元。2008年，以核力发电和其他能源发电为代表，非火力发电的市场化融资比例达到78.5%，推算规模应为1095.6亿元。

表3　2012年中国能源投资中各类非火力发电投资资金来源占比（%）

	预算内资金	国内贷款	债　券	利用外资	自筹资金	其他资金
水力发电	3.92	35.95	0.77	0.32	54.62	4.43
核力发电	0	75.07	1.95	0	18.00	4.98
风力发电	1.78	40.14	0.43	0.64	54.71	2.28
太阳能发电	3.69	20.78	0	0.77	71.74	3.01
其他能源发电	3.45	14.26	0.05	1.84	77.71	2.69
全社会投资	4.74	12.83	0.28	1.12	67.17	13.87

资料来源：《中国固定资产投资统计年鉴（2013）》，中国投资杂志社，第342~413页。

3. 中国林业及废弃资源再利用业投资的资金来源结构

2012年在林业和废弃资源再利用行业投资中，国家预算内资金的占比分别是17.14%和1.52%；其他市场化融资的占比分别为62.86%和78.4%，规模分别到达619.72亿元和578.89亿元。2008年林业和废弃资源再利用业投融资中，国家预算内资金的占比分别为27.80%和0.98%；其他市场化融资占比则分别为52.20%和79.08%，规模分别达到197.25亿元和109.25亿元。

林业及废弃资源再利用业投资长期以来就是中国绿色投资中的重要组成部分，也一直有正式公开的统计数据。但是为了和非火力发电投融资相一致，我们同样仅采用2008年和2012年的数据，见表4。

2012年林业投资中，来自国家预算内的资金占比达到17.14%，远远高于全社会平均水平，而市场化融资的占比则达到62.86%，规模达到619.72亿元；2008年，林业投融资中，国家预算内资金占比达到27.80%，其他市场化融资占比为52.2%，规模达到197.25亿元。可以看出，林业投资中，市场化融资所占比例明显上升，而国家预算内资金所占比例则显著下降。

2012年，废弃资源再利用业利用国家预算内资金的比例为1.52%，远低于全社会平均水平，市场化融资占比为78.5%，规模达到578.89亿元。2008年，废弃资源再利用业投资中国家预算内资金占比仅为0.98%，市场化融资占比为79.02%，规模达到109.25亿元。虽然国家预算内资金在废弃资源再利用业投资中占比很低，与整个制造业中国家预算内资金占比相一致，但总体上看，国家预算内资金在废弃资源再利用业中的占比是上升的。

表4　　林业及废弃资源回收加工投资资金来源占比（%）

		预算内资金	国内贷款	债券	利用外资	自筹资金	其他资金
2012年	林业	17.14	3.67	0	0.39	65.77	13.03
	废弃资源回收加工	1.52	8.48	0	1.23	87.30	1.47
	全社会投资	4.74	12.83	0.28	1.12	67.17	13.87
2008年	林业	27.80	3.06	0.13	1.53	50.84	16.65
	废弃资源回收加工	0.98	3.31	0.03	3.02	88.31	4.34
	全社会	4.65	16.06	0.41	2.96	61.70	14.21

资料来源：《中国固定资产投资统计年鉴（2013）》，中国投资杂志社，第342~413页。

（三）中国绿色投资实践对绿色金融的依赖

按照我们对绿色金融需求的界定，根据上面的投资资金来源结构比例及规模推算，从2008~2012年，在中国绿色投资实践中，通过市场化融资获取的资金应该视作绿色金融融资，其规模从2008年的4385.04亿元，上升到2012年的11258.86亿元。按照当年实际到位资金计算，绿色金融融资占全部投资资金来源的比重从67.54%提高到70.06%。

综合表1到表4的结果，分别按照相应的市场化融资比例，可得出2008年和2012年中国绿色投资中的绿色融资实际规模。计算结果如表5所示。

表 5　　2008 年、2012 年中国绿色投资中的绿色金融融资及其占比

	绿色投资（亿元）		绿色金融（市场融资）（亿元）		绿色金融占比（%）	
	2008 年	2012 年	2008 年	2012 年	2008 年	2012 年
环境污染治理	4937.03	8253.46	2982.94	5072.82	60.42	61.46
电　力	1395.67	6441.21	1095.60	4987.43	78.50	77.43
林　业	392.56	985.88	197.25	619.72	52.20	62.86
废弃资源利用	138.26	737.63	109.25	578.89	79.02	78.50

二、2015～2020 年中国绿色投资的金融需求

（一）未来中国绿色发展的政策目标

中国政府的绿色发展政策目标，目前主要体现在以下四个方面。

第一是党的决议，不过没有具体数值限定的发展目标。中国共产党第十八次全国代表大会报告中提出的发展目标是："面对资源约束趋紧、环境污染严重、生态系统退化的严峻形势，必须树立尊重自然、顺应自然、保护自然的生态文明理念，把生态文明建设放在突出地位，融入经济建设、政治建设、文化建设、社会建设各方面和全过程，努力建设美丽中国，实现中华民族永续发展。"①

第二是在国家五年发展规划总体目标中设定的发展目标。根据目前正在执行的《中华人民共和国国民经济和社会发展第十二个五年规划》。到 2015 年，"非化石能源占一次能源消费比重达到 11.4%。单位国内生产总值能源消耗降低 16%，单位国内生产总值二氧化碳排放降低 17%。主要污染物排放总量显著减少，化学需氧量、二氧化硫排放分别减少 8%，氨氮、氮氧化物排放分别减少 10%。森林覆盖率提高到 21.66%，森林蓄积量增加 6 亿立方米。""工业固体废物综合利用率达到 72%。""地级以上城市空气质量达到二级标准

① 中国共产党第十八次全国代表大会报告：《坚定不移沿着中国特色社会主义道路前进　为全面建成小康社会而奋斗》。

以上的比例达到80%。有效控制城市噪声污染。提高城镇生活污水和垃圾处理能力，城市污水处理率和生活垃圾无害化处理率分别达到85%和80%。"[①]

第三是在国家"十二五"规划目标之下，或者在五年规划之外的各类专项发展规划中设定的绿色发展目标。在环境保护方面，根据《国家环境保护"十二五"规划》，还制定有诸如《"十二五"控制温室气体排放工作方案》《"十二五"资源综合利用指导意见》《大宗固体废物综合利用实施方案》《废物资源化科技工程"十二五"专项规划》，以及《国家适应气候变化战略》《国家清洁能源行动实施方案》《国家重大科技专项》（水专项）等。各类专项发展规划均设定有具体发展目标。

第四是中国政府对国际社会做出的节能减排承诺。主要是2009年中国政府在哥本哈根气候大会上所承诺的二氧化碳排放目标[②]。目前，这一发展目标已被写入刚刚由国务院批准的《国家应对气候变化规划（2014～2020年）》。根据国务院的批复，"到2020年，实现单位国内生产总值二氧化碳排放比2005年下降40%～45%、非化石能源占一次能源消费的比重达到15%左右、森林面积和蓄积量分别比2005年增加4000万公顷和13亿立方米"[③]。

通过对中国绿色发展政策的历史梳理，我们认为到目前为止，中国的绿色发展政策具有以下特点。

1. 在中国的转型努力中，绿色发展成为越来越重要的目标追求

从最初五年规划的一部分，到各类专项环境保护规划不断完善，逐渐形成具体、完整和配套的环境保护规划体系，一直到在党的决议里面明确把绿色，生态文明和经济、社会发展目标并列设定，显示绿色发展目标本身在中国的发展追求中具有越来越重要的位置。对绿色生态追求，正在逐步成为中国最核心的发展追求之一。

2. 中国的绿色发展目标不仅关注中国自身的绿色要求，同时也兼顾自己有能力承担的国际责任和义务

中国的绿色发展目标逐渐从简单的污染治理，到整体建设生态环境，一直扩展到为应对地球气候变化而努力。这样一个目标影响范围不断扩大的过

---

① 《中华人民共和国国民经济和社会发展第十二个五年规划纲要》。

② 国家发改委：《中国应对气候变化的政策与行动——2010年度报告》。

③ 《国务院关于国家应对气候变化规划（2014～2020年）的批复》（国函［2014］126号）。

程，一方面表明了中国自身对绿色概念的认识不断深化，另一方面也表明越来越开放，越来越深入参与国际交往与合作的中国，不断主动承担全球绿色发展的义务和责任。

3. 以5年为周期的发展目标，是中国现有制度环境下重要的约束性发展目标

我们可以清晰地看到，到目前为止的中国绿色发展目标，主要围绕哥本哈根大会承诺的目标按5年周期进行分解，分阶段逐步实施；其他环境治理的具体发展目标也主要体现在五年规划当中。因此，我们认为未来5年的发展目标，是中国现实条件更有可操作性的政策追求，也是本文分析的主要预测区间所在。

（二）未来绿色发展对绿色投资的要求

我们将正在实施的绿色发展目标和现实基础进行对比，来定性推测未来中国绿色发展可能的方向调整与重点选择。

截止2012年，中国绿色发展实际基础与政策目标之间的对比结果如表6所示。

表6　中国绿色发展目标与实际发展现状

	2005年实际值	2010年实际值	2012年实际值	2015年目标值（相对2010年）	2020年目标值（相对2005年）
二氧化碳排放	55.13亿吨	70.04亿吨	79.54亿吨	万元GDP排放量减少17% 预期超额完成	万元GDP排放量减少40%~45% 预期超额完成
万元GDP排放量	0.300244公斤/万元	0.175205公斤/万元	0.153488公斤/万元		
非化石能源消费占比	2.50%	3.50%	3.90%	11.40% 暂不确定	15% 暂不确定
森林面积（覆盖率）	na	na	19545.22公顷（20.36%）	21.66% 预期完成	4000万（公顷） 预期完成
森林蓄积量	na	na	137.21亿立方米	增加6亿立方米 预期完成	增加13亿立方米 预期完成
工业固体废弃物再利用率	57.27%	67.14%	60.89%	72% 预期完成	待定 不确定

续表

	2005年实际值	2010年实际值	2012年实际值	2015年目标值（相对2010年）	2020年目标值（相对2005年）
城市污水处理率	56%（2006年）	82.31%	na	85% 预期完成	待定 不确定
城市垃圾无害化处理率	51.70%	77.94	84.83%	80% 已经完成	待定 不确定

注：①二氧化碳排放量根据煤炭、石油、天然气消耗推算，推算系数参照《综合能耗计算通则》（GB/T 2589－2008）和《省级温室气体清单编制指南》（发改办气候［2011］1041号），能源数据来自《中国能源年鉴》，国内生产总值根据《中国统计年鉴2013》。

②非化石能源主要包括水电、核电和其他。数据来自《中国能源统计年鉴2013》。

③森林面积和覆盖率的数据截止到2008年。数据来自《中国统计年鉴2013》。

④工业固体废弃物再利用率根据CEIC数据库数据计算。

⑤城市污水处理率，引自《中国城镇排水与污水处理状况公报（2006～2010）》，住房和城乡建设部网站。

⑥城市垃圾无害处理率来自CEIC数据库。

根据表6，总体上我们认为，在中国现有经济、社会和制度环境条件下，未来中国的绿色发展目标，可能会逐步集中在工业污染治理，以及对温室气体排放的控制上面。

1. 已承诺低碳政策目标有可能实现，实现温控目标则可能还要进一步努力

目前中国政府承诺的万元GDP二氧化碳排放目标，主要是根据中国实际能源结构、能源技术，以及能源效率做出的可兑现目标。这样的目标应该能够实现。但这样的目标距离全球2摄氏度温度上升控制目标的要求相比，可能还需要进一步的努力。毕竟2013年中国的二氧化碳排放总量已经达到新的水平①，而全球碳排放量持续上升，温度也在继续缓慢上升之中②。

2. 非化石能源将是今后中国低碳和绿色发展的主要政策着力点之一，其占比发展目标的实现可能存在较大不确定性

非化石能源消费的占比将取决于两个方面，一是总能源消费的数量，二

① 具体数值可参考国际碳项目计划。

② 这部分的发展投资，即以控二氧化碳排放为核心的低碳金融测算，中国国家发改委能源研究所已经有专门研究成果，本文不再重复。

是非化石能源自身的供给。从能源消费来看，“十三五”时期，中国的总能源消费有可能达到峰值，并稳定下降。从能源供给看，按照目前的情况，国家核电力发展规划将要重新启动。曾经列入国家核电力发展规划的一些项目，将在“十三五”时期陆续投资建设。一些新的水电项目、风电项目和太阳能项目也会继续开工建设。考虑到核电和水电的建设周期，即便这些项目在“十三五”时期如期开工建设，也不一定能为当期的非石化能源消费直接产生贡献。但是，相应的投资却很有可能在“十三五”时期有较大发展。但是，由于2012年的基数较低，实现2015年和2020年的非化石能源占比目标，可能还存在较大不确定性。但非火力发电的投资增速，则至少应该能超过“十二五”时期的平均水平。

3. 实现林业发展目标的可能性很大，未来设定新的更高目标的空间不大

从2005年开始，中国每年新增林地平均为4924千公顷，2010年以来，每年新增林地都超过5500千公顷。按照这样的增长速度，即便考虑当年的林木采伐量，根据中国现有“采伐与补偿相结合”的林业采伐管理规定，实现2015年和2020年的发展目标，应该是可预期事件。“十三五”规划应该不会提出更高的发展目标。在中国，随着退耕还林的结束，以及可适宜植林区域的不断缩小，“十三五”时期以及今后一个时期，难以继续更大面积的扩展造林。维持现有动态平衡，并缓慢增长是合理的预期目标。因此，林业的总体投资应该不会有太高增幅。

4. 工业固体废弃物及资源回收再利用的规划目标预期能够实现，未来更多的发展目标有可能将集中在其他工业排放的治理和控制上面

以废旧金属、纸张、塑料等为主要对象的固体废弃物再利用，在中国具有较长的发展历史，再利用技术也在不断提高。除去钢铁之外，总体上我们认为其他固体废弃物的再利用，也将保持现有发展趋势，不会再有更高目标的设定。在固体废弃物之外，中国当前环境治理所面临的更大压力主要来自其他工业排放的控制和处理。随着更严厉的环境保护法的实行，“十三五”也有可能会提出更高的目标要求，相应的污染排放控制与治理投资应该有更大需求。

5. 以城市污水、垃圾处理为主要内容的规划目标已经实现，但城市环境基础设施建设将会继续伴随城镇化推进而不断得到加强

全国城镇污水及垃圾处理发展规划目标已基本实现，但随着城镇化水平的不断提升，预计城市污水和生活垃圾处理能力也要继续不断提高，相应的投资将继续保持一定增长。此外，根据《中国城镇排水与污水处理状况公报（2006～2010）》，我们可以很清楚地看到，全国城镇污水处理能力不仅与城镇化率相关，同时也与各地经济发展水平密切相关，不同地区城镇污水和生活垃圾的处理水平相差很大。就全国而言，城镇环境基础设施的建设，在总体处理能力继续提高的同时，提升经济发展落后地区的处理能力，就需要保持足够的投资增长。

（三）未来绿色投资及相应绿色金融的需求估算

1. 影响未来绿色投资增长的因素

根据以上发展目标与发展现状的分析，本文归纳总结2015～2020年影响中国绿色投资增长的主要因素，及其影响方向和强度，结果如表7所示。

表7　影响2015～2020年中国绿色投资诸因素的分析

		对绿色投资需求增长的影响	
		影响方向	影响强度
环境污染治理	城镇环境基础设施	促进	稳定
	工业污染治理	促进	增强
电　力	核电	促进	增强
	水电	促进	稳定
	太阳能	促进	稳定
	其他发电	促进	稳定
林　业		促进	稳定
废弃资源再利用		促进	增强
绿色建筑		促进	增强
电动汽车		促进	稳定
城市轨道交通		促进	稳定

除了以上已经明确列为国家政策发展目标的要求之外，根据联合国环境规划署（UNEP）的绿色经济发展目标，中国同样会继续推进绿色节能建筑、电动汽车、城市轨道交通等领域的发展，从而全面落实低碳发展目标和低碳发展的国际承诺。因此，未来中国绿色发展的投资要求，应该扩展到更宽泛

的领域。我们把电动汽车和城市轨道交通也列入其中。由于以大气温度控制为目标，以二氧化碳控制为核心的低碳绿色发展，已经有专门的研究成果，本文将直接引用。

2. 各项绿色投资需求增长的估算

（1）环境治理与林业投资。我们采用移动平均法进行趋势外推，对城镇环境基础设施投资、工业污染治理、林业和废弃资源再利用的投资进行估算，同时考虑可能的影响因素对估算的误差影响进行调整。主要是对工业污染治理和城镇环境基础设施投资进行了修正，结果如表 8 所示。

表 8　　环境治理等绿色投资需求估算（亿元，2010 年价格）

	2015 年	2020 年
城镇环境基础设施	5591	5800
工业污染治理	710	788
林　业	1454	1510
废弃资源再利用	1051	1084
合　计	8806	9182

尽管如此，由于未来工业污染治理的投资和废气污染治理投资很有可能是政策重点加强的领域，因此，我们这里的估算可能有些保守，可以将其理解为最低的投资需求。

（2）低碳投资。由于核能、水力发电、太阳能及其他发电，以及电动汽车、轨道交通、绿色建筑等，均为以控制温室气体排放为核心的低碳经济发展，因此为了方便起见，我们直接引用中国国家发展和改革委员会能源研究所所做的《中国低碳金融之路》报告的预测结果。考虑到未来 5 年经济增长目标、社会发展与绿色政策目标之间的一致性，我们选取该报告的低碳情景推算值，如表 9 所示。表中 2015 年数值为本报告根据援引数据进行的推算。

（3）绿色发展投资及其绿色金融需求。综合以上两大类推算结果，我们估计 2015 年和 2020 年，中国绿色发展的投资需求大约分别为 28672 亿元和 29082 亿元，年度增长幅度不大，但年度投资平均规模很高，占当年 GDP 的比重将超过 3%。

根据前面绿色投资不同资金来源占比的平均值推算，2015 年和 2020 年，

表 9 低碳投资需求（亿元，2010 年价格）

	2015 年	2020 年
能源投资	8689	6925
节能投资	11177	12975
其中：工业	2677	1928
交通	3675	5850
建筑	4825	5197
合　计	19866	19900

资料来源：姜克隽：《中国低碳金融之路》，E3G 报告附录第 37 页。

中国绿色发展投资中对绿色金融的需求大体上分别是 20070 亿元和 20357 亿元。我们保守地认为，2015 ~ 2020 年，中国绿色金融的需求大体上每年在 20000 亿元人民左右。

我们把表 8 和表 9 合并考虑，如表 10 所示。表 8 和表 9 之间可能会存在一定交叉重复，主要在节能投资和工业污染治理两个项目之中。但由于基础数据的限制，我们没有剔除相应的重复。

表 10 2015 ~ 2020 年中国绿色发展投资需求估算 单位：亿元

	2015 年	2020 年
城镇环境基础设施	5591	5800
工业污染治理	710	788
林业	1454	1510
废弃资源再利用	1051	1084
能源投资	8689	6925
节能投资	11177	12975
合计	28672	29082

对于项目资本金，我们依然假定绿色投资项目资本金比例为投资额的 20%。

对于国家预算内资金，我们假定其维持 2012 年总体占比平均为 10% 的水平不变。

根据表 5，各类不同绿色投资的市场化融资比例，也就是绿色金融的融资比例有差异，尤其是国家预算内资金的比例差别较为明显。我们的一个基本假设是，凡是目前国家预算内资金进入比例较高的领域，当预算内资金降低之后，市场化融资可以替代国家预算内资金的供给。根据中国当前经济、社会和制度环境条件的变化趋势，尤其是2014年国家对地方政府债务管理制度发生的重大制度调整①，地方政府债务融资将分为一般债务和专项债务，但债务规模由国家控制；在基础设施领域投融资方面，地方政府投融资方式也将发生重要调整②，以地方政府融资平台为主的赤字融资，将主要通过政府与社会资本合作（PPP）来实现。因此，未来中国绿色投资的融资结构可能会有一定变化，基本的变化趋势将主要向市场化融资方向发展。

可以预见，未来随着中国GDP增速的下降，财政收入增速的相应降低，以及新的地方政府债务融资管理制度的改革，财政资金直接支持基础设施建设的支出增幅不会增长很多；相反，可能还会有所下降。但考虑到绿色投资，以及基础设施将是地方政府专项债务的主要方向，以及PPP模式下，政府的必要支持，而不同领域之间对国家预算内资金的要求仍因为技术经济特征，以及建设项目的市场可销售程度的差异而存在不同。我们估计，国家预算内资金在未来绿色发展投资资金来源中的占比虽然不会有所上升，但总体下降幅度也不会很大。我们假设其保持2012年的平均水平，即平均10%的比例。

相应地，绿色投资市场化融资的平均比例为70%。据此推算，2015年中国绿色投资对绿色金融的需求大体上为20070亿元，2020年达到20357亿元。粗略地讲，2015～2020年，每年的绿色金融需求大约为20000亿左右。

三、绿色投融资中的制度约束与改进方向

（一）当前中国绿色投融资中资金供给的制度约束

通过前面的分析中我们可以清楚地看到（见表1、表2），当前中国绿色

① “国务院关于加强地方政府性债务管理的意见”（国发［2014］43号）。
② “国务院关于创新重点领域投融资机制鼓励社会投资的指导意见”（国发［2014］60号）。

投资实践中的市场化融资渠道，也就是绿色金融的供给渠道中，商业贷款占居首位。虽然从比例值上看，自筹资金占比很高，但根据我们的经验，除去其中的项目资本金，自筹资金中有相当一部分资金实际上还是通过银行贷款而获得[①]。因此，总体上看，内源性融资、商业贷款和国家预算内资金是目前为止中国绿色投资实践中主要的融资渠道。其他市场化融资渠道相对较窄，绿色投融资的金融产品种类较少，创新程度较低。

我们认为，相对于绿色投融资的实际需要，当前这种融资结构的可持续性相对较低。

第一，以城镇环境基础设施建设为例。根据住房保障和城乡建设部的报告，到2012年底，中国现有城镇污水处理设施、管网建设实际上已经达到较高的覆盖水平，但是处理设施的运行使用率却相对较低。“十一五”“十二五”时期，由中央财政牵头，尤其是在2009年经济刺激计划促进下，各地相继建设了城镇环境基础设施。但是，由于建设投资完成之后的运营管理维护费用在制度上存在较多问题，因此设施的实际利用率，以及处理效果并不能达到预期目标。其中一个很重要的原因就是这些设施所能产生的现金流相对较低，无法完全覆盖其运行成本，必须有一定的财政补贴才能实现达标排放。

第二，虽然商业贷款在绿色投资中占了较大比重。但需要注意的是，这些商业贷款的具体使用者，或者说绿色投资的主体，以国有企业，或者政府财政信用为背景的投融资平台公司占较大比例。这类商业贷款始终存在较高的金融风险。尽管这些投资大多会产生良好的生态效应，为实现绿色发展目标做出重大贡献，但这些投资项目本身的债务偿还能力始终与项目所在地政府的财政能力相联系。在经济发达地区，其债务融资比例相对较高，经济欠发达地区的债务融资规模相对较低，但各地由于财政能力所导致的债务风险爆发的可能性却大体相当。

第三，中国绿色投资资金来源更多依赖银行贷款，而其他融资渠道和金

① 我们曾经根据中国人民银行历史上公布过的当年长期贷款发放额，与当年固定资产投资资金到位额中的银行贷款做过对比，2006～2008年间，前者大约是后者的1.4倍。结合实际调研，可以认定，其中主要“错误”记录在“自筹资金”之中。其中相当一部分是通过地方政府财政信用获取的贷款，也有部分资金直接属于财政资金。实现这种融资的主体，主要是地方政府融资平台公司。

融工具不足的状况，并不是投资主体选择银行贷款的意愿更强（排除政策银行贷款），而更多是由于其他融资渠道的制度性限制，比如债券、权益、信托等。在当前技术条件以及市场条件下，对于现金流覆盖能力较低，一次性投资较大的绿色投资，从投融资主体来看，政府投资，尤其是地方政府投资发挥重要作用才能取得预期目标。这样的投融资主体结构特征，既是一种必需，也是一种无奈：因为在中国的各项发展事业中，始终存在中央政府与地方政府在集权和分权问题上的平衡，尤其是财政上的事权和财权平衡问题，解决这一问题本身需要一定的制度约束。但这样的约束本身，又与绿色投资这样外部性极强的投融资行为相冲突。因此，如何在制度上平衡风险与激励，还需要进一步的制度创新。

（二）绿色投融资金融供给的制度改进方向

总体上看，过度依赖信贷资金和财政资金，不能很好地实现绿色发展目标，多样化的市场化融资方式应在整个绿色投融资实践中发挥更大作用。

从图1我们可以很清楚地看到，在中国绿色投融资实践中，城镇环境基础设施的投融资规模明显高于工业污染治理。在城镇环境基础设施投资中，国有公司是主要投融资主体，这些国有公司大多是政府投融资平台公司。在他们的投融资活动中，财政信用起着关键作用。相对而言，对于工业污染治理，其投融资主体则主要以非国有公司为主体。但从历史数据看，至少在“十一五”时期，工业污染治理的资金中，也有相当高的比例主要是国家预算内资金，这些资金或者以直接投资形式，或者以其他政府补贴、补助的形式对企业污染治理给予支持和鼓励。而且，即便是工业污染治理投融资中的银行贷款，也往往享有政府信用作支撑的政策优惠。

综合看，完全通过市场价格引导的绿色投融资，无论是对于城镇环境基础设施，还是对于在“十三五”时期应该得到加强的工业污染治理，都受到较大的财务约束。毫无疑问，完全由市场引导的绿色投融资还存在较大难度。政府信用支持和政府财税政策，对绿色投融资的实现还是一个关键性制度因素。但如何更好、更有效率发挥财政信用，更可靠地防范财政债务风险，同时又能更大效率、更大规模地引导各类社会资金支持绿色投融资发展，则需要进行重大制度改进。

我们的基本设想是，在继续通过财税、价格、土地等政策鼓励和支持企业进行绿色投资的同时，应限制政府政策和政府信用直接用于满足融资需要本身，而更多地将其转向对市场化绿色金融供给的激励上面。换言之，财政信用和财税政策，除了更集中于必需的领域之外，应更多用于支持绿色金融供给的渠道拓展和产品创新上面，而不是对绿色金融供给的简单替代。

绿色金融发展的产业政策环境

马　中　中国人民大学环境学院课题组

一、中国的环境管理

（一）相关的环境保护法律

1.《环境保护法》

2014 年修订的《环境保护法》是我国环境保护的基本法。在环境保护投入的规定方面，《环境保护法》要求发挥政府财政的作用。第八条规定，各级人民政府应当加大保护和改善环境、防治污染和其他公害的财政投入，提高财政资金的使用效益。第五十条规定，各级人民政府应当在财政预算中安排资金，支持农村饮用水水源地保护、生活污水和其他废弃物处理、畜禽养殖和屠宰污染防治、土壤污染防治和农村工矿污染治理等环境保护工作。

《环境保护法》也强调利用经济手段促进环境保护。第二十一条规定，国家采取财政、税收、价格、政府采购等方面的政策和措施，鼓励和支持环境保护技术装备、资源综合利用和环境服务等环境保护产业的发展。第二十二条规定，企业事业单位和其他生产经营者，在污染物排放符合法定要求的基础上，进一步减少污染物排放的，人民政府应当依法采取财政、税收、价格、政府采购等方面的政策和措施予以鼓励和支持。第四十三条规定，排放污染物的企业事业单位和其他生产经营者，应当按照国家有关规定缴纳排污费。排污费应当全部专项用于环境污染防治，任何单位和个人不得截留、挤占或者挪作他用。

《环境保护法》第三十一条对生态保护的投入也做出了规定：国家建立、

健全生态保护补偿制度。国家加大对生态保护地区的财政转移支付力度。有关地方人民政府应当落实生态保护补偿资金，确保其用于生态保护补偿。国家指导受益地区和生态保护地区人民政府通过协商或者按照市场规则进行生态保护补偿。

《环境保护法》还鼓励资源再生，第三十六条规定，国家机关和使用财政资金的其他组织应当优先采购和使用节能、节水、节材等有利于保护环境的产品、设备和设施。

在通过金融手段保护环境方面，《环境保护法》第五十二条规定，国家鼓励投保环境污染责任保险。

2. 污染防治的专项法律

环境污染防治方面的专项法律有 6 部，分别是：《水污染防治法》《大气污染防治法》《海洋环境保护法》《环境噪声污染防治法》《放射性污染防治法》《固体废物污染环境防治法》。这些专项法律在促进环保投入方面都要求：①通过收费、价格政策筹集污染治理资金；②鼓励工业生产中使用清洁原材料和清洁工艺；③对严重污染环境的落后工艺或设备实施淘汰制度；④建立跨区域或者跨流域的生态补偿机制。

3. 促进循环经济、清洁生产的法律

循环经济发展替代粗放型经济发展模式，成为经济发展的方向，有关的法律成为环境保护法律体系一个新分支——循环经济、清洁生产法。目前主要有 2 部法律：《清洁生产促进法》《循环经济促进法》。这些法律在资金来源、拓宽资金渠道方面的规定包括：①制定促进清洁生产和循环经济的产业政策、财政税收政策；②对重点污染源以及钢铁、有色金属、煤炭、电力、石油加工、化工、建材、建筑、造纸、印染等能耗、水耗强度大的重点企业，实施重点监督管理以及强制管理；③鼓励资源回收、再生、综合利用等技术、工艺和设备的发展；④要求中央和地方财政资金的投入，鼓励地方财政资金引导社会资本进入资源循环利用领域。

4. 节能、可再生能源相关法律

有关节能减排与可再生能源的法律有 4 部：《节约能源法》《可再生能源法》《电力法》《煤炭法》。

1998 年 1 月 1 日起施行的《节约能源法》规定，国家实行有利于节能和

环境保护的产业政策，限制发展高耗能、高污染行业，发展节能环保型产业；规定县级以上人民政府加强农业和农村节能工作，增加对农业和农村节能技术、节能产品推广应用的资金投入。

在《可再生能源法》中规定，国家鼓励和支持农村地区的可再生能源开发利用，县级以上人民政府应当对农村地区的可再生能源利用项目提供财政支持。此外，国家财政设立可再生能源发展专项资金。对列入国家可再生能源产业发展指导目录、符合信贷条件的可再生能源开发利用项目，金融机构可以提供有财政贴息的优惠贷款。国家对列入可再生能源产业发展指导目录的项目给予税收优惠。

（二）相关的法规政策

1. 国务院的行政法规

（1）相关法律的实施细则。根据环境保护相关法律制定的实施细则，以国务院行政法规的形式规定了污染防治与生态保护的具体措施。根据《清洁生产促进法》和《固体废物污染环境防治法》的有关规定，国务院出台了《废弃电器电子产品回收处理管理条例》，并于2011年1月1日起施行。其中第七条规定，国家建立废弃电器电子产品处理基金，用于废弃电器电子产品回收处理费用的补贴。废弃电器电子产品处理基金应当纳入预算管理。

（2）专项法规：环境保护税、排水条例、畜禽养殖。一些针对环境保护的某个领域而制定的专项法规，也对环保投入做出具体规定。2014年1月1日起施行的《禽畜规模养殖污染防治条例》规定：畜禽养殖污染防治设施建设和改造可以申请环境保护等相关资金支持，利用畜禽养殖废弃物进行有机肥生产等综合利用活动享受税收优惠，购买使用有机肥享受不低于化肥的使用补贴等优惠政策，制取沼气及发电上网享受相关优惠政策。

2014年1月1日起施行的《城镇排水与污水处理条例》规定，国家鼓励采取特许经营、政府购买服务等多种形式，吸引社会资金参与投资、建设和运营城镇排水与污水处理设施。污水处理费应当纳入地方财政预算管理，专项用于城镇污水处理设施的建设、运行和污泥处理处置，不得挪作他用。污水处理费的收费标准不应低于城镇污水处理设施正常运营成本。因特殊原因，收取的污水处理费不足以支付城镇污水处理设施正常运营成本的，地方人民政府给予补贴。

2016 年 12 月通过的《环境保护税法》规定，直接向环境排放应税污染物的企业事业单位和其他生产经营者为环境保护税的纳税人，应当依法缴纳环境保护税。各级人民政府应当鼓励纳税人加大环境保护建设投入，对纳税人用于污染物自动监测设备的投资予以资金和政策支持。

（3）流域法规：太湖。2011 年 11 月 1 日起施行的《太湖流域管理条例》规定，对为减少水污染物排放自愿关闭、搬迁、转产以及进行技术改造的企业，两省一市人民政府应当通过财政、信贷、政府采购等措施予以鼓励和扶持。国家鼓励太湖流域排放水污染物的企业投保环境污染责任保险。

2. 部委行政规章和规范性文件

我国从 20 世纪 90 年代开始，从绿色信贷、绿色证券、绿色保险等方面进行了绿色金融建设。为支持环境保护工作，中国人民银行 1995 年 2 月发布《关于贯彻信贷政策与加强环境保护工作有关问题的通知》，规定各级金融部门在对环境有影响的新建、扩建和改建项目发放固定资产贷款时，严格贷款的审批、发放和监督管理。2007 年以来，原国家环保总局联合中国银监会、中国保监会、中国证监会等金融监管部门推出“绿色信贷”“绿色保险”和“绿色证券”。

2007 年 12 月，原环保总局和保监会联合发布了《关于环境污染责任保险工作的指导意见》，提出实施环境污染责任保险是重要的环境管理和社会管理的制度创新，正式推出绿色保险政策。

2008 年 2 月，原环保总局发布了《关于加强上市公司环境保护监督管理工作的指导意见》，指出要进一步完善和加强上市公司环保核查制度、积极探索建立上市公司环境信息披露机制、开展上市公司环境绩效评估研究与试点，以及加大对上市公司遵守环保法规的监督检查力度，促使上市公司持续改进环境表现，确立了绿色证券政策。

2012 年 2 月，银监会印发《绿色信贷指引》，要求银行业金融机构加大对绿色经济、低碳经济、循环经济的支持，明确绿色信贷的支持方向和重点领域，对国家重点调控的限制类以及有重大环境和社会风险的行业制定专门的授信指引，实行有差别、动态的授信政策。

2014 年 8 月发布了《国务院办公厅关于进一步推进排污权有偿使用和交

易试点工作的指导意见》，规定对现有排污单位，要考虑其承受能力、当地环境质量改善要求，逐步实行排污权有偿取得。新建项目排污权和改建、扩建项目新增排污权，原则上要以有偿方式取得。国务院有关部门要研究制定鼓励排污权交易的财税等扶持政策。积极探索排污权抵押融资，鼓励社会资本参与污染物减排和排污权交易。

此外，国务院在金融产业发展的文件中作出有关绿色金融的规定。2013年国务院办公厅发布《关于金融支持经济结构调整和转型升级的指导意见》（国办发［2013］67号），规定加大对有市场发展前景的先进制造业、战略性新兴产业、现代信息技术产业和信息消费、劳动密集型产业、服务业、传统产业改造升级以及绿色环保等领域的资金支持力度。

2016年8月，中国人民银行、财政部、发展改革委、环境保护部、银监会、证监会、保监会七部委共同发布《关于构建绿色金融体系的指导意见》，指出构建绿色金融体系的主要目的是动员和激励更多社会资本投入到绿色产业，同时更有效地抑制污染性投资，不仅有助于加快我国经济向绿色化转型，也有利于促进环保、新能源、节能等领域的技术进步，加快培育新的经济增长点，提升经济增长潜力。该文件提出了支持和鼓励绿色投融资的一系列激励措施，包括通过再贷款、专业化担保机制、绿色信贷支持项目财政贴息、设立国家绿色发展基金等措施支持绿色金融发展。

2016年，中国首次把绿色金融议题引入二十国集团（G20）议程，发布公报强调动员绿色金融的重要性，成立绿色金融研究小组。目前已形成了《G20绿色金融综合报告》，明确了绿色金融的定义、目的和范围，以及面临的挑战，并为各国发展绿色金融献计献策，支持全球经济向绿色低碳转型。

（三）环境标准

1. 环境质量标准

环境质量标准是污染物排放标准、排污收费、排污许可、环境影响评价等一系列环境管理制度实施的基础和依据。《环境保护法》第9条规定，“国务院环境保护行政主管部门制定国家环境质量标准。省、自治区、直辖市人民政府对国家环境质量标准中未作规定的项目，可以制定地方环境质量标准，并报国务院环境保护行政主管部门备案”。

2. 污染物排放标准

《环境保护法》第 10 条规定，“根据国家环境质量标准和国家经济、技术条件，制定国家污染物排放标准。省、自治区、直辖市人民政府对国家污染物排放标准中已作规定的项目，可以制定严于国家污染物排放标准的地方污染物排放标准。”

达标排放是国家实行的对污染物排放控制的一种方式，向环境中排放污染物的单位必须遵守相应的污染物排放控制标准。《环境保护法》《水污染防治法》《大气污染防治法》《固体废弃物环境污染防治法》等法律均有有关条款规定。排放标准本是法律确定的强制性标准，但环境立法没有规定超标准排污违法。超标排放适用的处罚形式是限期治理，没有形成真正的强制。

（四）环境价格

1. 水价

我国水价主要针对居民生活、行政事业、工业、经营服务业和特种行业用水制定，综合水价是用水户为取水、用水和排水所需支付各种价格和费用的总和。我国的综合水价政策由水资源费、供水价格、污水处理费和污水排污费四个收费项目组成，中央、省、市三级政府和价格、财政、经贸、水利、城建、环保等多个部门相对独立定价，综合形成的价格体系。

水资源费是根据水资源取用量向取用地表水和地下水资源的单位和个人征收的费用。水资源费是体现水资源国家所有权和有偿使用的行政性收费，属于政府非税收入，其目的是促进水资源的节约和合理利用。水资源费是水资源稀缺程度的体现，是政府用以调节水资源总量供需的手段，征收水资源费是水资源节约、保护和管理工作有效的经济调节手段和重要的财政保障渠道。

供水价格分为两种，即自来水费（城市供水价格）和水利工程供水价格。自来水费是根据用水量和用户类型向用水的单位和个人征收的费用，是供水经营者从事供水生产取得的经营收入。水利工程供水价格是指供水经营者通过拦、蓄、引、提等水利工程设施销售给用户的天然水价格。

污水处理费是根据污水排放量和水质，对向城镇污水集中处理设施排放污水的排污者征收的费用。污水处理费属于预算外资金，只能用于城镇污水处理厂的建设和运营，正在逐步由行政事业收费向经营服务性收费转变。征收污水处理费的目标在于通过征收污水处理费覆盖污水处理成本，同时引进价格信号，促进资源合理配置以及污水处理厂运行效率。

污水排污费是根据污染物当量，对直接向水体排放污染物的企业事业单位和个体工商户征收的费用。污水排污费属于预算内资金，应当用于污染防治，为行政事业收费，其目的是治理污染，保护水环境。

根据 2004 年 4 月 19 日发布的《国务院办公厅关于推进水价改革促进节约用水保护水资源的通知》，我国实施水价改革的目标，是建立充分体现我国水资源紧缺状况，以节水和合理配置水资源、提高用水效率、促进水资源可持续利用为核心的水价机制。

2. 煤炭价格

中国煤炭价格主要取决于国内的市场供求关系、政府管制政策及其对煤炭生产成本的影响。国家发展和改革委员会下发《关于做好 2007 年跨省区煤炭产运需衔接工作的通知》对煤炭产品定价提出三项基本原则：一是继续坚持煤炭价格市场化改革方向，由供需双方企业根据市场供求关系协商确定价格。二是坚持以质论价、同质同价、优质优价的基本原则，对长期大宗合同可自愿协商价格优惠。三是继续实施煤电价格联动政策，理顺煤电价格关系，为电力竞价上网奠定基础。

3. 电价

用电可分为居民生活用电、工业用电和农业生产用电。目前我国的居民电价政策主要有三种，即单一制居民电价政策规定执行城乡统一的居民电价、居民可自主选择是否执行的峰谷电价政策、2011 年 12 月国家发改委推出阶梯电价政策。工业用电中，对电解铝等 6 个高耗能行业用电，区分淘汰类、限制类和鼓励类实行差别定价。降低小火电机组上网电价，促进小火电机组关停。根据国家发改委下发的通知，2013 年 6 月 1 日起，全国范围内对生猪、蔬菜生产用电执行农业生产用电价格；农产品批发市场、农贸市场、农产品冷链物流的冷库用电价格实现与工业用电同价。

国家对火电厂生产过程中减少主要大气污染物排放的电厂实施补贴，对安装脱硫设施的燃煤机组上网电价每千瓦时增加 1.5 分钱，促进电厂脱硫。国家发改委还规定，自 2013 年 1 月 1 日起，全国所有燃煤发电机组试点实施脱硝电价。燃煤发电机组安装脱硝设施、具备在线监测功能且运行正常的，持国家或省级环保部门出具的脱硝设施验收合格文件，报省级价格主管部门审核后，执行脱硝电价。脱硝电价标准为每千瓦时 8 厘钱。

4. 天然气价格

国务院批转发展改革委《关于 2013 年深化经济体制改革重点工作的意见》，提出推进天然气价格改革，逐步理顺天然气与可替代能源的比价关系。国家对非居民天然气价格管理由出厂环节调整为门站环节，门站价格实行最高上限价格管理，供需双方可在国家规定的价格范围内协商确定具体价格，门站价格以下的销售价格，由地方政府价格主管部门管理。我国天然气价格调整的方向，是按照市场化取向，建立起反映市场供求和资源稀缺程度的与可替代能源价格挂钩的动态调整机制。

5. 城市供热价格

国家发展改革委、原建设部于 2007 年 6 月 3 日联合印发了《城市供热价格管理暂行办法》，按照市场经济原则，确立供热和用热的市场供求关系，实行用热商品化。热价应该能覆盖所有的合理成本，保证投资者获利，实现谁投资谁获利。亏损的价格不能吸引市场资本，不能推动供热行业的市场化。

（五）关于环境管理的分析

1. 制度原则上提出了对绿色金融的需求

我国已经制定颁布了环境保护的法律、法规、规章、标准和规范性文件，形成了完整的环境保护政策体系，这是绿色金融在我国发展的基础。

首先，确立了吸引社会资本开展环境保护的资金来源模式。在环境保护的不同领域，通过法律、法规、规章等规定的形式，形成专项资金。其次，通过制定财政税收政策、价格政策、信贷、政府采购、保险等措施发展绿色金融，并在有些方面形成了专门的绿色金融相关制度。再次，通过产业结构的调整不断增强金融手段介入环境保护的可能性，一方面鼓励符合高新技术、清洁生产、循环经济、节能降耗产业的发展，创造宽松的发展环境，另一方面则对高能耗、高污染水平、小规模的产业予以限制甚至淘汰，从而为绿色金融发展创造空间。

不仅如此，我国环境管理制度规定随时间调整环境质量标准和污染物排放标准，其方向是使环境标准日趋严格。此类政策预期将不断刺激环境保护对资金扩大的需求，是绿色金融得以发展的根本所在。

2. 具体决策过程降低了标准，例如排放标准、收费标准

我国的环境保护基本法律中的相关规定在法规、条例、规章、标准中不断弱化，环境保护法律中的规定得不到有效执行，在客观上降低了环境保护的标准，默许了破坏环境的合理性，从而与环境保护法律中的基本规定背道而驰，使绿色金融参与环境保护缺乏制度保障。

我国环境政策具体规则降低标准的问题表现在以下三个方面。首先，环保法律立法目标要求，在保护环境和防治污染的同时要考虑经济发展。其次，要求制定污染物排放标准不仅要根据环境质量标准，还要考虑经济和技术条件。《水污染防治法》规定，“国务院环境保护主管部门根据国家水环境质量标准和国家经济、技术条件，制定国家水污染物排放标准”。再次，规定制定环境价格（收费标准）要考虑经济状况。《环境保护税法》规定，“应税大气污染物和水污染物的具体适用税额的确定和调整，由省、自治区、直辖市人民政府统筹考虑本地区环境承载能力、污染物排放现状和经济社会生态发展目标要求，在《环境保护税税目税额表》规定的税额幅度内提出”。《关于水资源费征收标准有关问题的通知》将“充分考虑当地经济发展水平和社会承受能力”作为水资源费征收标准的制定原则之一。宽松的环境保护制度体系为制定低污染物排放标准和收费标准提供了法律依据。

标准过低是我国环境保护政策体系宽松的集中表现。以 COD 为例，《污水综合排放标准》的浓度限值是排入水体水质的 5 ~ 6.7 倍；《城镇污水处理厂污染物排放标准》的浓度限值是排入水体水质的 2.5 ~ 3.3 倍；工业行业污染物排放标准以造纸业为例，制浆企业在 2008 年提高标准前的排放浓度限值是排入水体水质的 8.8 ~ 17.5 倍，2008 年提高标准后的排放浓度限值是排入水体水质的 2 ~ 4 倍（见图 1）。由于我国大部分水体水质已经低于水环境质量要求，北方很多地区更是已经无常年地表径流，根据这样的排放标准，达标排放的废水也在“合法”污染环境，不仅不能改善水质，还会使水质进一步恶化。

治理要求决定治理成本，治理成本决定价格标准。治理要求低必然治理成本低，因此价格标准也低，其核心表现正是环境成本的外部性无法得到内

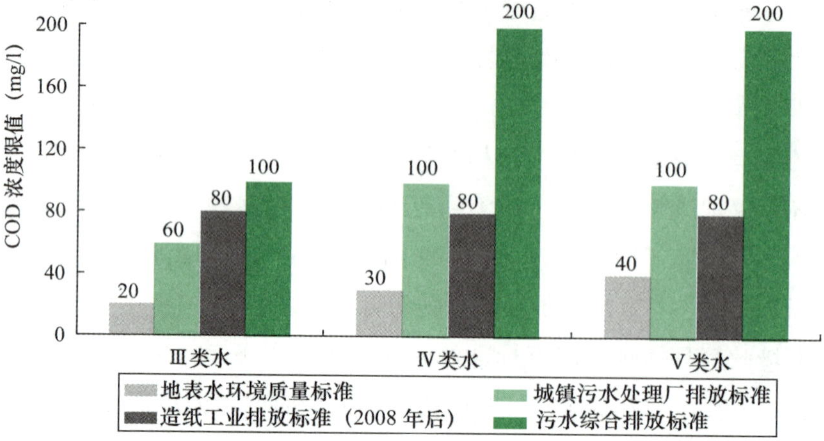

图 1　我国水污染物排放标准与水环境质量标准的差距

部化。2011 年我国工业水资源费平均标准为 0.13 元/吨，只等于真实取水成本（0.4～1.6 元/吨）的 1/12～1/3；工业污水排污费平均标准为 0.12 元/吨，只等于真实处理成本（5～10 元/吨）的 1/83～1/42；工业污水处理费平均标准为 1.28 元/吨，只等于真实处理成本（5～10 元/吨）的 1/8～1/4。直接从天然水体取水，将废水处理后排入天然水体的工业企业，只需缴纳 0.25 元/吨水费。低水价通过政策形式“合法”降低了真实环境成本，企业用水无需承担全部环境资源成本，因此取得超额收益。2013 年，我国规模以上工业企业利润高达 6.3 万亿元，工业企业缴纳的水费才 600 多亿元，仅相当于工业企业利润的 1/105（马中等，2014）。企业承受能力是一个伪命题，享受了多年环境红利的工业企业有能力也有责任承担全部环境资源成本。

3. 执行、监管不力也会导致对绿色金融需求不足

监管在环境资源价格定价和执行的过程中发挥着基础性和关键性的作用。有效的行政、监测和执行能力是价格政策得以成功实施的基石。若是监管不到位，再理想的定价机制也是很难发挥效果。监管到位保障了价格政策实施的准确性和有效性。然而，我国环境管理中存在着执行和监管不力的问题，制约了绿色金融的发展。

目前我国环境监管对象的范围仍然比较狭窄。对未纳入征收对象的资源使用者和环境污染者未进行监管。此外，我国与环境价格政策配套的监管力度不足。监管不力导致偷排漏排污等行为得不到及时查处，资源严重浪费，

水费流失，政策失效等严重的后果。因为违法收益大于违法成本，便可能产生刺激企业偷排漏排，带来环境质量下降和社会福利下降的双重损失。

政策太松和监管不严，导致我国偷排严重，无处理排放大量存在，还使得排污者能够通过减少治理成本获得超额收益，造成环境损害。2014 年 2 月在北京市开展的系列排水专项整治行动中，20 家排污单位中有 15 家涉嫌排污超标，还有 5 家连排污许可证都没有，也就是说，污水偷排率达到 100%！在此过程中，制度保障缺乏加剧了监管不严带来的污染后果，北京市目前对污水偷排的处罚最高仅 3 万元。环境红利是排污者实际支付的环境成本与应当支付的环境成本之间的差额，是排污者获得的“免费午餐”。2001 ~ 2011 年，低水价和无处理排水帮助企业获得超额利润累计 1. 5 万亿 ~ 4. 4 万亿元（马中等，2014）。

二、中国的环境保护投资

（一）环境保护投资的内涵及分类

环境保护投资是社会各有关主体从社会的积累基金和各种补偿基金中，拿出一定数量用于防治环境污染、维护生态平衡及其相关联系的经济活动，其目的是促进经济建设与环境保护的协调发展，使环境得到保护和改善。《国务院关于环境保护若干问题的决定》（国发［1996］31 号）中要求“切实增加环境保护投入，提高环境污染防治投入占本地区同期国民生产总值的比重，并建立相应的考核检查制度”。国务院《关于落实科学发展观加强环境保护的决定》（国发［2005］39 号）要求“各级人民政府要将环保投入列入本级财政支出的重要内容并逐年增加”。各省市出台的决定也对财政环保投入做了规定。

如图 2，2001 ~ 2015 年，我国环保投资总量从 694. 3 亿元增至 8806. 3 亿元，环保投资总量占 GDP 的比重在此期间也从 0. 64% 增至 1. 28%。然而，该变动表现出波动的趋势，2001 ~ 2010 年，我国环保投资及其占 GDP 的比重均保持稳定增长态势；自 2011 年开始，环保投资总额开始出现波动，而环保投资占 GDP 的比重则持续下降，由 2010 年的 1. 67% 降至 2015 年的 1. 28%。

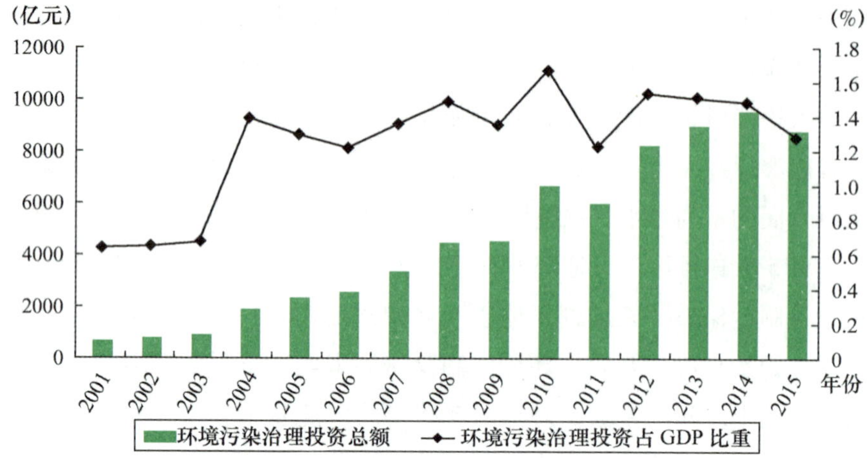

图 2　2001～2015 年我国环保投资及其占 GDP 的比重

资料来源：中国环境统计年报（2001～2015 年）、中国统计年鉴（2002～2016 年）。

（二）环境保护财政资金

1. 环保财政账户

环保财政账户主要是由各级财政中的预算内资金提供的环保支出，分国家预算内和地方自筹两种。国家预算内的基本建设投资资金由中央政府确定数额，由财政部交国家发改委统一安排。地方自筹基本建设投资资金，是在国家规定的额度内由地方自筹资金安排的投资。

2006 年 3 月，国家财政预算首次设立“211 环境保护”科目。“211 环境保护”科目属于支出功能分类科目中的第 11 类科目，包括环境保护管理事务支出、环境监测与监察支出、污染治理支出、自然生态保护支出、天然林保护工程支出、退耕还林支出、风沙荒漠治理支出、退牧还草支出、已垦草原退耕还草支出等 10 大款 50 小项。“211 环境保护”支出科目第一次以“类”级科目的形式出现，并细化了预算科目，较为全面、系统地反映了政府各项环境保护支出。

2. 生态补偿

目前，我国建立生态补偿的重点领域有四个，分别为自然保护区的生态补偿、重要生态功能区的生态补偿、矿产资源开发的生态补偿、流域水环境保护生态补偿。2005 年 12 月颁布的《国务院关于落实科学发展观 加强环境保护的决定》提出：完善生态补偿政策，尽快建立生态补偿机制。中央和地方财政转移支付应考虑生态补偿因素。

2008 年起，财政部开始实施重点生态功能区转移支付，增加对三江源等重点生态功能区的均衡性转移支付力度，提高生态功能区的基本公共服务水平。2012 年 6 月，财政部印发《2012 年中央对地方国家重点生态功能区转移支付办法》，对《全国主体功能区规划》中限制开发的国家重点生态功能区所属县（县级市、市辖区、旗）和禁止开发区域、青海三江源自然保护区、南水北调中线水源地保护区、海南国际旅游岛中部山区生态保护核心区等生态功能重要区域所属县给予生态补偿。

目前，我国重点生态功能区转移支付制度已经基本形成，中央财政 2008 ~2015 年累计安排转移支付资金 2513 亿元。①

3. 专项资金：重点流域、大气污染防治

环保专项资金是随着我国环境保护事业的不断发展，为加大环保执法力度、加强环境污染防治而逐渐形成的专项资金，大多采用拨款补助、贷款贴息、以奖代补等方式。其中，中央环境保护财政专项资金是指中央财政预算安排的，并专项用于环境保护的财政资金；省级环保专项资金是指除行政事业经费以外由省级环境保护部门会同省级财政等有关部门安排的用于环境保护的专用资金。

（1）“三河三湖”重点流域水污染防治专项资金。为确保“十一五”减排目标的实现，根据《国务院关于印发节能减排综合性工作方案的通知》（国发［2007］15 号）及国务院关于“加大‘三河三湖’及松花江流域水污染防治力度”的要求，财政部于 2007 年 12 月发布了《三河三湖及松花江流域水污染防治专项资金管理暂行办法》。中央政府从 2007 年开始，设立专项资金用于“三河三湖”及松花江流域的水污染防治。

（2）大气污染防治专项资金。近年来，国家已经累计宣布多笔资金投入到大气治理中。2013 年，财政部首次整合了各项大气污染治理资金，形成专项大气污染防治资金。2013 ~2015 年分别安排 50 亿元、98 亿元、106 亿元。

---

① 国家财政部网站（http：//www. mof. gov. cn/zhengwuxinxi/caijingshidian/renminwang/201605/t20160519_ 1996793. html）。

中央财政资金“杠杆”作用逐渐凸显。2014 年，共拉动社会投资约 3000 亿元，多元化投资格局初步形成。①

4. 湖泊专项

2013 年 11 月 12 日，财政部、环境保护部印发《江河湖泊生态环境保护项目资金管理办法》。江河湖泊生态环境保护以地方投入为主，中央安排专项资金予以适当支持，并加强对地方工作的指导监督。该专项资金使用范围包括：江河湖泊生态安全调查与评估项目、饮用水水源地保护项目、流域污染源治理项目、生态修复与保护项目、环境监管能力建设项目。专项资金由中央对省实行专项转移支付。对专项资金安排的项目，地方财政、环境保护部门会同有关部门可按规定的使用范围全额打足；鼓励社会资本参与投资，激发市场投资活力，提高投资效益。

5. 绿色能源示范县

国家能源局、财政部和农业部于 2011 年 4 月印发《绿色能源示范县建设补助资金管理暂行办法》，鼓励利用可再生能源改善农村生活用能，推进农村能源清洁化和现代化，规范绿色能源示范县建设财政补助资金管理。中央财政示范补助资金支持范围及用途主要包括沼气集中供气工程、生物质气化工程、生物质成型燃料工程、其他可再生能源开发利用工程和农村能源服务体系。

中央财政示范补助资金与地方安排的补助资金统筹使用，采取财政补贴、以奖代补、贷款贴息等补助方式支持示范项目建设。

6. 关于环境财政的分析

中央财政环保资金对加强环保投资具有重要的引导功能。一方面，国家财政预算资金在项目的投入多以补助性质，要求地方及企业具有一定的配套资金投入。另一方面，财政资金的使用方式本身具有一定的激励和引导作用，如采用以奖代补、基于污染治理效果的因素分配等方式，在很大程度上调动了地方加大环保投入和改善环境质量的积极性。以农村环保专项资金为例，2008 ~ 2104 年，中央安排农村环保专项资金 250 亿元，支持 5.9 万个村庄开

---

① 中央政府网站（http：//www. gov. cn/xinwen/2016 - 01/21/content_ 5035184. htm）。

展环境综合整治，1.1 亿多人口直接受益①，带动地方财政、村镇自筹等资金积极投入，推进了农村环境保护工作的开展。

然而，中央环境保护投入在逐年增加的同时，存在以下问题。

（1）环保投资缺乏有效整合，未能形成合力。支持的重点领域各有侧重，且部分资金支持重点交叉，存在重复投资的可能性。环境保护专项资金较为分散，资金总量较小，难以形成有效的合力，国家环境保护工作的重点难以体现，导向性较弱。

（2）环保资金以应急为主，缺乏长期统筹考虑。目前，环保专项资金的设立和支持范围以应急为主，重点解决当前出现的重大环境问题，导致环境保护专项资金具有应急性、临时性、孤立性等特点，对环境保护工作缺乏长期、系统的考虑。2005 年 11 月松花江重大环境污染事件发生，2007 年 5 月太湖蓝藻暴发，造成水体严重污染，为此财政部才设立了“三河三湖”及松花江流域水污染防治专项资金。

（3）缺乏有效监管，重投资轻效益。对于环保专项资金项目，缺少相应的绩效评估机制，项目执行过程中存在的问题难以及时有效地调整。资金投入后，对污染治理设施的建设情况、建成后的运行情况等监管措施不到位，造成污染治理设施资金难以到位、建设滞后、不能有效运行等问题，资金效益的发挥还存在优化的空间。

（三）环境保护金融资金

1. 碳金融

“碳金融”的兴起源于国际气候政策的变化以及两个具有重大意义的国际公约——《联合国气候变化框架公约》和《京都议定书》。我国碳金融市场处于发端阶段，目前成立了北京环境交易所、上海环境交易所、天津排放权交易所和深圳环境交易所，主要从事基于 CDM 项目的碳排放权交易。截至 2013 年 8 月 7 日，国家发展改革委共批准 CDM 项目 4934 项，其中在 CDM 执行理事会成功注册的有 3736 项，占全球同期注册 CDM 项目的 52%。目前，

① 周生贤部长在中国环境与发展国际合作委员会二〇一四年年会上的讲话，环境保护部网站（http：//www. mep. gov. cn/gkml/hbb/qt/201412/t20141203_ 292412. htm）。

中国已占据全球 CDM 市场近 50% 的份额，具有巨大的发展潜力（王曼怡等，2014）。

2016 年 10 月，国务院印发《“十三五”控制温室气体排放工作方案》，提出推动区域性碳排放权交易体系向全国碳排放权交易市场顺利过渡，2017 年启动全国碳排放权交易市场，到 2020 年力争建成制度完善、交易活跃、监管严格、公开透明的全国碳排放权交易市场。

2. 环境保险

环境保险是将污染的隐性成本显性化、负外部性内部化以实现环境风险管理的金融工具。早在 20 世纪 90 年代初，大连、沈阳、长春等地的环保部门就与保险公司开始探索使用这种保险工具。2007 年，原国家环境保护总局和保监会联合印发《关于环境污染责任保险工作的指导意见》，积极推动环境污染责任保险。

2013 年 2 月，环境保护部与中国保监会联合印发了《关于开展环境污染强制责任保险试点工作的指导意见》，指导各地在涉重金属企业和石油化工等高环境风险行业推进环境污染强制责任保险试点。强制投保企业的范围：一是涉重金属企业；二是按地方有关规定已被纳入投保范围的企业，都应投保环境污染责任保险。三是其他高环境风险企业。

3. 排污权交易

自 2007 年起，财政部会同环保部、国家发改委先后批复了天津、江苏、浙江、陕西等 11 个省市作为国家级试点单位，积极探索实行排污权有偿使用和交易制度。2014 年开始，财政部将在全国范围内推动建立排污权有偿使用和交易制度，力争 2 ~3 年在全国主要省市开展排污权有偿使用和交易试点。截至 2014 年，我国已在深圳、上海、北京、广东、天津、湖北和重庆建立了碳排放权交易市场（庞韬等，2014）。

4. 绿色证券

2007 年 7 月，原国家环保总局、中国人民银行、中国银行业监督管理委员会三部门为了遏制高耗能、高污染产业的盲目扩张，联合发布了《关于落实环境保护政策法规防范信贷风险的意见》，规定对不符合产业政策和环境违法的企业和项目进行信贷控制，各商业银行要将企业环保守法情况作为审批贷款的必备条件之一，被称为“绿色信贷”政策。

2008年2月，原国家环保总局发布《关于加强上市公司环境保护监督管理工作的指导意见》，即“绿色证券指导意见”：未来公司申请首发上市或再融资时，环保核查将变成强制性要求。我国的绿色证券政策由此正式出台。

5. 社会资金投入环境保护

2002年底，原建设部出台《关于加快市政公用行业市场化进程的意见》，拉开了以推广特许经营制度为核心的市政公用事业市场化改革序幕。2004年，原建设部出台了《市政公用事业特许经营管理办法》，开放供水、污水处理和垃圾处理等市政公用行业，在投资和运营上采取厂网分开、独立核算的方式，推行特许经营制度。

2014年11月，国务院出台的《关于创新重点领域投融资机制鼓励社会投资的指导意见》中提出，在公共服务、资源环境、生态保护、基础设施等领域，积极推广PPP模式，规范选择项目合作伙伴，引入社会资本，增强公共产品供给能力。

6. 关于环境保护金融资金的分析

金融机构环保投融资政策的实施既实现了多部门联合保护环境的目标，也最大限度保证了金融系统的获利保值，但也显现出一些问题。

（1）环保金融业务普遍风险较高，而收益偏低，影响商业银行信贷投放积极性。除了社会责任外，理论上银行参与环境保护的动力来自两方面：一是规避风险，二是获利。但是，由于体制和技术原因，当前污染企业并未完全承担污染风险，一部分风险仍由地方政府承担，对于企业来说实际上是无风险的。同时，污染企业因为规避了治污成本，经营状况反而可能好于普通企业；而一些环保项目投资期限长、运行成本高，甚至有些经济效益不太好，商业银行迫于盈利和市场份额的压力，自然缺乏支持环境保护的动力。

（2）商业银行普遍欠缺对专业领域的技术识别能力，影响绿色金融信贷投放快速增长。绿色金融涉及的专业技术十分复杂，且处于不断更新中，而商业银行中的专业技术人员较少，对于专业领域的技术识别和风险评估能力相对有限，在一定程度上使商业银行倾向于将信贷投向传统经济领域。

（3）绿色金融过度依赖政府。虽然商业贷款在绿色投资中占了较大比重，但这些商业贷款的具体使用者，或者说绿色投资的主体，大多以国有企业或者政府财政信用为背景的投融资平台公司占较大比例。这类商业贷款始终存在较高的金融风险，且项目的债务偿还能力始终与项目所在地政府的财政能力相联系。

（4）环保资金渠道单一。中国环保投资资金来源更多依赖银行贷款，而其他融资渠道和金融工具不足的状况，并不是投资主体选择银行贷款的意愿更强（排除政策银行贷款），而更多是由于其他融资渠道的制度性限制，比如债券、权益、信托等等。

三、产业政策

（一）绿色金融相关产业政策的现状

1. 环保、节能、新能源、生态类型的产业政策

首先，财政补贴政策作为环保、节能、新能源及生态类型产业政策的重要支撑。财政部、国家发改委、工业和信息化部于2013年9月发布《关于开展1.6升及以下节能环保汽车推广工作的通知》（财建［2013］644号），从2013年10月1日至2015年12月31日，实施1.6升及以下节能环保汽车推广补贴政策。推广车辆污染物排放须能够满足《轻型汽车污染物排放限值及测量方法（中国第五阶段）》GB 18352.5—2013标准中I型试验的限值要求。随着新能源汽车补贴试点工作的正式实施，新能源汽车有望引领中国战略性新兴产业。

其次，该类政策通过不断挖掘新的增长点，从而使新能源开发与生态环境保护产业获得更大的经济收益空间。风能作为一种清洁的可再生能源，受到世界各国的重视。自2005年起，全球风电增长势头迅猛，2015年新增装机容量已达到63013MW，累计装机容量达到432419MW，实现了22%的年增长率①。权威机构预测，未来我国随着风电设备国产化率的提高、规模经济效应显现以及技术进步带来的成本降低，风电有望率先摆脱对政府补贴的依赖，直接同传统能源展开竞争。而海上风电将有希望成为下一个增长点。国家发展改革委2013年第21号令对《产业结构调整指导目录（2011年本）》（以下

① http：//www.chyxx.com/industry/201603/395778.html。

简称《目录（2011 年本）》）中鼓励类的新能源项目调整时，就增加了“海上风电机组技术开发与设备制造”与“海上风电场建设与设备制造”两项。

此外，该类政策从传统的末端治理向生态系统修复和保护延伸，注重维护生态系统的可持续性。当前，国家鼓励的生态系统修复和保护项目涵盖农业、水利、地下水、水源地、自然保护区、流域、石油及天然气开发、城镇化、采矿，也包括生态旅游。以农业生态系统修复和保护为例，2014 年 4 月召开的全国农业政策法规工作会议提出，研究发展生态友好型农业、开展农业资源休养生息试点、加强农业资源保护建设的补贴政策。与此同时，突出强调限制在生态脆弱区的开发，如限制不利于生态环境保护的开荒性农业开发项目，以及限制缺水地区、国家生态脆弱区纸浆原料林基地建设。

2. 有助于环保、节能、生态的产业政策

首先，通过制定更为严格的标准，出台有助于环保、节能、生态的产业政策。例如，国家发改委、环境保护部、工业和信息化部发布了《钢铁和水泥行业清洁生产评价指标体系》（国家发展改革委公告 2014 年第 3 号），从能耗、资源消耗、污染物排放等方面指导和推动钢铁、水泥企业依法实施清洁生产。

其次，通过鼓励发展高新技术和原材料高效利用，促进企业节能减排。《目录（2011 年本）》鼓励有色金属业发展的重点突出表现在：一是鼓励有色金属新材料产业发展，二是强调冶炼技术创新。针对当前我国有色金属冶炼规模持续扩张，电解铝等部分有色金属冶炼能力过剩，亟待进行调整的实际情况，《目录（2011 年本）》对原目录鼓励类中有色金属冶炼的内容进行了全面修订，强调冶炼技术创新，尤其是依靠创新开发的有色金属冶炼技术。根据发展战略性新兴产业的指导方针，《目录（2011 年本）》在整合原目录相关内容的基础上，突出了重点鼓励有色金属新材料发展的内容，在鼓励类中增添了“信息、新能源有色金属新材料生产”和“交通运输、高端制造及其他领域有色金属新材料生产”条目和相关内容。这些政策的实施，一方面扩充了有色金属材料的应用范围，另一方面通过对创新的鼓励挖掘节能减排的空间。

再次，通过限制企业生产规模实现节能减排的目标。《目录（2011 年本）》限制甚至淘汰小规模生产、鼓励大规模生产的行业主要包括煤炭、电力、钢铁、建材、石化化工、有色金属、黄金、轻工、纺织这些传统上资源消耗量大、污染排放严重的行业。

3. 缺失绿色标准的产业政策

为了使环境保护更好地参与经济社会发展综合决策，环境影响评价体系覆盖面应上至法律法规、政策、国民经济和社会发展规划，中至区域性、行业性规划，下至具体的项目建设，分为“政策环评”“规划环评”和“项目环评”等层级。然而，我国2014年修订的《环境保护法》第十九条规定，“编制有关开发利用规划，建设对环境有影响的项目，应当依法进行环境影响评价”。可见，政策环境影响评价在我国依然缺位。对于产业政策而言，实际上是缺失绿色标准，无法从重大政策制定、生产力布局、国土整治和区域开发等的源头上防治环境问题。

从“十二五”国民经济与社会发展规划可以看到，我国的工业仍以能源重化工、基础原材料为主，在全世界市场份额之大、产量之高、投入产出比之差距，仍在继续，产业政策的环境影响评价在决策源头上难以介入。

（二）相关产业政策的变化趋势

《产业结构调整指导目录》是政府引导投资方向，管理投资项目，制定和实施财税、金融、土地、进出口等政策的重要依据。2005年，国务院曾印发《关于发布实施<促进产业结构调整暂行规定>的决定》（国发［2005］40号）。经国务院批准，国家发改委颁布了《产业结构调整指导目录（2005年本）》（第40号令）（以下简称《目录（2005年本）》）。

为解决长期困扰我国经济发展的结构不合理、发展方式粗放、自主创新能力不强等根本问题，国家发改委出台了《目录（2011年本）》。为更好地适应转变经济发展方式的需要，国家发改委自2013年5月1日起施行修改后的《目录（2011年本）》（国家发展改革委2013年第21号令）。与2011年公布的目录相比，此次公布的修改版目录对36个条目提出了调整，涉及电力、轻工、纺织等多个行业。

1. 鼓励发展的产业类型的转换和调整

随着技术创新步伐的加快，在《目录（2005年本）》中鼓励发展的一些技术，已经成熟、普及，没有必要再列入鼓励类。因此，《目录（2011年本)》力求全面反映结构调整和产业升级的方向内容。鼓励类新增了新能源、城市轨道交通装备、综合交通运输、公共安全与应急产品等 14 个门类。同时,《目录(2011 年本)》更加注重战略性新兴产业发展和自主创新。例如,在纺织门类中,在高新技术纤维及应用条目的表述上明确提出鼓励具有自主创新技术和环保工艺的生物质纤维产业化、高性能纤维及制品(复合材料)以及产业用纺织品的开发和生产。

此外,《目录(2005 年本)》对于一些条目表述宽泛、界限不清,实际工作中不好操作,需要调整、细化。如在《目录(2005 年本)》中的"含汞废物的汞回收处理技术开发应用及成套设备制造"条目中,成套设备所指不明确,《目录(2011 年本)》则删除了"设备制造"内容。

在《目录(2005 年本)》鼓励类中钢铁、有色金属、建材等领域的部分品种,已出现严重产能过剩,为此,对一般加工能力、规模较小者不宜再进行鼓励。例如,国家发展改革委对《目录(2011 年本)》中的鼓励类"二十、纺织"第 6 项做出调整。调整后,东部地区对该条内容的鼓励范围仅限于技术改造,不再对新增、扩建项目予以鼓励,从而推动棉纺织产能向中西部地区转移,优化产业区域布局。

2. 限制发展的产业、产品

限制发展的产业、产品主要是工艺技术落后,不符合行业准入条件和有关规定,不利于产业结构优化升级,需要督促改造和禁止新建的生产能力、工艺技术、装备及产品。对淘汰类的技术工艺及产品的限定,则主要是防止低水平重复建设,避免由于产能严重供过于求,导致恶性竞争的出现,从而促进产业发展环境更加健康。

3. 与节能、环保、新能源、生态相关的产业

《目录(2011 年本)》与《目录(2005 年本)》相比最大的区别之一在于,首次将新能源纳入鼓励类产业,涵盖太阳能、风电、生物质能、海洋能和地热能。

与节能、环保、新能源和生态相关的产业在《目录(2011 年本)》中体现出的另外一个重大转变在于,越来越倾向于增加资源再生、综合利用项目在鼓励类产业中的比重,从而减少淘汰类产业中高耗能、高污染项目的比重,其目的在于促进环保产业的发展。以一次性聚苯乙烯发泡塑料餐具(以下简

称一次性发泡塑料餐具）为例，由于大量使用造成“白色污染”，《目录（2005年本）》将其列入了淘汰类产品，且保留在《目录（2011年本）》淘汰类中。而在国家发展改革委2013年第21号令中，一次性发泡塑料餐具从《目录（2011年本）》淘汰类中删除。删除该条目除了考虑符合国家食品包装用具相关标准、与国际接轨外，还在于一次性发泡塑料餐具使用后可以回收再利用。使用后的一次性发泡塑料餐具通过回收、处理、再利用，可以生产建材、涂料、文具等多种产品，实现资源的再利用。

4. 基于环保、生态、节能考虑的产业调整

基于环保、生态和节能考虑的产业调整以污染物排放达标为导向。例如，国家发展改革委2013年第21号令对《目录（2011年本）》中的淘汰类“一、落后生产工艺装备”“（十七）其他”第1项做出调整，调整后为“含有毒有害氰化物电镀工艺〔氰化金钾电镀金及氰化亚金钾镀金（2014年）；银、铜基合金及予镀铜打底工艺（暂缓淘汰）〕”。这是由于传统氰化物电镀工艺的有毒有害物质主要来自于氰化金钾及氰化亚金钾，过去无替代产品。现在，“丙尔金清洁镀金技术”（《国家鼓励的循环经济技术工艺和设备名录（第一批）》）生产的丙尔金镀金产品经检测不属危险化学品，无毒，排放废水符合《电镀污染物排放标准》，解决了镀金行业污染难题。

（三）目前产业政策中存在的问题分析

1. 高污染、高能耗行业产品不断增长

虽然我国的产业政策限制高污染、高能耗产业的发展，但从实际发展趋势来看，这些产业在社会需求的带动下，反而表现出强劲的发展势头。

如表1所示，2005~2015年间，我国十大工业行业基本未发生变化。金属相关工业发展势头强劲，黑色金属冶炼及压延加工业产值占工业总产值的比重始终保持在前三位；有色金属冶炼和压延加工业在2015年首次进入十大工业行业之列。此外，2015年化学原料和化学制品制造业的产值占工业总产值的比重位于第四位。金属工业是高能耗、高污染行业，化学原料及化学制品制造业是高污染行业，这些行业比重提高，意味着高耗能产业对单位能源强度的拉升效果加大，工业污染物排放量也难以得到有效控制。

表 1　　2005 年、2011 年与 2015 年我国十大工业行业对比

排名	2005 年十大工业行业	2005 年工业产值占比
1	通信设备、计算机及其他电子设备制造业	10.73%
2	黑色金属冶炼及压延加工业	8.53%
3	电力、热力的生产和供应业	7.07%
4	化学原料及化学制品制造业	6.50%
5	交通运输设备制造业	6.25%
6	电气机械及器材制造业	5.52%
7	纺织业	5.04%
8	石油加工、炼焦及核燃料加工业	4.77%
9	农副食品加工业	4.22%
10	通用设备制造业	4.22%
排名	2011 年十大工业行业	2011 年工业产值占比
1	黑色金属冶炼及压延加工业	7.59%
2	通信设备、计算机及其他电子设备制造业	7.56%
3	交通运输设备制造业	7.49%
4	化学原料及化学制品制造业	7.20%
5	电气机械及器材制造业	6.09%
6	电力、热力的生产和供应业	5.61%
7	农副食品加工业	5.23%
8	通用设备制造业	4.86%
9	非金属矿物制品业	4.76%
10	石油加工、炼焦及核燃料加工业	4.37%
排名	2015 年十大工业行业	2015 年工业产值占比
1	计算机、通信和其他电子设备制造业	11.72%
2	汽车制造业	8.12%
3	黑色金属冶炼和压延加工业	6.88%
4	化学原料和化学制品制造业	6.66%
5	电气机械和器材制造业	6.64%
6	电力、热力生产和供应业	4.57%
7	有色金属冶炼和压延加工业	4.54%
8	石油加工、炼焦和核燃料加工业	4.42%

续表

排名	2015 年十大工业行业	2015 年工业产值占比
9	农副食品加工业	4.09%
10	通用设备制造业	3.40%

资料来源：《中国工业经济统计年鉴》（2006 年、2012 年、2016 年）。

如表 2 所示，我国产业政策中规定限制发展的行业大多进入到 2005～2011 年发展最快的十大行业，如煤炭开采和洗选业、非金属矿物制品业、有色金属冶炼及压延加工业、化学原料及化学制品制造业、黑色金属矿采选业。而在 2011～2015 年间，发展最快的十大行业中，黑色金属矿采选业、有色金属矿采选业、有色金属冶炼及压延加工业都是我国产业政策中规定限制发展的行业，尤其是黑色金属矿采选业，这种情况说明我国产业政策对促进环境保护的作用不大。

表 2　　2005～2011 年间增长最快的十大行业

	2005 年工业产值占比	2011 年工业产值占比	增　幅
交通运输设备制造业	6.25%	7.49%	1.24%
煤炭开采和洗选业	2.27%	3.43%	1.16%
非金属矿物制品业	3.65%	4.76%	1.11%
有色金属冶炼及压延加工业	3.15%	4.25%	1.10%
农副食品加工业	4.22%	5.23%	1.01%
化学原料及化学制品制造业	6.50%	7.20%	0.70%
专用设备制造业	2.42%	3.10%	0.68%
通用设备制造业	4.22%	4.86%	0.64%
电气机械及器材制造业	5.52%	6.09%	0.57%
黑色金属矿采选业	0.39%	0.94%	0.55%

资料来源：《中国工业经济统计年鉴》（2006 年、2012 年）。

如表 3 所示，我国 2011～2015 年发展最快的十大行业中，只有有色金属冶炼及压延加工业是我国产业政策中规定限制发展的行业，说明 2011～2015 年，我国产业政策对环境保护起到了促进的作用。然而，这段时期内，我国陆续出台了《大气污染防治行动计划》《水污染防治行动计划》和《土壤污染防治行动计划》，增长最快的十大行业中，医药制造业、有色金属冶炼及压延加工业、食品制造和纺织业都在其中。这种现象说明，在更严格的环境保护要求下，产业政策依然显得比较落后，需要得到根本改进。

表 3　　2011～2015 年增长最快的十大行业

	2011 年工业产值占比	2015 年工业产值占比	增　幅
通信设备、计算机及其他电子设备制造业	7.56%	11.72%	4.17%
文教体育用品制造业	0.38%	1.16%	0.78%
医药制造业	1.77%	2.46%	0.69%
电力、热力的生产和供应业	5.61%	6.24%	0.63%
交通运输设备制造业	7.49%	8.12%	0.62%
电气机械及器材制造业	6.09%	6.64%	0.55%
烟草制品业	0.81%	1.31%	0.50%
有色金属冶炼及压延加工业	4.25%	4.54%	0.29%
食品制造业	1.66%	1.92%	0.25%
纺织服装、鞋、帽制造业	1.60%	1.84%	0.24%

资料来源：《中国工业经济统计年鉴》（2012 年、2016 年）。

钢铁、石油化工行业是2005 年以来国家主要限制的行业，由图 3 可见，2005～2015 年间，这两类行业产品产量基本表现出先快速增长、后缓慢减少的趋势。在快速增长时期，生铁、粗钢产量的年均增长率保持在 13%～15%之间，2013 年之后，产量开始缓慢下降，生铁产量下降 3% 左右，粗钢产量下降 2% 左右，原油产量始终缓慢增长，增长率约为 1%，说明我国对高能耗、高污染产业的限制政策取得了成效，但是这些行业产品产量仍然处在一个较高的水平上，需要更快促进其下降。

2. 中国经济发展方式转变和产业结构调整的压力大

当前，全球处在新能源及低碳技术等领域科技革命的前期，也处在向绿色经济、低碳经济转型的初期。中国消费结构升级和城镇化加快是中国经济的内生增长力量，这是“十三五”乃至今后一段时间，中国经济能够实现较快增长的基础和前提。

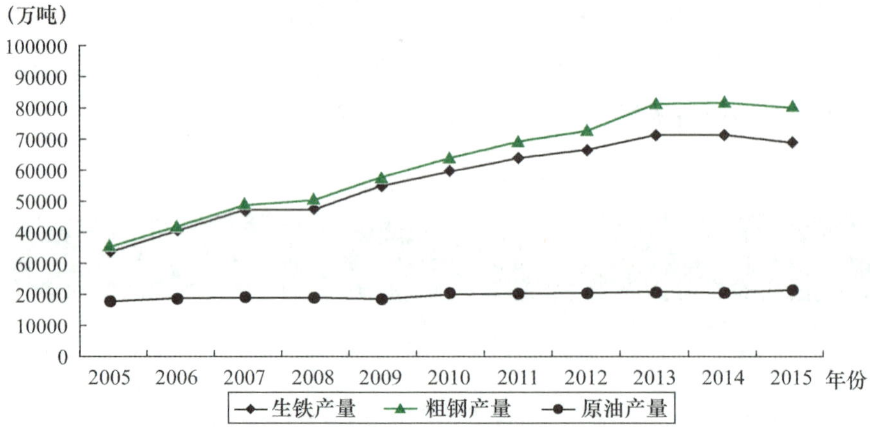

图 3　2005～2015 年我国主要高污染、高能耗行业产品产量

资料来源：《中国统计年鉴》（2006～2016 年）。

李克强总理在 2014 年《政府工作报告》中提出，今后一个时期，着重解决好现有“三个一亿人”问题：促进约 1 亿农业转移人口落户城镇，改造约 1 亿人居住的城镇棚户区和“城中村”，引导约 1 亿人在中西部地区就近城镇化。在中共中央、国务院印发的《国家新型城镇化规划（2014－2020 年）》中，提出基础设施和公共服务均等化。统筹城乡基础设施建设，加快基础设施向农村延伸，强化城乡基础设施连接，推动水电路气等基础设施城乡联网、共建共享。根据 2008 年 10 月国家批准的《中长期铁路网规划（2008 年调整）》，确定到 2020 年全国铁路营业里程达到 12 万公里以上。根据《中国铁路中长期发展规划》，到 2020 年，建设客运专线 1.2 万公里以上，客车速度目标值达到每小时 200 公里及以上。2015 年中国汽车产销分别完成 2450.33 万辆和 2459.76 万辆，创历史新高，连续七年蝉联全球第一①。这些产业的发展，为我国重工业的发展创造了巨大需求。

然而，重工业加速发展的阶段性特征，不仅造成了资源环境压力不断加大，而且受国际资源产品价格大起大落的影响，中国经济发展付出的代价大、波动性大。再加上在新一轮的全球分工体系构建过程中，中国处在产业价值链的低端位置，附加价值低、抗风险能力弱。

---

① 中国汽车工业协会。详见：http：//money.163.com/16/0112/20/BD5FOA6H00254TI5.html。

3. 中国传统的低成本竞争优势逐步削弱

中国形成了事实上的低成本优势，但是在国际竞争中难以长期维系，劳动力、土地、环境等要素成本出现快速上升。事实上，中国传统的低成本优势正在逐步削弱，生产要素价格上涨明显，甚至传统优势削弱的速度出乎意料地加快。

改革开放以来，我国社会经济快速发展，到2010年，GDP总量首次超越日本达到世界第二。然而，这一骄人成绩背后，却是日益严峻的环境问题。首先污染物排放量居高不下。自2005年起，我国主要污染物排放量已先于GDP总量达到全球第一，2015年，全国二氧化硫、氮氧化物、化学需氧量和氨氮排放量分别为1859万吨、1852万吨、2224万吨和230万吨，许多地区排放的污染物超过了当地环境的承载容纳能力；2011年，中国成为世界上CO_2排放量最高的国家。其次环境质量状况不容乐观。2015年，全国338个地级以上城市中，有73个城市环境空气质量达标，占21.6%；265个城市环境空气质量超标，占78.4%；滇池和长江、海河、淮河、黄河等流域部分河段依然处于水质严重污染状态，全国地下水较差－极差水质的监测点比例为61.3%；全国土壤污染监测点位超标率达16.1%，耕地土壤污染比重高达19.4%；汞等重金属污染、持久性有机污染物等亦应成为高度关注的环境问题①。再次环境社会问题加剧。重大突发环境事件时有发生，涉及环境问题的群体性事件发生频率增加；环境污染损害人民身体健康，群众反映强烈，对社会生产生活造成重大影响。

如图4，我国单位工业增加值能耗虽然已由2005年的2.18吨标准煤/万元降至2014年的1.26吨标准煤/万元，然而下降的空间已非常有限；2005～2008年工业能耗水平的年均降幅达到8.7%，而2008～2012年的平均降幅仅为5.4%，2012～2014年间几乎无下降。传统产业发展模式下的节能降耗已逐渐乏力。

我国工业生产水平也接近顶峰。如图5所示，工业利润总额从2005年的14802.54亿元增至2015年的66187亿元，增长了4.5倍，然而这一趋势自2010年以来逐渐放缓，2011～2015年间仅增长了2%，远低于2005～2015年间的平

① 环境保护部发布的《2015年中国环境状况公报》。

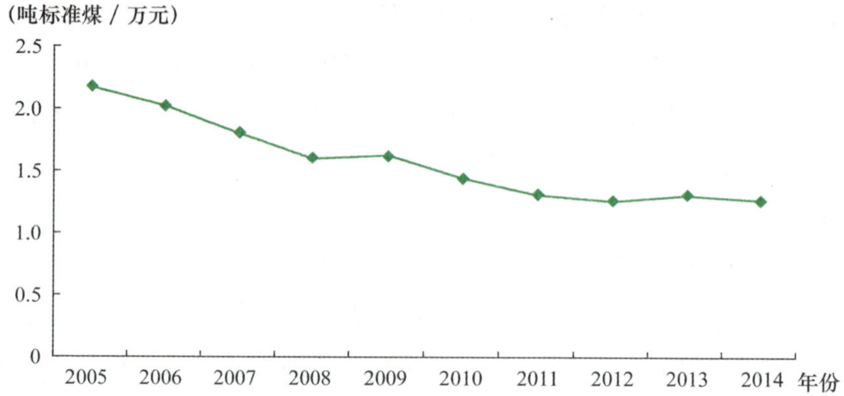

图 4　2005～2014 年我国单位工业增加值能耗水平

资料来源：《中国统计年鉴》（2006～2015 年）。

均增长率（35%），尤其是 2014～2015 年间工业利润总额出现负增长。可以说，我国的产业发展面临生产水平逐步下降、能耗和污染水平逐步上升、节能减排空间逐步削减的困境，对我国的绿色发展构成了前所未有的挑战。

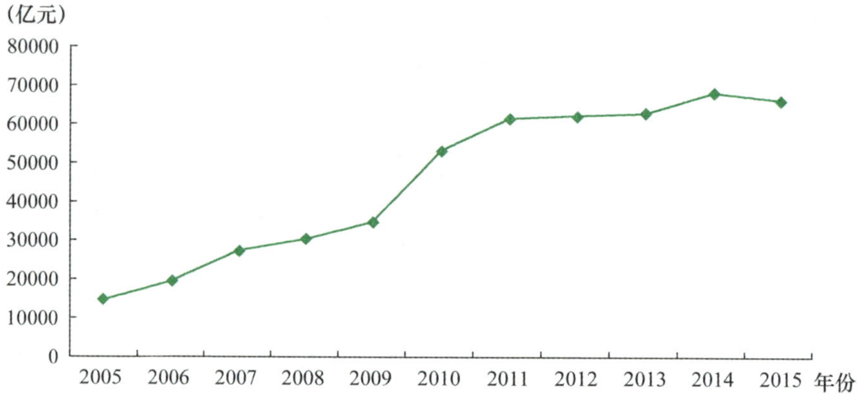

图 5　2005～2012 年我国工业利润总额

资料来源：《中国统计年鉴》（2006～2016 年）。

四、从产业环境角度提出促进中国绿色金融的政策建议

2014～2020 年，我国绿色金融的资金需求为 12.2 万亿～21.6 万亿元，绿色金融相关产业覆盖可持续能源、基础设施建设、环境修复、工业污染治理、能源与资源节约、绿色产品等六个层面，包括可再生与清洁能源（电力）、城镇供水、节能、耕地修复等十六个领域（马中等，2016）。绿色金融相关产业

真正实现发展，意味着将绿色金融资金需求从理论估算和潜在需求落实为有效需求，则需要完善的政策体系作为保障。

严格的环境保护制度是扩大环境保护投资规模的最直接手段。通过进一步修订水、大气、土壤、海洋等环境质量标准，并以环境质量无退化为原则修订污水、废气、固体废弃物等污染物排放标准，制定资源与能源利用效率、清洁生产评价指标体系等措施，能够直接增加污染物减排总量，提高对污染治理和环境修复服务、可持续能源和绿色产品的直接需求。以“大气十条”为例，与执行现行标准相比，实施新修订的25项重点行业大气污染物特别排放限值后，氨氮、COD、总铅、颗粒物和SO_2的排放量需分别削减71.1%、77%、66.7%、89.5%、71%。为实现这一目标所需的资金，便成为有效需求。

加强环境监管是确保环境保护制度执行效果的最紧要任务。目前我国部分地区和重点行业依然存在污染物超标排放现象，环境监管不足，将使污染者的违法收益大于其落实绿色投资的获益，导致各类约束性环境标准形同虚设。实现绿色金融的资金需求，需要积极落实“十三五”规划纲要的相关要求，建立省以下环保机构监测监察执法垂直管理制度，建立全国统一的实时在线环境监控系统，健全环境信息公布制度；严格执行新修订版《环境保护法》，形成持续、稳定的环境责任追究机制；提高排污者的违法成本，促使其将污染治理、环境修复、清洁生产等目标转变为切实行动和迫切需求。

环境资源价格税费政策改革是推动绿色金融体系良性运转的最根本前提。环境损害与环境资源利用的合理定价（费率、税率制定）是利用经济杠杆提高环境资源利用效率的重要条件，也是绿色金融资金获得合理投资收益的根本前提。环境税税率标准不应低于污染处理和处置成本；全面实行供水、污水处理、用电、燃气、生活垃圾处理等费用的（工业、生活）分类定价、阶梯定价和超额累进加价制度；推进农业用水价格综合改革，研究农业面源污染排污收费制度。

财政资金支持与引导是提供基本环境保护服务、鼓励社会资本共同参与绿色金融的最有力保障。需要中央财政对属于中央事权的环境保护项目加大支持力度，合理承担部分属于中央和地方共同事权的环境保护投资，并向欠发达地区和重点地区倾斜。需要地方财政重点投入生态修复、饮用水源地保护、污染治理、环境基础设施建设与运营、环境污染应急处置等区域性项目。需要国、省两级财政对环境监管能力建设及运行费用予以充分保障。同时，需要以财政资金为基础，与社会资本共同设立国家和地方各级绿色发展基金，针对各类大中型、中长期、战略型、示范性绿色项目进行投资；以财政基金为担保，通过债权、股权、排污权质押等方式进行绿色项目融资；通过环境绩效合同服务、特许经营等方式，积极鼓励社会资本加大环境保护投入。

绿色金融工具是实现绿色金融需求的最有效渠道。绿色金融资金需求与供给的高效匹配，有赖于绿色金融工具的创新与发展。其中，既包括传统金融工具及其衍生品“绿化”，如绿色基金、信贷、债券、股票、环境 ABS 等；同时包括环境金融工具的创新，如环境责任保险、污染物和二氧化碳排放权交易、绿色 PPP 融资等。

绿色金融管理与协调机制是促进绿色金融发展的最基础支撑。我国的绿色金融体系尚处于起步阶段，在管理与协调机制方面存在部分不足乃至空白。推广绿色金融工具的应用，需要环境信用评级、绿色信贷利率分级、环境保险费率设计、环境风险评价与控制、绿色技术与产品评估等复合型专业金融服务。绿色金融的发展，更需要在环境监管部门、金融监管部门、金融机构与融资方之间建立有效的环境信息与金融数据共享平台，以便在环境信用评级、资金发放使用、绿色绩效审核等方面实现严格管理与高效协调。2015 年，中国人民银行推出的银行间绿色金融债券，以《绿色债券支持项目目录》为基础，将环境效益作为债券发行审批和绩效评估标准，是绿色金融推广阶段有益的政策引导和示范。

（一）环境管理

环境保护法律法规是水环境管理的基础，应该全面修改我国现行环境保护的相关法律。第一，环境保护法律、法规的目标中不再包括“促进经济社会发展”“适应国民经济和社会发展的需要”，以免引起歧义，或可成为牺牲资源环境促进经济发展的依据。第二，废除制定污染物排放标准和收费标准时，要“考虑经济、技术条件”“考虑排污者承受能力”的规定，明确“使用者付费”“污染者付费”的原则，要求企业承担全部资源环境成本。政府应根据环境质量标准，制定环境无退化的污染物排放标准，基于排放标准制定收费/税标准，达到筹集资金、节约资源和减少污染物排放的政策目标。

在这里，资源环境无退化是指人类活动影响不会造成资源环境的物理、化学和生物状态的退化，能够支持人类、社会生存与可持续发展。由于不同地区水资源和环境容量存在差异，基于资源环境无退化原则，需要制定相应的环境质量标准，据此确立无退化的污染排放标准，应确保排入环境中的污染物不导致资源环境质量退化。基于环境无退化的排放标准，制定环境收费标准。《国家“十三五”生态环境保护规划》提出，研究制定环境基准，修订土壤环境质量标准，完善挥发性有机物排放标准体系，严格执行污染物排放标准；重点建立以人体健康为目标的环境基准和环境标准体系。

环境税率或环境价格，要坚持使用者付费、污染者付费和破坏者付费的原则，全面反映市场供求关系、资源稀缺程度、生态环境损害成本和修复效益。应当遵循完全市场竞争的原则配置资源，发挥市场配置的决定性作用，促进资源效益最大化和效率最优化，改进生产工艺和污染治理体系，实现节约资源、降低排放、减少成本三重收益。

在现行环境价格标准下，保证资源与环境费用的足额征收，要从监督和管理等方面加以完善，建立基于物质平衡的动态监管系统，加强达标排放监管。

2012 年，环境保护部发布《环境空气质量标准》（GB 3095—2012），增加污染物监测项目，加严部分大气污染物限值。2013 年，我国有 74 个城市实施了新的空气质量标准，其中仅有 3 个城市达到空气质量二级标准，其他 71 个城市均不同程度存在超过新空气质量标准情况。为达到新空气质量标准，为达到新标准所规定的排放限值，全国存量燃煤锅炉中 70% 以上需要改造高效除尘器、75% 以上需要进行湿法脱硫改造，仅工程市场就达 2110 亿元；此外，10t/h 以下规模的小容量燃煤锅炉需淘汰，替换为新型节能环保锅炉，节能环保锅炉替换市场空间近 2000 亿元①。

（二）环保投资

为了使绿色金融发挥应有的作用，解决当前我国环保投资不足的问题，

① “燃煤锅炉改造升级商机千亿”，《中国能源报》2014 年 11 月 24 日第 20 版。

环保投资应当在“污染者付费”原则下，突出财政专项资金对于环境公共物品与公共服务的供给，而对于工业企业减排应当突出其作为污染主体的减排责任，从而成为绿色金融的重点服务对象。

第一，环境保护财政专项资金向国家重点生态功能区和环境基本公共服务倾斜。在生态补偿确定一般性转移支付系数时，考虑这两项因素。同时国家在向地方转移支付资金时，应当明确配套资金来源和定向用于环境保护用途，并加强对于生态补偿资金使用的监管。

第二，采取措施保障财政专项资金的使用到位。可以由财政部、环保部与有关地方签署环境质量改善或污染治理协议，确定协议期后的环境目标。在先行拨付一定比例资金的基础上，对于未完成预期目标或环境质量未在规定时间内改善的，可以取消后续资金拨付或追缴已拨付的资金。

第三，拓宽企业环保融资渠道，鼓励多主体进入环保投融资领域。一方面，要完善既有制度，如建设项目“三同时”制度、企业污染治理保证金制度，保证工业企业污染治理资金的来源；另一方面，则应当积极鼓励上市企业利用股市融资，筹措污染治理资金。同时，完善企业环保投融资政策，建立反映环境成本的价格政策，落实促进资源综合利用和清洁生产的财政税收优惠政策。

2014 年 10 月 24 日，国务院总理李克强主持召开国务院常务会议，决定创新重点领域投融资机制，为社会有效投资拓展更大空间。会议指出，创新投融资机制，在更多领域向社会投资特别是民间资本敞开大门，以改革举措打破不合理的垄断和市场壁垒，使投资者在平等竞争中获取合理收益，有利于更大激发市场主体活力和发展潜力，改善当前投资动力不足的状况，稳定有效投资，增加公共产品供给，促进稳增长、调结构、惠民生。

（三）环境金融

中国发展绿色金融的背景与条件有别于发达经济体。中国仍然属于发展中国家，且金融体系处在转型与变革的关键时段，金融深化程度、信用环境等都有别于具有成熟金融体系的发达经济体。因此，中国绿色金融的发展不应该在原有金融体系基础上修修补补，而应探索出新的金融发展范式。

第一，绿色金融体系的完善需要直接融资市场的发展。中国由银行主导金融体系的格局并没有发生根本性变化。2015 年，社会融资规模增量为 15.41 万亿元，其中本外币贷款占 69%[①]。考虑到在债券市场、信托市场、影子银行市场等领域，银行直接或间接控制着资金的融通与交易，中国纯粹意义上的直接融资市场比重更低。因此，仅仅依靠绿色信贷远不能满足绿色金融的发展需求。提高绿色金融体系经营、管理以及交易风险的能力，必须大力发展绿色股票、绿色债券、绿色衍生品等直接融资市场，让大量机构投资者、中介机构、风险投资人乃至互联网用户等主体贡献多角度的判断，实现对项目风险的准确定价，从而拓展金融服务供给空间。

第二，政府对绿色金融领域的干预应从行政手段为主转向依靠市场力量为主。在绿色发展阶段，中国在很多领域与全球一样处于技术前沿，政府对绿色项目创新前景并不具有信息优势，相反，直接干预所诱发的大规模、高速度且跨长期的金融配置，更容易导致行业性的资金错配以及由此引发的系统性的金融风险。然而，以城镇环境基础设施投资为例，国有公司是主要投融资主体，而这些国有公司则大多是政府投融资平台公司。在他们的投融资活动中，财政信用起着关键作用。因此，中国政府对绿色金融的干预应更多地通过财政贴息、结构性准备金率、区别性风险资本权重、完善环保信息披露等市场化工具，引导绿色金融市场更好地发挥价格发现、信息甄别与风险管理作用。

第三，政府对绿色发展领域的担保要从隐性变为显性。中国政府对新能源等绿色发展项目采取了隐性担保的方式，表现为区域性金融风险爆发后的地方财政救助、行政性债务重组。隐性担保固然能够解决一时的风险，但也中断了市场“创造性破坏”的机制，容易对企业和银行造成政府“兜底”的预期，从而形成预算软约束，不利于绿色金融的可持续发展。我国政府对绿色发展项目的担保必须从隐性担保转向显性担保，在两个渠道发挥主导作用：一是发展政策性担保机构，每年安排一定比例的预算直接向从事绿色项目的企业提供担保；二是建立政府主导的绿色再担保体系，对绿色项目担保提供再担保服务，起到事前增信、事中分险和事后维稳的作用。

---

① 中国人民银行发布的《2015 年金融统计数据报告》。

参考文献

[1] 马中，昌敦虎，周芳．改革水环境保护政策，告别环境红利时代．环境保护，2014（2）

[2] 马中，陆琼，昌敦虎．我国绿色金融资金的有效需求（2014~2020年）．环境保护，2016，44（7）

[3] 庞韬，周丽，段茂盛．中国碳排放权交易试点体系的连接可行性分析．中国人口、资源与环境，2014（9）

[4] 王曼怡，马妍娇．低碳经济背景下我国碳金融发展策略探讨．国际经济合作，2014（4）

中国绿色金融发展中的问题与难点

王　刚

近年来中国绿色金融规模不断增长，市场初步建立，政策体系逐步形成，以绿色信贷为代表的部分绿色金融实践走在世界前列。但总的看来，定位为政策推动型金融的绿色金融在发展过程中还存在一系列问题，难以有效支撑十八届三中全会提出的生态文明建设的战略目标。本报告对相关问题的表现和成因进行了全面剖析，并对绿色金融概念内涵、特征、定位和作用机理进行了阐述。

一、当前中国绿色金融发展中的难点

（一）绿色金融法律体系不完备，立法层次低，责任归属不明确，操作性不强

完善的法律法规支撑是推动绿色金融健康发展的制度性保障。中国绿色金融立法始于上世纪 90 年代，以 1995 年中国人民银行颁布的《关于贯彻信贷政策与加强环境保护工作有关问题的通知》为标志，迄今已经出台了多部规章和规范性文件（见表 1）。

总的看来，上述规定是中国立法针对发展绿色金融的现实要求所作的积极应对，但还很不完备，主要缺陷包括：一是立法层次低。从表 1 可以看出，现有绿色金融规范性法律文件的制定主体主要是国务院及有关部委，没有全国人大及其常委会制定的效力层级最高的绿色金融法律。位阶较低的法律文件多具政策指导性和宣示性，缺乏法律应有的强制力和权威性。二是缺少法律责任规定。现阶段的绿色金融立法条款规定多是建议和宣示性的声明要求，

表 1　中国绿色金融法律体系

年份	所属领域	颁布者	规章名称	主要要求
1995	绿色信贷	中国人民银行	《关于贯彻信贷政策与加强环境保护工作有关问题的通知》	加强银行的环境管理，规避环境风险，促使商业银行投资环保产品
2007	绿色信贷	环保总局、中国人民银行、银监会	《关于落实环境保护政策法规防范信贷风险的通知》	1. 在三部门和金融机构之间建立信息沟通机制；2. 对未通过审批或环保设施验收的项目，不得提供任何形式的授信支持；3. 依据国家产业政策分类放款；4. 对违规排污的企业严格限制流动资金贷款
2012	绿色信贷	银监会	《绿色信贷指引》	引导银行将可持续性引入贷款流程，明确银行业金融机构绿色信贷支持方向和重点领域，要求实行有差别、动态的授信政策，实施风险敞口管理制度，建立相关统计制度
2013	绿色信贷	银监会	《绿色信贷统计制度》	将纳入统计的绿色信贷划为 12 类并给出了定义，同时要求对这些绿色信贷项目的年节能减排能力进行统计
2007	绿色保险	环保总局、保监会	《关于环境污染责任保险工作的指导意见》	选择部分环境危害大、最易发生污染事故和损失容易确定的行业、企业和地区，率先开展环责险的试点工作
2013	绿色保险	环保部、保监会	《关于开展环境污染强制责任保险试点工作的指导意见》	在涉重金属企业和石油化工等高环境风险行业推进环境污染强制责任保险试点

续表

年份	所属领域	颁布者	规章名称	主要要求
2008	绿色证券	证监会	《关于重污染行业生产经营公司IPO申请申报文件的通知》	重污染行业生产经营活动的企业申请首次公开发行股票的，申请文件中应当提供国家环保总局的核查意见，未取得相关意见的，不受理申请
2008	绿色证券	环保总局	《关于加强上市公司环境保护监督管理工作的指导意见》	公司申请首发上市或再融资时，环保核查将变成强制性要求
2013	绿色金融	国务院	《关于加快发展节能环保产业的意见》	拓展投融资渠道。大力发展绿色信贷，按照风险可控、商业可持续的原则，加大对节能环保项目的支持力度。积极创新金融产品和服务，按照现有政策规定，探索将特许经营权等纳入贷款抵（质）押担保物范围。支持绿色信贷和金融创新，建立绿色银行评级制度。支持融资性担保机构加大对符合产业政策、资质好、管理规范的节能环保企业的担保力度。支持符合条件的节能环保企业发行企业债券、中小企业集合债券、短期融资券、中期票据等债务融资工具。选择资质条件较好的节能环保企业，开展非公开发行企业债券试点。稳步发展碳汇交易。鼓励和引导民间投资和外资进入节能环保领域

资料来源：作者整理。

鼓励金融机构贯彻执行，但没有责任追究制度和惩罚手段，造成“违法难究”，规定无法落实。应当指出，法律责任制度是经济法律关系的实体法基础，只有在法律上明确规定环境污染者应承担的责任，并加大执法力度，企业才会有充足的压力和动力去保护环境和减少污染，金融机构才能更好地督促客户管理环境和社会风险，推行绿色金融。三是操作性差。纵观现有的绿色金融立法，多是宏观性、原则性规定为主的意见和指引，实践中难以执行和落实。以《绿色信贷指引》为例，监管部门只是给出了大的政策原则、方向和框架，并没有提供耗能、耗水、耗电等绿色产业准入、技术、排放、能耗和循环使用的具体标准，导致银行执行起来困难重重。

综上所述，中国尚未建立完善的绿色金融法律制度，应对政策调整和现实问题陆续出台的意见和指导性文件尚未形成逻辑缜密的法律体系，难以承担在推进“生态文明建设”背景下为绿色金融可持续发展提供金融法律保障和制度支撑的重任。

（二）缺乏顶层设计，跨部门协调合作不够

绿色金融既是生态保护问题，也是金融问题，是涉及多个主管部门的系统工程，因此，加强顶层设计，建立多部门协作机制非常必要。虽然现有绿色金融制度在设计过程中已建立了跨部门协调和沟通机制，但由于制度细节不完善等原因，实践中跨部门协作仍存在不少问题，导致协作沟通不足、措施落实不力等问题，制约了绿色金融的发展。

（三）市场服务中介体系发展滞后

绿色金融业务涉及环境风险评估、碳交易等十分复杂且不断发展更新的专业技术，对金融机构的风险评估和管理工作提出了更高的要求，基于分工原理需要专业性的服务机构为金融机构开展绿色金融业务提供一系列配套服务，但目前中国的专业性服务机构，如信用评级机构、资产评估机构、会计师事务所、律师事务所、咨询公司等多还未涉足绿色金融服务领域，其他诸如环境损害鉴定评估机构、环境风险评估机构、数据服务公司等中介服务机构尚未建立。专业性中介服务体系的缺位和滞后是制约绿色金融快速发展的关键因素之一。

二、中国绿色金融产品和服务存在的具体问题

总量不足、结构失衡是当前中国绿色金融服务体系存在的最主要问题。在银行主导金融体系的格局下，中国的绿色金融服务体系主要由银行的绿色信贷主导，绿色保险和绿色证券市场仍处于萌芽状态。就产品体系而言，仍以传统信贷业务为主，绿色融资租赁、碳金融产品、清洁发展机制应收账款保理融资等新型产品虽有推出，但仍属于零星探索，尚未成为市场主流。具体而言，各类绿色金融服务也存在一些关键问题。

（一）绿色信贷

根据中国银行业协会统计，截止2013年底银行业金融机构节能环保贷款余额16045亿元，21家主要银行绿色信贷余额近5.2万亿元。绿色信贷毫无异议是中国绿色金融业务的主体。但实践中存在一系列制约其发展的实际问题。一是相关政策操作性不强。迄今《绿色信贷指引》及其配套统计制度均未提供绿色产业准入、技术、排放、能耗和循环利用的具体标准，使金融机构具体执行时面临很大困难。同时，现有政策既没有考虑事前的风险防范，只能借助环保部门关注企业环境违法行为的后果，也非覆盖全生命周期的授信决策机制，难以克服企业获得授信前后环境行为不一致的弊端。二是对绿色信贷的监管不力，缺乏充分有效的激励机制和评价系统。目前绿色信贷的推进仍然主要依赖银行的“意识”和“社会责任”，并没有建立明确的赏罚机制。三是银行披露的信息缺乏一致、清晰的口径。由于不同银行对绿色和“两高一资”行业都有各自的定义，导致不同银行信息缺乏可比性，也无法加总可信的绿色信贷总量数据[①]。四是产品种类不多，仍以传统流动资金贷款为主，缺乏量身定制的特色绿色金融产品。五是多重困难导致难以有效执行绿色信贷政策。一方面，地方政府压力之下，城商行和农合金融机构往往被迫为非绿色项目发放贷款；另一方面现有绩效

① 2013年《绿色信贷统计制度》实施后，在一定程度上缓解了上述问题。

考核机制下银行实现短期利润的压力很大，而绿色信贷项目往往周期长、风险大、效益低，银行难有积极性。

（二）绿色保险

目前中国的绿色保险产品以环境责任保险为主，对企业而言其意义在于污染之后的善后治理。环境污染责任保险利用市场机制防范和分散环境风险的作用已初步显现，但保障范围相对发达国家较窄，限制了保险人更好地了解、预防和减少环境风险的潜力，以及在支持环境可持续发展方面发挥更积极作用的潜力。

此外，绿色保险在发展中还面临如下问题：一是环责险经营主体的专业化程度较低，产品缺乏足够的吸引力。一方面保险公司专业化程度不足，保单定制化程度低。另一方面保单除外责任较多，赔付条款的设计较为严苛①。二是尚未确立普遍的环境污染强制责任保险制度②。目前中国发展环责险的主要依据是 2007 年和 2013 年由国家环保总局和保监会联合发布的两份部门规章，效力有限。即使 2013 年文件中提出建立强制环责险制度，也只是指导性意见，并不具有法律强制性。实践中环境污染责任保险大多仍属于自愿性保险，许多企业心怀侥幸没有参加该保险，可能造成大量无辜受害人得不到公平赔偿的现象。三是关键配套制度的实施仍面临困难。目前中国多数地区仍未建立专门的环境污染损害鉴定评估机构，或者即使建立这类机构，也往往因缺乏专项鉴定评估经费而无法落实。

（三）绿色证券

中国绿色证券制度框架虽已基本确立，但相关制度规则尚不完善，在实施中也还存在不少问题。一是上市公司环保核查及后续监督制度覆盖面有限，目前只有高污染行业的 IPO 申请环节才需要环保核查意见，而未覆盖所有行业的上市申请；同时对已上市企业的再融资行为也没有环保核查要求。值得

① 目前大多数的环责险产品只承保突发意外的污染事故导致的第三者直接财产损失和人身伤亡，以及清污费用和法律费用，对于间接损失、生态损失等不予承保。

② 2014 年新修改的《环境保护法》第 52 条只是规定“国家鼓励投保环境污染责任保险”，与业界的期待尚有不小的距离。

注意的是环保核查制度并没有阻止近年来中国上市公司环境污染事故频发的现象。二是上市公司信息披露制度很不完善，披露内容缺乏关于企业主要污染物排放情况、污染物治理措施及效果等重要信息。三是上市公司环境绩效评估目前仅在部分地区试点，尚未建立全国层面的、较为完善的上市公司环境绩效评估标准及相关政策办法。

（四）排放权使用与交易

虽然经过多年发展，但中国迄今尚未建立起适合国情的排放权交易体系，当前的排放权交易市场规模依然很小，市场流动性较差，排放权交易的有关机制尚不健全。一是相关法律缺失。中国现行《大气污染防治法》和《水污染防治法》等相关法律虽然提到了排污总量控制以及排污许可证制度，但尚未明确排污权可交易的法律地位。二是监测、报告和核证体系尚未建立。排放权交易实施的前提是对企业排放量的准确监测，只有掌握企业准确的污染排放数据，才能实现环境权益产品的定量化交易。中国的环境、能源、污染排放统计职能分散在不同的政府部门、采用的统计标准和方法不一致甚至自相矛盾、数据质量保证体系不健全，这些都制约了排放权交易体系的发展。三是市场体制尚不完善。中国很多参与排放权交易试点的污染大户并不是真正意义上的市场主体，其交易模式都是在行政部门的安排下进行“拉郎配”式的模式，交易过程中的价格也受到政府的干预，这是中国排放权交易经过20多年的实践仍无法推广的重要原因之一。四是排放权交易制度的设计能力尚不足。中国尚未形成科学合理的配额分配方法，还是按照“领任务”的形式将减排任务层层分解，这种制度设计本身就遏制了碳市场的发展。

参考文献

[1] 谢孟哲、张承惠．绿化中国的金融体系——初步探索．国际可持续研究院与国务院发展研究中心，2014

[2] 张哲强．绿色经济与绿色发展．北京：中国金融出版社，2012

[3] 冯守尊主编．赤道原则——银行业可持续发展的最佳实践．上海：上海交通大学出版社，2011

[4] 马骏、施娱．绿色金融政策何在中国的运用．新金融评论，2014（2）

[5] 联合国环境规划署．探寻——金融体系与可持续发展之统一．2014

[6] 周道许．绿色金融中的政府作用．中国金融，2014（4）

[7] 张振敏．中、日、韩绿色金融制度比较研究．黑龙江社会科学，2013（6）

[8] 蔡玉平、张元鹏．绿色金融体系的构建：问题及解决途径．金融理论与实践，2014（9）
[9] 王彤宇．推动绿色金融机制创新的思考．宏观经济管理，2014（1）
[10] 邓翔．绿色金融研究述评．中南财经政法大学学报，2012（6）
[11] 联合国环境规划署可持续金融体系设计研究．绿化中国金融体系政策建议，2014 年 10 月
[12] 卓贤、张丽平．绿色金融：将绿水青山变为金山银山的金融机制．国务院发展研究中心课题组内部报告，2014 年 10 月

中国绿色金融案例

案例一　兴业银行多种方式助推绿色金融发展

（一）首发绿色金融债案例

2016 年 1 月 29 日，境内首只绿色金融债——兴业银行首期发行的 100 亿元绿色金融债完成全部缴款，标志着国内绿色金融债正式落地。兴业银行首期发行的 100 亿元绿色金融债募集资金全部投放于绿色金融业务。此次绿色金融债受到市场热捧，获得超过 2 倍认购，期限 3 年，票面利率 2.95%，创下了同评级同期限商业银行金融债券的发行价格新低。

兴业银行此次绿色金融债券募集资金专项用于《绿色债券支持项目目录》所界定的绿色产业项目，如节能、清洁交通、清洁能源、资源节约与循环利用、污染防治等，并且对节约标煤、二氧化碳减排类项目要求至少减排 10% 以上；对其他主要污染物减排类项目，排放指标要求至少达到行业先进值以上。

为做好发行申请和后期的使用管理，确保绿色债券资金投向于真正具有环境效益的绿色产业项目，兴业银行早在 2014 年便启动了相关准备工作，内部完善了技术标准、作业流程、体制机制和风险管理体系，并下发了《绿色金融债募集资金管理办法》，明确了绿色金融债立项、发行、存续期管理、资金投向、信息披露等方面的负责部门及其职责，并规定了详细的管理流程。2015 年 1 月，兴业银行公开发行的 300 亿元金融债券实际上已经按照《绿色金融债券募集资金管理办法》的要求，将募集资金全部投放于绿色金融业务。

（二）发行国内首只绿色信贷资产支持证券

继2014年兴业银行成功发行35亿元全国首只绿色信贷资产支持证券后，2016年1月5日，总金额为26.457亿元的兴业银行绿色信贷资产证券化成功发行，并获得超过2.5倍认购。这也是2016年成功发行的国内首只绿色信贷资产支持证券。此次绿色专项信贷资产证券化的成功发行，在推动国内绿色金融市场发展、培养责任投资者等方面均起到积极作用，并展示了我国金融机构在服务气候变化、节能环保领域的努力和实践。

该单绿色金融信贷资产支持证券基础资产池来自29个借款人的42笔贷款，全部为绿色金融类贷款，是从兴业银行贷款中严格筛选出来的优质贷款，覆盖污染治理、节能改造、资源循环利用、环保设备制造、公共设施管理等节能环保领域，项目投向符合中国人民银行发布的《绿色债券支持项目目录》和银监会关于绿色信贷统计相关标准的要求。

此次绿色信贷资产支持证券所盘活释放的资金，兴业银行将再次投放到节能环保重点领域，希望通过绿色信贷资产支持证券、金融债（募集资金专项用于绿色金融领域）等多种金融工具的运用，引导社会资源投向节能减排领域，为美丽中国"添绿增彩"。

（三）助力水资源利用和保护——"五水共治"案例

水资源利用和保护领域是近年来兴业银行绿色金融投入的重点领域。截至2015年12月末，兴业银行水资源利用和保护领域的绿色融资余额达到1146亿元；在浙江、江苏等地区形成了"要治水，找兴业"的品牌效应，向"五水共治"以及太湖治理等项目提供绿色金融融资共计492亿元。

浙江因水而明，因水而生，因水而兴，因水而美。但由于快速推进工业化、城市化的进程中，对生态环境尤其是水环境造成了不同程度的污染，江南水乡闹起了"水荒"，推进水环境综合治理迫在眉睫。浙江从全局和战略高度提出治污水、防洪水、排涝水、保供水、抓节水等"五水共治"，建设美丽浙江。浙江省"五水共治"重大项目共安排125个，总投资4680亿元，其中治污水1721亿元，防洪水1593亿元，排涝水378亿元，保供水438亿元，抓节水550亿元。按照浙江省委省政府的要求，2014～2016年解决突出问题，必然是治污先行，全面消除垃圾河、黑臭河。

为支持浙江“五水共治”，兴业银行杭州分行与浙江省环保厅签订战略合作协议，承诺将向浙江省提供不低于300亿元专项绿色融资；针对嘉兴市“消灭劣五类水质”的紧迫性，与嘉兴市政府开展战略合作，承诺“十二五”期间投入不少于200亿元绿色融资。目前，杭州分行水资源利用与保护领域融资余额达到265亿元，已投入“五水共治”项目79个，项目分布46个县市区，其中治污水119.71亿元，保供水46.5亿元，防洪水5.83亿元；项目涵盖了污水处理、污水管网、污泥处置、工业节水、水域治理、水源地保护等主要水资源利用与保护类型。

以“五水共治”中的治污水项目为例。兴业银行给予台州市路桥水环境整治投资有限公司期限5年、金额4亿元的项目贷款，支持其台州市路桥区生活污水治理工程。此项目拟建污水管网1794千米，检查井106393座，污水泵站6座，总投资10亿元。项目实施后，完善排污体系和污水集中处理，改善环境，改善河流水质，提升了路桥区生态环境水平。

（四）兴业金融租赁水环境治理项目案例

水资源行业关系国计民生，兴业金融租赁致力于当前城市水资源污染治理和保护以及水资源综合开发利用，深入开拓水环境治理项目，累计融资规模300亿元，当前融资余额达200亿元，细分领域涉及城市供水、污水处理等水务项目，水域治理、水生态保护等水利项目，以及水力发电等水资源综合利用项目，为水环境的治理做出了突出贡献。

在滇池治理项目中，兴业金融租赁以售后回租产品为切入点，为项目提供较长期限、大额的资金支持，保障项目投资、建设和经营管理工作的正常推进。在项目开展前，滇池水域生态系统遭到较严重破坏，全湖水质呈现超Ⅴ类的严重状况，几乎丧失了水的全部使用功能，甚至对当地人民群众生产生活造成了严重的影响；随着该大型水域治理项目的不断推进，滇池流域造林实现10万亩、封山育林29万亩，森林覆盖率已超过一半；在湖滨一级保护区33.3平方公里范围内已全面实施“四退三还”，完成退塘退田3000公顷，恢复水域面积11.51平方公里，建成部分湖滨生态湿地3600公顷，历史上首次出现“湖进人退”，滇池生态环境出现明显改善。

（五）赤道原则项目案例

某纸业有限公司年产 30 万吨石膏板护面纸项目是省级造纸产业的大型项目，属于当地重点招商引资项目。项目总投资近 10 亿元，项目建成后创税 1 亿元以上，并提供 700 人以上的就业机会，具有良好的经济和社会效益。根据赤道原则，该项目属于 B 类，即存在一定的环境或社会问题，若采取有效防治措施，对周边环境造成的影响是有限的。

兴业银行在环境与社会尽职调查阶段中发现，企业重视生产过程中污染防治、能源节约和资源综合利用，也注重对企业员工的关怀和培养。但在对承包商管理以及员工福利方面还需要改善，特别是企业并未按照相关标准建设污水处理的事故容量池，这种情况在当地的造纸企业中也较为常见。按照国家法规要求和项目生产运营的实际情况来看，不按照标准建设事故池，不仅存在被环保部门处罚的风险，也无法起到特殊情况下应急处置的作用。而且，如果在项目建成后再做修改，将耗费企业更多的时间和成本。针对上述情况，兴业银行与企业深入沟通，诠释赤道原则及环境与社会风险理念，赢得企业认可，同意按照相关标准建设事故容量池。

项目落地不久后，上级环保部门针对当地造纸企业开展环保专项检查，未按照相关标准建设容量池的造纸企业均受到处罚，要求停产整顿，而该项目生产经营丝毫未受影响。通过赤道原则，兴业银行切实帮助客户识别、管理和防范了环境和社会风险。

（六）排污权综合金融服务案例

排污权有偿使用和交易制度为我国环境污染问题提供了一个运用市场机制的新的解决思路，以环境资源有偿使用、环境成本内部化的经济手段促使企业自身直接成为污染治理的责任和决策主体，弥补了行政执法可能存在的不足。兴业银行率先推出了排污权综合金融服务，为相关政府机构提供交易平台和交易机制设计，开发排污权交易系统，提供交易清算、结算与资金管理，以及为企业配套融资等一系列的综合金融服务，目前已经在湖南、河北、山西、江苏、浙江等地区率先开始合作。

湖南省作为全国首批十家排污权试点省份之一，率先在长沙、株洲、湘潭三地进行排污权试点，并成立了湖南省排污权储备交易中心，排污权交易和有偿使用的政策和法律依据基本具备，排污权初始分配和二级交易工作已经全面展开。2012 年 6 月 5 日，兴业银行与当地政府联合举办“金融推进湖南省环境保护工作签约仪式”，签约仪式上，兴业银行与湖南省环保厅签署《金融推进湖南省环境保护工作战略合作协议》，与湖南华菱湘潭钢铁有限公司签署排污权抵押贷款协议。兴业银行为湖南政府提供排污权收入资金清算、支付结算、交易资金存管及其他交易金融服务，积极推进与湖南省环保厅就交易系统开发平台的合作，并制定了湖南省排污权抵押授信管理办法和操作规程，为企业提供初始排污权出售抵押授信业务。

（七）碳排放权交易平台案例

碳金融业务是兴业银行在碳金融领域的重要布局，是该行依托在碳排放权领域技术服务优势，为国内碳排放权交易所提供的包括系统开发、系统托管服务、存管清算、结算等涉及交易所设立初、中、后的综合金融服务方案。同时，兴业银行针对国内碳交易试点的发展情况，为碳排放交易的参与主体提供了专业化的融资服务和技术支持。目前，兴业银行已同 7 个国家级碳排放交易试点地区签署合作协议，实现了与国家碳排放交易试点地区业务合作的全覆盖。

以上海为例。上海是国家发改委批复的国家级碳排放权交易试点省市之一，上海发改委作为碳排放权交易试点工作的主管部门，明确由上海环境能源交易所组织开展碳排放交易，推进碳交易体系建设工作。上海试点工作坚持从制度建设、市场机制等基础性工作出发，推动发展创新型碳金融市场，建设全国性碳排放交易市场和交易平台，为推动“四个中心”建设进行探索和实践。

2011 年 11 月 2 日，兴业银行上海分行与上海环境能源交易所正式签署碳交易领域战略合作协议，双方互为首选业务合作伙伴，并被上海环境能源交易所指定为唯一结算银行资格。兴业银行上海分行将依托上海环境能源交易所在国内气候及环境领域的影响力和优势，最大限度地利用自身的灵活机制、客户资源、经营网络和科技力量。具体合作内容包括：交易资金的存管、清算、监管；共同开展碳排放权交易试点相关金融课题的研究；联合推动碳市场机制建设等。

兴业银行与上海环交所合作，根据上海市政府碳排放交易开展进度，参与上海环境交易所碳排放交易制度的建设，协助上海市落实相关交易规则建设内容，并有针对性地提出兴业银行的专业意见。

为了打造更加可靠、安全的碳排放权交易平台，兴业银行作为合作金融机构，主动提出承担上海碳排放权交易体系中碳排放权交易体系软件开发工作，并利用兴业银行在电子银行、三方存管方面的业务优势，保障交易系统与兴业银行业务系统的无缝对接，有效提升系统安全性和可靠性。

针对上海碳排放权交易体系制度要求，优化碳排放交易会员开户流程，为参与企业在兴业银行开立专用资金账户、开通网上银行提供便利服务，同时针对不同企业的业务特征，为企业提供后续的金融融资服务支持和企业财富管理业务服务。

（八）合同能源管理融资专项服务方案案例

兴业银行针对“轻资产”节能服务公司创新推出标准化合同能源管理未来收益权质押融资产品。该项业务主要以节能服务公司合同能源管理合同项下的未来收益权质押作为主要担保，以项目本身的节能效益作为主要还款来源，突破传统的土地、厂房等为抵押物的融资模式。兴业银行依托专家团队力量，根据节能项目的技术成熟度以及节能效益的可实现程度等因素对节能效益进行量化评估，通过识别项目风险、监测贷后现金流，从信用风险、项目风险和操作风险等方面加强节能项目的风险防范。在还款方式上，可根据项目的实际现金流来灵活确定还款期限，设置宽限期，项目运营后分期还款，在减轻借款人财务压力的同时也保障了企业能够按期偿还银行贷款。

福建三能节能科技有限公司成立于2006年，注册资本5000万元，是经国家发改委备案的第一批节能服务公司；已建设完成合同能源管理项目三个，合同金额约1766万元；在建项目三个，合同金额约1496万元。企业在工业窑炉节能领域技术、工程经验等方面优势比较突出。

该公司拟采用合同能源管理模式，为广西壮族自治区某化工股份有限公司造气分厂建造余热锅炉，回收利用造气分厂的灰、渣、吹风气、驰放气、煤矸石以及甲醇残液等低热值“三废”，通过余热锅炉燃烧“三废”，并掺烧少量燃煤产生高品位蒸汽，供某化工股份有限公司化工生产使用。该项目属于典型的余热余压利用类合同能源管理项目，项目经济效益与环境效益显著。

由于项目建设资金需要由节能服务公司自筹，项目建设遇到了资金瓶颈。针对上述情况，兴业银行为其设计了合同能源管理融资专项服务方案，为该节能服务公司提供了3年期项目贷款1800万元（占项目总投资的72%），专项用于购买余热锅炉设备、配件及工程改造支出，以其建设和运营的柳州化工项目的未来收益权作质押，并存入金额为其可分享的两个月对应的节能效益作为还款保证金，以项目本身的节能效益作为主要还款来源。在还款方式上，根据项目的实际现金流来灵活确定还款期限，项目运营后分期还款，在减轻借款人财务压力的同时也保障了企业稳定的还款来源，解决了项目资金问题，取得了借贷双方共赢的良好效果。

（九）国内首笔碳资产质押授信案例

兴业银行独立开发碳资产评估工具，国内首创推出碳资产质押授信业务。2011年4月，该行向福州市闽侯县兴源水力发电有限公司发放碳资产质押贷款，为国内首笔单纯以未来碳资产作为质押担保的授信业务。兴源水电CDM项目已于2010年6月获得联合国成功注册，预计年减排量4.3万吨，并已与瑞典某碳资产公司签署了减排量购买协议（以下简称ERPA）。

兴业银行在与客户的交流中了解到，每年的1～5月份是枯水期，水电站发电量减少，公司收入减少，一方面碳减排量尚未签发，企业尚未获得售碳收入；另一方面企业面临水电站修缮资金需求，现金流紧张。碳资产授信业务的适时出现，有效地解决了上述难题。针对企业需求，兴业银行以水电项目未来的应收账款（售碳收入）作为质押担保，为项目业主设计了首笔108万元人民币的授信方案，并视项目实际减排量签发和项目运营情况，持续优化授信方案。同时，兴业银行还利用自身在专业能力、法律、财务管理等方面的优势帮助客户制定更合理的减排量交易协议，规避潜在的法律风险。

兴业银行通过创新金融方式盘活了企业的碳资产，弥补CDM机制不足，减少了CDM繁冗的审批流程对项目正常运行的影响，有效缓解了中小企业融资难问题。

（十）国内首张低碳信用卡发行案例

2010 年 1 月，兴业银行联合北京环境交易所在京推出国内首张低碳主题信用卡——中国低碳信用卡，以低碳环保为产品设计核心。依托绿色金融积累的行业经验，兴业银行将绿色金融从企业项目领域延伸到个人消费领域，倡导绿色消费、低碳消费，为个人客户实现“碳中和”提供了一条切实可行的新途径。

同时，兴业银行还搭建了信用卡碳减排量个人购买平台。借助该平台，个人可以根据个人每年预计产生的碳排放量，购买相应的碳减排量，建立“个人绿色档案”，抵消自身碳排放，实现个人碳中和，实现低碳新生活。

截至 2016 年 6 月末，中国低碳信用卡累计发卡 425602 张，低碳系列信用卡累计实现购买碳减排量 14. 76 万吨，相当于中和了约 106. 2 万人乘坐飞机飞行 1000 公里产生的碳减排量。截至目前，已经有力地支持了湖南东坪 72MW 水电碳减排项目、桦南横岱山东风电碳减排项目、广东省下坪垃圾填埋气收集利用项目、贵州省阿珠 27MW 水电碳减排项目、贵州省翁元 20MW 水电碳减排项目、HFC 消解项目、甘肃黄河柴家峡水电项目、贵州石垭子碳减排水电项目，强大的金融属性为低碳事业引来了“活水源”。

同时，兴业银行将低碳信用卡的产品特色扩大到品牌层面，通过信用卡这一重要的零售产品载体，承载与传播“绿色环保、健康时尚”的生活价值观，努力打造差异化的信用卡品牌形象。

（十一）融资新模式助力广东省绿色货运示范项目

广东绿色货运示范项目是世界银行利用全球环境基金赠款，在全球道路货运行业实施的首个节能减排示范项目，旨在利用国内外道路货运车辆节能减排的先进技术，通过信息化手段和改进运输组织模式，降低车辆空驶率，提升整个道路货运行业节能降耗水平，力争用 3 ~4 年时间实现减排二氧化碳 15 万吨的目标。该项目的实施理念是以世界银行赠款为基础，在业内选择一批有代表性的货运企业，以企业自有资金先行投入购买加装低阻轮胎、侧裙、导流罩等，有助于提高整车行驶燃油效率的车载设施，再以节油效益补偿先期投入，并根据后续改装效果获得世行的赠款补贴。

由于企业需先行投入，增加了额外支出，但节油所产生的经济效益难以在短时间内快速体现，因而影响了企业一次性投入的积极性，而中国货运行业“小、散、乱”的特征使得大部分的企业难以通过商业银行取得技术改造融资，因此，该项目在实施过程中遇到了落地难题。

2013 年 9 月，兴业银行加入了此项目，并与广东省交通厅绿色货运项目办签署《绿色货运项目合作协议》，以广东省绿色货运示范项目为载体，积极推动广东货运行业以及整个交通运输领域的节能减排，提高行业整体效率，扶持货运物流企业的可持续发展。兴业银行加入后，创造性地提出了一种融资新模式，破解了“绿色货运项目”落地难的问题。

此模式借助工业领域的合同能源管理模式，引入技术服务商作为整个模式的中间机构。在融资上，技术服务商取代货运企业作为融资主体，通过银行融资购买设备设施，为货运企业提供节油改造服务，从而与货运企业分享节油所产生的经济效益。而世界银行的补贴资金作为贷款的前端担保，贷款回收完成后，再发放给需要补贴的货运企业。

从技术角度看，由技术服务商作为设备供应商和货运企业之间的桥梁，为货运企业提供并实施一揽子综合节油解决方案；从融资角度看，由技术服务商向银行申请融资，避免了银行直接面对众多实力、资质、信用参差不齐的货运企业。由此可见，该模式既直接提高了“绿色货运项目”的可操作性，解决了其从设计理念到市场化运作过程中最重要的一个环节——资金的落实问题，又大大降低了提供融资的银行“一对多”所带来的操作成本，同时更为货运行业的新兴市场个体——货运技术服务商提供了一个借助银行融资发展壮大的良机。

（十二）兴业信托首只投资城镇污水处理及供水行业 QDII 业务案例

兴业国际信托有限公司始终致力于发挥信托制度功能优势，加强金融创新与履行社会责任相结合，积极服务实体经济发展，服务百姓民生。在 2015 年 2 月经国家外汇管理局批准获得首期 2 亿美元境外投资额度后，兴业信托以此为契机积极开拓 QDII 业务。

2015 年 5 月，兴业信托首只 QDII 业务“兴业信托 · 海外精选新晋系列 1-1期单一资金信托”正式落地，第一期产品参与认购云南水务投资股份有限公司（以下简称“云南水务”）（HK 6839）港股IPO份额，投资金额为50万美元。云南水务是国家领先的城镇污水处理及供水行业的综合服务商之一，主营业务涵盖污水处理、城市供水、中水回用等环境治理项目的投资、建设、运营以及水环境治理和水资源保护开发利用。

云南水务于2015年5月27日在香港联交所挂牌上市。为进一步支持其主营业务的开展，兴业信托积极参与其IPO份额的认购，为云南水务进一步深耕水务相关领域提供金融支持。通过参与云南水务IPO份额的投资，兴业信托与发行人建立起良好的合作沟通机制，并在公司上市后持续为企业的发展提供服务。通过一年多时间的合作，云南水务在立足省内相关资源整合的基础上，逐步向全国范围内拓展项目，同时也利用其区位优势，开发东南亚市场的垃圾处理与城市供水服务。目前，云南水务业务遍及云南省内15个地、市、州，共有40多个在建和运营项目，现已运营的有大理市、弥勒、水富、威信、泸西、永仁、南涧、鲁甸、南华、宁洱、墨江、景谷、双江、建水、兰坪、鹤庆、泸水、陇川、耿马、禄丰、沧源等21个污水处理厂，运行效果良好，公司正处于快速成长阶段。

案例二　绿色金融+投贷联动　青岛银行输血实体经济实现双赢①

2017年3月5日，第十二届全国人民代表大会第五次会议在人民大会堂举行开幕会，李克强总理作《政府工作报告》时指出，2017年要抓好金融体制改革，大力发展绿色金融。

实际上，商业银行加快布局绿色行业，不仅可以为实体经济发展提供高效的融资服务，实现绿色增长，还可以降低行业信贷风险，实现自身优化转型。青岛银行一直致力于将绿色金融理念融入行业政策，不断完善绿色信贷体系，大力支持绿色行业，致力于实现经济、社会和环境三位一体的可持续发展。

2016年3月，青岛银行在全国银行间市场发行了第一期绿色金融债券，

① 谭长臻，青岛银行办公室主任。

成为首批通过人民银行审批的三家绿色金融债券试点银行之一，同时也是国内第一家获得绿色金融债券发行资格的城市商业银行，发行了 80 亿元绿色金融债券，主要投向节能、污染防治、清洁交通、资源节约与循环利用、生态保护和适应气候变化等绿色产业项目，彰显了青岛银行治霾的决心和社会责任。

为推动绿色信贷尽快落地，青岛银行多次通过外部培训和内部督导的方式在全行上下培育绿色金融发展新理念，将绿色金融文化打造为该行特色企业文化之一；制定了绿色金融信贷政策，不断完善绿色信贷体系和绿色审批流程；在考核机制方面，该行将绿色信贷投放纳入对分支行的考核，充分调动全行参与绿色信贷的积极性。青岛银行正借助绿色金融债的东风，强力推动信贷结构的调整和优化。

2016 年 7 月 19 日，习近平总书记带领 8 位中央政治局委员、21 位省委书记考察了青岛昌盛日电太阳能科技股份有限公司（以下简称“昌盛日电”）位于宁夏回族自治区永宁县闽宁镇光伏农业科技产业园，对企业给予高度评价。这是青岛银行授信 8000 万元支持建设的一个园区，成为青鸟银行绿色金融的一个缩影。

昌盛日电在 2011 年开始起步，当时正是光伏产业低迷的时期，其自身实力非常有限，甚至没有可以抵押的资产。但是，青岛银行没有简单地从抵押物这一个方面考虑，而是全面深入地分析了该企业的创新发展模式——棚顶发电、棚下种植的“光伏农业”绿色发展模式，因此，给予该企业成立以来的第一笔贷款 600 万元，使其逐渐发展壮大。但是，到 2013 年 8 月，欧美光伏“双反”阴云笼罩，中国太阳能市场遭遇重创。这是昌盛日电成立三年来最难熬的时刻，山西、湖北、内蒙古、宁夏及山东省内的 15 亿元太阳能订单急需巨额启动资金，事关企业生死存亡的银行贷款还能不能到位？这也是青岛银行最难选择的时刻，从 2011 年几百万元的信贷支持开始，昌盛日电的每一步都有青岛银行的心血和付出，但是在光伏行业全面萧条的形势下，高达数亿元的贷款意味着多大的风险？

经过反复研究、审慎分析，青岛银行最终决定伸出援手，以订单融资方式继续支持昌盛日电的发展。此后，在青岛银行源源不断的绿色信贷支持下，昌盛日电快速完成在全国 27 个省市的布局，成为全国光伏设施农业综合投资领域的领军企业，其经验也被国家能源局在全国推广。

随着企业的成长，青岛银行对其支持力度不断加大，双方积累了足够的了解和信任。在此基础之上，青岛银行与昌盛日电达成了入股协议，并在2017年2月顺利完成投资，掀开了该行投贷联动创新发展的新篇章。

青岛科创蓝新能源股份有限公司同样是一家致力于环境保护的绿色企业。2011年，公司董事长迟芳携“世界首创、国际领先”的原生污水供暖技术回到家乡创业。该技术从地下污水取热，代替空气、地表水，成为节约初始投资50%、节约运行成本30%的超级新型能源，且不产生雾霾。该项目获得科技部“国家科技惠民项目”。由于市场需求旺盛，企业订单应接不暇，急需资金建设新的生产基地。青岛银行安排专人会同青岛市科技局专家一起仔细研究并赴西安等地进行实地考察，最终予以支持。资金的及时到位大大促进了企业生产能力的提升。2016年，该公司已经实现1000万平方米的新能源供热，年节约标准煤4.6万吨，年减排二氧化碳11.4万吨。目前，公司发展进入爆发期，预计未来几年将会实现连续翻番增长。

青岛银行已经将绿色金融提升到战略高度，将继续加大对绿色产业项目的信贷投放，为区域经济结构转型升级和经济发展方式转变做出积极贡献。

案例三　上海证券交易所支持绿色金融发展的探索与实践①

作为资本市场的核心组织者和一线监管机构，证券交易所在推动绿色金融发展上扮演重要角色。首先，交易所作为企业对接资本市场的场所对企业的行为具有导向作用，提出的可持续信息披露要求等具有一定约束力。其次，交易所可根据市场需求创设绿色债券、绿色证券指数等金融工具，并帮助绿色金融产品实现有效定价。此外，交易所可为投资者提供高质量的可持续信息和培训服务，推动责任投资者网络建设。最后，作为市场一线监管机构，交易所可及时向监管部门反馈信息并提供改进支持可持续发展措施的政策建议。

立足于上海，服务全国，放眼世界，上海证券交易所（以下简称“上交所”）经过27年的发展已经形成了覆盖股票、股票衍生品、债券、基金各产

① 刘蔚，上海证券交易所债券业务中心副总监。

品体系的综合性交易所，2016 年末股票总市值排名全球第四。近年来，上交所在支持绿色金融发展方面做了一些探索，并从以下几个方面推动着相关实践。

（一）强化可持续性信息披露

国际经验显示，近年来证券交易所作为企业上市交易的平台，在推动可持续性信息披露中的作用不断提高。参与可持续性信息披露的上市公司数量在逐步增多，信息维度日益丰富。同时，可持续性信息披露逐步规范化、标准化，并由自愿性逐步转向强制性。

早在 2008 年，上交所就发布了《关于加强上市公司社会责任承担工作的通知》和《上海证券交易所上市公司环境信息披露指引》，引导各上市公司增强社会责任意识，披露环境信息。上交所要求上证公司治理板块样本公司、发行国际上市外资股的公司以及金融类公司必须披露社会责任报告，同时鼓励其他有条件的公司自愿披露社会责任报告和每股社会贡献值。对重视社会责任承担工作，并能积极披露社会责任报告的公司，上交所还优先考虑其入选上证公司治理板块，并将合适的标的公司纳入上证公司治理指数、上证 180 公司治理指数和上证社会责任指数。2016 年 10 月底，上交所发布了环保服务行业等行业的信息披露指引，进一步完善了相关信息披露规则。

根据中国社科院发布的《中国企业社会责任报告白皮书（2015）》，2015 年中国企业发布的社会责任报告增长至 1703 份，其中，上交所上市公司发布的社会责任报告多达 423 份，占到总量的约 1/4。中国社科院还对企业社会责任报告根据质量进行评级，23 家获得“五星级”评级的企业或集团中，大部分为上交所上市公司或其旗下公司。

中国上市公司协会发布的《中国 A 股上市公司社会责任信息披露研究（2015）》显示，2015 年 A 股上市公司中发布社会责任报告的公司数量占到当年已上市公司总数的 27%，其中沪市主板的发布公司数量占板块公司总数的 41%。金融业的上市公司发布社会责任报告的比例位居各行业之首。

（二）上市绿色债券

伴随着自愿性国际标准的逐步形成确立、绿色债券发行主体不断拓展和发行规模不断扩大，证券交易所对绿色债券市场的参与逐步深入。根据气候债券倡议组织（CBI）的统计，截至2016年末，总计1800亿美元的存量绿色债券中有72%在交易所上市交易。

上交所是继卢森堡证券交易所和伦敦证券交易所之后的第三家成为国际"绿色债券原则"（GBP）观察员单位的交易所，也是中国金融学会绿色金融专业委员会的首届常务理事单位之一。2016年3月，在证监会统一部署下，上交所发布《关于开展绿色公司债券试点的通知》，正式启动绿色公司债券试点工作。

上交所绿色公司债券试点在现行公司债规则框架内推进，试点规则融入了国内外相关准则及实践经验，要求募集资金投向绿色产业，用于绿色项目的建设、运营、收购或再融资，并通过专项账户进行资金管理。绿色项目范围参考中国金融学会绿色金融专业委员会编制的《绿色债券支持项目目录》。发行人需定期披露募集资金使用情况、绿色项目进展情况及其环境效益。为保证绿色债券的质量，上交所还鼓励发行人聘请第三方专业机构进行绿色认证及持续评估。除了公司债券，资产支持证券等其他固定收益产品满足要求的，也可成为绿色品种。

为推进试点工作，上交所为绿色公司债设立"绿色通道"，安排专人对接、专项审核、即报即审，以提高其上市、挂牌效率，并以G（Green）开头的上市简称进行统一标识，在上证债券信息网中专栏列示，便于投资者追踪。中国证券业协会定期发布"绿色债券公益榜"，证券公司参与绿色公司债券承销情况纳入证券公司分类评价因素。2017年3月，证监会发布《关于支持绿色债券发展的指导意见》，为绿色公司债市场进一步发展提供了有力的政策支持。

截至2017年第1季度末，已有14只绿色公司债券及4只绿色资产支持证券在上交所成功发行，规模约人民币250亿元。绿色产品已覆盖普通公司债券、可续期公司债券、熊猫公司债券、资产支持证券等多种类型，募投项目已包含节能、污染防治、资源节约与循环利用、清洁交通、清洁能源、生态保护和适应气候变化全部六大绿色领域。

试点期间，涌现出一批具有较强示范意义的优秀案例，例如中国节能环保集团公司发行了我国募投项目最多、覆盖环保领域最广的非金融企业绿色债券；北控水务集团有限公司发行了我国首只绿色熊猫债券，其下属公司发行了首只绿色可续期公司债券；中国长江三峡集团公司发行了我国目前最大规模的绿色公司债券，该产品募投项目之一溪洛渡水电站因其卓越的工程技术和贯彻可持续发展理念获得国际工程咨询领域的“诺贝尔奖”——菲迪克 2016 年工程项目杰出奖。资产证券化方面，金风科技股份有限公司发行了全球首只以人民币计价的非金融企业绿色资产支持证券，也是首只由国际知名机构进行双重绿色认证的绿色债券产品。该产品由挪威船级社（DNV GL）进行绿色认证，由国际金融公司（IFC）提供绿色绩效评估，并获得《财资》（*The Asset*）杂志“2016 年度中国区最佳资产证券化产品奖”。此外，葛洲坝集团、无锡产业交通集团、贵阳市公共交通集团等还分别主导发行了用于水电和清洁公交的绿色资产支持证券。

通过绿债发行，企业既拓宽了融资渠道，又节省了财务成本。例如，中国节能发行的 3 个期限的绿色债券均创下其历史同期限融资成本新低，较同类普通公司债平均发行利率低 25 ~27 个基点。北控水务绿色熊猫债券超额认购倍数高达 4.7 倍，发行利率低于该发行人同时发行的普通公司债。

社会效益方面，试点仅可以量化的环境效益就包括每年可为我国减排二氧化碳 1.06 亿吨。此外，部分河道治理项目的实施将带来河道水质有效改善、河道泄洪能力提升、物种保存增强等生态效益。

（三）发布绿色证券指数

绿色证券指数既可以体现绿色企业所发行证券的整体市场表现，又可以作为绿色投资标的，未来还可以作为开发绿色金融衍生产品的基础。根据统计，目前至少 23 家交易所拥有绿色指数产品。投资绿色指数并非仅意味着承担社会责任，研究表明，ESG 因素对公司财务绩效有长期的正向作用。仅从指数年度表现来看，2008 ~2014 年间 MSCI 新兴市场 ESG 指数比新兴市场指数表现高 3% ~6%[①]。

目前，国际绿色证券指数大致可分为三类：一是 ESG 指数，主要通过多维度考察企业发展模式的可持续性并进行评价；二是环保产业指数，聚焦致力于开发环保技术的企业；三是环境生态指数，聚焦于上市公司节能减排表

---

① 中证金融研究院：《健全绿色股票指数体系服务绿色经济发展》，2016 年。

现，例如选取碳排放量较低的公司。

据统计，中证指数公司已发布19只绿色股票指数，体量仅占全部指数的约2%，与国外领先证券市场约20%的比例比较尚有较大发展空间。其中5只为上证指数，成分股均为上交所上市公司所发行的股票。这5只指数为：上证180公司治理指数、上证公司治理指数、上证社会责任指数、上证环保产业指数和上证180碳效率指数。

2015年10月，上证180碳效率指数发布，用以反映上交所市场低碳排放公司的整体表现情况。该指数最大的特点是直接聚焦上市公司的碳排放，低碳排放的公司将获得更高的权重配置。根据编制方案，上证180碳效率指数基于碳效率数据，在180指数样本中剔除碳足迹[①]较高的股票，将剩余股票作为样本股。在加权方式上，180碳效率指数一级行业权重与上证180指数保持一致，但在每个一级行业内，样本股的权重分配与其碳足迹的倒数成正比。目前，上证180碳效率指数的碳足迹只有上证180指数的15%左右，可以有效帮助机构投资者在追踪基准股指的同时高效识别资源利用率高的行业和股票，降低环境风险。

（四）培育责任投资者

庞大的责任投资者群体为证券交易所推动可持续发展提供了有力的支撑。在欧美，绿色投资理念于20世纪70年代兴起并逐步获得认可，并于2006年催生了联合国责任投资原则（PRI）。PRI的目的是将责任投资的理念纳入政策和实践中，以构建高效、可持续的全球金融体系。目前，PRI拥有来自50多个国家的1500多家会员机构，管理资产总额约60万亿美元。

近年来，我国生态、绿色、环保类的基金产品发行呈现温和升温的态势。据统计，截至2016年9月初，国内已推出以环保、低碳、社会责任等为主题的基金约94只，规模约980亿元；其中指数型基金约56只，规模约470亿元。[②] 一些投资机构还在积极探索设立专门的绿色债券投资基金。

上交所不断开展各种形式的绿色投资培训，通过优秀案例宣传等途径营

---

① 碳足迹指由企业机构、活动、产品或个人引起的温室气体排放的集合。

② 马险峰：《绿色投资对指数化投资带来新机遇》，2016年。

造良好的绿色投资氛围。上交所在积极引入中长期投资者、境外投资者和专业的绿色投资者的同时，与相关各方积极探讨建立我国的责任投资者网络。

总体而言，上交所作为绿色金融体系构建中重要的市场基础设施提供者之一，为发挥资本市场优化资源配置的积极作用、推动我国绿色产业发展做了一些有益的探索和实践。未来，上交所进一步支持绿色金融发展的举措主要包括：不断完善可持续性信息披露标准与指引，提升上市公司可持续信息披露的质量；进一步发展绿色金融产品，在时机成熟时建立绿色公司债板块、编制绿色债券指数，不断扩大绿色债券市场的影响力，并与各方一起推动相关优惠政策落地；继续借鉴国际绿色金融领域最佳实践经验，加强国际交流合作，探索将绿色公司债券优先纳入境内外证券交易所互联互通机制；悉心培育责任投资者群体，使得我国可持续资本市场真正成为源头丰沛的“活水”。通过这些举措，希望为绿色发行人和投资者提供更好的服务，助推我国资本市场绿色化，打造行业领先的绿色证券交易所。

下部

绿色金融的国际实践与经验

绿色金融国际发展状况

谢孟哲（Dr Simon Zadek）[①]　马汉理（Mark Halle）[②]

余晓文（Kelly Yu）[③]

前　言

对可持续发展的融资将要求可投资性资金的大规模动员和再导向。对于市场所需求的融资规模，一直众说纷纭，估算不断。多数人认为要达成2030年可持续发展议程和《巴黎协定》所订的目标，需要对公共财政和民间金融进行前所未有的动员，在接下来的15年里其规模将达到90万亿美元左右。作为迄今为止最综合性的评估之一，联合国贸易与发展会议（UNCTAD）的《2014年世界投资报告》（*World Investment Report* 2014）预计，为实现可持续发展目标（SDGs）投资，每年全球的投资需求将在5万亿~7万亿美元之间。发展中国家的投资需求为每年3.9万亿美元左右，目前仅有1.4万亿美元的投资需求得到满足，留下2.5万亿美元的缺口需要由公共和私营部门的资金填补（UNCTAD，2014）。该投资中很大一部分用于发展包容性绿色经济，特别是用于能源获取、生物多样性、气候变化、食品安全、供水和卫生（可持

本文作者以个人身份撰写本论文，并对其同事、伙伴和其他同仁提供的诸多潜在贡献表示感谢，其中包括合作者、国务院发展研究中心的张承惠女士。本文作者对文中的遗漏与错误负责。更多信息可登录www.unepinquiry.org获得。

① 谢孟哲（Simon Zadek）是联合国秘书长执行办公室高级金融顾问，同时担任联合国环境规划署自2014年初发起的“可持续金融体系探寻”项目联席主任。他还是新加坡管理大学讲授三方伙伴关系的高级研究员和访问教授，以及牛津大学马丁学院的高级研究员。

② 马汉理（Mark Halle）是联合国环境规划署可持续金融体系设计研究项目高级顾问、国际可持续发展研究院（IISD）前副总裁。

③ 余晓文是联合国环境署可持续金融体系设计研究项目高级顾问，之前曾担任国际可持续发展研究院（IISD）中国项目主任。

续发展融资政府间专家委员会，2014）。

公共财政只能满足全部融资需求中很小的一部分（Greenhill et al.，2015）。以中国为例，中国人民银行和国务院发展研究中心的估算显示全部绿色金融融资需求达到每年约4000亿美元，其中不少于15%将来自公共部门资金（中国人民银行和联合国环境规划署，2015；国务院发展研究中心和国际可持续发展研究院，2015）。简言之，大部分融资需要从金融和资本市场中获得。因此，我们在使用金融工具，借助公共资金的使用来撬动民间金融取得了重大进展，无论是美国广泛使用的税收抵免还是开发性金融机构所使用的政府担保和第一损失补偿机制，皆属此列。

一、绿色金融

在概念层面上，G20（二十国集团）将“绿色金融”（green finance）宽泛地定义为“能够产生环境效益以支持可持续发展的投融资活动”（G20绿色金融研究小组，2016）。简而言之，绿色金融透过金融决策的角度，通过将环境外部性内部化，并强化对环境风险的认知，以提升环境友好型投资，抑制污染型投资。环境效益可能包括减少空气、水和土壤污染，提高能源效能，以及对自然资源的更广泛利用等。至关重要的是，此类效益与支持新的绿色工业部门、产品和技术发展的绿色经济发展有着密切联系。

与解决气候挑战相关的融资通常称为“气候融资”，通常是作为绿色金融中的特别分类处理。作为事实上绿色金融的一个子分类，其被特别提出的部分原因是根据《巴黎协定》项下关于发达国家义务的谈判，发达国家需要在2020年之前通过公共部门和私营部门融资渠道向发展中国家每年提供1000亿美元，以解决环境挑战问题。作为可持续发展目标文本中使用最为广泛的范畴，可持续金融包括绿色金融，也指为解决可持续发展目标的社会和经济方面问题时所需的融资。

窗口1　　为何绿色金融重要性凸显

- 全球140个国家中，有116个国家的自然资产价值出现下跌。
- 每年650万起过早死亡是由与能源系统相关的空气污染引起的。

• 温室气体排放按照等同于每秒引爆四个核弹的速度向地球的系统补充能量。

• 受长期全球变暖和超强厄尔尼诺现象的综合影响，2015 年超越 2014 年成为史上最热年份。

• 全球 1/3 的可耕地受到土地退化的侵害，每年造成 6.3 万亿 ~ 10.6 万亿美元的经济损失。

• 全球 37 个最大的地下含水层中已有 21 个超过了可持续发展的临界点。

在保护环境的紧急需求之外，在向绿色经济转变过程中还会出现诸多经济良机和创造就业的机会。

资料来源：改编自联合国环境规划署可持续金融体系设计研究项目（UN Environment Inquiry），2016a。

国际社会在推动金融体系绿色化方面有着两重任务：增强其发展潜力并减弱负面外部性。因经济活动对环境的影响以及金融在决定这些活动的性质中所扮演的重要角色，绿色金融重要性才得以凸显。环境退化和气候变化是人类面临的最大长期挑战。对全球各地的许多人口而言，环境挑战早已经是个人健康的最大威胁，在某些情况下甚至是对国家生死存亡的威胁，正如海平面上升对于岛屿国家的威胁。因此，我们需要从此类挑战的背景下看待绿色金融，这将增加我们对达成转型规模这一紧急需求的关注。例如，从气候变化的背景下看，如果未能在接下来的十年内实现全球基础设施投资的绿色化，将会产生碳密集行业发展的“锁定”效应，使得我们无法达到将全球平均气温升幅控制在工业化前水平以上低于2℃以内的目标，而这正是《巴黎协议》中所规定具有潜在安全性的最高温度升幅。

二、为什么要实现金融体系的绿色化

一直以来，环境都被视为一项政策目标，主要通过环境政策、法规和实体经济中的激励措施来实现。除了政策法规之外，公共财政也在必要时被视为鼓励民间金融绿色化的工具，并在事实上被认为是无法盈利且为并不属于民间资本所有人责任的环境“公共产品”埋单。事实上，部署法规和公共财政本身就是重大责任。

但是，过去的几年中，越来越多的人开始普遍接受一个事实，即绿色金融的动员也要求金融体系本身采取行动。在此方面，最重要的地标性事件就是2016年中国担任G20轮值主席时在二十国集团（G20）领导人杭州峰会上各国对发展绿色金融的高度认同，着重强调了各国财政部长和金融监管当局在确保金融体系绿色化方面所要发挥的作用。

这种广泛的发展为以后的诸多行动做好了铺垫。在下面四种主要情形下即可授权开展对金融体系的干预，以便推动绿色金融的发展（联合国环境规划署可持续金融体系设计研究项目，2015；谢孟哲，2016）。

（1）评估外部性：在金融市场上出现外部性对财务收益影响的系统性不合理定价，并进而对第三方或整个社会产生溢出效应的影响时，即可采取有关行动。

（2）推动创新：采取有关行动刺激“缺失的市场”，产生积极溢出效应，例如可以提高萌芽地区流动性的通用标准等。

（3）管理系统性风险：在金融体系各部分的稳定性因环境影响或相关政策、技术和社会反响等而受到影响时，采取有关行动。

（4）确保政策协调：采取有关行动，确保金融体系规范与更大范围的政府政策保持连贯一致。

就大体而言，这些都是提供公共产品的优选解决方案。特别是前三种方案集中于确保市场能够有效处理风险定价、创新和金融稳定性，实际上是金融政策制定者、监管机构以及标准设定机构的责任。从该角度看，在推进包容性绿色经济时，进行干预的缘由无需牵涉任何直接政策或原则性的利益问题。

但是，第四种解决方案，即政策协调，涉及范围更广的政策状况。传统智慧努力确保监管机构保持独立性，避免受制于可能对金融体系造成长期损害的短期政治利益。但是，带有长期政策目标的监管协调性也很重要，而且很多情况下极其重要（Group of 30，2015）。从更广泛的角度来看，解决政策目标的需求也催化了旨在整合金融体系与可持续发展的国家倡议。例如：

• 英格兰银行关于气候变化对英国保险部门影响的审慎评估正是对英国《气候变化法》的直接回应（英格兰银行，2015）。

• 肯尼亚中央银行关于放开对破坏性的非银行移动支付平台管制的决定，受到了增强金融包容性的更广泛政策目标的显著影响。

• 新加坡金融管理局关于建立可持续金融国家对话机制的决定受到了下列担忧的显著影响：印度尼西亚非法火耕导致的新加坡空气污染可能涉及驻新加坡金融机构的借贷和投资业务。

• 南非的《金融部门宪章》（*Financial Sector Charter*）是在金融部门、政府和劳工代表之间谈判签订，具体目标是推动之前处于劣势的多数南非黑人更大的经济包容性。

• 中国在其金融体系绿色化方面取得的进展，部分原因是由中国对空气污染的公众健康影响的担忧所催化的，同时也是因为中国认识到需要让其金融部门为做好准备，满足向绿色经济进行重大转变过程中的资金需求。

这就是说，为实现金融体系绿色化开展的干预活动可以而且也应当放在确保其效能、有效性和弹性这三个彼此相连的目标背景下看待。

三、金融体系绿色化的动力

归根结底，金融体系绿色化的要求是让金融机构——银行、投资机构和保险机构按照符合可持续发展和相关气候变化公约目标的方式部署和利用全球金融体系所管理的300万亿美元金融资产中的大部分。这将要求诸多公共和民间机构携手合作，推动金融市场演化和产品创新、政策和监管干预以及在必要的时候提供政府激励措施。

这一趋势的表现就是绿色债券发行的快速增长，在2015年增至430亿美元，在2016年则增至810亿美元，其中2016年发行量中超过一半都是在中国发行。事实上，过去几年中对绿色债券日渐增长的需求已经导致许多债券超额认购。从许多方面讲，绿色债券发行的增长说明了政策、监管和市场领导力是如何助力绿色金融的横空出世的。在其发展早期，发行机构为绿色证券的“绿色”进行定义，如瑞典北欧斯安银行（SEB）与世界银行联手推出的第一只标志性绿色债券。随着市场发展，国际资本市场协会（ICMA）发布了一套由金融机构和相关利益团体商讨确定的自愿性绿色债券指南。此后，多国监管机构发布了绿色金融指南，其中中国在2015年发布本国的标准，支持了中国绿色债券发行的快速增长。今天，越来越多的绿色债券认证活动用于证实各类收入宣称的"绿色"使用。对此推波助澜的是越来越多不断加入的评级机构，它们（如穆迪（Moody's））首先引进了专门针对绿色债券的评估工具。2016年末，我们看到了第一只证券化绿色债券的出现，为绿色信贷投资组合打包并投放资本市场打开了出路。2017年初，政府激励措施的第一批案例开始出现，其中新加坡在3月份宣布了提供公共资金，支付绿色债券发行相关额外费用的计划。

从更大范围来看，旨在更好整合金融体系与可持续发展各方面要求的干预活动近年来也在快速增加。大体上，这些干预活动可以归类到如下三类中的一类或多类。

（1）通常商业模式发展：旨在增强绩效的金融体系改革和发展无意中影响了金融体系对可持续发展一个或多个方面的处理。建立本地资本市场，特别是在发展中国家，通常会带来国内长期融资的增强，并进而带来更多需要加以考虑的环境风险和机会以及更广泛的与可持续发展相关的风险和机会。相反地，金融危机后旨在降低银行破产风险的措施，如《巴塞尔协议Ⅲ》（*Basel* Ⅲ *regulations*），会使得长期信贷盈利率降低，并无意中减少对低碳、适应气候变化的基础设施，如新能源的融资（Alexander，2104）。

（2）市场与综合性行动：金融机构的市场领导地位也加强了金融市场决策中的环境和社会性考量，并时常与公共管理相关部门的赋能框架和财政措施并举。对于前者，绿色债券就是一个很好的例证（联合国环境规划署，2015），同时还有新股票市场指数、风险建模、信贷评级推进（PRI，2016）和薪酬与自愿性披露安排。对于后者，各国开发银行已经率先混合采用公共财政来撬动更多民间资本，而且在很多情况下，税收抵免也在国内用来实现相同的目标，特别是在美国（Usher et al，2016）。

（3）针对性的规则制定：金融机构、政策制定者、监管机构、标准制定机构和其他非市场部门或做市商，如各证交所，已经采取针对性的非市场措施，将可持续发展的各项要求嵌入到金融体系决策的过程中。联合国环境规划署已确定了 200 多种此类针对性的“绿色/社会”金融体系改革和发展创新，突出强调发展中国家在监管创新方面的领先地位以及发达国家在机构投资者领域的领导地位（联合国环境规划署可持续金融体系设计研究项目，2016a）。

G20 绿色金融研究小组的《综合报告》于 2016 年 9 月在二十国集团领导人杭州峰会期间发布，提出了 7 个供自主考虑的可选措施，以解决与绿色金融动员相关的具体挑战（G20 绿色金融研究小组，2016）。作为德国担任 G20 轮值主席期间所开展的绿色金融工作的一部分，联合国环境规划署可持续金融体系设计研究项目对照这 7 个可选措施对杭州峰会之后的发展状况进行了全面回顾。虽然并非全面报告，但回顾结果显示绿色金融的发展势头在增强（联合国环境规划署可持续金融体系设计研究项目，2017）。回顾发现，这些发展可大致列入金融市场发展，旨在再分配资本、提高风险管理、增强透明度和澄清金融机构责任。它们对推动或加强绿色金融的诸多市场和政策倡议构成补充。表 1 是该项工作临时非详尽结果的定性概要。

绿色金融出现的方式越来越多，上面的涵盖范围很可能在未来会进一步扩展。例如，除了 G20 绿色金融研究小组涵盖的各方面，绿色保险以及数字金融创新的绿色化方面都出现了重大发展。

四、对进展的测度

“金融体系绿色化”的明确努力基本上都是近期发生的事。在一定程度上，关于这些努力的多数记录大致包含了对措施和活动的描述，而不是提供对其有效性的分析。部分描述基于“何种措施是有益的”这种由因及果的假设揭示相关影响。例如，这些记录认为，向市场提供更多环境影响信息能够增强贷款机构和投资者对环境方面的考量。因此，60 余家证交所通过参加“可持续证券交易所”（the Sustainable Stock Exchanges Initiative，SSE）承诺将可持续发展影响纳入上市公司的报告规定中，这被认为是“良好举措”。同样收到此评价的还有 2015 年由金融稳定理事会（Financial Stability Board）建

表 1　　G20 绿色金融行动计划说明性概要

G20 成员组织与国际行动	提供战略性政策信号与框架	推广绿色金融自愿原则	扩大能力建设学习网络	支持本币绿色债券市场发展	开展国际合作，推动跨境绿色债券投资	推动环境与金融风险问题的交流	完善对绿色金融活动及其影响的测度
阿根廷	×			×			
澳大利亚	×			×			
巴西		×				×	
加拿大	×			×	×		
中国	×	×	×	×	×	×	
法国	×	×		×	×	×	
德国	×		×	×		×	
印度	×			×	×		
印度尼西亚	×					×	
意大利	×						
日本				×			
韩国	×						
墨西哥	×			×			×
俄罗斯				×			
沙特阿拉伯							
南非					×		
土耳其							×
英国	×		×		×		×
美国							
欧盟	×				×		
国际	×	×	×	×		×	×

资料来源：联合国环境规划署可持续金融体系设计研究项目（UN Environment Inquiry），2017。

立的气候变化相关风险信息披露工作组（TFCD）的工作及其提出的工作方向。

但在目前，我们对于哪种绿色金融倡议代表着最大的潜力知之甚少，更不用说优选措施组合是什么或者其属于哪一种组合和序列。例如，2015 年，对约翰内斯堡证券交易所严格的可持续发展报告要求对投资决策的影响开展的调查显示，单独来看，此类措施的影响近乎于无（Goldstuck and Naidoo，2016）。再例如，中国的《绿色信贷指引》一直被强调为银行业监管机构旨在实现银行信贷绿色化的“软”干预最佳实践。事实上，相关证据显示，中国当前银行总信贷额中超过10%符合《指引》的相关要求，这与2007年《指引》推出时相比已是重大发展（绿色金融工作组，2015）。但是，如果说中国绿色信贷中有一个特定比例的增长明确归功于《指引》的推出，那么这一结论尚没有任何分析性证据加以支持，因为在这段时期，其他的发展情况可能也会产生重大影响，如环境监管执法的加强等。

联合国环境规划署曾试图根据其广泛的国别接触和研究组合达成几个初步、宽泛的方向性结论。在此方面，其强调了旨在增强金融体系与可持续发展结果整合的五项一系列活动，特别是推动绿色金融，详情请见表2。其基本要素涉及改善信息流、相关市场能力和整合激励。金融稳定理事会的气候变化相关风险信息披露工作组（TFCD）之类的倡议特别旨在推动第一项，但是在此过程中亦会推动后两项发展。同时，推动这些方面发展的还有G20绿色金融研究小组在2017年对提高环境风险评估和公共可用环境数据更有效利用的关注。鉴于动员绿色金融的紧迫性，更为激进的干预措施，如政策导向型金融和贷款人环境责任的扩大等都绝对是值得考虑的。但是相关的历史记录混杂一片。优点包括推动与政策契合的信贷和投资的更快速资本重新部署。缺点在于此类方法会导致资本的无效使用、呆账高企，以及在极端情况下造成金融失稳的风险大增。

五、可持续金融体系的愿景

我们有必要走出对绿色金融的狭隘测度，走向对金融体系与包容性绿色经济的需求整合进展的更广泛测度。迈向这个更为系统性的方法要求我们首先拥有对于未来有怎样一个可持续金融体系的愿景。虽然不存在创建一个可持续金融体系的单独蓝图或独一无二的路径，但联合国环境规划署与世界银行集团关于“可持续金融路线图”的持续工作突出了某些可能的特征以及考虑实现这一目标的方式（联合国环境规划署与世界银行集团，2017）。

表 2　　五项原则性方法的潜力比较

方法名称	当前实践	潜在影响	
强化市场实践	广泛使用，相对直接，适用于各国金融体系	致力于通过评估风险，提高财务收益率	辅以其他措施，可能具有缓慢、适度的影响
清理资产负债表	广泛使用，但是成本高昂	目的在于提高公共产品的财务收益率	一旦实施，非常有效，但由于公共资金有限，效果亦有限
政策导向的直接融资	历史较长，现在调整为可持续发展目标	对公共产品财务收益率的影响存在差别	可能成功，但产生意外后果的可能性更大
鼓励文化转型	应用不广，但潜力巨大，且对危机后管理有正面作用	财务收益率差别大	可能有效，特别是与政策导向和激励相联系，且与广大社会预期一致时
升级治理结构	应用最少	可有效增强以上措施的效果	

资料来源：联合国环境规划署可持续金融体系设计研究项目（UN Environment Inquiry），2015。

窗口 2　　迈向可持续发展金融体系的愿景

从政府和监管角度出发，可持续发展金融体系的特点包括：①政策协调：确保国际、国家、地区和次国家级金融监管机构与长期政策目标保持协调一致；②金融稳定性：确保面对环境和气候相关压力以及相关政策措施时的金融体系弹性；③公共财政：确保有限公共财政的有效使用，催化绿色金融的发展。

从民间金融市场角度出发，还包括：④原则、文化和信仰：确保金融体系敏感化，对于环境保护做出回应并从中得到回报；⑤市场完整性：确保有效透明性和责任制，支持金融业的行为；⑥创新和生机：确保创新融资工具和商业模式符合金融体系的目的；⑦长期融资：确保融资决定考虑到与环境相关的长期风险和机会；⑧信息和能力：确保对市场相关环境信息的有效流动和使用。

资料来源：联合国环境规划署与世界银行集团，2017。

在从愿景向实现愿景的具体进展措施的迈进过程中，很明显，起始点就是确定要求和流向，如一国绿色金融需求的范围以及绿色金融流量的当前有效水平，以及相关的存量（如绿色债券的存量）。目前可用的信息显示只有极少国家已经对绿色金融进行了任何系统性的测度，多数国家对绿色金融流量进行了一次性研究。多个中国机构开展了此类绿色金融研究，包括中国银监会和国家发改委开展的年度绿色信贷评估（Zheng，2015）。该研究总结认为，绿色投资的 GDP 占比已经从 2008 年的 2. 2% 升至 2012 年的 3. 1%，在 2012 年达到 2600 亿美元。此外，该研究还总结认为，市场化融资构成了对各部门投资的大头，从占可再生能源项目投资的 78% 到环境保护项目投资的 61%，份额不等。展望未来，该研究预测中国的绿色投资需求（根据包括能效在内的一组更大的范畴加以确定）在 2015 年为 28670 亿元（约合 4500 亿美元），其将在 2020 年增长至 29080 亿元（4650 亿美元）。虽然年增长率不大，但是年度投资的平均规模增速较快，其 GDP 占比将超过 3%。

2014 年，巴西银行联合会（Febraban）委托巴西经济智库瓦加斯基金会（Getulio Vargas Foundation）开展对巴西绿色金融流量的映射调查（瓦加斯基金会，2014）。他们使用了一种从银行/信贷、投资和保险与不可偿还资金（如亚马逊基金）—— 普遍的政策和自愿性承诺、环境、社会与公司治理（ESG）在流程中的整合，以及风险分析（如赤道原则）、主题投资（如可持续交通、可再生能源）和主题产品（如针对提高能效的直接贷款）等四个层面观察的方法。分析显示，银行资产负债表以及投资资产管理规模中有约 2 万亿美元属于一般承诺和原则投资，约有 670 亿美元属于主题投资标准。印尼金融监管机构——金融市场行为管理局（OJK）估算了银行的绿色信贷情况，涵盖可持续能源、可持续发展农业、绿色工业和生态旅游（2014）。金融市场行为管理局发现，2011 ~ 2013 年间，确定为绿色的信贷份额很小，在 2011 年仅占全年号称绿色信贷总额的 1. 2%。绿色信贷的份额在 2012 年略增至 1. 3%，2013 年略增至 1. 4%，达到 10. 2 万亿印尼盾。

但是，考虑到可持续发展面临的挑战，对于金融要求、流量和存量的估算无法为我们提供关于金融系统效率、有效性或弹性等整体状况的信息。他们与效率，即金融体系运转成本与其产出之间比率的联系大部分仍然未经深入研究，关于其与可持续金融的联系则完全未经过研究。有趣的是，在评估效率方面所开展的工作显示金融体系的效率在经过业务量巨额增长和支持性降成本技术的广泛应用期之后仍然未有提高，表明实际节约成本已经被寻租的中介机构所攫取（Philippon，2015）。

同样的，几乎没有数据或分析可以为金融体系在可持续发展，或者范围更窄的环境相关风险的定价和管理方面的有效性提供直接证据。许多研究指出金融风险定价与负面环境外部性范围之间存在着分歧，显示在市场中与社会化效率的成果之间存在差距。G20 绿色金融研究小组在其初期报告中强调了此点（G20 绿色金融研究小组，2016），而且根据环境风险在民间融资决策中并未进行有效定价的假设，提出了创建金融稳定理事会气候变化相关风险信息披露工作组的设想（TFCD，2016）。但是，这是否就意味着私营部门是在追求私营利益的时候对风险错误定价则是另外一件事。中国工商银行则公布了一份关于其环境风险评估方法的报告，强调了采取长期情境性方法的重要性，但是并未发现其资产负债表上重大风险定价失误的问题（ICBC，2016）。

同样，在金融体系弹性问题上，英格兰银行在对气候变化对英国本土银行业稳定性的影响进行审慎评估方面走在前列。其他中央银行则纷纷效仿，特别是在欧洲，在荷兰、欧盟、德国和瑞典央行均开展了类似的评估。这些高级别评估相应地总结认为，虽然存在失稳的风险，但目前其可能性微乎其微。他们认为更大的效应则会在很长时间之后爆发，届时恐怕已经超过他们的任期。正如英格兰银行行长马克·卡尼（Mark Carney）所说，“一旦气候变化成为金融稳定性的决定性问题，可能一切都已经太晚了”。

联合国环境规划署已经制定了初版的绩效框架（联合国环境规划署，2016a）。框架的基础是三大分析支柱：法规架构、市场行为和金融流量。架构下包括金融体系中可能会直接或间接加强可持续发展成果的所有法规、规章、政策、规范和标准。在这里，我们测度了“游戏规则”是否与可持续发展需求保持一致。在市场条件下，这种方法确认了市场机构行为的重要方面，基本上是市场参与者、做市商和金融服务如何与可持续发展需求整合。在流量下，关键测度手段是从年度流量和整体资产存量两个方面考虑资本向可持续及不可持续活动的分配。

六、结论与后续措施

金融体系的绿色化是一项正在进展之中的工作，前进的方向已经确定无疑，但尚不清晰的地方在于这些变化需要达到怎样的深度、未来发展情况如何以及时限会有多长。初期阶段的创新显示金融体系的绿色化可以通过提高金融和资本市场效能、有效性以及弹性的措施，将环境因素纳入整个金融体系的决策中。与能力发展相关的改进信息流正是利用各种唾手可得的机会的象征和实践，这一点与绿色债券市场的发展如出一辙。与能力发展相关联的信息流量增强就是人们充分利用各种易得良机的标志和实践，这一点从绿色债券市场的发展即可窥斑见豹。更具挑战性的工作在于解决那些高要求的改变，这些改变超出了上述的基础要素，而是寻求克服更多的地方性问题，如只注重短期效益的思维方式以及对高杠杆比率的部门内贸易的过度倚重或对流动性效益的过高估值等。改变今天的现代金融体系的这类特点要求人们采取具有重大意义，但通常而言不受欢迎的行动。

我们需要沿着依具体情况而定的路径采取干净漂亮的行动，四两拨千斤，以最小的行动促成广泛的改变，而且我们有很多此类行动的范例，都有着很积极但尚不确定的结果。在解决这些复杂发展情况，为国际社会提供一个具体的行动时间表时，联合国环境规划署与世界银行集团制定“可持续金融路线图”的持续工作强调六个领域需要特别取得进展。

（1）治理政策、原则、法令和文件。国际和国家级关键金融部门政府机构需要通过相关原则的运用、法令的再阐释和调整以及已有和新设制度与文件开发贯彻执行政策协调。

（2）国家可持续金融路线图。旨在协调金融体系发展与政策目标的雄心勃勃的国家举措是可持续金融体系的构成要素，并因而可以发挥经验、鼓励领导力并支持国际合作。

（3）产品、商业模式和技术。绿色金融产品和资产类别，如绿色债券，确立了新的和整合后的市场机会，以及在此之外的潜在商业模式创新，后者则通常由新一代数字技术推动，其中包括金融科技、大数据、人工智能和物联网等。

（4）信息、能力与激励措施。市场相关环境信息的流动能增强金融机构在决策中有效利用此类信息的能力，并激励它们在实践中继续利用此类信息。

（5）可持续发展的公共融资和相关政策行动。无论是来自发展金融机构、通过财政政策还是借助公共采购，公共财政有效的国内国际流量对于支持可持续金融体系必不可少。

（6）测度进展。加强追踪绿色金融流量，并将流量与市场行为、特征和架构进行联系的能力，将使对可持续发展的考量嵌入到金融体系表现的评估中。

参考文献

[1] Alexander, K. (2014) Stability and Sustainability in Banking Reform: Are Environmental Risks Missing in Basel III? University of Cambridge and UN Environment Finance Initiative, Cambridge (http://www.unepfi.org/fileadmin/documents/StabilitySustainability.pdf)

[2] Bank of England (2015) The Impact of Climate Change on the UK Insurance Sector, Bank of England, London (http://www.bankofengland.co.uk/pra/Documents/supervision/activities/pradefra0915.pdf)

[3] Bourdon, J., McDaniels, J. and Robins, N. (2016) The United Kingdom: Global Hub, Local Dynamics, UN Environment Inquiry, Geneva (http://unepinquiry.org/wp-content/uploads/2015/10/UK_Global_Hub_Local_Dynamics.pdf)

[4] California Department of Insurance (2016) "California Insurance Commissioner Dave Jones Calls for Insurance Industry Divestment from Coal" (http://www.insurance.ca.gov/0400-news/0100-press-releases/2016/statement010-16.cfm)

[5] Coady, D, Parry, I, Sears, L. and Shang, B. (2015) How Large Are Global Energy Subsidies? IMF Working Paper, IMF, Washington, D. C.

[6] De Nederlandsche Bank (2016) Time for Transition: Towards A Carbon-neutral Economy, DNB, Amsterdam (http://www.dnb.nl/en/news/news-and-archive/dnbulletin-2016/dnb338533.jsp)

[7] Development Research Centre of the State Council and the International Institute of Environment and Development (2015) Greening China's Financial System, International Institute of Environment and Development, Geneva

[8] Forstater, M. and Zhang, N. (2016) Green Finance: Definitions and Concepts, background note prepared for the G20 Green Finance Study Group, UN Environment Inquiry, Geneva (http://unepinquiry.org/publication/definitions-and-concepts-background-note/)

[9] FGV (Getulio Vargas Foundation) (2014) The Brazilian Financial System and the Green Economy Alignment with Sustainable Development, FGV/UN Environment Inquiry. (http://unepinquiry.org/wp-content/uploads/2015/10/brazilianfinancialsystemgreeneconomy_febraban-gvces_april2015.pdf)

[10] G20 Green Finance Study Group (2016) G20 Green Finance Synthesis Report, G20 Green Finance Study Group (http://unepinquiry.org/wp-content/uploads/2016/09/Synthesis_Report_Full_EN.pdf)

[11] Goldstuck, A. and Naidoo, S. (2016) The Experience of Governance Innovations in South Africa, UN Environment and Global Green Growth Institute, Geneva (http://unepinquiry.org/publication/south-africa-3/)

[12] Green Finance Task Force (2015) China Green Finance Task Force: Green Banking System, UN Environment and the People's Bank of China, Geneva (http://unepinquiry.org/publication/china-green-banking)

[13] Greenhill, R., C. Hoy, P. Carter and M. Manuel (2015) Financing the Future: How International Public Finance Should Fund a Global Social Compact to Eradicate Poverty, Overseas Development Institute, London

[14] Group of 30 (2015) Fundamentals of Central Banking: Lessons from the Crisis, Group of 30, Washington, D. C. (http://group30.org/images/uploads/publications/G30_FundamentalsCentralBanking.pdf)

[15] Hall, P. A. (1993) "Policy Paradigms. Social Learning, and The State: The Case of Economic Policymaking in Britain", Comparative Politics, 25 (3), 275-296.

[16] Halle, M., Forstater, M. and Zadek, S. (2016) Green Finance for Developing Countries, UN Environment Inquiry, Geneva (http://unepinquiry.org/wp-content/uploads/2016/08/Green_Finance_for_Developing_Countries.pdf)

[17] ICBC (2016) Impact of Environmental Factors on Credit Risk of Commercial Banks, ICBC, Beijing

[18] Institute for Climate Economics (2015) France's Financial (Eco) system, UN Environment, Geneva (http://unepinquiry.org/wp-content/uploads/2016/02/France_Financial_Ecosystem.pdf)

[19] Intergovernmental Committee of Experts on Sustainable Development Financing (2015) Report of the Intergovernmental Committee of Experts on Sustainable Development Financing, UNDESA, New York

[20] Kidney, S. and Sonerud, B. (2015) Scaling up Green Bond Market for Sustainable Development, UN Environment Inquiry/CBI, Genva (http://unepinquiry.org/wp-content/uploads/2015/12/GB-Public_Sector_Guide-Final-1A.pdf)

[21] Kuhn, T. S. (2012) The Structure of Scientific Revolutions, University of Chicago Press, Chicago

[22] Mackintosh, S. (2016) Making the Jump: How Crises Affect Policy Consensus and Can Trigger Paradigm Shift, UN Environment Inquiry Working Paper, UN Environment, Geneva (http://unepinquiry.org/wp-content/uploads/2016/02/Making_the_Jump.pdf)

[23] OJK (2014) Roadmap for Sustainable Finance Indonesia 2015-2019, Otoritas Jasa Keuangan, Jakarta

[24] People's Bank of China and UN Environment Inquiry (2015) Greening China's Financial System, UN Environment Inquiry, Geneva

[25] People'sBank of China (2016) Guidelines for Establishing a Green Financial System, PBoC, Beijing (http://www.pbc.gov.cn/english/130721/3133045/index.html)

[26] Philippon, T. (2015) "Has the US Finance Industry Become Less Efficient? On The Theory and Measurement Of Financial Intermediation", The American Economic Review, 105 (4), 1408-1438.

[27] PRI (2016) Credit Ratings Agencies Embrace More Systematic Consideration of ESG, Principles for Responsible Investment, London (https://www.unpri.org/press-releases/credit-ratings-agencies-embrace-more-systematic-consideration-of-esg)

[28] Rahman, A. (2014) Inclusive Finance and Sustainable Development, Bangladesh Institute of Bank Management, Dhaka

[29] Sampaio, R., Diniz E., Porto, A. J. M. and Lopes, L. D. M. (2016) Lenders and Investors Environ-

mental Liability: How Much is Too Much? Fundaãço Getulio Vargas and UN Environment Inquiry, Geneva (http: //unepinquiry. org/wp – content/uploads/2016/04/Lenders_ and_ Investors_ Environmental _ Liability. pdf)

[30] Sustainable Finance Lab (2015) Design of a Sustainable Financial System: Input to UNEP Inquiry, UN Environment Inquiry, Geneva (http: //unepinquiry. org/wp – content/uploads/2015/10/Design_ of_ a_ Sustainable_ Financial_ System_ Netherlands_ Input_ to_ the_ UNEP_ Inquiry. pdf)

[31] Swiss Federal Office of the Environment (2015) Design of a Sustainable Financial System: Input to UNEP Inquiry, FOEN, Bern (http: //unepinquiry. org/wp – content/uploads/2015/04/Design_ of_ a_ Sustainable_ Financial_ System_ Swiss_ Team_ Input_ into_ the_ UNEP_ Inquiry. pdf)

[32] Thimann, C. and Zadek, S. (2015). New Rules for New Horizons: Report of the High Level Symposium on Reshaping Finance for Sustainability, UN Environment Inquiry/AXA (http: //unepinquiry. org/wp – content/uploads/2015/04/New_ Rules_ for_ New_ Horizons. pdf)

[33] UNCTAD (2014) World Investment Report 2014 – Investing in SDGs, UNCTAD, Geneva

[34] UN Environment Inquiry (2017) Green Finance – Progress across the G20 – 2016 – 2017, Prepared for the G20 Green Finance Study Group, UN Environment Inquiry, Geneva

[35] UN Environment Inquiry (2016a) The Financial System We Need: From Momentum to Transformation, UN Environment Inquiry, Geneva (http: //unepinquiry. org/publication/the – financial – system – we – need – from – momentum – to – transformation)

[36] UN Environment Inquiry (2016b), Financing Sustainable Development: Moving from Momentum to Transformation in a Time of Turmoil (with Foreword by Peter Thomson, President of the UN General Assembly), UN Environment Inquiry, Geneva (http: //unepinquiry. org/publication/financing – sustainable – development/)

[37] UN Environment Inquiry (2015) The Financial System We Need: Aligning the Financial System with Sustainable Development, UN Environment Inquiry, Geneva (http: //unepinquiry. org/publication/inquiry – global – report – the – financial – system – we – need/)

[38] UN Environment Inquiry and FICCI (2016) Designing a Sustainable Financial System for India, UN Environment Inquiry, Geneva (http: //unepinquiry. org/wp – content/uploads/2016/04/Delivering_ a_ Sustainable_ Financial_ System_ in_ India. pdf)

[39] UN Environment Inquiry and IFC (2015) Aligning Kenya' s Financial System with Inclusive Green Investment, UN Environment Inquiry, Geneva (http: //unepinquiry. org/wp – content/uploads/2015/11/Aligning_ Kenya – – – s_ Financial_ System_ with_ Inclusive_ Green_ Investment_ Full_ Report. pdf)

[40] UN Environment Inquiry and Smith School of Enterprise and the Environment (2014) Financial Dynamics of the Environment Risks, Impacts, and Barriers to Resilience, Smith School, Oxford (http: //unepinquiry. org/wp – content/uploads/2015/04/Financial_ Dynamics_ of_ the_ Environment_ Risks_ Impacts_ and_ Barriers_ to_ Resilience. pdf)

[41] UN Environment and World Bank Group (2017) Roadmap for a Sustainable Financial System: Summary for Consultation, UN Environment Inquiry/World Bank, Geneva (http: //unepinquiry. org/wp – content/uploads/2017/04/Roadmap_ for_ a_ Sustainable_ Financial_ System_ Summary. pdf)

[42] Usher, E., Yasui, Y. and Yacob, L. (2016) Connecting Financial System and Sustainable Development: Market Leadership, UN Environment Finance Initiative, Geneva (http: //www. unepfi. org/

wordpress/wp – content/uploads/2016/11/MKT – LEADERSHIP – REPORT – AW – WEB. pdf)

[43] V20 (2016) V20 Press Release – 6 October 2016, V20, Washington, D. C. (http://www. thecvf. org/wp – content/uploads/2016/10/V20 – Press – Release – 3rd – Ministerial – Dialogue – 06 – 10 – 2016. pdf)

[44] Zadek, S. (2016) "Imagining a Sustainable Financial System", in Dominic Barton et al (2016) Re – Imagining Capitalism, Oxford University Press, Oxford: 193 – 206

[45] Zheng, Z. (2015) "Demand for Green Finance", in Greening China's Financial System, People's Bank of China and UN Environment Inquiry (2015)

搁浅资产的风险与机遇

本·凯德科特（Ben Caldecott）　尼克·罗宾斯（Nick Robins）

概　要

不同技术、产品与商业的沉浮对不断提升健康并正常运转的市场的产出至关重要。这一过程会产生“搁浅资产”，即因意外或过早减记、贬值或转化为负债而受损的资产[①]。因此，搁浅资产是动态经济体系具有定期性且必然的特征，是经济增长、转型和创新过程中的“创造性毁灭”所固有的现象[②]。

有证据表明，由于地区和全球的环境边界被打破，很多部门和地域的资产价值已受到了影响。影响因素包括物理气候变化、自然资本退化、新环境法规出台、清洁能源技术发展、资源限制、社会行为规范演变和诉讼案件等[③]。这些与环境相关的现有的和新出现的风险可能预示着大的断层，以致深刻改变诸多部门的资产价值[④]。比如中国的空气污染和水资源匮乏问题正对煤炭发电造成威胁，这已经改变了对煤炭的需求，并影响了全球煤炭价格[⑤]；美国的页岩气革命给欧洲的煤炭价格带来了下行压力，使新建的高效天然气厂搁浅[⑥]；对化石燃料撤资使一些特定公司难以获得社会认可，可能增加资金成本[⑦]。

---

①④ Caldecott，“搁浅资产项目”。

② Schumpeter 普及的术语，见 Reinert and Reinert，2006。

③ Caldecott and Mcdaniels，2014a。

⑤ Caldecott，Tilbury and Ma，2013a。

⑥ Caldecott and Mcdaniels，2014b。

⑦ Ansar，Caldecott and Tilbury，2013。

很显然，中国摆脱高污染、资源密集型经济发展模式，建设“生态文明”的战略决策，将对现有资产和未来的资本投资方向产生影响。对某些公司和部门来说，这会带来一定的问题，但未必会限制中国的经济发展，而且有可能有助于中国实现其多重连锁目标，包括解决不平等问题、确保可持续增长、增加国内消费、改善社会基础设施等。

考虑到中国的经济发展水平、经济增速目标及人们对可持续性的关注，其中一个机遇是寻求一个最优的资产搁浅率。资产周转率过低会使中国拥有远落后于技术前沿而生产效率低下的资产；而资产周转率过高则会给企业和金融机构带来无法管控的损失，并出现因失业和企业倒闭而导致的棘手的社会问题。在产生污染的同时，效率低下的资产会破坏可持续发展及经济的长期增长。

与此有关的另一个方面是避免锁定效应。中国应该避免投资有可能很快被社会淘汰或从社会角度来说不适合的技术和基础设施。考虑到日益受关注的空气污染和水资源匮乏问题，以及可获得的具有成本竞争优势的可选方案，新建的亚临界燃煤电站就是一个例子。这种锁定效应会使社会付出高昂的代价，并且会套牢本可有效用于其他地方的资本。

转型路径的特征也非常重要。理想的情况应该是：其他领域创造的新价值能够足以抵消资产搁浅造成的价值损失，并且能够实现平稳的过渡。如果不能实现平稳渐进的过渡，转型将很难获得政治和社会支持。对搁浅资产进行分析将有助于展示转型路径的潜在特征，并且有助于识别出不同行业中的成功者和失败者。通过识别受影响的群体，尤其是那些受到负面影响的群体，从而能够有目标性地提供转型过程中需要的帮助，这也是能够保证转型赢得持续支持的一种方式，因为在整个转型过程中可能有很多公司遭受严重损失。

对金融体系而言，通过更好地了解导致资产搁浅的环境风险的重大性及金融体系各个方面的风险暴露程度，将帮助监管者更好地管理造成金融系统不稳定的各种不同情景。在金融机构内，披露环境风险并对其进行更为合理的定价，可以提高风险管理和对冲水平，并且还有可能提高系统弹性和投资组合绩效。环境风险暴露程度较高的资产所具有的更高的风险溢价还可能带来附加效益，即将资本从那些可能被视为环境不可持续的部门退出转而投向更符合中国发展清洁、可持续经济愿景的资产。

为鼓励金融机构采取审慎的做法，监管者所要求的压力测试也可以延伸应用到导致搁浅资产的环境风险上。比如，碳压力测试可以评估快速形成的有效碳价对投资组合带来的影响①。另外，考虑到环境风险可能会影响到金融机构的资产基础（取决于在多大程度上贷款给脆弱/高风险行业的客户），对暴露于高环境风险的资产提出更高的资本要求或许是有好处的。

除了对金融市场的影响之外，环境风险和搁浅资产还会对公司的战略产生影响。暴露于环境风险因素之下或依赖于具有此类风险敞口的客户的企业可能需要改变其商业模式，应对新兴环境风险能力较强的公司可能会渐渐获得明显的竞争优势。

一、搁浅资产和向绿色经济转型

不同技术、产品与商业的沉浮对不断提升健康并正常运转的市场的产出至关重要。这一过程会产生“搁浅资产”，即因意外或过早减记、贬值或转化为负债而受损的资产②。因此，搁浅资产是动态经济体系具有定期性且必然的特征，是经济增长、转型和创新过程中的“创造性毁灭”所固有的现象③。这一动态过程会给个人和公司带来风险，并且由于宏观经济的多面性，还会产生行业或潜在的系统性影响。

监管变化是资产搁浅的驱动因素之一：在受到监管的市场上，决策者和监管者有能力改变“游戏规则”，迅速创造出新的成功者和失败者，对已经投入的资本产生巨大影响。事实证明，在电力行业，这是一个很严重的问题，运行周期较长的大规模资本密集型基础设施投资经常会受到影响。20 世纪 90 年代，美国和欧盟的公用设施领域引入的竞争机制，对监管经济理论形成了巨大挑战④。沉没成本是否应该被视为合理“搁浅”，对于考量经济或社会是否有意愿补偿公司不可回收的投资的损失具有重要的意义。竞争政策引入之

① 见 Kapoor，Oksnes and Hogarth，2011。

② Caldecott，“搁浅资产项目”。

③ Schumpeter 普及的术语，见 Reinert and Reinert，2006。

④ Cearley and Mckinzie，1994；Michaels，1994；Baumol and Sidak，1995；and Kolbe and Tye，1996。

后，可再生能源利用和气候政策等监管方面的发展，已经使电力行业背景下的搁浅资产问题超出了最初的问题。

过去20年间，在环境变化的背景下，与技术创新、投资者行为和业务弹性相关的问题越发重大。国际气候政策的出台和为环境外部性定价引发了人们对碳密集型技术“锁定效应”的担忧[①]。由于局地和全球的环境边界概念被打破，各大部门和地域的资产价值均已受到影响。其驱动因素包括物理气候变化、自然资本退化、新环境法规出台、清洁能源技术发展、资源限制、社会行为规范演变和诉讼案件等[②]。这些与环境相关的现存的和新出现的风险可能预示着大的中断，从而深刻改变诸多部门的资产价值[③]。比如中国的空气污染和水资源匮乏问题便对煤电部门造成了威胁，已经改变煤炭的需求结构，并影响了全球煤炭价格[④]；美国的页岩气革命给欧洲的煤炭价格带来下行压力，使新建的高效天然气厂搁浅[⑤]；对化石燃料撤资使一些特定公司难以获得社会认可，可能需要增加资本成本[⑥]。

这些风险因素和其他与环境有关的风险因素会严重影响不同类别的资产未来创造价值的能力，包括实物资产、金融资产、自然资产和无形资产[⑦]。因此，搁浅资产的前景问题最近已成为关注的领域[⑧]。

除了直接的经济损失之外，搁浅资产还会对决策产生影响。如前所述，环境风险的实际影响和潜在影响已开始引起人们的注意，这可能会对资产分配决策和风险管理产生长远影响——这种影响将波及个人、公司、基金经理、资产所有人，以及政府。

（一）搁浅资产，不可燃碳：碳资产风险的发展

20世纪80年代后期，从事气候和可持续问题研究的学者和机构就开始意

---

① Unruh，2000。

② Caldecott and Mcdaniels，2014a。

③⑦ Caldecott，“搁浅资产项目”。

④ Caldecott，Tilbury and Ma，2013a。

⑤ Caldecott and Mcdaniels，2014b。

⑥ Ansar，Caldecott and Tilbury，2013。

⑧ For example：Caldecott，2011；Caldecott，“搁浅资产项目”；碳追踪计划组织，2011；一代人的投资管理，2012，2013；HSBC，2012，2013；Mckibben，2011；标普，2013。

识到，环境政策和规章制度可能会对化石燃料公司的价值或盈利能力产生负面影响，使它们遭受损失[①]，并从21世纪开始，这种影响蔓延速度进一步加快。根据全球“碳预算”概念[②]，即向大气排放的二氧化碳（CO_2）累计每达到1万亿吨，全球温度就会上升2度，可以推算出什么时候会出现这种局面。当已经燃烧的化石燃料和待燃烧的碳储量总和超过碳预算时，气候、化石燃料储备的价值及与之相关的高碳基础设施必有一方不得不做出牺牲。

这个学术界的讨论已经上升为投资和政策议题，特别是在2011年碳追踪计划组织（CTI）发表了题为《不可燃碳：世界金融市场是否存在碳泡沫?》的报告之后，环境学家比尔·麦基宾对该报告的研究成果进行了广泛宣传[③]。“不可燃碳”[④]是指为使碳总量处于碳预算范围之内而必须保留在地下的那部分化石燃料储量。“不可燃碳”概念量化了在气候政策规定的严格碳制约下全球能源公司的上市价值与其潜在商业化程度间的脱钩程度。

许多知名人士态度鲜明地表示“不可燃”化石燃料储备可能会变成搁浅资产，这引发了有关化石能源投资风险的激烈讨论[⑤]。比如，汇丰银行2012年得出的研究结论是：作为向低碳经济转型的必要条件之一，全球煤炭消费峰值将出现在2020年，届时，伦敦证券交易所现有的碳资产股票价格会下跌44%[⑥]。数万亿美元的“碳泡沫”可能会对全球经济产生系统性影响的论点已经引起了不同的反应，有完全支持的，也有全盘否定的[⑦]。但尽管如此，该论点还是加快了化石燃料撤资运动的步伐，以及投资者与大型上市化石燃料公司的高层接触[⑧]。

（二）一系列的环境风险

最近的发展表明，各种环境风险（不仅限于与政策实施进行的碳约束相关的风险）都可能会对今天的资产产生巨大影响，而且这些风险很可能会随

---

① IPCC，2001；IEA，2008。

② Krause，Backh and Koomey，1989。

③ Mckibben，2011。

④ 碳追踪计划组织，2011。

⑤⑧ Ansar et al.，2013。

⑥ HSBC，2012。

⑦ 气候变化资本，2012；环境审计委员会，2014a；King，2012；Weitzig et al.，2014。

着时间的推移而大幅增加。凯德科特等人（2013 年）提出了可能导致资产搁浅的不同环境风险的分类法（见表 1）[①]。不同类别的环境相关风险统称为“环境风险”，因为每一种风险都与环境保护和环境变化有关，且不同类型的风险之间具有潜在的关联和联系，尽管它们相互依存的程度还有待确定，而且也是未来研究的一个重要领域。

表 1　　环境风险分类

总　类	分　类
环境变化	气候变化、自然资本耗减与退化、生物多样性损失和物种丰富度下降、空气污染、土地污染和水污染、栖息地遭破坏、淡水减少
资源状况	油、汽、煤及其他矿产和金属的价格和可获得性，如页岩气革命、磷酸盐可用性、稀土金属等
政府监管	碳定价（通过税收和制定贸易计划）；补贴方案（如补贴化石燃料和可再生能源）；空气污染法规；自愿和强制披露要求；改变责任制和施行更为严格的经营许可要求；“碳泡沫”和国际气候政策
技术变化	清洁技术成本降低（如太阳能光伏、海上风电）；颠覆性技术；转基因生物学；电动车
社会规范和消费者行为	化石燃料撤资行动；产品标识与认证制度；消费者偏好转变
诉讼和法定解释	碳责任；诉讼；损害赔偿；现行法律适用性和解读方式转变

注：此表基于 Caldecott，Howarth 和 McSharry 的观点，2013。

资料来源：凯德科特等（2013）。

资产受上述环境风险影响的案例有很多，有的受单一风险的影响，有的受多种风险的共同影响[②]。来自保险部门[③]和对于特定风险（比如由气候监管带来的风险）[④] 的研究等证据表明，这些风险的严重程度正在加深，生成的速度也在加快。

政治经济：环境风险可能会在各领域催生新的成功者和失败者，并且可

---

① Caldecott，Howarth and McSharry，2013；Caldecott，“搁浅资产项目”。

② Caldecott，Tilbury 和 Carey，2014。

③ Munich RE，2014。

④ Nachmany et al. ，2014。

能以意料之外的方式。从公司战略的角度去了解公司如何应对搁浅资产的问题有助于审视气候政策和环境监管的潜在影响。

价值风险：潜在的价值风险及不同层面（投资、商业模式、发展战略等）、不同部门和不同地域的风险都非常重大。

无社会效益的资产搁浅：从社会效益和政策的角度，锁定和无效率的转型都不是所期望的。对迈向更具可持续性的全球经济转型的过程进行优化（顺利实现价值创造抵消价值毁灭的过程）是围绕搁浅资产讨论的非常重要的一点。

风险管理与对冲保值：了解潜在的风险有助于提高公司的风险管理水平和风险对冲能力，这一点对资产所有者和基金经理非常重要。更加清楚地了解搁浅资产在决定公司价值中的作用可以在一定情况下增强投资组合的弹性。

商业战略：暴露在这些风险之下的公司或依赖具有此类风险敞口的客户的公司可能需要考虑对其商业模式的影响。

对政策制定者和金融机构来说，非常关键的一点是了解这一系列的风险因素（从地方到国际环境监管、物理上资源压力之间的关联，以及技术创新和社会预期改变等）如何集中的危及到有价值的资产。

二、搁浅资产的国际经验

不同行业的企业竞争力都会受到环境风险的严重影响，要么直接影响其自身资产基础，要么影响其竞争对手的资产基础。资产搁浅可能以不同的方式影响公司的价值。下面将列举五个由环境风险在不同行业造成或可能造成资产搁浅的案例。

案例 1：美国的煤炭资产

2014 年 6 月 2 日，美国环保局公布了到 2030 年将美国发电厂的二氧化碳排放量在 2005 年的基础上减少 30% 的新提议。建议将减排目标落实到每一个州，让各州自行选择实现目标的方式。尽管目前的排放量已经比 2005 年下降了 15% 左右，但预计该建议将会对美国的能源产业产生巨大影响，特别是煤炭产业，因为美国燃煤电厂的排放量占全美电厂总排放量的74%[①]，而其发电量只占全美总发电量的39%[②]。不过，早在环保局提出新建议之前，美国的煤炭资产由于诸多原因就已经开始变成经济效益低下的资产。

2013年，作为马萨诸塞州主要排放源的布雷登角发电厂（Brayton Point Station）宣布于2017年关闭，尽管新英格兰ISO表示需要该电站满足电力需求[③]。新英格兰ISO是负责监督新英格兰地区大型电力系统和输电线路运行情况的一个独立的地区性电力输送组织。布雷登角电厂的原业主曾投入11亿美元安装了新的污染控制系统，但据预计，2014年会亏损300多万美元。这主要是因为天然气价格低下，许多燃煤的老电厂已经无利可图，即使投入大量资金也难以改观[④]。提早引退是美国火电行业一大趋势。从2009~2013年，美国燃煤电厂的产能关闭了2080万千瓦，占2009年全美火电总量的6.2%，另有3070万千瓦已做出“退役安排”。大多数的估计显示，到2020年，火电产能还将进一步减少2500万~10000万千瓦[⑤]。比如，美国能源信息管理局（EIA）的预测是，到2020年美国的煤电产能将关闭6000万千瓦；弗莱施曼（Fleischman）等人的研究认为，除了已宣布2025年前退役的2800万千瓦之外，另有5900万千瓦的退役时机也已经“成熟”。Synapse能源经济学公司所做的一项研究给出的数字还要高得多。该研究认为，考虑到冷却水、污水控制和煤灰等各项成本，可能要退役的产能在22800万~29500万千瓦之间[⑥]。

美国页岩气的迅猛发展是导致煤炭资产搁浅的主要推手之一，因为页岩气已经成为比煤更便宜、更清洁的替代品。彭博新能源财经报告预言，美国的天然气价格在2024年以前会一直保持低水平［每百万英制热单位（MMBTU）5美元以下］。该报告预测，美国燃气发电行业产能到2030年将增加到13400万千瓦[⑦]。煤炭面临的进一步挑战来自于日益风靡的可再生能源：在过

---

① EIA，2013，表12.6。

② EIA，2014，表7.2a。

③ See ISO New England，2014。

④ Fleischman 等，2013。

⑤ Ibid。

⑥ Knight 等，2013。

⑦ BNEF，2013。

去的 30 年里，风电成本已经下降了 80% 左右[①]；另外，由于制造成本的大幅下降，太阳能光伏发电的成本也一直在快速下降，从而使美国的光伏发电能力达到了 890 万千瓦[②]；到 2030 年，美国的房顶太阳能光伏装机容量预计会增加到占全美综合发电总装机容量的 10%[③]。

奥巴马政府曾经预期，到 2030 年，美国 30% 的电力供应仍来自煤炭[④]。然而，大量投资现在已经搁浅，而且煤炭产业已经认识到将会面临更大的风险：美国电力公司董事会主席兼首席执行官尼克·阿特金斯（Nick Atkins）2014 年 5 月承认，"既做到不搁浅我们所作的投资，又要确保电网在整个转型过程中可靠运行是我们面临的一个非常严峻的问题"[⑤]。

案例 2：欧洲电力行业转型和联合循环燃气涡轮机发电厂（CCGT）[⑥]

2013 年间，欧盟大批新建的高效联合循环燃气涡轮机发电厂被过早地关闭或封存，但煤炭却保留了其市场份额，或获得市场份额。在诸多影响因素的共同冲击下，燃气电厂的效益远不如燃煤电厂。这些影响因素包括：金融危机导致电力需求下降，可再生能源进一步扩大能力需求并导致价格变动幅度增大，碳价格缺乏刺激力度，美国页岩气飞速发展导致煤炭价格低廉。

面对低迷的市场状况，许多电力生产部门都在快速封存联合循环燃气涡轮发电机。据估计，欧盟最近被封存的发电能力为 5100 万千瓦，60% 的燃气发电设施没有收回固定成本，三年内或被关闭[⑦]。重要的是，最近被封存的大量燃气发电设施都是在最近 10 年内建成或具备发电能力的。一些新建的高效机组，比如斯特克雷富特公司（Statkraft）43 万千瓦的 Knapsack 2 号机组和瑞典大瀑布公司（Vattenfall）130 万千瓦的 Magnum 机组，刚刚试运行之后就被封存[⑧]。

封存行动已使燃气电站的资产价值严重缩水。据欧盟前 16 名发电企业报

---

①② Fleischman 等，2013。

③ BNEF，2013。

④ Jopson，2014。

⑤ quoted by Chegiak and Polson，2014。

⑥ 基于 Caldecott 和 McDaniels 的观点，2014b。

⑦ IHS CERA，2013。

⑧ Ibid。

告称，2010～2012年间，发电资产损失146亿欧元[①]，而到了2013年，令人注目的封存行动主要殃及欧盟的燃气资产，其中包括：法国燃气苏伊士集团（GDF Suez）损失20亿欧元，瑞典大瀑布公司损失17亿欧元。最近资产搁浅事件加快了公用事业整体股票指数和市场资本总额的下行趋势，摩根斯坦利国际资本公司（MSCI）公用事业指数自2008年以来损失了5000亿欧元正是一大佐证[②]。随着信用评级的下调、为保护资产负债的规模而修改红利分配方案，一些大型公用事业部门已经大幅度削减了原计划的生产能力投资，从而增加了人们对制度安全的担忧和欧盟国家停电风险。

尽管还不清楚联合循环燃气涡轮发电厂搁浅对欧盟能源市场有何长期影响，但最近提出的建立容量机制的种种建议已使人们清晰地看到了搁浅资产对公用事业和政策走向的重要影响。联合循环燃气涡轮发电厂资产搁浅对企业资产负债表、股东回报、信贷、乃至整个公司价值所产生的系列影响，都警示了各式各样与可持续发展相关的风险因素是如何迅速造成意想不到的结果。这些因素包括：技术创新（页岩气）、社会规范（关于核能）、监管措施（可再生能源目标与空气污染管制）等等。

案例3：碳供应成本曲线

上游石油产业[③]可能会面临双重挑战：一方面，现行和潜在的气候监管措施导致“碳危机”的发生；另一方面，日益昂贵且难以攫取的资源储备、与日俱增的技术风险及新生的地缘政治风险共同构成“成本压力”。这些因素均会导致新储备投资的搁浅。

为使实现全球变暖幅度控制在2℃以内具有八成可能性，碳追踪计划组织（CTI）预测，假设非二氧化碳排量减少，那么到2050年，全球“碳预算”是900 $GtCO_2$[④]。如果燃油排放占全球排放总量保持40%左右，那么与燃油有关的碳预算将为360 $GtCO_2$。碳追踪计划组织估计，到2050年，石油储量可以

---

① EY，2013。

② Economist，2013。

③ “石油”包括原油、浓缩物和NGLs：见碳追踪计划组织2014，p. 26。

④ 碳追踪计划组织，2013，p. 4。

满足相当于目前需求量 1.8 倍的供应能力[①]。该组织认为，如果全球气候变化协议达成，相当大一部分储量就会变成搁浅资产。

另外，生产成本和资本性支出也在迅速上升。自 2000 年以来，石油产业的投资已经上升了 180%，而全球石油供应只增加了 14%[②]。安永（EY）对 75 家石油公司进行的调研发现，全球资本性支出在 2012 年增加了 13%，但综合效益却下降了 16%[③]。这反映出页岩油、致密油、油砂等“非传统”油生产增加，也反映出“传统”油生产向深水项目转型的趋势。即便是成本较低的项目也会遇到较高的技术风险和地缘政治风险。高盛公司把技术风险划分为 5 类：水深风险、环境/地理/气候风险、技术依赖性风险、地质问题风险、基础设施依赖性风险。该公司在新项目的数据库中发现，技术风险会“上升到前所未有的程度”[④]。另外，从现在到 2025 年，油气公司计划在面临地缘政治风险的国家的资本性支出高达 2150 亿美元。高盛公司把这些风险定位为“高风险”或“极高风险”[⑤]。

碳追踪计划组织 2014 年的报告利用成本曲线来分析该成本压力，成本曲线是根据生命周期排放来推算累积油气生产的碳供应。他们用保本油价（BEOP）对项目进行了分析，也就是当净现值为零，内部收益为 10% 时的油价。在此基础上，通过对需求预测和全球供应曲线进行合并分析，从而估算出关键 BEOP 的水平，并研究不同的需求背景下的边际 BEOP 价格[⑥]。BEOP 超过每桶 80 美元（95 美元/桶 + 市场价）的项目在碳需求低的情况下最容易搁浅[⑦]。

案例 4：农产品价值链[⑧]

作为一种资产类别，最近农产品价格的飙升激发了人们对农业资产的兴

① 碳追踪计划组织，2014，p. 32。

② Ahmed，2014。

③ Chazan and Crooks，2013。

④ Goldman Sachs，2013，p. 120 ~ 123。

⑤ Goldman Sachs，2013，p. 126。

⑥ 碳追踪计划组织，2014，p. 16。

⑦ Ibid，p. 46。

⑧ 基于 Caldecott，Howarth 和 McSharry 的观点，2013。

趣，从而也导致农田等相关资产升值，使资金流向需要大量投资的增产项目。但与此同时，农业领域的环境风险也达到了前所未有的程度。

题为《农业领域搁浅资产》的报告[①]对可能使农业供应链上的资产搁浅的环境风险进行了分类和逐一评估，并提供了高价值的量化分析。该报告明确指出，农业领域的环境风险现在还没有得到充分评估，也没有被纳入投资决策过程加以考虑。在应对这些风险和采取共同行动方面，地区、国家和跨国治理安排的缺失和不足进一步恶化了这些问题。

一系列的与环境有关的风险会影响到不同的农业资产。天气变化是给以粮食为基础的农业带来产量和弹性风险的最重要因素，也会给畜牧业带来严重后果。自然资本存量退化包括土地及土壤资源减少、生物多样性丧失和相应的生态系统功能退化，这些会对农田等有形资产带来重大影响。农业病虫害的蔓延、生态系统的脆弱性以及这些风险的地域分布也会出其不意地损害资产价值。

不同的农业资产价值也会受到经济驱动因素的负面影响，经济驱动因素包括农业投入物（如磷肥）的价格和可获得性、水利基础设施的修建与维护、财产权制度等政治因素、土地使用规章、贸易政策、产业政策等。社会规范转变可能使企业面临诸多问题，如资产不可持续、供应链运行不畅和成本增加等。比如，生态标签、自愿性标准和国际法规可能削弱某些公司竞争力，也可能给另外一些公司带来机遇。

在宏观层面上，处于自然风险影响之下的资产包括与土地价值紧密相连的低流动性高固定成本或沉没成本资产，包括自然资产（农田）和实物资产（多年生作物、加工设备和运输基础设施）。灌溉作物和相关基础设施在严重依赖季节性降水的地区可能特别脆弱。

案例5：社会规范和撤资行动[②]

撤资是一种社会驱动的私有财产所有者行动，可以是个体行为，也可以

① 基于 Caldecott，Howarth 和 McSharry 的观点，2013。

② 基于 Ansar 等人的观点，2013。

是群体行为，比如大学捐赠基金和公共养老基金及其指定的资产管理者①。业主可以决定从卷入受谴责活动的公司中撤出他们的资金，比如通过卖掉上市股票、私募股权或债权。在20世纪，贩卖烟草和军火、与种族隔离的南非交好、提供成人服务和赌博都是撤资的因由。化石燃料撤资行动是最近发生的现存的一种社会现象，是可能对化石燃料的资产价值产生影响的一项运动。安萨（Ansar）等人（2013年）针对撤资行动是否影响化石燃料资产，如果有影响，影响到什么程度，影响多长时间等问题做了研究。

因担心气候变化的影响，民间组织350. org于2012年发起了一场鼓励“金融机构立刻冻结对化石燃料公司的新投资并在五年内撤出包括化石燃料上市股票和公司债券在内的直接所有权资金和混合资金”的运动②。350. org是一个非营利性组织，其目的是通过在线运动、草根组织和公众行为应对气候变化问题。

安萨等人（2013）的研究显示，撤资对化石燃料股市价格的直接影响很可能是有限的。但从长远看，对于不同的能源企业尤其是那些环境表现和风险管理能力差的能源企业的污名化很可能产生更为重大的影响。

在管理环境风险方面，股东施加的压力越来越大，这一点注定会变得更为重要。2013年出现了多次针对高碳资产的股东行动，包括：斯多布兰德公司（Storebrand）从24家煤炭和油砂企业撤资；苏格兰寡妇投资有限公司（SWIP）从纯煤炭生产企业撤资③，另外，一些投资者联盟也在对全球的能源企业日益施加压力，要求它们披露与碳有关的风险④。

三、金融市场的应对措施

搁浅资产对金融体系的影响是显著的，下面将对已发生的或未来可能会出现的某些应对措施做一概述。

---

① Kaempfer，Lehman 和 Lowenberg，1987。

② 摆脱化石，2013。

③ Riseborough 和 Biesheuvel，2013。

④ Ceres，2013。

（一）公共政策与监管措施

针对不同环境风险所出台的各种公共政策与监管措施对宏微观层面带来的影响，已有广泛的研究。但这些研究还没有关注到金融体系方面。为了理清搁浅资产对金融系统的具体影响，我们在此侧重于与金融、银行、保险和投资领域有关的研究和分析。

1. 货币政策方面的应对

到目前为止，几乎没有证据表明有任何政府专门针对环境风险采取了相应的货币政策，尽管有政府针对自然资本价值变化（资源发掘或开发）、自然资本损失（自然灾难事件）、与自然资本储量和流量有关的市场商品与劳务价值的变化（国际商品市场内部价格波动）已采用货币政策应对手段。

（1）利用货币政策应对自然灾害。利用货币政策来应对自然灾害是为了在出现长期经济衰退之前刺激经济增长。比如，泰国中央银行预计 2011 年的洪灾会导致农业产出大幅下降，遂将利率从 3.5% 下调到 3.25%[①]。政府应对自然灾难事件采取相应货币政策是为了稳定经济，减少环境破坏所带来的损失，但政府却忽视了利用这种手段去处理用于经济发展的自然资本流中断的问题。

除了货币政策研究之外，针对受自然灾害和物理气候影响的宏观经济和财政政策也出现了更多更为广泛的研究，研究对象包括飓风“桑迪”[②]、加勒比飓风[③]、洪水[④]和其他灾难对财政的影响。针对自然灾害采取的多种财政政策措施和综合应对方案对宏观经济增长和金融稳定产生了不同影响。虽然这些应对措施对解决与自然资本退化有关的金融稳定性问题具有重大意义，但在许多方面与更为广泛的宏观经济问题有关，因此很难界定为纯粹针对环境因素而采取的行动。

（2）利用货币政策应对大宗商品市场的波动。政府可以根据以出口为基准的资本流入量变化情况或国内消费者受导致通货膨胀的消费者价格指数

① Yuvejwattana，2011。

② Mantell 等，2013。

③ Ouattara 和 Strobl，2013。

④ Cunado 和 Ferreira，2014。

(CPI) 重大变化影响的程度对大宗商品市场波动采取货币政策来应对。初级自然大宗商品（如石油、农产品或其他自然资源）出口价值的变化对资本流入的影响很大。出口大宗商品价格上升对通货膨胀的影响可能会因银行放贷的顺周期性而加剧，从而使风险加大，在价格大幅下滑期间产生系统性的负面影响①。比如在尼日利亚，依赖石油出口的资本流入和宽松货币政策带来了严重的信贷金融危机。从 2006 ~ 2008 年，私营部门的累积信贷增加了 235%，此后 2008 年金融危机导致油价下跌、不良贷款快速增加和银行倒闭，尼日利亚中央银行最终不得不在货币政策方面采取行动（Masson，2014）②。

2. 金融机构须采取的防范措施

面对“看似不可能却貌似真实”的情景，压力测试被监管者用来评估金融机构的弹性。这种方法可以扩展到环境风险领域，以鼓励银行针对气候、能源、水和其他资源方面的问题采取防范措施。比如，碳压力测试可用于评估快速引进的有效碳定价机制对投资组合的影响③。重要的是，碳价格可根据可能存在的外部损失总成本来制定，而不是根据现行市场价格确定，以此激励金融机构制定早期防范措施。

建立在投资者管理领域已有的国际进展上，此种做法还可以应用到其他机构中，如机构投资者等。经济合作与发展组织（OECD）④ 指出：“金融监管者在鼓励长期积极投资方面也可以发挥一定的作用。他们可以对国家或国际行为守则（比如在英国受到广泛支持的管理守则）提供支持，也可以自行发布指南以阐明希望国际投资者如何行事。”经合组织提议：“为了推动投资者遵守这样的指南，监管者可以将重点转向他们的调查，包括对基金的周转情况、外部管理者的授权期限、费用结构、表决行为等作出要求。”

这种做法有助于解决代理的问题，使机构投资者意识到他们的受托责任，认识到他们是所投公司的最终所有人，进而承担起相应的责任。监管机构还可以通过发布或收集较长时段内收益对比数据，重点关注投资者在较长时段

---

① Masson，2014。

② Ibid。

③ See Kapoor et al.，2011。

④ Della Croce，Stewart and Yermo，2011。

内的表现[①]。

3. 评估系统性风险的影响

与碳敞口和“不可燃碳”有着潜在联系的系统风险问题最近已被提上监管者的议程，特别是在英国。2012 年 1 月，一群投资者开始与英格兰银行金融政策委员开始高级别联络，督促“调查英国的污染和对环境有害的投资可能给英国金融体系带来系统性风险的情况，以及对长期经济增长前景的影响”[②]。时任英格兰银行行长默文·金（Mervyn King）在 2012 年 2 月所做的答复中承认：“显然有进一步评估的空间，特别是潜在的风险规模和有可能影响英国金融稳定的转型机制[③]。”随后，他又提出了被英格兰银行认定为系统风险需要满足的三个条件：一是暴露于碳密集型行业的资产在总资产中占比大；二是市场还没有对旨在降低高碳领域投资回报的政策和技术进行定价；三是任何后续的矫正都不会给以金融机构足够的时间来对其投资组合做出有序调整[④]。

英国下议院环境审计委员会在 2014 年 2 月的报告和当年 7 月的函件中建议，“英格兰银行金融政策委员会应定期与气候变化委员会磋商，帮助其监控与碳泡沫有关的金融稳定性风险”[⑤]。欧洲议会内部的政治组织欧洲绿党/欧洲自由联盟 2014 年 2 月公布的一项研究估计，欧盟金融机构暴露于处于风险的化石燃料资产为 1 万亿欧元，如果这些资产处于“休克”状态，损失可达 3500 亿 ~ 4000 亿欧元，足以构成系统性风险，威胁欧盟金融体系[⑥]。

尽管如此，针对搁浅资产的未来宏观审慎监管措施仍具有不确定性。如何在宏观审慎监管措施（如果有的话）中明确加入环境风险内容，目前尚不清楚，但已有分析师指出，不久将出台的《巴赛尔资本协议Ⅳ》（*Basel* Ⅳ）可能会“在杠杆比率、风险加权资产和压力测试方面提出更严格的要求”[⑦]。

---

① Ibid。

② Abberley et al.，2012。

③ King，2012。

④ 环境审计委员会，2014a。

⑤ 环境审计委员会，2014b。

⑥ Weyzig 等.，2014。

⑦ KPMG，2014。

但是，鉴于环境风险将很有可能影响到银行的资产基础（向环境脆弱/高风险产业贷款的程度），对资本风险加权来说或许会有影响，有可能对风险暴露程度较高的资产提出更高的资本要求。

4. 其他政策应对措施

有许多政策措施（包括自然资本保护政策、贸易政策、产业政策和社会政策等）可能会对环境风险和金融业之间的关系产生越来越大的影响。

（1）用政策来保护/维护自然资本，包括投资在内。越来越多的人认为，支持自然资本弹性和自然资本保护的有效政策有助于维持长期的经济竞争力，因为这种政策有助于提高资源生产率①。缓解、减轻或管理自然资本退化和其他环境风险的应对措施包括：保护政策；保护区和连锁效应；生态系统恢复和修复投资；自然基础设施投资；生态系统恢复力投资。

（2）贸易政策、产业政策和社会政策。影响金融稳定性的因素可能有影响商业竞争力和贸易活动的国家规章和政策。最重要的国家行为包括为控制或保护自然资本（如重要环境资源）而实行的生产限制、进口限制和出口限制。设计这些规章和政策的直接目的往往是为了影响贸易流量，因此它们可能会对整体经济产生连锁影响，从而造成广泛或潜在的系统性风险。

最后，为解决社会焦点问题或公民忧虑而出台的相关政策也可能会对金融体系产生影响，比如美国和欧盟对化石燃料撤资②，中国发生针对空气污染的公众抗议活动等。如果人类健康和环境质量受到负面影响，与自然资本相关的社会准则可能会迅速改变。在这种情况下，政府可能会相应做出快速的（很可能是不可预测的）政策反应，而这种反应可能会对金融市场造成重大影响。

（二）金融业

1. 压力测试、信息披露和综合报告

金融方面的利益攸关方正在对一系列环境风险采取应对措施，但大部分都属于初步的风险评估范畴。关于金融方面利益攸关方采取的应对措施

---

① HSBC，2014。

② Ansar 等，2013。

在评估、透明、管理方面取得了标准进展，很多利益攸关方都初步采取了对环境风险进行积极管理的措施。主要机制包括压力测试、风险分析、风险披露和综合报告。该领域内成立了很多可提供指导的新行业机构，其中包括各种标准的董事会、理事会，以及行业、监管机构和国际组织之间的各种联盟等。

一些知名的金融业标准制定组织（如国际会计准则理事会 IASB 和美国财务会计准则委员会 FASB），正采取措施要求提高环境影响的透明度，同时提高对水、生物多样性和其他自然资本风险所采取的具体行动的透明度。此外，这些组织正在开展行动，对各种气候相关暴露风险进行评估，包括碳足迹问责制/敞口，以及海平面上升的风险敞口。

标准制定和指导机构（包括 GRI、WBCSD、SASB、CDSB、CDSB、CDP、AODP 等）已经开始实行新的框架，以提高可持续性、气候和自然资本披露产出的严密性和有效性。其中有些机构在投资链中纷纷关注新的金融业利益攸关方，包括资产所有者①。

根据 Ceres（2014 年）的观点，投资者对强制性环境和社会责任信息披露的需求正在推动 ESG 报告成为主流。现在已经有十七个国家要求企业进行某种形式的可持续发展信息披露，并且美国也加大力度支持此类要求。

现有的报告制度和渠道（如 SEC 内的气候风险）的近期进展表明，改革是一个缓慢而漫长的过程，在短期内影响不大②。

除特定公司或金融业利益攸关方群体外，证券交易也可能影响自然资本，如证券交易所在碳报告要求方面取得的初步进展。这方面的近期工作得到联合国可持续证券交易所倡议计划的支持协调③。

负责任投资原则机构（PRI）、Ceres 和联合国环境规划署的金融行动机构（UNEP-FI）正在开展信件攻势活动，要求国际证监会组织（IOSCO）与各监管机构、证券交易所及其他相关方紧密合作，以改善 ESG 信息在全球市场的披露情况。该信件活动提出，国际证监会组织可通过多种方式采取行动，以

① AODP，2013。

② Ceres，2014。

③ SSE，2014。

制定更加一致的披露规则，建立问责机制，帮助发行商和资本市场中有影响力的机构更好地了解 ESG 披露的好处。

2. 环境风险证券化

许多保险公司、再保险公司和其他金融业利益攸关方正在通过发行金融证券降低环境风险的暴露程度。在将环境风险和潜在不良资产向资本市场转移时，灾难债券（cat 债券）和其他保险挂钩证券（ILS）的使用越来越普遍。政府间气候变化专门委员会（IPCC）在最近发布的 AR5 WG2 报告中支持利用灾难债券和风险证券化作为资本市场内气候相关灾害风险多元化的一个重要工具。可作为资本市场风险转移机制的新工具包括天气衍生品，以及将气候为基准的参数和资本市场损失诱因相结合的混合型产品①。

表 2　非传统性灾害风险融资机制

机制	融资难题	概述	利益攸关方	例子
灾难债券	需要保险公司将灾难相关的承保风险转移到资本市场，以分散投资组合风险	保险挂钩证券（ILS，通常完全抵押），发生指定自然灾害（通常通过指数衡量）时，投资者可收回保费；发生自然灾害时，投资者会损失保费利息	私营保险公司和再保险公司，机构投资者	灾难债券发行范围广②
国家保险计划/池	由于受协同影响会损害偿付能力，因此私营保险公司不愿为高风险和高成本自然灾害提供保险服务	以保险联营组织为基础的强制性私人出资，旨在减少公共财政在发生灾害事件时的风险敞口；通常由政府/捐赠者担保	各国政府	土耳其灾难保险池③

① IPCC，2014. 第 10 章。

② Artemis，2014。

③ Gurenko，2004。

续表

机制	融资难题	概述	利益攸关方	例子
应急信贷	发生灾害事件后的财政流动性不足期间无法按照适当利率获得贷款	信贷协议，政府为预定利率的担保贷款支付买方期权保费，作为发生灾难或其他一些特定事件情况下的应急保障	各国政府、国际金融机构（IFI）、多边发展银行（MDB）	与世界银行签订的哥伦比亚应急信贷协议①
国际保险池	区域性灾害风险保险的定价标准可能取决于使风险溢价与记录损失脱钩的波动情况	国际保险风险分担机制允许政府向保险池投保，与资本市场的私营保险相比，可以立即以较低成本获得流动资金	各国政府	加勒比巨灾风险保险基金；太平洋巨灾风险评估融资计划
替代机制	多种	指数型小额保险	多个机构	多种

资料来源：根据 Linnerooth-Bayer 和 Hochrainer-Stigler 的论文改编（2014 年）。

四、对中国的意义

中国正在进行转变，体现在郑重关注空气污染问题、减少温室气体排放，并降低对国际商品市场动荡的暴露风险。这导致了在新政策框架推动下大量非化石能源的使用、技术成本降低和碳定价的出现，这些都是继续增长和发展的趋势。水资源短缺问题越来越严重，这也会对污染行业产生负面影响，而国内页岩气市场和不断变化的国际天然气市场也会出现更多的煤改气现象。

考虑到中国的经济发展水平、经济增长目标速度以及可持续发展情况，机会在于确保资产搁浅的最优速度。资产周转率太低可能会让中国缺少与技术前沿相匹配的生产性资产，而资产周转率太高的话，则又可能会对各公司和金融机构造成难以处理的损失，以及因失业和行业错位而导致棘手的社会问题。而保留污染和低效资产还会破坏可持续性和长期增长。

① Cummins 和 Mahul，2008。

与确保实现最佳资产搁浅速度相关的另一个方面是避免发生锁定效应。中国应避免投资可能很快会过时的或不适用于社会的技术和基础设施①。例如，考虑到不断加剧的空气污染和水资源短缺问题时，或考虑是否有成本优势的替代方案时，中国不应再新建亚临界燃煤火电站。对整个社会而言，锁定效应的代价巨大，使得原本可用于其他进行更有效生产的资金被束缚。

转型路径规划也非常重要。理想的结果应该是：其他领域创造的新价值能够平稳顺利地抵补资产搁浅造成的价值损失。没有平稳的渐进式方案，转型很难获得政府支持和社会支持。对搁浅资产进行分析有助于揭示潜在的转型路径方案，也有助于在不同部门中识别出成功者和失败者。识别受影响的群体，尤其是受到负面影响的群体，有助于提供定向转型帮助，以继续支持在整个转型过程中一直遭受严重损失的某些公司。

在金融体系方面，更好地了解环境风险的重要性以及这些风险在金融体系中不同部门的暴露水平，将帮助监管机构应对各种可导致金融不稳定的情况。在金融机构内，揭示各种环境风险并更好地定价可帮助管理和对冲风险，有可能提高系统的应变能力，以及投资组合的绩效。对于在环境相关风险方面敞口较大的高风险溢价资产，如果资本分配从不环保的领域转变到更符合中国清洁经济和更加具有可持续性的经济愿景，可能会获得额外的收益。

除了对金融市场的影响，环境风险和不良资产还会影响公司的战略。有环境风险敞口的公司，或其依赖的客户具有相关风险敞口的公司，可能需要调整其业务模式。出口商，尤其是那些在主要出口市场存在环境监管风险敞口的出口商，可能特别容易受到影响。在环境发生变化的情况下，依赖进口资源的企业可能会处于危险之中。能够成功应对新出现的环境风险的公司，随着时间发展将会获得显著的竞争优势。

参考文献

[1] Abberley, P., Ainsworth, P., Caldecott, B., Cameron, C., Cameron, J., Ekins, P, Goldsmith, Z.. Gummer, J., Howarth, C., Jones, A., Kenber, M., King, D., Leggett, J., Mabey, N., Nussbaum, D., Sauven, J., Shepherd, P., Simpson, P., Spencer, M. and Zeng-

① 由此产生的必然结果是：某些情况下，在找到可行的长期替代选择之前，不要为现有资产浪费时间。换句话说，不要对可能很快会被替换掉的中间方案投资，而是要推迟投资。

helis, D. (2012) . Letter to Sir Mervyn King on the UK's exposure to high carbon investments. Climate Change Capital, January 19, 2012. http://www.climatechangecapital.com/images/docs/letter_to_bank_of_england_financial_policy_committee_19th_january_2012.pdf.

[2] Ahmed, N. (2014) . The inevitable demise of the fossil fuel empire. The Guardian, June 10, 2014. http://www.theguardian.com/environment/earth-insight/2014/jun/10/inevitable-demise-fossil-fuel-empire.

[3] Ansar, A., Caldecott, B. L., and Tilbury, J. (2013) . Stranded Assets and the Fossil Fuel Divestment Campaign: What does Divestment mean for the Valuation of Fossil Fuel Assets? Smith School of Enterprise and Environment, University of Oxford.

[4] AODP (2013) . Global Climate Index 2013-14. Asset Owners Disclosure Project.

[5] Artemis (2014) . Artemis Catastrophe Bond and Insurance-Linked Securities Deal Directory. http://www.artemis.bm/deal_directory/.

[6] Baumol, W. J. and Sidak, J. G. (1995) . Stranded Costs, Harvard Journal of Law and Public Policy, 18 (3) .

[7] BNEF (2013) . 2030 Market Outlook. Bloomberg New Energy Finance. http://bnef.folioshack.com/document/v71ve0nkrs8e0.

[8] Caldecott, B. L. (2011) . Why high carbon investment could be the next sub-prime crisis. The Guardian, July 12, 2011. http://www.theguardian.com/environment/2011/jul/12/high-carbon-investment.

[9] Caldecott, B. L. Stranded Assets Programme. Smith School of Enterprise and the Environment, University of Oxford. http://www.smithschool.ox.ac.uk/research/stranded-assets.

[10] Caldecott, B. L. and McDaniels, J. (2014a) . Financial dynamics of the environment: risks, impacts, and barriers to resilience. Working Paper Series, Smith School of Enterprise and Environment, University of Oxford.

[11] Caldecott, B. L. and McDaniels, J. (2014b) . Stranded gas assets: Implications for European capacity mechanisms, energy markets and climate policy. Working Paper Series, Smith School of Enterprise and Environment, University of Oxford.

[12] Caldecott, B. L., Howarth, N. and McSharry, P. (2013) . Stranded Assets in Agriculture: Protecting Value from Environment-Related Risks. Smith School of Enterprise and Environment, University of Oxford.

[13] Caldecott, B. L., Tilbury, J. and Carey, C. (2014) . Stranded assets and scenarios. Discussion Paper, Smith School of Enterprise and the Environment, University of Oxford.

[14] Caldecott, B. L., Tilbury, J., and Ma, Y. (2013b) . Stranded Down Under? Environment-related factors changing China's demand for coal and what this means for Australian coal assets. Smith School of Enterprise and Environment, University of Oxford.

[15] Carbon Tracker Initiative (2011) . Unburnable Carbon: Are the World's Financial Markets Carrying a Carbon Bubble? Carbon Tracker Initiative.

[16] Carbon Tracker Initiative (2013) . Unburnable Carbon 2013: Wasted Capital and Stranded Assets. Carbon Tracker Initiative.

[17] Carbon Tracker Initiative (2014) . Carbon Supply Cost Curves: Evaluating Financial Risk to Oil Capital Expenditures. Carbon Tracker Initiative.

[18] Cearley, R. and McKinzie, L. (1994) . The Economics of Stranded Investment—a Two-Way Street.

The Electricity Journal, 8 (9): 16 ~ 23.

[19] Ceres (2013). Investors ask fossil fuel companies to assess how business plans fare in low-carbon economy. Ceres. http://www.bloomberg.com/news/2013-11-20/coal-seen-as-new-tobacco-sparking-investor-backlash-commodities.html.

[20] Ceres (2014). Cool response: the SEC and Corporate Climate Change Reporting. Ceres. http://www.ceres.org/resources/reports/cool-response-the-sec-corporate-climate-change-reporting/view.

[21] Chazan, G. and Crooks, E. (2013). Oil majors under pressure to curb spending. The Financial Times, November 5, 2013. http://www.ft.com/cms/s/0/d3d1c5d2-4533-11e3-b98b-00144feabdc0.html#axzz3Ap7xytCx.

[22] Chegiak, M. and Polson, J. (2014). Obama Climate Proposal Will Shift Industry Foundations: Energy. The Washington Post, June 2, 2014, http://washpost.bloomberg.com/Story? docId = 1376-N6EK556KLVRM01-5A3VOQ8OF6D9P5TPTKNH29KQOJ.

[23] Climate Change Capital (2012). Review of UK Exposure to High Carbon Investments. London, UK: Climate Change Capital.

[24] Collier, P., Van Der Ploeg, R., Spence, M. and Venables, A. J. (2010). Managing Resource Revenues in Developing Economies. IMF Staff Papers, 57 (1).

[25] Cologni, A. and Manera, M. (2013). Exogenous oil shocks, fiscal policies and sector reallocations in oil producing countries. Energy Economics, 35: 42 ~ 57.

[26] Cummins, J. and Mahul, O. (2008). Catastrophe risk financing in developing countries: principles for public intervention-overview. Washington, DC: The World Bank.

[27] Cunado, J. and Ferreira, S. (2014). The Macroeconomic Impacts of Natural Disasters: The Case of Floods. Land Economics, 90 (1): 149 ~ 168.

[28] Della Croce, R., Stewart, F. and Yermo, J. (2011). Promoting Longer-Term Investment by Institutional Investors: Selected Issues and Policies. OECD Journal: Financial Market Trends, 1.

[29] Economist (2013). How to lose half a trillion euros. The Economist, October 12, 2013. http://www.economist.com/news/briefing/21587782-europes-electricity-providers-face-existential-threat-how-lose-half-trillion-euros.

[30] EIA (2013). Electric Power Monthly. Washington, DC: US Department of Energy, July 2013.

[31] EIA (2014). Monthly Energy Review. Washington, DC: US Department of Energy, July 2014. http://www.eia.gov/totalenergy/data/monthly/pdf/sec7_5.pdf.

[32] Environmental Audit Committee (2014a). Green Finance. London, UK: House of Commons.

[33] Environmental Audit Committee (2014b). Letter to Mark Carney. London: House of Commons, July 17, 2012. http://www.parliament.uk/documents/commons-committees/environmental-audit/Committee%E2%80%99s-response-to-Bank-of-England-on-Carbon-Bubble-risk.pdf.

[34] EY (2013). Benchmarking EU Utility Asset Impairment: Lessons from 2012. EY.

[35] Fleischman L., Cleetus R., Deyette J., Clemmer, S. and Frenkel, S. (2013). Ripe for Retirement: An Economic Analysis of the U. S. Coal Fleet. The Electricty Journal, 26 (10): 51 ~ 63.

[36] Fossil Free (2013). About the Fossil Free Campaign. Fossil Free. http://gofossilfree.org/about/.

[37] Generation Investment Management (2012). Sustainable Capitalism. Generation Investment Management.

[38] Generation Investment Management (2013). Stranded Carbon Assets: Why and How Carbon Risks

should be Incorporated in Investment Analysis. Generation Investment Management.

[39] Goldman Sachs (2013) . 380 Projects to Change the World: From Resource Constraint to Infrastructure Constraint. Goldman Sachs.

[40] Gurenko, E. (2004) . Introduction. In Gurenko E (ed.), Catastrophe Risk and Reinsurance: a country risk management perspective. London: Risk Books. 3 ~ 16.

[41] Hallegatte, S. and Przyluski, V. (2010) . The Economics of Natural Disasters-Concepts and Methods. World Bank Policy Research Working Paper 5507, Washington DC: World Bank.

[42] Hallegatte, S. Green, C., Nicholls, R. and Corfee-Morlot, J. (2013) . Future flood losses in major coastal cities. Nature Climate Change 3: 802 ~ 806.

[43] HSBC (2012) . Coal and Carbon. HSBC.

[44] HSBC (2013) . Oil and Carbon Revisited. HSBC.

[45] HSBC (2014) . Coal and Carbon Revisited. HSBC.

[46] IEA (2008) . World Energy Outlook 2008. Paris, France: International Energy Agency.

[47] IHS CERA (2013) . Keeping the lights on: Design and Impact of Capacity Mechanisms. IHS CERA.

[48] IPCC (2001) . IPCC Third Assessement Report-Climate Change 2001. Geneva, Switzerland: Intergovernmental Panel on Climate Change.

[49] IPCC (2014) . Climate Change 2014. Working Group II report: Impacts, Adaptation and Vulnerability. Intergovernmental Panel on Climate Change. http://ipcc-wg2.gov/AR5/images/uploads/WGIIAR5-Chap10_ FGDall. pdf.

[50] ISO New England (2014) . Answer to FCA 8 Result Filing Protests. http://www.iso-ne.com/regulatory/ferc/filings/2014/apr/er14-1409-000_ 4-29-30_ ans_ fca_ 8_ results_ protest. pdf.

[51] Jopson, B. and Crooks, E. (2014) . Obama proposes biggest ever US push for carbon cuts. The Financial Times, June 2, 2014. http://www.ft.com/cms/s/0/95d57c86-ea58-11e3-afb3-00144feabdc0. html#slide0.

[52] Kaempfer, W. H., Lehman, J. A. and Lowenberg, A. D. (1987) Divestment, Investment Sanctions, and Disinvestment: An Evaluation of Anti-Apartheid Policy Instruments. International Organization, 41 (3): 457 ~ 473.

[53] Kapoor, S., Oksnes, L. & Hogarth, R. (2011) . Funding the Green New Deal: Building a Green Financial System, (Vol. 6) . Brussels: Green European Foundation.

[54] King, Sir Meryvn (2012) . Reply to your Recent Letter on UK Exposure to High Carbon Investments. London, UK: Bank of England. http://www.climatechangecapital.com/images/docs/fpc_ bank_ of _ england_ response. pdf.

[55] Knight P., Stanton E., Fisher J. and Biewald, B. 2013, Forecasting Coal Unit Competitiveness: Coal Retirement Assessment Using Synapse's Coal asset Valuation Tool (CAVT) . Cambridge, MA: Synapse Energy Economics. http://www.synapse-energy.com/Downloads/SynapseReport. 2013-10. EF. CAVT-Report. 13-020A. pdf.

[56] Kolbe, A. L. and Tye, W. B. (1996) . Compensation for the Risk of Stranded Costs. Energy Policy 24 (12): 1025 ~ 1050.

[57] KPMG (2014) . Report on Financial Services: Evolving Banking Regulation-Is the end in sight? KPMG.

[58] Krause, F., Backh, W., and Koomey, J. (1989) . From Warming Fate to Warming Limit: Benchmarks to a Global Climate Convention. El Cerrito, CA: International Project for Sustainable Energy

Paths.

[59] Leigh, D. and Olters, J. P. (2006) . Natural resource depletion, habit formation, and sustainable fiscal policy: lessons from Gabon. International Monetary Fund.

[60] Lewis, M. (2014) . Stranded assets, fossilised revenues. Kepler Cheuvreux. http://www.keplercheuvreux.com/pdf/research/EG_ EG_ 253208.pdf.

[61] Linnerooth-Bayer, J. and Hochrainer-Stigler, S. (2014) . Financial instruments for disaster risk management and climate change adaptation. Climatic Change, 1~16.

[62] Loayza, N., Olaberria E., Rigolini, J. and Christiaensen, L. (2012) . Natural Disasters and Growth: Going Beyond the Averages. World Development, 40 (7): 1317~36.

[63] Mantell, N., Seneca, J., Lahr, M. and Irving, W. (2013) . The Economic and Fiscal Impacts of Hurricane Sandy in New Jersey: A Macroeconomic Analysis. Rutgers regional report Issue Paper 34, January 2013. http://policy.rutgers.edu/reports/rrr/RRR34jan13.pdf.

[64] Masson, P. (2014) . Macroprudential policies, commodity prices and capital inflows. In Mohanty, M. S. (ed.), BIS Papers, No 76, The role of central banks in macroeconomic and financial stability. BIS, 59~75.

[65] McKibben, B. (2011) . Global Warming's Terrifying New Math. Rolling Stone, July 19, 2012. http://www.rollingstone.com/politics/news/global-warmings-terrifying-new-math-20120719.

[66] Melecky, M. and Raddatz, C. (2014) . Fiscal Responses after Catastrophes and the Enabling Role of Financial Development. The World Bank Economic Review, lht041.

[67] Michaels, R. (1994) . Unused and Useless: The Strange Economics of Stranded Investment. The Electricity Journal, 34 (1): 62~77.

[68] Munich RE (2014) . 2013 Natural Catastrophe Year in Review. Munch RE. https://www.munichre.com/touch/site/touchnaturalhazards/get/documents_ E2138584162/mr/assetpool.shared/Documents/5_ Touch/Natural%20Hazards/NatCatNews/2013-natural-catastrophe-year-in-review-en.pdf.

[69] Nachmany, M., Fankhauser, S., Townshend, T., Collins, M. Landesman, T., Matthews, A., Pavese, C., Rietig, K., Schleifer, P. and Setzer, J. (2014) . The GLOBE Climate Legislation Study: A Review of Climate Change Legislation in 66 Countries. Fourth Edition. London: GLOBE International and Grantham Research Institute, London School of Economics.

[70] Ouattara, B. and Strobl, E. (2013) . The Fiscal Implications of Hurricane Strikes in the Caribbean. Ecological Economics, 85: 105~115.

[71] Reinert, H. and Reinert, E. (2006) . Creative Destruction in Economics: Nietzsche, Sombart, Schumpeter. In Jürgeng Backhaus and Wolfgang Drechsler (eds.), Friedrich Nietzsche (1844~1900) .

[72] The European Heritage in Economics and the Social Sciences, 3: 55~85.

[73] Riseborough, J. and Biesheuvel, T. (2013) . Coal Seen as New Tobacco Sparking Investor Backlash: Commodities. Bloomberg News, November 20, 2013. http://www.bloomberg.com/news/2013-11-20/coal-seen-as-new-tobacco-sparking-investor-backlash-commodities.html.

[74] SSE (2014) Sustainable Stock Exchange Initiative. SSE. http://www.sseinitiative.org/.

[75] Standard & Poor's (2013) . What a Carbon-Constrained Future Could Mean for Oil Companies Creditworthiness. Standard & Poor's.

[76] Unruh, G. C. (2000) . Understanding carbon lock-in. Energy Policy, 28 (12) .

[77] Van der Ploeg, F. and Venables, A. J. (2011). Harnessing Windfall Revenues: Optimal Policies for Resource Rich Developing Economies. The Economic Journal, 121 (551), 1 ~ 30.

[78] WEC (2013). World Energy Perspective: Cost of Energy Technologies. WEC. http://www.worldenergy.org/wp-content/uploads/2013/09/WEC_J1143_CostofTECHNOLOGIES_021013_WEB_Final.pdf.

[79] Weyzig, F., Kueppper, B., Gelder, J. W. van and Tilburg, R. van (2014). The Price of Doing Too Little Too Late: The Impact of the Carbon Bubble on the EU Financial System. Brussels: Green European Foundation.

[80] Wills, S. (2013). Optimal Monetary Responses to Oil Discoveries. OxCarre Research Paper 121.

[81] Yuvejwattana, S. (2011). Thailand Cuts Interest Rates as Floods Force First Policy Easing since 2009. Bloomberg News, November 30, 2011. http://www.bloomberg.com/news/2011-11-30/thailand-lowers-benchmark-rate-as-flooding-forces-first-easing-since-2009.html.

货币政策与绿色金融
——探索其关联性

皮埃尔·莫宁（Pierre Monnin）　亚利山大·巴卡维（Alexander Barkawi）

概　要

迄今为止，全球范围内有关绿色金融的讨论基本上都忽视了货币政策。大部分中央银行甚至还没有开始考虑他们在帮助社会实现环境目标方面的作用，也没有考虑环境退化对其使命的潜在影响。

扫除这一盲点并指明方向非常重要。报告的目的就是想在这方面有所贡献。报告的出发点是认识到货币政策的行为和效应受诸多因素影响这一事实。国际货币体系的规则和架构、中央银行的使命和目标以及他们所使用的工具决定着他们的政策空间和参照框架。了解这些要素及其相互间的关系对探索货币政策与绿色金融之间的关联至关重要。

国际货币体系（IMS）处于全球金融体系结构的核心位置。关于国际货币体系改革的建议涵盖广泛的领域，包括汇率制度、资本流管理、储备货币、银行部门的结构和资本市场、金融监管、货币创造、替代货币等。更多利用国际货币基金组织特别提款权（SDR）作为全球储备货币的呼声就是这种改革建议之一。在此背景之下，也有人建议利用特别提款权实现绿色基金资本化。尽管这些新生事物还处于初级阶段，但一些经济学家认为，它们有可能成为绿色和包容性经济的重要支柱。

在当前的国际货币体系内，不同国家央行的使命大不相同。20 国集团（G20）国家的一些中央银行的使命涵盖两个或两个以上的目标，如价格稳定、金融稳定、充分就业、产出增长等。而另有一些央行的使命则着重于价格稳定。至于发展中国家的央行，其使命也有类似的不同。央行使命的这些潜在变化构成了激烈辩论的一个方面。将稳定金融纳入央行使命范围的建议就是在这种背景下提出的。货币政策在多大程度上可以并且应该在预防、管理和解决金融危机中发挥作用的问题一直存在争议。不管是倡导宽泛的使命还是狭隘的使命，主要看倡导者是否注意到了不同目标之间的权衡关系。澄清目标对处理清晰目标和模糊目标之间的潜在权衡关系也极其重要，对绿色金融也是如此。

将目标转化为可测量的具体目标至关重要。各国央行在这方面往往具有非常强的判断力。在确定目标的时候，应该考虑绿色和包容性经济各目标之间可能存在的相互依赖性。气候变化、环境退化和相关缓解政策可能会使金融稳定性出现重要的连锁反应。特别是化石燃料公司，当气候变化使其资产负债表上的存量变成"搁浅资产"时，他们可能会面临广泛的资产缩水问题。资产估值下跌可能会对金融市场带来严重后果——这是一种值得中央银行关注，而且也是正在关注的局面。

确定政策性利率是央行用以实现其目标的核心手段。通过确定向金融系统提供流动性的利率，央行可以对广泛的市场利率施加影响。提高或降低利率的决定和升降幅度是其拥有的主要杠杆支点。利率对绿色投资的潜在影响是巨大的。净现值计算有助于判定是否应该推行政府的某项政策，按现值计算的现金流量估算是对投资机会进行评估的基础。这两种估算在很大程度上取决于选定的贴现因子和依此确定的利率水平。在这种背景下，低利率可以是一种受到欢迎的机会，即鼓励增加对绿色经济的投资。对于需要今天的投资使未来降低成本、获得长期收益的项目来说，利率越低越有吸引力。货币政策通过影响利率而影响计算中的关键因子，并进而影响投资决策。

另外，央行购买某些类型的资产、将其作为抵押品或用其确定借贷限额和价格的决定也会对绿色金融产生重大影响。央行可以像美国购买抵押债券那样为住房产业提供特殊支持，也可以像欧洲中央银行针对非金融部门推出"定向长期再融资计划"那样提供定向支持，还可以专注某些特定部门，如太阳能、沼气、污水处理厂等。孟加拉中央银行就是专注于向这些部门提供优惠再融资支持。包括差异化存款准备金要求在内的进一步"信贷指南"措施可以使人们更深入地了解某些央行已经提供的部门支持，而且这种支持有可能会与绿色和包容性经济目标协调一致。

为了全面探讨货币政策与可持续性金融之间的关联，更是为了提出决策建议，开展进一步研究，尤其是国家层面的研究，是必不可少的。尽管如此，本文最后还是提出了将分析研究引向深入的八项方向性建议。

引　言

迄今为止，全球范围内有关绿色金融的讨论基本上都忽视了货币政策。世界各地的人们正在认真研究各个可能的政策领域——税收政策、能源政策、贸易政策、教育政策等等，以探索这些领域如何在整体上与绿色经济目标尤其是绿色金融目标保持一致，但却没有人对货币政策做类似研究。

货币政策问题之所特别突出，是因为全球金融危机已经大大提高了中央银行及其政策的影响力。另外，鉴于越来越严重的环境退化给实体经济乃至价格和金融稳定性带来的风险，货币政策也变得异常重要。气候变化应对政策以及这些政策的实施引发的金融市场动荡可能会使化石燃料企业的资产价值严重缩水，由此人们便可以清楚地认识到货币政策的重要性。对这些问题不加考虑的中央银行可能是忽视了与其使命有关的一个重要风险。

鉴于中央银行每月都将数 10 亿美元引入全球经济领域，我们急切需要准确理解他们的行动给绿色经济带来的影响，并对替代政策及其环境影响进行透彻的分析。

一、货币政策的使命和目标

中央银行的使命视其各自成立时所依据的法律而各不相同。本章论述世界各国央行所履行的不同使命，探索不同目标之间的潜在权衡关系，并用实例说明央行目标与可持续发展之间的关联性。

20 国集团（G20）经济体一些央行的使命涵盖两个或更多的目标，如价格稳定、金融稳定、充分就业、经济发展等。另有一些央行的使命则仅着眼于价格稳定。发展中国家央行的情况与此类似，也呈现出使命的多样性。最近对 51 个中低收入国家的银行使命和目标进行的研究表明，所有 51 个国家央行的使命和目标都注重价格稳定，40 个提及经济发展，38 个增加了汇率稳定[①]。

表 1　　G20 国家中央银行的使命

国　家	银行的使命
阿根廷	在政府规定的权限和政策框架内促进货币和金融稳定、就业和社会公平条件下的经济发展
澳大利亚	确保央行的货币和银行政策以给澳大利亚人民带来最大利益为方向，央行权利的行使最大限度地促进：①澳大利亚的货币稳定；②澳大利亚的充分就业；③澳大利亚的经济繁荣和人民福祉
巴　西	确保货币购买力稳定，金融体系坚实、有效
加拿大	从国家经济生活的最大利益出发对信贷和货币实行监管，管理和保护国家货币单位的外部价值，通过央行的影响减少生产、贸易、价格和就业整体水平的波动，在货币行动能及的范围内全面促进加拿大的经济繁荣和金融稳定
中　国	中国人民银行在国务院的领导下制定和实施货币政策，防范和抵御金融危机，保持金融稳定。货币政策的目标是保持货币价值稳定，以促进经济增长
欧元区	欧洲中央银行体系的首要目标是保持价格稳定。在不影响价格稳定目标的前提下，欧洲中央银行体系还要支持欧盟的整体经济政策，为实现《欧洲联盟条约》第三条规定的欧盟目标做出贡献
印　度	对钞票发行和货币储备实行监管，以确保印度的货币稳定，全面管理国家的货币和信贷体系
印度尼西亚	实现和保持卢比币值的稳定
日　本	实现价格稳定，以支持国民经济的良性发展
韩　国	依法成立韩国银行，通过制定和实施有效的货币和信贷政策稳定价格，为国民经济的良性发展做贡献。韩国银行在实施货币和信贷政策的过程中应关注金融稳定
墨西哥	为国家的经济发展提供本国货币。为此，其首要目标应该是保障本国货币购买力的稳定。中央银行使命还包括促进金融体系良性发展，提升支付体系的功能

① 国际劳工组织，2014b。

续表

国　家	银行的使命
俄罗斯	保护卢布并确保其稳定；建立和巩固俄罗斯联邦的银行体系；建立国家支付体系并确保其稳定；发展俄罗斯联邦的金融市场；确保俄罗斯联邦金融市场的稳定
沙特阿拉伯	处理政府的银行事务；铸造和印发国家货币（沙特里亚尔），强化沙特货币，稳定其外部和内部价值，提高其支付能力；管理沙特王国的外汇储备；管理货币政策，以保持价格和汇率的稳定；促进和保障金融体系的健康发展
南　非	实现和保持价格稳定，以利南非经济的平衡可持续发展。政府制定了通胀目标，作为衡量价格稳定性的尺度，对价格稳定程度进行量化分析。价格的稳定取决于金融体系和金融市场的稳定。为此，央行必须作为实现金融体系稳定的重要决定性因素努力促进金融稳定
土耳其	中央银行的首要目标是实现和保持价格稳定。为实现和保持价格稳定，央行自行确定要实行的货币政策和准备使用的货币政策工具。在与实现和保护价格稳定的目标没有冲突的前提下，央行还将为政府的经济增长和就业政策提供支持
英　国	通过保持货币和金融的稳定提高英国人民的福祉
美　国	有效推动最大限度就业、价格稳定、长期利率稳健等目标的实现

注：《剥离欧元体内国家中央银行的使命》，Excluding the mandates of national central banks within the Eurosystem。

资料来源：各中央银行的网站和成立中央银行所依据的法律。

在央行目标的定义及央行应该努力实现一个目标还是多个目标的问题上，存在激烈的争论。有关欧洲中央银行使命的辩论就是一个例子。欧洲中央银行（ECB）的主要目标现在只有价格稳定。许多人认为应该将欧洲中央银行的使命扩展到就业领域，使其决策者像对通货膨胀一样对失业问题敏感起来①。

将保持金融稳定纳入目前尚无这一目标的央行正常使命的建议是反映上述辩论的又一个例子。货币政策在预防、管理和应对金融危机中的作用能够

① 见 Creel 和 Saraceno（2011）、Dervi（2012）。另见 Epstein（2007）和 Rosengren（2013）。

和应该发挥到什么程度已经在全球范围内提上议事日程①。明确金融稳定目标的支持者强调指出，价格稳定是必要的，但并不是宏观经济稳定的充分条件，最近的金融危机就清楚地说明了这一点。他们还主张，中央银行应该“逆风而上”，在必要的时候为了金融的稳定去抑制信贷或资产价格的上涨②。持反对意见者则认为，中央银行“不可能确切地识别资产价格中存在的泡沫，而且即使央行能够识别这些泡沫，货币政策之疲弱也远不能有效地用于应对这些泡沫”③。这些泡沫可能对房地产市场等领域造成的影响及其导致资源和土地利用方面出现的扭曲现象突显了这种争论与金融市场绿化议程的关联性。

不管是倡导宽泛的使命还是狭隘的使命，主要看倡导者是否注意到了不同目标之间的权衡关系。价格稳定和就业目标之间可能存在的冲突就证明了这一点。在美国，1.2%的实际通胀率低于2%的目标，而实际就业率则低于充分就业的目标，现在看来，两个目标似乎实现了互补④。在埃及，尽管通胀率超过8%，但失业率很高，这似乎有一种至少是短期的权衡⑤。在欧洲，欧洲中央银行称其保持价格稳定的主要目标与《欧洲联盟条约》规定的“第二目标”完全一致。第二目标就是：“……经济活动和谐、均衡、可持续发展，高水平就业和社会保障，……持续无通胀增长，……经济和社会聚合与团结……”欧洲央行提出上述观点的基础是一种经济模式，在这种模式下，央行的可靠性处于通胀预期的核心位置，而这种通胀预期的增加会加大通胀和产出的易变性。根据这种观点，“两种目标之间没有可利用的权衡因素，至少在中期没有”⑥。也有些人认同这是对中长期内可能出现的局面的一种正确反应，但同时也指出，短期权衡是相互关联的，一定不能忽视。还有人提出了中长期存在权衡关系的证据，比如地区层面上通胀与失业之间存在的权衡关系⑦。另外，尽管通胀和产出之间可能有一种稳定的关系，但价格稳定与就业

① BIS（2011）。

② 见BIS（2011）、Eichengreen等（2011）。

③ Bernanke（2002）。

④ Lockhart（2014）。

⑤ 埃及中央银行（2014）。

⑥ Bini Smaghi（2007），另见Cœuré（2014）。

⑦ Fitzgerald等（2013）。

和社会凝聚力等其他社会目标之间的关联性也许并不是很明显。在经济扩张的同时出现失业率增长和不平等问题增多的现象就证明了这一点。

二、货币政策工具和传导机制

除了国际货币体系及中央银行的使命和目标之外，央行可以使用什么工具、可以为履行自己的使命做些什么和决定做些什么的问题也非常关键——不仅是从经济角度，从环境的角度看也是如此。为此，下面将重点论述央行货币政策工具对实体经济的影响，以及它们与绿色金融市场之间可能存在的关联性。

（一）利率

确定政策性基准利率是央行用以实现其目标的核心手段。通过确定基准利率向金融系统提供流动性，央行可以对市场利率施加影响。决定提高或降低利率的时机和调整幅度是央行所使用关键杠杆支点。

从政策性基准利率到市场利率的传导过程因国家和时间的不同而各不相同，主要看各国的经济和金融形势。传统上讲，中央银行设定的利率既影响短期利率，也影响长期利率。最近，政策性利率对市场利率影响的稳定性有所下降。所谓欧洲中央银行对西班牙和意大利的利率失去控制就说明了这一点①。在这种背景下，一些国家的中央银行已经开始采取干预措施，对长期利率和其他资产的价格直接施加影响。

利率因为在贴现未来效益和成本模式中发挥着重要作用而可能会对可持续性产生重大的潜在影响。净现值计算有助于判断是否应该推选某项政府政策，贴现现金流计算是对投资机会进行评估的基础，而上述两种计算在很大程度上都要依赖于所选定的贴现因子，也就是利率水平。从这个角度讲，低利率可以为绿色经济获得更多长期投资提供有利的机会②。利率越低，那些今天需要获得投资以便未来减少成本并增加收益的项目就越有吸引力。可再生

---

① 《经济学人》（*The Economist*）（2013）。

② 见《经济学人》（2012a）。

能源项目就是这样的项目。这类项目在开始的时候需要高资本投入，但建成之后的运营成本很低。依靠化石燃料的发电项目也需要大量的前期投资，但以后的运营成本也很高。利率越低，未来的成本折扣越多，因而与可再生能源项目相比，化石燃料项目看上去也就越受欢迎。货币政策通过对利率的影响去影响这种计算的关键因子，并进而影响投资决定。

利率也会对商品市场，并进而对资源安全，产生潜在的巨大影响。早在1931年，哈罗德·霍特林（Harold Hotelling）就已经指出，不可再生资源的价格应该随利率上升①。最近的研究也显示，低利率会降低人们在今天而不是未来去攫取资源的热情，从而使可储存商品需求增加，供应减少②。还有一些研究者也赞同这种观点，认为货币的全球流通和低利率是商品现货和期货价格上升的驱动因素之一。债券的低回报率和低利率的刺激作用促使人们将投资转向较高收益的资产类别，包括大宗商品③。低利率还会促使存货库存成本的减少，从而提高价格的稳定性，减少波动④。货币政策和商品价格之间的这种关联可能会对资源安全和生计产生直接和重大的影响。

同时，低利率还会对银行储户和机构投资者实现其回报产生严重挑战。2012年1月，国际清算银行的一份题为《中央银行的中央银行》的报告指出了“长期的超低利率导致金融市场低回报率的时间延长，从而造成”养老基金覆盖率低的问题⑤。数月之后，英国就业和退休保障大臣将现行的低利率环境称之为养老基金的“梦魇”⑥。他的这一观点得到了亚当史密斯研究所、Cobden Centre和Save Our Savers的共鸣。他们在2012年10公布的一份报告中指出，“低利率和量化宽松给养老基金造成严重损失”，“养老基金的亏空必须由相关公司填补，这就会减少他们的投资资源，迫使弱势企业走向破产”⑦。结果是低利率可能迫使投资者转向风险更大的企业以增加回报。在这种情况

① Hotelling（1931）。

② Frankel（2008）、Frankel（2014）。

③ 见Chakraborty和Bordoloi（2013）、Eickmeier和Lombardi（2012）。

④ Gruber和Vigfusson（2012）。

⑤ Ramaswamy（2012）。

⑥ 《欧洲投资与养老金》杂志（IPE）（2012）。

⑦ Adam Smith Institute等（2012），另见Ramaswamy（2012）。

下，一些研究者指出，当前水平的低利率会带来“错误投资”和信贷错误配置危险[①]。

低利率还可能是资产价格上升的一个重要推手，因而也是加大财富分配不均的一个重要因素。英格兰银行2012年公布的一份报告估计，该行为实现低利率目标开展资产收购业务所获得的收益，有40%最终进入了最富裕的5%的家庭[②]。此后不久，《金融时报》报导说，“对冲基金正在从2007年之后形成的证券化抵押市场获得部分最大利润。”并且指出，“来自美联储的大量流动资金支持”是“对冲基金为求快速获利而大量流向抵押证券”的触发因素之一[③]。

（二）常备存款便利和公开市场操作

央行实行政策性基准利率和其他目标的主要工具是常备存款便利和公开市场操作（OMOs）。常备存款便利为银行和其他储蓄机构提供流动性和分别根据它们的要求存储货币的可能性。美联储的贴现窗口、欧洲中央银行的边际贷款便利和存款便利、英格兰银行的操作性常备便利都是这样的工具。与此相反，公开市场操作则属于中央银行为买卖某些资产而开办的市场交易。

除了政策性基准利率所发挥的决定性作用之外，这些工具的使用和作用受到这类交易中哪些资产的购买和出售可纳入抵押物的范围的影响。美联储在现在的资产负债表中所持有的资产，超过90%属于美国国债和抵押证券，其中美国国债2.4万亿美元，抵押证券1.7万亿美元[④]。最近一次美国国会听证会的背景备忘录表明，持有如此之多的抵押证券“使美联储对某些经济部门的支持大于其他从而引发争议”[⑤]。出席听证会的一位专家承认这是事实，但同时又认为是适当的，因为这些部门在危机中受到了不成比例的损失，而且量化宽松政策“在受到伤害的市场上实行更为有较”[⑥]。美联储主席伯南克

① 见 Garrison（2012）和 Polleit（2011）。

② 英格兰银行（2012），另见 Elliott（2012）。

③ Jones（2012）。

④ 美联储（2014a）。

⑤ 美国众议院（2014）。

⑥ Bivens（2014）。

称，美联储重点购买的是联邦储备法允许用联邦储备金购买的主要券种[①]。另有一些人士指出，这些的确是主要券种，但并不是美联储在资产负债表上可以持有的证券的全部，并建议考虑在证券投资组合中增加别的资产，如“用于资助公私合作模式的基础设施建设的证券”[②]。

英格兰银行最近以英国政府有价证券（gilts）的形式加持了根据量化宽松计划投入的所有3750亿英镑。已有人敦促英格兰银行重新审查其证券投资组合的结构，并考虑将其中的一部分投向拥有具体项目的机构发行的债券，用于英国的建设性投资，比如住房建造和翻新、基础设施、中小企业等。因为政府有价证券到期后收回的现金会继续再投入以保持当前的储备水平，所以在这一问题上的决定一直是非常重要的[③]。

欧洲中央银行于2013年修改了其对抵押物的要求，同意接受资产支持型证券，认为这样做有助于向中小企业提供贷款[④]。同时，欧洲央行的法律体系禁止进行“货币融资”，从而也禁止在一级市场上购买政府债券。另外，欧洲央行“对公共金融机构和私营金融机构应该一视同仁，特别是一定不能在再融资过程中向公共金融机构（如开发银行）提供好于私营银行的条件[⑤]。

中央银行关于买卖某类资产而非其他资产的某项决定可能会对绿色金融产生巨大影响。这种决定可能会像美国购买抵押证券的决定那样对特定部门产生影响，也可能像上面向英格兰银行提出的建议那样，被视为向特定的经济优先领域提供资助的良好机会，比如为适应气候变化而开展的住房翻修改造项目。各国央行近年来所采取的大量干预措施没有考虑与绿色发展相向而行的可能性问题，因此错失了许多的良机。至少有一部分新注入的资金本可以投向环境项目。至少有一部分可能已被用于某些人称之为“绿色量化宽松”或“战略性量化宽松”的目的[⑥]。在当前这种背景下，预计世界各国的中央银行在未来的一段时期内仍会把他们的资产负债保持在目前这样的高水平上。

---

① Bernanke（2012）。

② Diaz – Bonillo（2012）。

③ Ryan – Collins 等（2013b）、Werner（2012）。

④ Steen（2013）。

⑤ Cour – Thimann 和 Winkler（2013），p. 5。

⑥ Ryan – Collins 等（2013b）、Werner（2012）。

要做到这一些，他们需要将其资产作为当前拥有的即期证券进行再投资。这样一来，绿色量化宽松的机会就会再现。

另外还需要考虑的一点是明确潜在的借贷限制。欧洲中央银行的定向长期再融资操作（TLTRO）向银行提供再融资服务，让他们向非金融私营部门贷款的数额达到一定的比例，但不包括家庭购房贷款。把向金融部门的贷款排除在外，这与其确保实体经济信贷增长的目标是一致的。将住房抵押贷款排除在外，反映了欧洲中央银行对房地产泡沫的关注和担忧。上述两项限制影响信贷分配，也反映出这样一种观点：中央银行可能还会承担指导私人信贷避开某些部门的角色，这种指导可能与绿色包容性经济目标更加保持一致。

一些中央银行，比如制定了贷款融资方案的英格兰银行，在这方面更进了一步，根据银行向实体经济提供贷款的金额确定再融资的数量和价格①。另有一些央行将再融资方案的实施限制在范围更窄的重点部门。比如，孟加拉中央银行实施了一项 20 亿塔卡（2600 万美元）的专项再融资计划，按优惠利率向以太阳能、生物气和污水处理为重点的项目提供贷款②。投入这些领域的银行贷款，在客户支付的利息不超过 12% 的情况下，可按 5% 的贴现率通过孟加拉银行再融资。

人们对这些定向再融资安排的看法各不相同。有人认为它们是克服市场失灵的工具，是实现减贫、就业、粮食安全和绿色投资等重点目标的重要动力。也有人担心它们会给寻租行为打开方便之门。另外还有人指出，通过这些再融资安排获得的资金存在不被用于预期目的的风险。因此，有人警告说，对这些再融资安排的管理分散了中央银行的管理精力，从而会削弱中央银行履行其他职能的能力，比如在银行业监管方面。了解这些因素对设计有效的定向再融资方案至关重要。确保中央银行具有足够的监督和评估能力，对其成功履行职责是必不可少的。将这种工具集中用于专业银行，比如为绿色投资进行再融资的绿色银行，可能是另一个成功要素。

（三）存款准备金

尽管存在严重争议，但世界各国的中央银行，包括美联储、欧洲中央银

---

① Churm 等（2012）。

② 孟加拉银行（2013）。

行和中国人民银行，都在他们的货币政策框架内规定存款准备金率。另外也有一些央行不规定最低准备金率，如英格兰银行和加拿大银行。

有些中央银行不仅利用最低存款准备金率影响整体贷款可获得性，而且还通过规定不同的存款准备金率将贷款导向某些特定的经济领域。中国实行定向降低最低存款准备金率的做法就是一个例子。中国于2008年正式引进双轨制，对大银行和小银行分别实行不同的存款准备金率（RRR）。从那以后，中国存款准备金率的差异程度进一步加大①。最近，也就是2014年4月，中国央行将农村商业银行和农村信用合作社的存款准备金率下调了50~200个基点。两个月后，央行又降低了对未能从4月措施中获益的银行和向农业部门和中小企业提供大量贷款的银行的存款准备金要求。该措施还涵盖了发放汽车和消费贷款的金融机构②。黎巴嫩中央银行也采取了同样的做法，只是重点部门不同，参与资助该国可再生能源项目的计划，降低为实施该计划提供贷款的银行的存款准备金要求③。

结　论

为全面探讨中国的货币政策与绿色经济之间的关联、进而提出政策建议，有必要开展进一步的研究，尤其是国家层面上的研究。然而以下8条建议也许可以对未来的行动提供初步指导。

第一，研究过去和国际上的在信贷指导方面的经验，推进绿色金融过程中采取类似方法。如前面所述，世界各国的中央银行都曾经利用各种工具将信贷引向某些特定的经济部门。英格兰银行的贷款融资方案、孟加拉银行的定向再融资方案和中国人民银行的差异化存款准备金安排都是例子。深入分析在信贷指导方面的成功和过失，可以为决定是否和如何设计类似的方案去支持中国绿色投资业务的发展提供坚实的基础。

第二，明确并减少偏离绿色经济目标的现行货币政策偏差现象。如前面

---

① Ma等（2011）。

② Qing和Shao（2014）、《华尔街日报》（2014）。

③ Campiglio（2014）。

所述，货币政策往往有偏差现象。央行对可作为抵押物购买和接受的资产的选择、差异化的存款准备金率要求，以及为其所用工具规定的其他标准对环境的影响可能不会一样。明确并在可能的情况下减少这种偏差可能是最具体的短期内可采取的措施之一。

第三，在一篇主要出版物扩大中央银行的报告范围，反映环境问题。中国人民银行在报告中阐述其政策与环境目标之间可能存在的关系，有助于进一步提升其对各项工作重要关联性的认识。

第四，评估在绿色投资领域实行量化宽松政策的情况下对资产购买进行指导的可行性（如通过绿色债券）。如前面所述，各国央行都在最近几年大幅度扩大了他们的资产负债表。预计许多央行在可以预见的未来会将他们的资产负债表保持在现在这样的高水平上，因此会继续将资产作为他们持有的即期证券进行再投资。评估中国银行在多大程度上也会这样做，如果会这样做，其未来的投资业务会不会被引向“绿色量化宽松”的方向，这些问题都是引发政策辩论的重要因素。

第五，进一步了解利率水平对能源、水和资源安全领域所需长期投资的影响。如前面所述，利率是影响投资决策的核心可变因素之一；与其他投资相比，绿色投资对利率变化可能更加敏感。中国对这种关系进行缜密研究可能会使其在明确绿色投资的关键因素时具有敏锐的洞察力。

第六，进一步了解环境退化和资源匮乏可能对价格和金融稳定造成的影响。如前面所述，环境退化和资源匮乏可能会对核心货币政策目标 – 特别是价格和金融稳定产生严重影响。进一步了解这些关联及其可能给中国人民银行的核心使命带来的风险和中国人民银行缓解这些风险的做法，是提高韧性的关键步骤之一。

第七，评估利用特别提款权（SDR）支持绿色投资的可能性。如前面所述，一些利用特别提款权支持绿色投资的建议已经提出。中国人民银行行长一直支持进一步发挥特别提款权作为储备货币的作用。中国可以在这方面充分发挥领导作用，加强对可与特别提款权一起利用的绿色资金的成本效益评估。

第八，研究引进“主权货币”和替代货币的国际建议。如前面所述，剥夺私有银行的货币创造功能，将其交由中央银行独家负责的建议已经在全球范围内引发热议。同时，与官方货币一起使用的替代货币正引起人们越来越多的关注。尽管这种局面还刚刚开始，已有一些经济学家认为，替代货币可成为绿色包容性经济的关键性支柱。进一步研究这些建议及其可能给中国带来的影响，对于明确这种体系变革在多大程度上可以成为绿化中国金融市场的一条路径。

参考文献

[1] Adam Smith Institute, Save our Savers, & Cobden Centre (2012). What's wrong with our economy, http://www.saveoursavers.co.uk/wp-content/uploads/2012/11/Whats_Wrong_With_The_Economy_Download.pdf.

[2] Albanesi, S. (2007). Inflation and Inequality, Journal of Monetary Economics, 54 (4), pp. 1088 ~ 1114.

[3] Anzuini, A., Lombardi, M., & Pagano, P. (2010). The Impact of Monetary Policy Shocks on Commodity Prices, ECB Working Paper, 1232, http://www.ecb.europa.eu/pub/pdf/scpwps/ecbwp1232.pdf.

[4] Altig, D., & Bryan, M. (2013). Inflation versus Price Level Targeting in Practice, http://macroblog.typepad.com/macroblog/2013/01/inflation-versus-price-level-targeting-in-practice.html.

[5] Ball, L. (2013). The Case for Four Percent Inflation, Central Bank Review, Vol. 13 (May 2013), pp. 17-31, http://www.tcmb.gov.tr/research/cbreview/may13-2.pdf.

[6] Bangladesh Bank (2013). Annual Report on Green Banking 2012, http://www.bangladesh-bank.org/pub/annual/green_banking/2012/full_rpt.pdf.

[7] Bank for International Settlements (BIS) (2011). Central bank governance and financial stability, http://www.bis.org/publ/othp14.pdf.

[8] Bank of England (2012). The distributional effects of asset purchases, http://www.bankofengland.co.uk/publications/Documents/news/2012/nr073.pdf.

[9] Bank of England (2013). Monetary policy trade-offs and forward guidance, http://www.bankofengland.co.uk/publications/Documents/inflationreport/2013/ir13augforwardguidance.pdf.

[10] Barigozzi, M., Conti, A., & Luciani, M. (2011). Measuring Euro Area Monetary Policy Transmission in a Structural Dynamic Factor Model, European Commission Economic Paper, No. 441, http://ec.europa.eu/economy_finance/publications/economic_paper/2011/pdf/ecp441_en.pdf.

[11] BBC (2013). Q&A: Bank of Japan's inflation target, BBC News, January 22, 2013, http://www.bbc.com/news/business-21137148.

[12] Benes, J., & Kumhof, M. (2012). The Chicago Plan Revisited, IMF Working Paper, 12/202, https://www.imf.org/external/pubs/ft/wp/2012/wp12202.pdf.

[13] Bergsten, F. (2009). The Dollar and the Deficits, Foreign Affairs, November/December 2009, http://www.foreignaffairs.com/articles/65446/c-fred-bergsten/the-dollar-and-the-deficits.

[14] Bernanke, B. (2002). Asset-Price 'Bubbles' and Monetary Policy, Speech on October 15, 2002, http://www.federalreserve.gov/Boarddocs/Speeches/2002/20021015/default.htm.

[15] Bernanke, B. (2012). Monetary Policy since the Onset of the Crisis, Speech at the Federal Reserve Bank of Kansas City Economic Symposium, 31 August 2012, http://www.federalreserve.gov/newseven-

ts/speech/bernanke2012 0831a. htm.

[16] Bini Smaghi, L. (2007). With or without prejudice to price stability, http://www. ecb. europa. eu/press/key/date/2007/html/sp070524. en. html.

[17] Bivens, J. (2014). Examining the central bank's role in credit allocation, http://www. epi. org/publication/hearing-federal-reserve-oversight-examining/.

[18] Blanchard, O., Dell Ariccia, G., & Mauro, P. (2010). Rethinking Macroeconomic Policy, IMF Staff Position Note, SPN 10/03, http://www. imf. org/external/pubs/ft/spn/2010/spn1003. pdf.

[19] Bonfim, D., Dai, Q., & Franco, F. (2009). The number of bank relationships, borrowing costs and bank competition, Banco de Portugal Working Paper, 12/2009, http://www. bportugal. pt/en-US/BdP%20Publications%20Research/WP200912. pdf.

[20] Bordo, M., & Wheelock, D. (1998). Price stability and financial stability. The historical record, https://research. stlouisfed. org/publications/review/98/09/9809dw. pdf.

[21] Bredenkamp, H., & Pattillo, C. (2010). Financing the Response to Climate Change, http://www. imf. org/external/pubs/ft/spn/2010/spn1006. pdf.

[22] Bush, O., Farrant, K., & Wright, M. (2011). Reform of the International Monetary and Financial System, http://www. bankofengland. co. uk/research/Documents/fspapers/fs_ paper13. pdf.

[23] Campiglio, E. (2014). Beyond carbon pricing: The role of banking and monetary policy in financing the transition to a low-carbon economy, Centre for Climate Change Economics and Policy Working Paper, No. 181, Grantham Research Institute On Climate Change and the Environment Working Paper, No. 160, http://www. lse. ac. uk/GranthamInstitute/wp-content/uploads/2014/06/Working-Paper-160-Campiglio-20141. pdf.

[24] Carpenter, S., & Demiralp, S. (2010). Money, Reserves, and the Transmission of Monetary Policy. Does the Money Multiplier Exist?, http://www. federalreserve. gov/pubs/feds/2010/201041/ 201041pap. pdf.

[25] Catão, L., & Chang, R. (2010). World Food Prices and Monetary Policy, IMF Working Paper, 10/161, http://www. imf. org/external/pubs/ft/wp/2010/wp10161. pdf.

[26] Central Bank of Egypt (2014). Headline and core inflation 2014, http://www. cbe. org. eg/NR/rdonlyres/C4D84EEF-2169-47C7-AAAD-A94BDCFBE868/2485/Monthly_ Inflation_ June_ 2014. pdf.

[27] Chakraborty, A., Bordoloi, S. (2013). International commodity prices-volatility and global liquidity, IFC Bulletin, No. 36, pp. 239-258, http://www. bis. org/ifc/publ/ifcb36p. pdf.

[28] Chamley, C., Kotlikoff, L., & Polemarchakis, H. (2012). Limited purpose banking-Moving from trust-me to show-me banking, https://www. aeaweb. org/aea/2012conference/program/retrieve. php?pdfid=568.

[29] Churm, R., Radia, A., Leake, J., Srinivasan, S., & Whisker, R. (2012). The Funding for Lending Scheme, http://www. bankofengland. co. uk/publications/Documents/quarterlybulletin/ qb120401. pdf.

[30] Cœuré, B. (2014). Price stability as the basis of a sustained recovery, http://www. ecb. europa. eu/press/key/date/2014/html/sp140703_ 1. en. html.

[31] Coibion, O., Gorodnichenko, Y., Kueng, L., & Silvia, J. (2012). Innocent Bystanders? Monetary Policy and Inequality in the US, NBER Working Paper, No. 18170, http://www. nber. org/papers/w18170.

[32] Committee on International Economic Policy and Reform (2011). Rethinking Central Banking, http://www. brookings. edu/research/reports/2011/09/ciepr-central-banking.

[33] Committee on the Global Financial System (2007). Financial Stability and Local Currency Bond Markets, http://www.bis.org/publ/cgfs28.pdf.

[34] Cour-Thimann, P., & Winkler, B. (2013). The ECB's non-standard monetary policy measures. The role of institutional factors and financial structure, ECB Working Paper, 1528, https://www.ecb.europa.eu/pub/pdf/scpwps/ecbwp1528.pdf.

[35] Creel, J., & Saraceno, F. (2011). The dual mandate, the Fed and the ECB, http://www.ofce.sciences-po.fr/blog/the-dual-mandate-the-fed-and-the-ebc/.

[36] Crowe, C. (2006). Inflation, Inequality, and Social Conflict, IMF Working Paper, WP/06/158, https://www.imf.org/external/pubs/ft/wp/2006/wp06158.pdf.

[37] Derviş, K. (2012). Should Central Banks Target Employment?, Project Syndicate, December 19, 2012, http://www.project-syndicate.org/commentary/why-the-ecb-should-emulate-the-fed-s-unemployment-target-by-kemal-dervi.

[38] Dhal, S. (2011). Industry Effects of Monetary Transmission Mechanism in India. An Empirical Analysis of Use-based Industries, RBI Occasional Papers, Vol. 32, No. 2, http://rbidocs.rbi.org.in/rdocs/Content/PDFs/OCIEMT261012_A2.pdf.

[39] Diaz-Bonnila, E. (2012). Déjà Vu, All Over Again: QE3 and Developmental Central Banking (Part 2), http://www.economonitor.com/blog/2012/11/deja-vu-all-over-again-qe3-and-developmental-central-banking-part-2/.

[40] Doepke, M., & Schneider, M. (2006). Inflation and the Redistribution of Nominal Wealth, Journal of Political Economy, 114/6, pp. 1069 ~ 1097, http://faculty.wcas.northwestern.edu/~mdo738/research/Doepke_Schneider_JPE_06.pdf.

[41] Dyson, B., Greenham, T., Ryan-Collins, J., & Werner, R. (2011). Towards a 21st Century Banking and Monetary System, http://www.neweconomics.org/publications/entry/towards-a-21st-century-banking-and-monetary-system.

[42] Eichengreen, B., Rajan, R., Prasad, E. (2011). Central banks need a bigger and bolder mandate, October 24, 2011, http://www.ft.com/intl/cms/s/0/c699818e-fe31-11e0-bac4-00144feabdc0.html.

[43] Eichengreen, B., Rajan, R., Prasad, E. (2013). Currency war or international policy coordination, http://eml.berkeley.edu/~eichengr/curr_war_JPM_2013.pdf.

[44] Eickmeier, S., Lombardi, M. (2012). Monetary policy and the oil futures market, Deutsche Bundesbank Discussion Paper, 35/2012, http://www.bundesbank.de/Redaktion/EN/Downloads/Publications/Discussion_Paper_1/2012/2012_12_07_dkp_35.pdf?__blob=publicationFile.

[45] Elliott, L. (2012). Britain's richest 5% gained most from quantitative easing-Bank of England, The Guardian, August 23, 2012, http://www.guardian.co.uk/business/2012/aug/23/britains-richest-gained-quantative-easing-bank.

[46] Epstein, Gerald (2007). Central banks, inflation targeting and employment creation. ILO Economic and Labour Market Papers, http://www.ilo.org/public/english/employment/download/elm/elm07-2.pdf.

[47] Erten, B., & Ocampo, J. A. (2012). Building a Stable and Equitable Global Monetary System, DESA Working Paper, ST/ESA/2012/DWP/8, http://www.un.org/esa/desa/papers/2012/wp118_2012.pdf.

[48] European Central Bank (ECB) (2010). Asset Price Bubbles and Monetary Policy Revisited, ECB Monthly Bulletin, November 2010, http://www.ecb.europa.eu/pub/pdf/other/art1_mb201011en_

pp71-83en. pdf.

[49] European Central Bank (ECB) (2014a). The definition of price stability, https://www.ecb.europa.eu/mopo/strategy/pricestab/html/index.en.html, retrieved on July 29, 2014.

[50] European Central Bank (ECB) (2014b). Standing facilities, https://www.ecb.europa.eu/mopo/implement/sf/html/index.en.html, retrieved on July 27, 2014.

[51] European Central Bank (ECB) (2014c). Open market operations, https://www.ecb.europa.eu/mopo/implement/omo/html/index.en.html, retrieved on July 25, 2014.

[52] Eurostat (2014). Government debt increased to 93.9% of GDP in euro area and to 88.0% in EU28, http://epp.eurostat.ec.europa.eu/cache/ITY_ PUBLIC/2-22072014-AP/EN/2-22072014-AP-EN.PDF.

[53] Farhi, E.; Gourinchas, P.-O.; & Rey, H. (2011). Reforming the International Monetary System, http://www.voxeu.org/sites/default/files/file/Reforming% 20the% 20International% 20Monetary% 20System.pdf.

[54] Federal Reserve (2007). Federal Reserve (2008). Press Release, December 16, 2008, http://www.federalreserve.gov/newsevents/press/monetary/20081216b.htm.

[55] Federal Reserve (2012). Press Release, December 12, 2012, http://www.federalreserve.gov/newsevents/press/monetary/ 20121212a.htm.

[56] Federal Reserve (2013). Transcript of Chairman Bernanke's Press Conference December 18, 2013, http://www. federalreserve.gov/mediacenter/files/FOMCpresconf20131218.pdf.

[57] Federal Reserve (2014a). Federal Reserve Statistical Release. H.4.1., July 24, 2014, http://www.federalreserve.gov/releases/h41/Current/, retrieved on July 27, 2014.

[58] Federal Reserve (2014b). What are the Federal Reserve's objectives in conducting monetary policy?, http://www. federalreserve.gov/faqs/money_ 12848.htm, retrieved July 23, 2014.

[59] Federal Reserve (2014c). Open market operations, http://www.federalreserve.gov/monetarypolicy/bst_ openmarketops.htm, retrieved July 25, 2014.

[60] Federal Reserve (2014d). Federal Reserve Discount Window, http://www.frbdiscountwindow.org, retrieved July 27, 2014.

[61] Federal Reserve (2014e). Aggregate Reserves of Depository Institutions and the Monetary Base-H.3, http://www.federalreserve.gov/releases/h3/current/, retrieved July 27, 2014.

[62] Fitzgerald, T., Holtemeyer, B., & Nicolini, J.P. (2013). Is there a stable Phillips curve after all?, Federal Reserve Bank of Minneapolis Economic Policy Paper, 13/6, https://www. minneapolisfed.org/pubs/eppapers/13-6/eppaper13-6_ phillips_ curve.pdf.

[63] Frankel, J. (2008). An Explanation of Soaring Commodity Prices, VOX, http://www.voxeu.org/article/explanation-soaring-commodity-prices.

[64] Frankel, J. (2014). Effects of Speculation and Interest Rates in a Carry Trade Model of Commodity Prices, forthcoming, Journal of International Money and Finance, http://www.hks.harvard.edu/fs/jfrankel/CommodityPrices2013IMF.doc.

[65] Fratzscher, M., Schneider, D., Van Robays, I. (2012). Oil Prices, Exchange Rates and Asset Prices, http://www.diw.de/documents/publikationen/73/diw_ 01.c.421479.de/dp1302.pdf.

[66] Gagnon, Joseph (2013). Currency Wars, Milken Institute Review, Q1 2013, http://www. milkeninstitute.org/publications/review/2013_ 1/46-55MR57.pdf.

[67] Galli, R., & van der Hoeven, R. (2001). Is inflation bad for income inequality: The importance of

the initial rate of inflation, ILO Employment Paper, 2001/29, http://www.ilo.org/wcmsp5/groups/public/@ed_emp/documents/publication/wcms_142351.pdf.

[68] Garrison, R. (2012). Natural Rates of Interest and Sustainable Growth, Cato Journal, Spring/Summer 2012, http://object.cato.org/sites/cato.org/files/serials/files/cato-journal/2012/7/v32n2-15.pdf.

[69] Goyal, K. (2014). Rajan Warns of Policy Breakdown as Emerging Markets Fall, Bloomberg, January 31, 2014, http://www.bloomberg.com/news/2014-01-30/rajan-warns-of-global-policy-breakdown-as-emerging-markets-slide.html.

[70] Groehndahl, B. (2014). Central banks channel Piketty inequality concerns, Nowotny says, Bloomberg, June 7, 2014, http://www.bloomberg.com/news/2014-06-06/central-banks-channel-piketty-inequality-concerns-nowotny-says.html.

[71] Group of Thirty (2013). Long-term finance and economic growth, http://www.group30.org/images/PDF/Long-term_Finance_lo-res.pdf.

[72] Gruber, J., & Vigfusson, R. (2013). Interest Rates and the Volatility and Correlation of Commodity Prices, Reviewed version, January 2013, http://www.federalreserve.gov/pubs/ifdp/2012/1065/ifdp1065r.pdf.

[73] Gunji, H. and Yuan, Y. (2010). Bank profitability and the bank lending channel: evidence from China. Journal of Asian Economics, 21 (2), p. 129 ~ 141.

[74] G20 (2013). G20 Action Plan to Support the Development of Local Currency Bond Markets. Implementation Report to G20 Ministers and Central Bank Governors, https://www.g20.org/sites/default/files/g20_resources/library/The_Implementation_Report_of_the_G20_Action_Plan_on_the_Development_of_LCBMs.pdf.

[75] Hall, B., & Eaglesham, J. (2008). Brown, Sarkozy seek New Bretton Woods, Financial Times, November 2, 2008, www.ft.com/intl/cms/s/0/7be46fee-a92c-11dd-a19a-000077b07658.html.

[76] Hayo, B., Uhlenbrock, B. (1999). Industry Effects of Monetary Policy in Germany, http://edz.bib.uni-mannheim.de/www-edz/pdf/zei/b99-14.pdf.

[77] Hotelling, H. (1931). The Economics of Exhaustible Resources, Journal of Political Economy, April 1931.

[78] Huang, H. (2012). Monetary policy, balance sheets and asset prices. Transmission mechanisms in U.S., Euro-Area, Japan and China, http://www.cf40.org.cn/uploads/111116/2012675.pdf.

[79] International Labour Organization (ILO) (2014a). World of Work Report, http://www.ilo.org/wcmsp5/groups/public/---dgreports/---dcomm/documents/publication/wcms_243961.pdf.

[80] International Labour Organization (ILO) (2014b). How much do central banks care about growth and employment, ILO Policy Brief, http://www.ilo.org/wcmsp5/groups/public/---ed_emp/documents/publication/wcms_249061.pdf.

[81] International Monetary Fund (IMF) (2008). Articles of Agreement of the International Monetary Fund, http://www.imf.org/External/Pubs/FT/AA/index.htm, retrieved on July 23, 2014.

[82] International Monetary Fund (IMF) (2010). Republic of Mozambique: Financial Sector Assessment program—Financial System Stability Assessment, http://www.imf.org/external/pubs/ft/scr/2010/cr1012.pdf, retrieved on July 26, 2014.

[83] International Monetary Fund (IMF) (2011a). About the International Monetary System, http://www.imsreform.org/about.html.

[84] International Monetary Fund (IMF) (2011b) . Strengthening the International Monetary System: Taking Stock and Looking Ahead, http: //www. imf. org/external/np/pp/eng/2011/032311. pdf.

[85] International Monetary Fund (IMF) (2012a) . Pilot External Sector Report, http: //www. imf. org/external/np/pp/eng/2012/070212. pdf.

[86] International Monetary Fund (IMF) (2012b) . The liberalization and management of capital flows. An institutional view, http: //www. imf. org/external/np/pp/eng/2012/111412. pdf.

[87] International Monetary Fund (IMF) (2013) . Annual Report on Exchange Arrangements and Exchange Restrictions 2013, https: //www. imf. org/external/pubs/nft/2013/areaers/ar2013. pdf.

[88] International Monetary Fund (IMF) (2014a) . World Economic Outlook. April 2014, http: //www. imf. org/external/pubs/ft/weo/2014/01/pdf/text. pdf.

[89] International Monetary Fund (IMF) (2014b) . Currency Composition of Official Foreign Exchange Reserves (COFER), http: //www. imf. org/external/np/sta/cofer/eng/, retrieved on July 23, 2014.

[90] IPE (2012) . Low interest rates a ‘nightmare’ for pension funds, minister says, http: //www. ipe. com/news/low-interest-rates-a-nightmare-for-pension-funds-minister-says_ 46105. php #. UM3kc3fheSo.

[91] Jackson, A. , & Dyson, B. (2012) . Modernising money, http: //www. positivemoney. org/modernising-money/.

[92] Jones, S. (2012) . Hedge funds reap gains from MBS, Financial Times, October 9, 2012, http: //www. ft. com/intl/cms/s/0/ec7a1524-1219-11e2-bbfd-00144feabdc0. html.

[93] Kaminsky, G. L. , & Schmukler, S. (2003) . Short-run pain, long-run gain. The effects of financial liberalization, IMF Working Paper, 04/34, http: //www. imf. org/external/pubs/ft/wp/2003/ wp0334. pdf.

[94] Kumhof, M. , Rancière, R. and Winant, P. (2013) . Inequality, leverage and crises. The case of endogenous default, IMF Working Paper, WP/13/249, http: //www. imf. org/external/pubs/ft/wp/2013/wp13249. pdf.

[95] Kydland, F. & Prescott, E. (1990) . Business Cycles: Real Facts and a Monetary Myth, Federal Reserve Bank of Minneapolis Quarterly Review, 14 (2), 3 ~ 18, http: //www. minneapolisfed. org/research/qr/qr1421. pdf.

[96] Lin, J. Y. , Fardoust, S. ; & Rosenblatt, D. (2012) . Reform of the International Monetary System. A Jagged History and Uncertain Prospects, http: //elibrary. worldbank. org/doi/pdf/10. 1596/1813-9450-6070.

[97] Litaer, B. , Arnsperger, C. , Goerner, S. , & Brunnhuber, S. (2012): Money and Sustainability. The Missing Link, http: //www. clubofrome. org/cms/wp-content/uploads/2012/05/Money-and-Sustainability-the-missing-link-Executive-Summary. pdf.

[98] Lockhart, D. (2014) . The Challenge of Estimating Full Employment, Speech on March 6, 2014, http: //www. frbatlanta. org/news/speeches/140306_ speech_ lockhart. cfm.

[99] Ma, G. , Xiandong, Y. , & Xi, L. (2011) . China's evolving reserve requirements, BIS Working Paper, No. 360, http: //www. bis. org/publ/work360. pdf.

[100] Mateos y Lago, I. , Duttagupta, R. , & Goyal, R. (2009) . The Debate on the International Monetary System, IMF Staff Position Note, SPN/09/26, https: //www. imf. org/external/pubs/ft/spn/2009/spn0926. pdf.

[101] Maurer, M. R. , & Yeşin, P. A. (2005). Monetary Policy and Income Inequality, http://www. uib. cat/congres/ecopub/ecineq/papers/220yesin. pdf.

[102] McLeay, M. , Radia, A. , & Thomas, R. (2014). Money creation in the modern economy, Bank of England Quarterly Bulletin, Q1 2014, http://www. bankofengland. co. uk/publications/Documents/quarterlybulletin/2014/qb14q1prereleasemoneycreation. pdf.

[103] Mishkin, F. (1996). The channels of monetary transmission. Lessons for monetary policy, NBER Working Paper, 5464, http://www. nber. org/papers/w5464. pdf.

[104] Monnin, P. (2014). Inflation and Income Inequality in Developed Economies, CEP Working Paper, 2014/1, http://www. cepweb. org/wp-content/uploads/2014/05/CEP_ WP_ Inflation_ and_ Income_ Inequality. pdf.

[105] Mohan, R. , Patra, M. D. , & Kapur, M. (2013). The International Monetary System: Where are we and where do we need to go?, http://www. imf. org/external/pubs/ft/wp/2013/wp13224. pdf.

[106] Morales, A. (2012). Bank of England says to evaluate fossil-fuel investment risk, Bloomberg, February 7, 2012, http://www. bloomberg. com/news/2012-02-07/bank-of-england-says-to-evaluate-fossil-fuel-investment-risk. html.

[107] New Economics Foundation (2012). Where does money come from?, http://www. neweconomics. org/publications/entry/where-does-money-come-from.

[108] Office of Management and Budget (2013). Discount rates for cost-effectiveness, lease purchase, and related analyses, http://www. whitehouse. gov/omb/circulars_ a094/a94_ appx-c, retrieved on July 26, 2014.

[109] Ocampo, J. A. (2013). Revoking America's Exorbitant Privilege, http://www. project-syndicate. org/commentary/jose-antonio-ocampoon-the-us-threat-to-the-international-monetary-system.

[110] Ostry, J. , Berg, A. & Tsangarides, C. (2014). Redistribution, Inequality and Growth, IMF Staff Discussion Note, 14/2, http://www. imf. org/external/pubs/ft/sdn/2014/sdn1402. pdf.

[111] Palais-Royal Initiative (2011). Reform of the International Monetary System: A Cooperative Approach for the Twenty First Century, http://global-currencies. org/smi/gb/telechar/news/Rapport_ Camdessus-integral. pdf.

[112] Peersman, G. , Smets, F. (2002). The Industry Effects of Monetary Policy in the Euro Area, ECB Working Paper, No. 165, http://www. ecb. int/pub/pdf/scpwps/ecbwp165. pdf.

[113] Pellényi, G. (2012). The Sectoral Effects of Monetary Policy in Hungary. A Structural Factor Analysis, MNB Working Paper, 2012/1, http://www. mnb. hu/Root/Dokumentumtar/ENMNB/Kiadvanyok/mnben_ mnbfuzetek/WP_ 2012-01. pdf.

[114] Polleit, T. (2011). The cure (low interest rates) is the disease, http://mises. org/daily/5164/The-Cure-Low-Interest-Rates-is-the-Disease.

[115] Qing, K. G. , & Shao, X. (2014). China c. bank targets rural sector in reserve requirement cut for some banks, Reuters, June 9, 2014.

[116] Ramaswamy, S. (2012). The sustainability of pension schemes, BIS Working Paper, No. 368, http://www. bis. org/publ/work368. pdf.

[117] RealtyTrac (2014). June 2014 Foreclosure Trends, http://www. realtytrac. com/trendcenter/trend. html, retrieved on July 29, 2014.

[118] Reinventing Bretton Woods Committee (2009). Building an International Monetary and Financial Sys-

tem, http: //www. reinventingbrettonwoods. org/system/files_ force/RBWC_ Agenda_ for_ Reform_ eBook. pdf.

[119] Rhee, C. , & Sumulong, L. (2013) . A Practical approach to International Monetary System Reform. Building Settlement Infrastructure for Regional Currencies, http: //www. cigionline. org/sites/default/files/brics_ asia_ no3. pdf.

[120] Rodríguez-Fuentes, C. , & Padron-Marrero, D. (2008) . Industry Effects of Monetary Policy in Spain, http: //www. ssoar. info/ssoar/handle/document/13321.

[121] Rojas-Suarez, L. (2010) . Currency Wars are a Development Problem and the G-20 Has a Major Role to Play in the Solution, http: //www. cgdev. org/blog/currency-wars-are-development-problem-and-g-20-has-major-role-play-solution.

[122] Rosengren, E. (2013) . Should full employment be a mandate for central banks?, www. bostonfed. org/news/speeches/rosengren/2013/041213/index. htm.

[123] Ross, A. (2012) . Fed action triggers fear of new currency wars, Financial Times, September 26, 2012, www. ft. com/intl/cms/s/0/d69a4470-07e9-11e2-a2d8-00144feabdc0. html.

[124] Ryan-Collins, J. , Schuster, L. , & Greenham, T. (2013a) . Energising Money. An introduction to energy currencies and accounting, http: //www. neweconomics. org/page/-/publications/Energising_ Money_ web_ 2. pdf.

[125] Ryan-Collins, J. , Werner, R. , Greenham, T. , & Bernardo, G. (2013b) . Strategic quantitative easing. Stimulating investment to rebalance the economy, http: //b. 3cdn. net/nefoundation/e79789e1e31f261e95_ ypm6b49z7. pdf.

[126] Sachs, J. (2011) . To end the food crisis, the G20 must keep a promise, http: //www. ft. com/intl/cms/s/0/e5e854fe-3ad0-11e0-9c1a-00144feabdc0. html.

[127] Singh, S. (2011) . Financial market depth. Friend or foe when it comes to effective management of monetary policy and capital flows, BIS Papers, 57, http: //www. bis. org/publ/bppdf/bispap57p. pdf.

[128] Soros, G. (2009): How to Finance a Climate Change Fund, The Guardian, December 10, 2009, http: //www. theguardian. com/commentisfree/cif-green/2009/dec/10/finance-climate-change-fund-imf.

[129] Steen, M. (2013) . ECB extends range of collateral it accepts to include more ABS, Financial Times, July 18, 2013, www. ft. com/intl/cms/s/0/d8b3805e-efa7-11e2-a237-00144feabdc0. html.

[130] Strauss, D. , & Hume, N. (2014) . Sapin urges Europe to encourage Euro transactions after BNP fine, Financial Times, July 1, 2014, http: //www. ft. com/intl/cms/s/0/f639719e-013d-11e4-a938-00144feab7de. html.

[131] SWIFT (2014) . RMB Tracker. June 2014, http: //www. swift. com/assets/swift_ com/documents/products_ services/RMB_ Slides_ June2014_ final_ SDC. pdf.

[132] Swiss National Bank (2014): Bankenstatistisches Monatsheft July 2014, http: //www. snb. ch/ext/stats/bstamon/pdf/defr/Bankenstat_ Monatsheft. pdf, retrieved on July 29, 2014.

[133] Tarullo, D. (2014) . Monetary Policy and Financial Stability, Speech on February 25, 2014, http: //www. federalreserve. gov/newsevents/speech/tarullo20140225a. htm.

[134] The Economist (2012a) . A good time for infrastructure investment, http: //www. economist. com/blogs/freeexchange/2012/03/low-hanging-fruit.

[135] The Economist (2012b). Trickle-down central banking, http://www.economist.com/blogs/freeexchange/2012/10/monetary-policy-2.

[136] The Economist (2013). Broken transmission, May 4, 2013, http://www.economist.com/news/finance-and-economics/21577060-european-central-bank-has-lost-control-interest-rates-spain-and.

[137] The Economist (2014). Injured Reserve. The Global Monetary System, http://www.economist.com/blogs/freeexchange/2014/07/global-monetary-system.

[138] Thorstensen, V., Ferraz, L., & Marçal, E. (2011). Why the WTO should care about exchange rates, http://www.voxeu.org/article/why-wto-should-care-about-exchange-rates.

[139] United States House of Representatives (2014). Memorandum, March 7, 2014, http://financialservices.house.gov/uploadedfiles/031214_ mpt_ memo.pdf.

[140] United Nations (2009). Report of the Commission of Experts of the President of the United Nations General Assembly on Reforms of the International Monetary and Financial System, http://www.un.org/ga/econcrisissummit/docs/FinalReport_ CoE.pdf.

[141] United Nations Conference on Trade and Development (UNCTAD) (2014a). Inward and outward foreign direct investment flows, annual, 1970-2012, UNCTADstat, http://unctadstat.unctad.org/wds/TableViewer/tableView.aspx? ReportId =88, retrieved on July 24, 2014

[142] United Nations Conference on Trade and Development (UNCTAD) (2014b). World Investment Report 2014. Investing in the SDGs. An Action Plan, http://unctad.org/en/PublicationsLibrary/wir2014_ en.pdf.

[143] United Nations Department of Economic and Social Affairs (UN DESA) (2012). World Economic and Social Survey 2012. In Search of New Development Finance, http://www.un.org/en/development/desa/policy/wess/wess_ current/2012wess.pdf.

[144] Verein Monetäre Modernisierung (2014). Vollgeld-Initiative, http://www.vollgeld-initiative.ch/, retrieved on July 23, 2014.

[145] Wall Street Journal (2014). Economists React: China's Targeted Bank Reserve Cut, June 9, 2014, http://blogs.wsj.com/economics/2014/06/09/economists-react-chinas-targeted-bank-reserve-cut/.

[146] Werner, R. (2012). Time for Green Quantitative Easing, http://www.greennewdealgroup.org/wp-content/uploads/2012/03/Green-QE-report-CBFSD-Policy-News-2012-No-1.pdf.

[147] White, W. (2009). Should Monetary Policy Lean or Clean, Federal Reserve Bank of Dallas, Globalization and Monetary Policy Institute, Working Paper, 34, http://www.dallasfed.org/assets/documents/institute/wpapers/2009/0034.pdf.

[148] White, W. (2012b). Ultra Easy Monetary Policy and the Law of Unintended Consequences, Federal Reserve Bank of Dallas, Globalization and Monetary Policy Institute, Working Paper, 126, http://www.williamwhite.ca/sites/default/files/UltraeasymonetarypolicyV5_ 0.pdf.

[149] Williamson, J. (2009). Understanding Special Drawing Rights, Peterson Institute for International Economics Policy Brief, PB 09-11, http://www.iie.com/publications/pb/pb09-11.pdf.

[150] Zhang, H. (2012). An empirical study of the asset price channel of monetary transmission in China, http://econ.pku.edu.cn/upload/20130925/6639831.pdf.

[151] Zhou, X. (2009). Reform the International Monetary System, http://www.pbc.gov.cn/publish/english/956/2009/20091229104425550619706/20091229104425550619706_ html.

让金融政策制定者将气候减缓行动内部化

索尼·卡普尔（Sony Kapoor）

概　要

气候变化已经对我们产生影响，在缺乏大幅度紧急减排温室气体的国家和全球行动情况下，气候变化将成为威胁到全球经济、安全和福利的问题。由于对环境的过度开发导致的问题，诸如地下水位下降、迫在眉睫的水压力（Gassert 等，2013），以及北京和新德里等地出现的城市大气严重污染，都是不容再忽视的问题（Killalea，2014）。

当人们期盼能达成气候协议并对其他环境挑战采取更多国家和地方层面的行动时，现实情况却是，我们再也耽误不起了。比如：全世界对清洁能源的需求与供应之间存在着巨大的差距，使得我们只能将减缓气候变化的希望寄托在可再生能源项目的大规模前期投资之上。同时，全世界的化石燃料使用量在不断增加，根据国际能源署统计，仅在发展中国家和新兴经济体，化石燃料部门就享有至少 5230 亿美元的补贴（Gurria，2013；国际能源署，2013）。化石燃料吸引了新的投资对其储量进行勘探和开发，并建设碳密集型电厂，与可再生能源投资相比，其投资额要高出数倍。2012 年，仅上市公司就支出了 6740 亿美元，用于勘探新的化石燃料储量（碳跟踪与伦敦政治经济学院格兰瑟姆研究所，2013），比全世界在清洁能源方面的支出高出数倍。

取消补贴与提高碳排放的有效定价是成功限制气候变化的关键要素，而将公司内部以及金融系统的资本配置从“肮脏的”的投资领域转移至“清洁的”投资领域也同等关键。从税收、补贴和实际定价对改变碳排放的激励作用来看，它们对资本的重新配置非常重要。但即使没有税收、补贴和实际定价，也可颁布数项“绿化”金融系统的政策措施。

这项必要与急迫的任务面临的最大挑战之一是，金融和经济决策部门与环境政策部门处于两个平行的世界里。环境部门、发展部门、能源部门、非政府组织、学术界和联合国机构处于气候变化政策的世界之中，而国际货币基金组织、国际清算银行、央行、财政部、金融监管者和监督者则主宰着金融决策，两者之间少有重叠。随着国际货币基金、世界银行、经济合作组织以及一些国家层面的政策制定者开始着手解决这一问题，情况也只是在缓慢地发生变化，然而这一变化实在太慢且太过于表面化。无论监管者和央行的银行家们个人对环境与气候变化是多么的关注，他们中并没有多少人会将这些问题视作其日常工作的一部分。如果不是因为金融系统总体上对经济的绿化存在严重偏见并喜好“棕色”经济的话，上述问题并非什么大问题，因为决策通常都是在部门各自为政、相互隔绝的情况下进行的。

金融系统以及家庭和公司对能效措施的系统性投资均不足——尽管主流投资回报均已经崩溃，但是，对能效措施的年回报率却可达两位数，甚至是三位数。如果金融政策制定者不采取紧急纠偏措施，不仅其他措施不足以减缓气候变化，而且对能源密集型发电的持续投资将使经济持续“锁定”未来的排放。而且，如果要将全球变暖限制在合理范围内（碳跟踪与伦敦政治经济学院格兰瑟姆研究所，2013），用于开发和勘探那些基本上“无法燃烧”的化石燃料的资本也会被“浪费”，对能效投资的潜在高回报投资也会继续遭到遗弃，使得各方面的情况更为糟糕。

尽管如此，大多数金融政策制定者仍将这些事务置于其对自身使命相对狭隘的传统认识、经济目标与金融决策范围之外。本报告重点在于展示为何气候变化与环境因素自然而然地与最为广泛接受的主流经济和金融决策目标相吻合。比如：我们将说明广为接受的持续增长、就业和生产率以及提供稳定性和安全性的政策目标不仅与应对气候变化的行动相匹配，而且，如果不采取此类行动的话，这些政策目标实际上有可能会受到损害。

世行行长金墉说：“金融监管者应该发挥领导作用……他们迟早得解决与其经济体中碳密集型活动相关的系统性风险，对此当然是应该发出清晰的价格信号。现在就应该采取行动，强制要求披露气候风险信息并要求公司和金融机构评估其与气候相关的风险敞口程度”（金，2014）。比如：亚洲开发银行近期开展的一项研究表明，南亚的国内生产总值因没有成功解决气候变化问题将会受到严重影响（亚洲开发银行，2014）。对可再生能源进行投资不仅能短期刺激经济，而且还可以强化总体要素生产率并创造所急需的新的就业机会。尤其是对于印度和中国这些严重依赖于化石燃料进口的国家来说，这些措施还有助于改善收支平衡，对能源安全以及降低宏观经济脆弱性发挥积极影响。

本报告还展示了诸如保护投资者、透明度、维护金融公司安全与健全、金融稳定性、应对系统性风险、减少信息不对称、解决市场失灵和开发目标等多少有点狭隘的金融政策制定者的目标可如何提供多重方法，从而有助于使金融系统绿化的政策措施合法化。特别是在政策制定者不采取明确的行动将气候减缓和其他诸如缺水的重要环境事务纳入考虑范围时，即使在狭隘、保守地理解金融使命的前提下，保护投资者、金融稳定性、解决市场失灵和减缓系统性风险的目标实际上也有可能无法实现。

报告最后部分讨论了金融政策制定者可以用于绿化金融系统的切实政策措施，并说明了这些措施与监管者和央行现有目标和使命之间密切吻合的程度。

引　言

警钟正在敲响，随着冰川融化，增长中的洪灾风险，更为多变的气候模式以及全球变暖，气候变化方面的证据已开始累积。更值得警醒的事实是，即使看到未来堪忧的前景也未能激发政策制定者采取些许行动。关于气候缓解的全球协议仍未达成，如今的希望在于 2015 年的巴黎谈判能够达成协议，有助于将全球气温增长限制在合理范围内。

然而，全世界再也无法等待这一全球层面的行动的开始，因为即使是在最乐观的情景下，仅仅依靠这一协议也不能减缓气候变化，而是需要有大量的地方、国家和地区层面的措施来支持这一全球框架。随着欧盟层面、美国各州以及中国省/市层面的碳交易计划的出现，我们已开始看到一些措施付诸实施（Yu 和 Elsworth，2012）。其他许多倡议也在形成，包括私营部门制定的倡议。

尽管如此，我们还有很长的路要走。化石燃料投资仍然远远超过对于可再生能源和能效措施的投资。2012 年仅上市公司就支出了 6740 亿美元用于勘探新的化石燃料储量（碳跟踪与伦敦政治经济学院格兰瑟姆研究所，2013），是全世界清洁能源投资额的数倍。事实是经过多年的增长之后，在 2012 年和 2013 年的过去两年中，可再生能源投资已分别下降 11% 和 10%（彭博新能源财经，2014）。

此外，国际能源署报告“2011 年化石燃料享有的补贴达到 5230 亿美元，约为可再生能源获得的支持水平的 6 倍。目前，全球有 15% 的二氧化碳排放接受的化石燃料补贴形式的激励为每吨 110 美元，而只有 8% 对碳进行了定价”（国际能源署，2013）。显然，金融、税收和补贴领域依然倾向于“肮脏的”投资而远离“绿色的”投资。

总之，关于我们需要采取何种措施减缓全球变暖与实际投资之间的差距继续拉大。若不扭转这一趋势，我们就几乎没有希望应对气候变化。这就需要金融政策制定者如市场监管者、银行监督者和监管者以及央行及其同等国际机构肩负起天然职责，最终参与到应对气候变化的战斗中来。此外，本报告中关于气候变化和金融系统的大部分讨论的整体原则可以自然延伸至更广泛的环境问题，比如水压力和地方性污染。

在传统意义上，整体而言环境事务，尤其是关于气候变化的讨论，被环境部委、非政府组织、学术界和联合国认为属于国内和国际政策专门领域。金融政策制定者不论其个人是否关心气候变化问题，在任何严肃层面上几乎与这一讨论毫无干系，他们的整体感觉是“应对气候变化不是我们的使命”。同样在商业和金融界，气候变化也只是最近才仅仅成为专家组所关心的问题，并未成为“主流”问题。

幸运的是，这种状况正在迅速发生改变。越来越多的国家领导人、经济合作与开发组织（Gurria，2013）和国际货币基金（Lagarde，2012）等国际组织，以及联合利华（Unilever，2014）等公司和环境责任经济联盟（CERES，2013）等投资者群体已表示，气候变化和环境退化是当前面临的最大挑战之一，强烈呼吁采取更强有力和更协调的应对措施。然而，这还远远不够。在金融或经济政策制定领域工作或者金融部门内部的任何人员立刻就可意识到这些思想领袖们所言与那些央行、金融监管者、银行、养老基金和主权财富基金实际所为之间的脱节。只要全世界还希望应对气候变化和其他严重的环境问题，就再也不能容忍金融与环境两个领域之间的这种脱节。

金融部门不仅是经济中的“大脑”，在彼此竞争的项目比如风力发电厂与燃气轮机之间进行资源配置，并且在将价格信号发给实际经济中的公司方面也非常关键，并在此基础上确定哪些内部资本配置决策应受到奖励以及哪些应受到惩罚。公司对能效措施投资给予多大程度的优先考虑，是否决定投资于石油开采，或者是否将资金用于研发以开发“绿色产品”，都受到股票市场和金融分析师的预期反应的影响。

包含银行、投资基金、金融市场和附属公司如评级公司在内的金融部门是在高度监管的环境中运行的，运行受到来自央行、银行监管者、市场监管者和税收机构的暗示影响。正是这种监管框架通过确定货币价格、税收机制以及监管限制如资本权重、资产流动性要求、财会规则、风险限制和披露要求，对金融部门在决定资金应当流向哪里和如何运作以及应当发出哪些价格信号时对其产生最大程度的影响。

反过来，政策制定者追求的一系列合理的显性和隐性目标，决定了监管规章和规则的内容。

一、如何将政策制定目标与绿色相吻合

正如在引言中所讨论的那样，绿化金融系统最为急需的政策行动所面对的最大约束是，金融政策制定者普遍认为这并不属于其政策制定目标和使命范围之内。这种观点来自于对经济政策制定者使命的不必要的狭窄诠释。下面展示了“绿化”是如何与广泛接受的经济和金融政策制定者应当关注的目标范围框架自然相吻合的。

在本报告背景下，“绿色”政策指的是针对以下目标制定的政策：通过利用可再生能源减缓气候变化；适应气候变化；应对其他紧急和重大的环境挑战，比如缺水问题；应对通常与化石燃料燃烧相关的颗粒物和其他污染物问题。

无数的科学和经济分析表明，除非气候变化及其他紧急的环境挑战已得到解决，经济增长将受到严重影响。比如说，亚洲开发银行最近在一份报告

中表明，由于气候变化，南亚地区的增长将下降 9%（亚洲开发银行，2014）。因此，若不采取措施应对气候变化就很可能导致增长率降低（Stern，2006）。这意味着为应对气候变化和其他关键环境挑战比如缺水问题而设计的政策将会导致更高的增长，至少在长期来说可以实现。正如关于“绿色新协议”的一份出版物表明（Re-Define，2011），增长效应在短期也是可见的，因此它们对于政策制定者来说在长期决策和短期决策方面均具有相关性。重要的是从长期来看，应对气候变化是刺激增长的一种战略，可在不影响富裕或贫穷国家的增长愿望的前提下实现（Stern，2006）。

因此，对绿色政策的追求就自然而然地与政策制定者职责范围相吻合，可在最小化对增长的负面影响并实现绿色投资促进增长这一前提下实现增长的最大化。

在经济和更广泛的背景下，维持稳定性是政策制定的另一个核心目标。正如研究表明（亚洲开发银行，2014；政府间气候变化专门委员会，2013；Peterson 等，2013；世界气象组织，2013），气候变化可能会增加气候模式、降雨和极端天气事件的波动性，比如说印度的季风降水模式，从而增加了经济的波动性。由于存在人口死亡以及随之而来的社会不稳定的可能性，意味着可降低天气和气候波动性的绿色政策对于实现更广泛的稳定性目标来说也同样必要，而不只是经济稳定性目标。本报告后面将讨论“稳定性”的另一个重要方面，也就是关于金融系统的稳定性以及若不应对气候变化将如何破坏其稳定性。如果总体增长不变，公民所偏好的是波动较小的增长成效，而这种成效只能通过积极的绿色政策来实现。

提供“安全保障”是国家的一个基本职能。当然，对于这一点有多种解释，不过在本报告中，能源安全也许最为相关。对于在很大程度上依赖进口化石燃料的国家来说，与其相关的问题可谓源远流长，包括 20 世纪 70 年代发生的石油价格飙升到最近在欧盟和乌克兰发生的与其依赖从俄罗斯进口天然气相关的事件。从更为狭窄的经济意义上来说，造成印度目前巨额经常账户赤字（严重宏观经济脆弱性的根源）的最大驱动力之一，就是其对化石燃料进口的过度依赖。印度使用的化石燃料 38% 依赖进口（美国能源信息署，2014），而中国对石油进口的依赖程度更高，达到 55%（Rostoum，2014）。

欧盟、印度、中国以及日本等地区在化石燃料进口方面的上千亿美元支出往往流向那些腐败流行的国家和/或者有些资金最终落入恐怖团体手中的国家，比如说对全球安全造成威胁的伊斯兰国家。这样，绿色政策不仅对于提供基本的能源安全和降低经济脆弱性具有关键作用，并且还有助于减少来自恐怖主义的威胁。

有一个普遍的共识就是，创造就业机会是政策制定者的核心任务之一。尤其是在欧盟、非洲和亚洲新兴国家的失业率达到不可接受的高水平这一全球环境下，这一政策目标获得了更多的共鸣。就业率取决于一系列变量，其中增长率的水平和变化性非常重要。如前所述，加上对一些绿色新协议的研究结论，绿色政策可能会导致更高水平的就业率。不过，总会有转型成本的付出，因为一些化石燃料消耗较高的部门将会出现失业率上升的现象，但整体效应将会是正面的。

尤其是面临高失业率的国家，进行大规模经济绿化不仅可以拉动经济和带来更快的增长率，并且还具有创造数百万个新就业机会的潜力（亚洲开发银行，2014；世界银行，2014）。

提高整体要素生产力是政策制定的一个重要目标，因为这是提高公民收入水平的唯一途径。传统上主要关注的是劳动生产力，同时关于提高资源生产力的严肃讨论也开始出现（联合国工业发展组织及法国开发署，2013）。提高教育和培训的措施对于促进经济中的劳动生产力具有关键作用，而新出现的绿色政策则是提高资源生产力的核心。那些关注绿色新技术开发的政策具有同时大力推动劳动和资源生产率的潜力，因此尤其应当受到政策制定者的鼓励。

由于全世界多数经济体如今在某种程度上属于“市场经济”或者另一种经济，纠正市场失灵现已成为政策制定者的最重要任务之一。尼古拉斯·斯特恩爵士（Sir Nicolas Stern）说过“气候变化是全世界迄今为止见过的最大的市场失灵的结果”（Benjamin，2007）。这种市场失灵是由于未能对温室气体排放带来的外部性适当定价造成的结果。政策制定者通常会通过惩罚性征税对其他公共“劣行”诸如吸烟施以处罚，但对温室气体排放却通常并非如此。需要制定绿色政策以实现可持续性的目标是不言而喻的。

总之，有助于减缓气候变化的绿色政策，以及用于应对其他关键环境挑战的绿色政策，对于要实现广泛被认为是其核心义务和目标的政策制定者来说具有关键作用。

现在让我们进入可以说是更为狭窄的背景之下，讨论一下金融政策制定者的合法目标与使命。“绿色”政策是否与这些目标一致？这些目标是否可为金融政策制定者提供合法性以积极追求这些政策？

正如碳跟踪系统（碳跟踪系统，2014）所展示，已探明的化石燃料储量中大部分的燃烧与应对气候变化的成功实践是不一致的。然而，正如本报告引言部分所强调，金融系统继续将更多的资金投入到化石燃料而不是应对气候变化所需的可再生能源。显然，这些新的和已有的化石燃料投资面对来自减缓气候变化的政策行动的巨大风险，但是金融系统却漫不经心地无视这些风险。

要绿化金融系统以更好地认识碳密集投资风险，可以通过一系列目标如投资者保护、金融健全和系统性风险规避来实现。关于这一点如何与“追求就业、福利和经济发展”相吻合，之前已作大量讨论，而“支持政府政策”则不言自明。由于对碳风险以及各种企业和金融机构对其敞口大小所知甚少，从“降低信息不对称性”和“提倡透明度”这两个使命中就自然而然地产生了更多的信息披露要求。

出台更多积极政策，比如提供优惠信贷，将会更为自然地与“纠正市场失灵”“支持增长和就业”及“支持政府政策”等更为广泛的使命相吻合。总之，明显的是，对已被广泛接受的金融政策制定者的使命和目标的合理解释为其留下了足够的空间，以采取有助于绿化金融系统的积极政策行动。

二、金融系统为何有偏见和抵制绿色投资

为实现减缓气候变化目标而进行的最为重要的绿色投资可分为两大类。一类是能效投资，另一类就是可再生能源生产投资。由于各种原因，金融系统整体上对这些投资持有偏见（Re-Define，2011）。一个相关问题是，金融系统继续过度投资于“肮脏的”化石燃料这种能源，这与对清洁能源的过少投资截然相反。

某些最高投资回报可通过节能措施来实现，比如说将老式的白炽灯泡换成更为节能的荧光灯或者 LED 灯泡，回报期低于一年且财务收益率超过

100%。其他节能投资通常回报期较长，比如说购买更高效的白色物品、更节省燃料的汽车以及改善家庭和办公室的保温隔热，但是财务收益率往往是正的且可达到两位数。

麦肯锡成本削减曲线（麦肯锡公司，2009）清楚展示了可产生通常为两位数或三位数正回报的各种节能投资。然而事实是，消费者、公司和金融系统对效率增强型投资严重不足——相当于将美元随意丢弃在马路上。情况为何如此？金融政策制定者可采取哪些措施来加以应对？

更大的一个问题是对化石燃料的过度投资和对可再生能源的过少投资，经济和金融界显然偏爱后者（国际经济政策智囊团，2011）。是什么驱使金融部门内出现了这种行为？金融政策制定者如何才能应对这一不合常理的结果？许多能效投资在家庭或企业两种背景下均属于增量投资。例如，安装绿色节能灯泡通常只是家庭或企业支出的一小部分。安装更好的保温材料通常仅为一栋建筑成本的一小部分。与此类似，购买更为节能的白色商品或车辆的增量成本要比不那么绿色的相同产品要高。这就意味着能效投资决策通常并不是家庭或企业通常的“首要”决策考虑。在主要由其他标准驱动的决策中，这一因素经常是第二位被考虑的。

由于效率成本对于家庭和企业的主要成本而言属于增量成本，这也意味着与主导决策的主要金融指标相比，其财务收益相对很小，即使这些增量投资的回报通常较高。另一个关键因素是，能效往往不是企业的主线或者决策者的动力。这两者均意味着在效率方面进行的许多投资都是设定的。

这也对金融部门形成了挑战，因为它使得作为一种独立类别的能效投资的“货币化”更难实现。有太多的这一类所需的投资数额很小，即使不是整体上无法让银行和投资者对其进行融资，其分散的性质也意味着这种投资成本昂贵。此外，将与此类投资相关的金融流从家庭和公司更大的收入流和支出中分离出来也实属不易。

理论上，对风险和回报的考虑应当是金融部门资源配置的首要驱动力。但实际上，这些考虑是受到限制的，包括有限的信息可获得性、感知到的与实际风险之间的差异、法规、决策的时间跨度以及决策者的动机方面的限制。

比如，对化石燃料和可再生资源产生的能源进行投资的成本结构是根本不同的。比如，对于煤与天然气电厂而言，前期资本投资毫无疑问极其巨大，但是未来还会产生很大的燃料成本。对于风能和太阳能电厂来说，主要成本在于前期资本投资，因为不存在燃料成本。那么，可再生电力资源就通常比等量的化石燃料发电厂的资本密集程度更高（Campiglio，2014）。

我们所拥有的短期取向的金融系统所偏好的投资是对燃气轮机那样的成本结构的投资，而非对太阳能和风能发电装置的投资，这种偏好在实际资本配置中是明显可见的。决策时间跨度越大，风力发电机就比燃气轮机相对更有吸引力，但是对短期利润的追求使得金融系统和企业内部投资并不看好可再生能源。

在成本加成定价模式中，发电企业能够将可能会更高、更显波动的化石燃料成本传递给顾客，这进一步扭曲了他们进行绿色投资的动力，即使这种投资本质上更有利可图。

只要看一下普遍的市场规范，不仅现有的明标或隐含碳价过低（Howard，2014；经济合作与发展组织，2013），并且金融市场竞争者看起来也并不担心可能会以更高碳排放定价形式出现的稳健政策行动或者即将出现针对排放采取的量化限制（Campiglio，2014）。尤其是假设如果全世界有任何机会哪怕是部分减缓气候变化带来的灾难效应，使得政策行动将不得不具体化的话，那么，对化石燃料风险的定价就偏低。与此类似，如果假定政策制定者不断重复声明的应对气候变化“稳健行动”的承诺有任何实质内容的话，那么市场显然对此类政策行动的“风险性”定价就偏低（德国安联集团和世界自然基金会，2005）。

关于气候变化，经济学的颇有影响力的斯特恩报告（2006）的作者尼古拉斯·斯特恩勋爵认为，投资者目前在其估价过程中实行的碳零定价实际上是对碳密集型经济的发展押注（Stern，2006）。金融市场基本上没有考虑对私营部门投资和全体社会造成威胁的全系统范围的风险。投资者问卷调查有效说明只有 2% 的资产在评估中采用了碳价进行估值（Zadek & Chenghui，2014）。这就导致了金融参与者和公司做出决策，将资本配置到化石燃料开采业（采矿、石油和天然气钻探）以及化石燃料发电（燃煤电厂或燃气轮机）或者生产化石燃料密集型产品（高油耗越野车），而非决定一旦要考虑碳排放价格可能会上升，应将资金配置到那些看上去不那么具有吸引力的活动中。

比如说，石油产业将 3410 亿美元投资于新型焦油砂资源的开发（Wells，

2012)，这种开发活动将会受到任何应对气候变化政策行动的强烈攻击，并且在任何一种情况下其开采边际成本都很高。另一个例子是埃克森美孚石油公司，计划未来五年将1900亿美元投资于新型石油和天然气资源的开采和开发(Warner，2013)，即使是已识别储量中的大部分属于不可燃这一点已十分明显。

在资本配置决策中考虑的碳价越低，“肮脏”投资与“绿色”投资对比之下的相对盈利性就越高，若市场未能考虑到可能出现的政策行动，就会将大量的资本从较绿色的投资转向那些化石燃料密集型的投资。例如，根据彭博新能源财经报道，可再生能源投资在过去两年实际上已开始减少（彭博新能源财经，2014)。

若市场未能考虑到未来出现碳价上涨的可能性，就意味着比如化石燃料储量的价值可能会被显著高估，关于这一点已在对闲置资产的辩论中明确强调过（碳跟踪与伦敦政治经济学院格兰瑟姆研究所，2013年；Generation基金会，2013年；碳跟踪倡议，年份无)，该辩论展示了已货币化的“化石燃料储量”的燃烧与我们减缓气候变化的能力之间的不一致之处。

由于绿色技术相对较新且未经验证，一般被认为更“危险”，因此与较传统的化石燃料投资以及利用此类资源发电的投资相比可吸引更高的风险溢价。这通常意味着市场将更高的风险溢价应用于太阳能和风能等绿色投资。简言之，市场低估了肮脏投资的风险并高估了其盈利性。这种情形与清洁投资相关情形正相反。此外，金融市场当前的特征是普遍希望拥有流动的短期资产，这与典型绿色投资的非流动性和长期性不一致（Spencer和Stevenson，2013)。

然而，由于缺乏对未来法规的预见性以及目前的低碳价，使得目前的所有努力无法对产业战略产生重大影响。银行和其他商业机构按常规采用过低的内部碳价——如果他们采用的话（碳披露项目，2013)。此外，他们还将风险溢价应用于可再生能源投资之中，只要技术趋于成熟并且有法规环境，这一风险溢价并非一直合理。这些因素组合起来意味着银行将过多的资金放入肮脏经济中而将太少的资金放入绿色经济。

证券和股票市场投资者日益追踪那些反映主要市场资本化的指数而不是未来可能会发生什么。由于当前的市场指数中化石燃料公司和高碳公用事业企业占有更大比例，有太多的资本被盲目配置到大型的石油天然气公司以及依赖“肮脏”能源资源的企业，而只有很少的资本进入较绿投资。即使基金经理有自由裁量权，可与该指数背离，但由于他们受到年底分红的压力，该体系对前期资本成本较高的绿色投资存有偏见。即使这些基金经理可能拥有较长的时间跨度，法规也在日益迫使他们按当前市场价对其资产价值进行标记（即使是在市场明显错误的时候），而且，由于需要按照普遍的“市场基准”取得良好绩效的，他们抵制更为绿色行为的愿望正在累积。彭博新能源财经的 Michael Liebreich 将这种情况描述为“估价的系统性失灵”。

大规模资本配置决策发生在企业实体内部而不是发生在公司投资的每一个项目的新筹资金层面。但是，这些决策往往是在与金融市场相同的标准基础上做出的，这些标准向首席财务官发出价格信号，并受到相同的短期性和激励性偏移问题严重干扰，这些问题同时也影响更广泛的金融部门（Re-Define，2011）。

总之，要绿化金融系统就必须：提高对肮脏投资的认知风险并降低其盈利性；降低对绿色投资的认知风险并提高其盈利性；限制金融市场的短期性；应对那些可能在形势上不利于绿色投资的法规；改变市场行为规范和基准；更好地协调金融参与者的动机与绿化经济需求之间的一致性。关于有助于协调金融系统与更为绿色的实体经济之间一致性的各种金融改革，请参阅卡普尔报告（2010）和 Re-Define（2011）中的全面总结。

三、金融政策制定者可采取哪些措施绿化金融系统

至今为止，金融监管者、央行以及其他金融政策制定者大都未能明白金融系统在将足够的资本配置到绿化经济方面是如何失败的。他们中许多人对面临的气候变化和更广泛的环境退化问题表示出个人担忧，但大多数并未将应对气候变化作为其职责的一部分。

（一）碳敞口信息披露

对各种商业和金融投资组合碳密集性的信息和认识缺乏是绿化金融系统的一个根本制约（Dupré 和 Chenet，2012）。如果某事物的基本信息缺失就很难草拟相关政策措施。这是一个先有鸡还是先有蛋的问题，金融市场似乎大

部分都低估了应对气候变化政策行动的可能性，因此，并不认为碳敞口方面的信息具有重要性。

可在一系列目标下通过监管干预来纠正这一难题。

作为其使市场更高效和透明的使命的一部分，同时也是为了降低信息不对称性并纠正市场失灵，主管机构非常有必要进行干预以提高碳敞口信息的披露程度。为了做到这一点，监管者有许多工具可供使用。强制要求所有上市公司包括金融和非金融公司对其碳敞口程度进行披露就是一个良好的起点。这不仅包括公用事业单位、制造型公司和实体经济中的其他公司，还包括多数大型银行和保险公司。这一点符合近期由美国证券交易委员会采取的措施要求（美国证券交易委员会，2010）。首先需要有非金融公司的披露，这样金融公司就可精确报告其投资组合的敞口情况。

重要的是，同一种机制可用于提出对其他环境敞口源进行报告的要求，比如说因为对稀缺水资源的依赖或者抵制污染的政策行动而导致的敞口。养老基金等基金和资产管理经理采用的一项相关措施是对其投资组合中未明确说明的碳排放进行报告，并可在类似的信息披露、公平和降低信息不对称等目标下证明其合理性。

（二）提高碳敞口的风险性认知

如果金融政策制定者相信金融公司未能恰当考虑真实和重要的风险源，就证明有必要采取这种行动。在这种情况下，可在投资者保护等目标下证明这一行动的必要性，从而确保金融系统的诚信并确保公司的安全性和健全性。

也许最好的方式就是，一旦制定了碳披露规则，就可要求金融公司进行压力测试以观察其资产负债表在碳价演变过程中各种不同的情景下是如何表现的。同一种方法可以更广泛地用于水压力以及关于污染物控制的政策行动。这些压力测试可在内部进行，这样监管者就可审查银行等金融公司在不太可能发生但却又合理的情景下保持偿付的能力，比如说碳价升到每吨 30 欧元或 50 欧元的情景。至于长期投资者，则可采用时间上进一步延展且碳排放价格更高的情景。

这样一种方法如今已被广泛接受用于其他的金融风险源，比如说宏观经济减速，以及股票市场和房地产价格的大幅下降。通常所采用的情景合理但不太可能发生。这意味着对气候辩论状态的现实解读——近期内不太可能采取稳健的政策行动但仍有可能——在合法采用压力测试法方面已经履行了足够的“举证责任”。因为多数风险管理法如金融部门采用的“在险价值”和信用评级都是回顾型的，并无法认识未来的风险，除非它们与历史模式相吻合，所以，还产生了另一种有必要进行监管干预的强有力的情形（Kapoor，2010）。

有了这样一种政策行动，监管者可以简单地要求公司证明其金融稳健性。如果结果表明某些特定的公司无法证明这一点，则监管者可强制要求这些公司：更多融资，尤其是银行；将其碳和其他环境风险的敞口度降低到可接受水平；同时采取两种措施。

我们的观点是，无论是银行、基金或者是保险公司，只要采用碳压力测试的所有金融公司被强制要求公开披露这些压力测试结果，将会更加有效。欧洲对闲置资产进行的出色测试强调了可能会出现与应对气候变化政策行动相关的金融损失（碳跟踪与伦敦政治经济学院格兰瑟姆研究所，2013；Caldecott 和 McDaniels，2014），这项工作指出了一条道路，然而，金融政策制定者还未参与进来。

（三）应对系统性风险

通过与多数投资基金、保险公司和银行对化石燃料/碳密集部门的敞口遭受巨大损失的可能性进行的讨论，显示他们有信心在碳价上涨或者排放量限制措施迫在眉睫的时候缩小风险敞口。这一情形与普林斯如今早已成为不朽的名句“只要还有音乐在响，你就要起身跳舞。我们还在跳”所描述的情形实在是太过于相似了（Nakamoto 和 Wighton，2007）。当时正处于金融危机的前夜，花旗银行急于纾困，普林斯也正在谈论他所意识到的风险，却觉得不得不接受这些风险，只要其竞争对手也在接受。他还感觉有信心，当问题出现时花旗将会卖空其处于危险境地的头寸，这也是其他每家银行当时所想。

关于碳风险，我们处于类似的境地。随着出现应对气候变化的政策行动的可能性的临近，将会对金融机构如何行为和采取什么作为产生影响。预计到会出现碳价上涨的机构将会全部冲向出口以缩小其碳密集型资产敞口。

这就是 2008 年国际金融危机的实况：一旦房地产部门的问题变得显而易

见，银行和投资者就会一起缩小，将会出现价值下跌的资产的敞口。这就夸大了价格下跌程度，从而进一步增加了在价格继续下跌之前快速出售的动力。这种“螺旋式下跌抛售”通常是系统性金融风险的组成部分之一。

系统性风险的第二个重要因素是，金融系统内部的互联性会增加这种风险。这种风险的一个蔓延机制就是，一旦某金融机构 A 遭受损失的可能性出现，其对手机构，比如说银行间市场内的对手，就会试图缩小其损失敞口和撤销信用额度并停止与该机构交易。这就进一步削弱了机构 A 的市场地位，并且由于它通常与其他金融机构互相关联，敞口缩小将对 A 的其他对手造成负面外部效应。这是另一种损失放大机制，属于金融系统内的过度调整，会使得整个系统更为脆弱。

碳风险符合相同标准中的许多标准，它是否会对金融系统稳定性造成系统性威胁，要根据判断而定。对于大型公用事业公司以及大型石油和天然气公司如何成为金融系统的风险敞口，其判断标准就是它们的规模绝对够大——但不必像金融系统的住房市场敞口那样大。还有就是更为广泛，因为这种敞口不只是像针对房地产市场那样直接影响银行，它还影响养老基金、保险公司、零售股东和其他资产经理。风险突然发生的可能性很高，因为任何一项国际交易一经公布就可能导致全球市场动荡和碳密集型资产的抛售。

要判断这种情形是否会对中国造成系统性风险的潜在来源，首先取决于对中国金融系统内存在的碳敞口的大小和范围的测量。这就是为何上节讨论的碳压力测试如此重要的原因。

通过测量这种敞口可实现多种目标。首先，可提高银行和基金经理的碳风险意识，这将自动导致这种敞口稍微缩小。其次，通过披露碳敞口，最终拥有投资资金的银行股东和资产业主可将它们与其他敞口进行对比并对管理层形成压力，以减少夕阳产业的敞口从而提升资产的安全。第三，将会向监管者揭示全系统范围的风险敞口范围，从而使其也可对宏观审慎前沿采取纠正措施。

（四）一些额外措施

这些措施基本上可分为两大类。第一类是更好地使金融系统的功能与实体经济的需求相匹配的一系列改革。其中包括解决短期主义的措施、使系统简化和透明化的措施、更好地衡量风险并使金融系统更不容易受顺周期性波动影响的步骤。它们不具体针对环境或应对气候变化，并综合地发表在各种出版物上（Kapoor，2010、2012）。

第二类措施包括那些积极有利于绿色投资的措施。其中可以包括一系列政策选择，如对行业的特别贴现贷款、更低的风险权重、更低的资本要求、更好的抵押品处置、更低的准备金、强制性贷款额度等。这就产生了一个问题，即这些“干涉主义”政策在金融决策者的现有目标和授权内是否合理，或是否有必要扩大它们的权力。关于这一点的主流思想是，印度和中国等新兴市场的中央银行和监管部门比经合组织经济体的决策者更容易颁布这些措施（Campiglio，2014）。可以从附录中清晰地看到，给予新兴经济体的中央银行的明确授权是非常广泛的。这种主流思想有一定的真实性，但这通常被用于替经合组织经济体的金融决策者的绿色不作为行为辩护以及用于批评他们在新兴世界的同行的干涉主义立场。我们认为，这种观点是站不住脚的。

欧洲中央银行通常被认为具有相对狭隘的使命，但它也引入了定向长期再融资操作（TLTRO），并将争取用贴现贷款奖励为实体经济（尤其是中小企业）提供额外贷款的银行（欧洲央行，2014；欧洲央行，2014b）。欧盟也为其成员国家实行零风险权重，尽管希腊等某些国存在实际违约。英格兰银行现在一直奉行融资换贷款计划，该计划也奖励向中小企业增加贷款的银行（英格兰银行，2012；2012b）。美联储一直遵循《社区再投资法》（联邦储备银行，2014），该法案根据银行在社区贫困地区的业务力度对其进行判断，并奖励那些业务较大的银行。日本中央银行一直以奉行“非常规”政策而闻名。简而言之，所有最大的经合组织国家的中央银行一直在奉行某种“干涉主义”政策。印度储备银行设置了向优先行业（印度储备银行，2014）和农村地区贷款的目标，而且许多其他新兴国家的政府利用其中央银行积极地谋求更广泛的经济发展目标。巴西国家发展银行（BNDES）、英国绿色投资银行和德国的国有开发银行德国复兴信贷银行（KfW）都基于贷款制定策略，就连属于欧盟的欧洲投资银行也一样。两大房贷机构房地美和房利美（Freddie Mac and Fannie Mae）是世界上最大的实际公共部门金融机构，它们致力于促进美国的房屋所有权。

经合组织的金融决策者只奉行不承担更广泛的公共政策目标的不干涉政

策，这种观点显然没有得到任何证据的证实。如果能在现有的授权范围内为有利于中小企业等经济主体或住房等经济领域的方案和法规找到空间，就没有绝对的理由相信同样的积极差别待遇不能扩展到金融行业的绿化。事实上，世界各地越来越多的金融决策者已经踏上了这条道路，我们希望这种针对绿色经济的正面差别待遇能够得以拓宽和深化，从而在金融监督、监管和在世界各地的中央银行固定下来。这种情况发生得越快，世界能够成功地缓解气候变化的可能性就越高。

此外，孟加拉国的中央银行和巴西银行业协会（巴西银行联合会）已经采取步骤来尝试实施金融业的共同可持续发展议程。在孟加拉国，《环境风险管理指南》鼓励银行和金融机构把环境风险管理策略整合到现有的信贷风险管理程序中（孟加拉银行，2011）。因此，该《指南》强制要求银行在其放贷过程中解决环境和社会问题、开发内部框架、引入适用于特定行业的政策、培训员工、开始报告环境与社会问题（联合国环境项目金融倡议，2011）。同样，巴西根据《绿色协议》承诺促进绿色/社会融资、环境与社会风险管理体系、内部环境管理和意识提升（巴西银行联合会，2011）。印度尼西亚已经制定了雄心勃勃的经济绿色转型计划。中央银行正在调查该计划如何有助于印度尼西亚的绿色金融工作（Volz 等，即将出版）。中国的绿色信贷指南也展示了中国对其金融系统绿化投入了更多的承诺（谢孟哲和张承惠，2014）。

结　论

在应对气候变化方面，目前缺乏一项关于应对气候变化的综合性全球协议。然而，现在有越来越多的地方、国家和区域层面的倡议正在为碳定价、鼓励能源效率或促进绿色投资。但是很显然，没有对绿色经济的大规模投资，没有停止正在进行的对“肮脏”经济的投资，“肮脏”经济就会继续锁定未来的温室气体排放，就不可能实现绿色转型。

我们已经没有时间等待更为协调的全球范围的响应，无论 2015 年在巴黎达成的协议有多么健全，它都不可能足以将全球变暖限制在合理的范围之内。

金融系统直接或间接地（通过价格信号和对业务的激励）对在何处进行投资负责。该系统对绿色经济存在严重的偏见，并支持化石燃料和能源密集型投资。

金融决策者不作为的原因之一是，金融和经济决策领域与气候缓解政策讨论的参与者很少有交集；然而，这种情况开始慢慢改变。各家央行行长、金融监管和监督机构普遍认为，应对气候并不属于他们的使命范畴。这种观点往好了说是无正当理由的，而往坏了说则是完全不负责任的。我们认为：在许多实例中，未能制定“绿化”金融系统的政策措施可能实际上等于代表了央行行长们和监督机构的玩忽职守。

为此，我们提出了一组三项互补的政策，涵盖了碳披露、压力测试以及检查碳风险是否具有潜在的系统性，这是包括中国在内的世界各地的金融决策者们应该作为当务之急采纳的最低框架。然而，这也许还远远不够，还有必要采取更激进的、积极偏向绿色经济的“干涉主义”政策。本文提出了一些这方面可能的示例。

为了使决策者同样像对待第一组政策那样严肃地对待第二组政策，我们也质疑了以下这种观点：只有新兴国家的金融决策者奉行“干涉主义”，而经合组织国家的决策者奉行的是完全“不干涉主义”。欧元区的两组国家都有很多干涉主义、政策指导监管、监督和优惠待遇的例子，英格兰银行和美联储最近均实施了具有重要意义的、对经济的特定部分进行差别待遇的“行业”政策。金融决策者制定支持绿色经济的政策是合法的，正如他们针对房地产行业、中小企业贷款或主权债券的支持也是合法的那样。事实上，一些国家的金融决策者已经开始这么做了。

参考文献

[1] ADB (2014). Assessing the costs of climate change and adaptation in South Asia. Mandaluyong City, Philippines: Asian Development Bank. Available online from: http: //www. adb. org/sites/default/files/pub/2014/assessing-costs-climate-change-and-adaptation-south-asia. pdf.

[2] Allianz Group & WWF (2005). Climate Change & the Financial Sector: An Agenda for Action. Available online from: http: //www. wwf. org. uk/filelibrary/pdf/allianz_ rep_ 0605. pdf.

[3] Bangladesh Bank (2011). Environmental Risk Management (ERM) Guidelines for Banks and Financial Institutions in Bangladesh. Available online from: http: //www. bangladesh-bank. org/openpdf. php.

[4] Bank of England, (2012). The Funding for Lending Scheme. Quarterly Bulletin Q4. Available online from: http: //www. bankofengland. co. uk/publications/Documents/quarterlybulletin/qb120401. pdf.

[5] Bank of England (2014a). Prudential Regulation Authority. Available online from: http: //www. bankofengland. co. uk/pra/pages/default. aspx.

[6] Bank of England (2014b) . Funding for Lending Scheme. Available online from: http: //www. bankofengland. co. uk/markets/Pages/FLS/default. aspx.

[7] Benjamin, A. (2007) . Stern: Climate change a ‘market failure’ . The Guardian. Available online at: http: //www. theguardian. com/environment/2007/nov/29/climatechange. carbonemissions.

[8] BIS (2009) . Roles and objectives of modern central banks. Available online from: http: // www. bis. org/publ/othp04_ 2. pdf.

[9] BNEF (2014) . Global trends in clean energy investment-Q4 2013 fact pack. Available online from: ht-tp: //about. bnef. com/fact-packs/.

[10] Brunnermeier, M. et al. (2009) . The Fundamental Principles of Financial Regulation-Preliminary Conference draft: Nature of Systemic Risk. International Center for Monetary and Banking Studies & Centre for Economic Policy Research. Available online from: http: //www. econ. tcu. edu/quinn/crisis/Deleveraging/Nature%20of%20Systemic%20Risk. pdf.

[11] Caldecott, B. & McDaniels, J. (2014) . Stranded generation assets: Implications for European capacity mechanisms, energy markets and climate policy. Working Paper. Available online from: http: // www. businessgreen. com/digital_ assets/7445/Stranded_ Generation_ Assets_ -_ Working_ Paper_ (2) . pdf.

[12] Campiglio, E. (2014) . Beyond carbon pricing: The role of banking and monetary policy in financing the transition to a low-carbon economy. Centre for Climate Change Economics and Policy Working Paper No. 181. Available online from: http: //www. cccep. ac. uk/Publications/Working-papers/Papers/180-189/WP181-Beyond-carbon-pricing. pdf.

[13] Carbon Disclosure Project (2013) . Use of internal carbon price by companies as incentive and strategic planning tool. London: CDP. Available online from: https: //www. cdp. net/CDPResults/companies-carbon-pricing-2013. pdf.

[14] Carbon Tracker Initiative (n. d.) . Stranded assets. Available online from: http: //www. carbontracker. org/stranded-assets.

[15] Carbon Tracker & the London School of Economics’ Grantham Research Institute, LSE (2013) . Unburnable carbon: Wasted capital and stranded assets. Available online from: http: // carbontracker. live. kiln. it/Unburnable-Carbon-2-Web-Version. pdf .

[16] CERES (2013) . Insurer Climate Risk Disclosure Survey: 2012 Findings & Recommendations. Available online from: http: //www. ceres. org/resources/reports/naic-report/ .

[17] CERES (2014) . Investing in the Clean Trillion: Closing the clean energy investment gap. Boston: Ceres .

[18] Di Giorgio, G. , Di Noia, C. & Piatti, L. (2000) . Financial Market Regulation: The Case of Italy and a proposal for the Euro Area. Financial Institutions Center, The Wharton School. Available online from: http: //fic. wharton. upenn. edu/fic/papers/00/0024. pdf .

[19] Dupré, S. & Chenet, H. (2012) . Connecting the Dots between Climate Goals, Portfolio Allocation and Financial Regulation. Available online from: http: //dx. doi. org/10. 2139/ssrn. 2223008 .

[20] EBA (2014) . EU-wide Stress Testing: EBA’s Role in Stress-Testing. Available online from: http: // www. eba. europa. eu/risk-analysis-and-data/eu-wide-stress-testing.

[21] ECB (2014a) . ECB announces further details of the targeted longer-term refinancing operations. Press release. Available online from: https: //www. ecb. europa. eu/press/pr/date/2014/html/pr140703 _

2. en. html .

[22] ECB (2014b) . ECB announces monetary policy measures to enhance the functioning of the monetary policy transmission mechanism. Press Release. Available online from: https: //www. ecb. europa. eu/press/pr/date/2014/html/pr140605_ 2. en. html .

[23] EIA (2014) . India is increasingly dependent on imported fossil fuels as demand continues to rise. Available online from: http: //www. eia. gov/todayinenergy/detail. cfm? id = 17551 .

[24] FCA (2014) . Our Objectives. Available online from: http: //www. fca. org. uk/about/why-we-do-it/statutory-objectives .

[25] Febraban (2011) . Ferbraban Apresenta Matriz de Indicadores de Protocolo Verde. Available online from: http: //www. febraban. org. br/Noticias1. asp? id_ texto = 1203 .

[26] Federal Reserve Bank. 2014 Community Reinvestment Act. Available online from: http: //www. federalreserve. gov/communitydev/cra_ about. htm .

[27] FSB (2010) . Objectives and Principles of Securities Regulation. Available online from: http: //www. financialstabilityboard. org/cos/cos_ 100601. htm .

[28] Gassert, F. et al. (2013) . Aqueduct Country and River Basin Rankings: A Weighted Aggregation of Spatially Distinct Hydrological Indicators. Working Paper, World Resources Institute. Available online from: http: //www. wri. org/sites/default/files/aqueduct_ coutnry_ rankings_ 010914. pdf .

[29] Generation foundation (2013) . Stranded Carbon Assets: Why and How Carbon Risks Should Be Incorporated in Investment Analysis. Available online from: http: //genfound. org/media/pdf-generation-foundation-stranded-carbon-assets-v1. pdf .

[30] Gurria, A. (2013) . The climate challenge: Achieving zero emissions. Lecture in London on 9 October 2013. Available online rom: http: //www. oecd. org/env/the-climate-challenge-achieving-zero-emissions. htm .

[31] House of Commons (2014) . Green Finance: Twelfth Report of Session 2013-14, Vol I. House of Commons Environmental Audit Committee. Available online from: http: //www. publications. parliament. uk/pa/cm201314/cmselect/cmenvaud/191/191. pdf .

[32] Howard, P. (2014) . Omitted Damages: What's Missing From the Social Cost of Carbon. Available online from: http: //costofcarbon. org/files/Omitted_ Damages_ Whats_ Missing_ From_ the_ Social_ Cost_ of_ Carbon. pdf .

[33] IEA (2012) . Energy technology perspectives 2012. Paris: International Energy Agency.

[34] IEA (2013) . Redrawing the Energy-Climate Map: World Energy Outlook Special Report. Available online from: http: //www. iea. org/publications/freepublications/publication/WEO _ Special _ Report _ 2013_ Redrawing_ the_ Energy_ Climate_ Map. pdf .

[35] IPCC (2013) . Climate Change 2013: The Physical Science Basis. Available online from: http: //www. climatechange2013. org/images/report/WG1AR5_ ALL_ FINAL. pdf .

[36] Kapoor, S. (2010) . The Crisis-Causes & Cures. Retrieved online from: http: //re-define. org/sites/default/files/Re-Define% 20Book% 20The% 20Financial% 20Crisis% 20-% 20Causes% 20and% 20Cures%20by%20Sony%20Kapoor (1) . pdf .

[37] Kapoor, S. (2012) . Finance for the Real Economy. BEPA Report, Project FIRE .

[38] Kim, J. (2014) . World Bank Group President Jim Yong Kim Remarks at Davos Press Conference. Available online from: http: //www. worldbank. org/en/news/speech/2014/01/23/world-bank-group-

president-jim-yong-kim-remarks-at-davos-press-conference .

[39] Killalea, D. (2014) . Beijing to close coal-burning power stations to clean up air pollution. Available online from: http: //www. news. com. au/technology/environment/beijing-to-close-coalburning-power-stations-to-clean-up-air-pollution/story-e6frflp0-1227014059863 .

[40] Lagarde, C. (2012) . Back to Rio—the Road to a Sustainable Economic Future. Speech in Washington, DC on 12 June 2012. Available online from: https: //www. imf. org/external/np/speeches/2012/061212. htm .

[41] McKinsey & Company (2009) . Pathways to a Low-Carbon Economy: Version 2 of the Global Greenhouse Gas Abatement Cost Curve .

[42] Nakamoto, M. & Wighton, D. (2007) . Citigroup Chief stays bullish on Buy-outs. The Financial Times. Available online from: http: //www. ft. com/intl/cms/s/0/80e2987a-2e50-11dc-821c-0000779fd2ac. html? siteedition = intl#axzz3BJBxXQaS Accessed on .

[43] OECD (2013) . Pricing Carbon: Policy Perspectives. Available online from: http: //www. oecd. org/env/tools-evaluation/Policy%20Perspectives%20PRICING%20CARBON%20web. pdf .

[44] PBC (2014) . About PBC. Available online from: http: //www. pbc. gov. cn: 8080/publish/english/952/index. html .

[45] Peterson, T. C. , Hoerling, M. P. , Stott, P. A & Herring, S. Eds. (2013) . Explaining Extreme Events of 2012 from a Climate Perspective. Bull. Amer. Meteor. Soc. , 94 (9), S1 ~ S74.

[46] RBI (2014) . Brochure: About us. Available online from: http: //rbidocs. rbi. org. in/rdocs/Publications/PDFs/RBIB140520012. pdf .

[47] Re-Define (2011) . Funding the Green New Deal: Building a Green Financial System: A policy maker report from Re-Define. Available online from: http: //re-define. org/sites/default/files/GEF-Funding%20the%20GND%20web. pdf .

[48] Rostoum, E. (2014) . China Reaches the Equivalent of Peak U. S. Energy Imports Dependence. Available online from: http: //foreignpolicyblogs. com/2014/07/14/china-reaches-the-equivalent-of-peak-u-s-energy-imports-dependence/ .

[49] SEC (2010) . SEC Issues Interpretive Guidance on Disclosure Related to Business or Legal Developments Regarding Climate Change. Press Release.

[50] Available online from: http: //www. sec. gov/news/press/2010/2010-15. htm .

[51] Spencer, T. & Stevenson, J. (2013) . EU low-carbon investment and new financial sector regulation: what impacts and what policy response? Working Paper 05/13; Paris: IDDRI. Available online from: http: //www. iddri. org/Publications/Collections/Idees-pour-le-debat/WP0513_ TS%20JS_ financial%20regulation. pdf .

[52] Stern, N. (2006) . Stern Review: The economics of climate change. Available online from http: //mudancasclimaticas. cptec. inpe. br/~rmclima/pdfs/destaques/sternreview_ report_ complete. pdf .

[53] UNEP Finance Initiative (2011) . UNEP FI Guide to Banking & Sustainability. Available online from: http: //www. unepfi. org/fileadmin/documents/guide_ banking_ statements. pdf .

[54] UNIDO & AFD (2013) . Green Growth: From Labour to Resource Productivity. Available online from: https: //www. unido. org/fileadmin/user_ media_ upgrade/Media_ center/2013/GREENBOOK. pdf .

[55] Unilever (2014) . Unilever CEO calls for decisive action to tackle climate change. Available online from: .

[56] http://www.unilever.com/mediacentre/pressreleases/2014/UnileverCEOcallsfordecisiveactiontotackleclimatechange.aspx.

[57] Volz, U. et al. (forthcoming). Financing the Green Transformation—How to Make Green Finance Work in Indonesia. Houndmills, Basingstoke: Palgrave Macmillan.

[58] Warner, M. (2013). Exxon to Invest $190B Over Next 5 Years on New Resource Opportunities. Wall Street Journal. Available online from: http://online.wsj.com/article/BT-CO-20130306-707397.html.

[59] WEF (2013). The green investment report. Geneva: World Economic Forum. Available online from: http://www3.weforum.org/docs/WEF_GreenInvestment_Report_2013.pdf.

[60] Wells, K. (2012). Big Oil's Big in Biofuels. BusinessWeek: Global economics. Available online from: http://www.businessweek.com/articles/2012-05-10/big-oils-big-in-biofuels.

[61] Weyzig et al. (2014). The Price of Doing Too Little Too Late: The impact of the carbon bubble on the EU financial system. Green European Foundation. Available online from: http://reinhard-buetikofer.eu/wp-content/uploads/2014/03/GND-Carbon-Bubble-web1.pdf.

[62] World Bank (2014). New Study Adds Up the Benefits of Climate-Smart Development in Lives, Jobs, and GDP. Available online from: .

[63] http://www-wds.worldbank.org/external/default/WDSContentServer/WDSP/IB/2014/06/20/000456286_20140620100846/Rendered/PDF/889080WP0v10RE0Smart0Development0Ma.pdf.

[64] WMO (2013). The Global Climate 2001-201: A Decade of Climate Extremes. Summary report. Available online from: http://library.wmo.int/pmb_ged/wmo_1119_en.pdf.

[65] Yu, G. & Elsworth, R. (2012). Turning the Tanker: China's Changing Economic Imperatives and its tentative look to emissions trading. Sandbag. Available online from: http://www.sandbag.org.uk/site_media/pdfs/reports/Sandbag_Turning_the_Tanker_Final.pdf.

[66] Zadek, S. & Chenghui, Z. (2014). Greening China's Financial System: An Initial Exploration. IISD. Available online from: http://www.zadek.net/wp-content/uploads/2014/01/IISD_GCFS-LR-FIN.pdf.

关于保险业及其监管与可持续发展的系统性观点：国际发展趋势

布奇·巴卡尼（Butch Bacani）

概　要

保险是一种财务损失“减震器”。通过进行风险研究、建立模型和开发分析工具，保险公司帮助企业、社区和个人开展风险管理。其中关键的风险管理步骤包括了解和减少资产、安全和健康风险，而保险定价可提供清晰的风险信号并对减少风险的工作予以奖励。为降低灾害风险所进行的投资越大，经济、社会和环境损失就越低，在救灾和灾后重建方面的支出也就越少。同时保险业管理着29万亿美元的全球资产，通过投资于可再生能源、可持续农业和林业、医疗保健、废物管理、包容性金融、可持续水管理、气候及抵御灾害型基础设施，保险业可作为投资者支持可持续发展。

2009年UNEP金融行动计划的一项全球保险业调查表明，环境、社会和治理风险可能会“超越”用于应对可持续发展问题的审慎监管或法律框架的发展速度。该调查促进了可持续保险原则的制定工作。然而，目前还没有将可持续发展问题系统性地整合到保险法规之中的全球通用框架。总体而言，法规的重点更多地着眼于“为恢复力提供保险”，而较少在“为可持续性提供保险”方面，而且在应对可持续发展问题时，保险公司作为风险管理者和投资者的作用并没有得到充分体现。随着可持续发展问题日益纳入到保险公司和社会的议程之中，监管者需要积极系统地进行响应。但是，这将成为一个实实在在的挑战，因为监管负担已经被视为全球保险业所面临的单一最大风险。

对中国的政策建议主要有以下几点。

第一，提高环境污染责任风险的可保性。明智的做法是向更为成熟却仍在发展中的环境责任保险市场学习，尤其是美国和欧盟市场。中国还应当洞察和更好地了解导致保险业数十年来仍在为石棉责任理赔遭受财务损失的背景。

第二，重新评估当前的环境污染责任保险制度。建议对中国的环境污染责任保险机制进行重新评估。可展开由中国保险业、相关政府机构和其他关键利益相关方参与的综合磋商进程。

第三，扩展绿色保险的定义和范围。当前中国的绿色保险定义为一种产品并且仅由这一种产品定义——环境污染责任保险。这种狭窄、非完整的环境风险管理方法限制了政策制定者和保险公司更好地了解和减少一系列环境风险并建立恢复力，以及抓住与保险业相关且支持绿色经济机会的巨大潜力。其当绿色信贷指引在中国应用于许多项目和工业部门时，这一点更为明显。若绿色保险的定义和范围得以扩展，则保险公司作为风险管理者和投资者可发挥更为广泛和战略性的作用。

第四，保险不能替代良好的风险管理。如果没有良好的环境风险管理，绿色保险将很难做到切实可行、价格适中，也难以确保其有效性、可扩展性和可持续性。在全面了解环境风险与机会的基础上，建议将绿色保险分为三大类：环境责任保护（如环境污染责任保险）、环境风险恢复力（如应对气候变化风险及自然灾害的保险）、环境可持续性（如可再生能源、节能建筑和车辆保险）。

一、保险：支持可持续发展的一项金融风险转移工具[①]

保险业为受灾社区提供金融保护和安全，从而在支持和保护社会和经济发展成果过程中发挥着关键作用。2013 年，因自然灾害导致的全球经济损失

---

① 联合国环境规划署金融行动计划之可持续保险原则倡议（2014）：《强化保险业在灾害风险管理中的完全作用：保险业支持 2015 年后灾害风险减少框架制定过程的承诺》。

达到1310亿美元，大约相当于GDP的2%，其中370亿美元的损失已投保[①]。保险业正在寻求可满足个人、政府和商业企业多样化需求的新途径。关于可以支持可持续发展的新型保险解决方案，目前已有许多例子。

（一）为恢复力保险：保险的自然作用

保险是对风险的一种适应形式。出现非预期损失时，保险是一种财务损失“减震器”。这就是为何保险保障能够建立财务恢复力，继而也可支持经济恢复力。例如灾害风险融资，保险公司为家庭和企业提供了财务保护，使其免受飓风、地震、旱灾和水灾造成的损失。作为商业持续性计划的一部分，当灾害发生时，商业中断保险为企业提供收入损失保护。

灾害保险储备金及基于指数的保险解决方案可以促进高灾害风险暴露和脆弱社区的投保。与保险相关联的证券如灾害债券和极端死亡率债券可吸引替代资本来投保灾害风险。根据这一观点，政府和保险业之间已建立了公共—私营伙伴关系以打造国家和地区层面的社会保护系统，从而整合保险机制来提高灾害恢复力。这方面的例子包括非洲风险能力基金、加勒比灾害风险保险基金、中美洲自然保险基金、太平洋灾害风险评估与融资倡议以及土耳其保险储备基金。保险在打造个人财务恢复力过程中的作用也明白无误地通过产品清晰地阐明出来，比如说事故保险、残疾保险、健康保险和人寿保险。

（二）为可持续性投保：保险的积极作用

除具有打造财务恢复力的自然作用外，保险还是推动社会和环境可持续性方案的“推手”，这些方案与经济可持续性密不可分。

在社会可持续性背景下，小额保险通过提供可承受得起的保险来解决社会不平等问题和金融排斥性。在全球，小额保险为约5亿种风险[②]提供保险，参保者达40亿人[③]。小额保险通过为低收入社区提供农作物、牲畜和财产保

① 瑞士再保险公司（2014）：《西格玛报告：2013年自然灾害与人为灾害》。

② 国际劳工组织小额保险创新机制/ www. microinsurancefacility. org/about/ what-is-microinsurance。

③ 瑞士再保险公司（2010）：《西格玛报告：小额保险：为40亿人提供风险保护》。

险从而提供金融保护。这种财务安全网还可扩展至事故保险、健康保险、人寿保险和丧葬保险。另一种形式的普惠保险是为患有艾滋病/携带 HIV 病毒者、残疾人以及保险服务不足的其他市场提供保险。

对于寿险和健康保险行业来说，如何为老龄化人口提供所需已成为许多国家的紧迫问题。由于人们活得更长且繁殖率下降，几乎所有国家都存在人口老龄化现象。全球老年人口比例从 1990 年的 9.2% 已增长到 2013 年的 11.7%，并且作为世界人口的一部分还将继续增长，到 2050 年将达到 21.1% 的比例。在全世界，预期老年人口的总数将至少翻倍，从 2013 年的 8.41 亿增长到 2050 年的 20 亿以上。预期到 2047 年，老年人口将首次超过儿童总数[①]。老龄化人口问题对老年人的支持系统造成财政压力，比如说社保系统。此外，由于预期寿命延长，引发了一个问题：寿命更长是否会带来在健康状态下生活的时间更长，还是带来了更高发病率及更长时间的残疾和无法独立生活。随着人口年龄增长，健康成本将快速增加，因为老年人通常需要更多健康照护和专业服务来照料更为复杂的疾[②]。

关于由老龄化人口产生的可持续性问题，包括长寿风险——比预期活得更长并因此导致收入不足的风险[③]——保险业正在推出更多类型的健康保险和退休准备金等产品来应对。例子包括重大疾病保险、长期看护保险（或养老院保险）、受损终身年金、长寿年金（或长寿险）、长寿掉期、长寿债券和反向抵押养老保险。反向抵押养老保险使户主可以从其居住的房产中获得资金而不必每月偿还。通过使用这种产品，户主可以从其住所价值中一次性全部取出或分多次小额取出资金——同时依旧居住在其住宅中[④]。实际上，首席风险官论坛在其发表的 2010 年报告中强调了长寿风险的严重性："未来寿命可能增长这一量子的不确定性对个人、为已确定的养老金出资的雇主以及政府形成了严重的财务危保险。"通常，长寿风险的持有者并未意识到这种财务危险的严重程度。长寿风险可以导致养老金领取者生活贫困，他们会向政府求助来弥补不足。在 OECD 成员国全球养老金资产的基础上进行计算，已获得

①② 联合国（2013）：《世界老龄化人口》。

③ 首席风险官论坛（2010）：《长寿：CRO 简报》《新风险倡议—建议书》。

④ 股票发行理事会 / www.equityreleasecouncil.com/what - is - equity - release/。

资金的全球长寿风险敞口预计将超过15万亿欧元①②。

在环境可持续性的背景下，日益出现一些提倡低排放（即与温室气体和大气污染物相关的排放）转型和资源效率经济的保险产品。这些产品包括为可再生能源项目提供的保险（包括运输、建设和运营风险保险）、太阳能电池板和风力发电机性能保证保险、节能节水建筑保险、节能或能源节约保险、地热开采风险保险、碳捕集和封存技术保险、混合动力和电车保险以及“汽车上路收费”保险或基于使用的保险。

一些更为复杂的解决方案正在探索开发，比如说为促进可再生能源投资的政策风险保险，就是通过为投资者提供保障以应对将影响其回报率的政策变化③。其他探索领域包括低排放航运保险解决方案，比如说管理与“航行中节约”财务模型相关的风险从而为船舶节能改造提供资金④。还有一些保险产品是将已毁坏建筑和住宅重建以符合更高的环境标准，提倡更好的室内空气质量和使用可持续材料，以及采用节能电器替代损毁电器的保险产品。

以良好环境风险管理作为前提的环境责任保险提供的是因环境损害导致的风险保险，包括湖泊和河流污染以及生物多样性和生态系统遭到损害⑤。传统上保险产品已涵盖森林遭受的木材损失，但现在有些保险公司也提供植树造林成本保险。此外，还有一些倡议正在探索与森林捕集碳相关的保险解决方案⑥。

（三）超越保险赔偿：保险业的金融风险作用

1. 保险公司作为风险管理者的职能

保险业对于管理风险的贡献远远超过其所支付的损失赔偿。保险公司通过提供风险研究、模型、分析、工具和指标以及致力于提供本地支持从而帮

---

① 首席风险官论坛（2010）：《长寿：CRO简报》《新风险倡议—建议书》。

② 2004年成立的首席风险官（CRO）论坛是为了在保险业推行风险管理实践。其核心目标是在风险管理中鼓励最佳实践以促进业务发展，在风险管理中将法规要求与最佳实践相结合，并提供关于新出现的长期风险方面的见解。CRO论坛的成员企业是大型跨国保险公司。

③ 联合国环境规划署（2009）：《清洁能源技术的政策风险保险机制》。

④ 可持续运输倡议/http：//ssi2040. org。

⑤ 联合国环境规划署金融行动计划保险工作组（2007）：《为可持续性保险：领导者为何以及如何做到的》。

⑥ 联合国环境规划署金融行动计划保险工作组及气候变化工作组（2008）：《使森林具有竞争力：为绩效探索保险解决方案》。

助社区减少风险。这些行动产生的是实际成果，比如说企业和市政商业持续性计划、供应链管理协议、社区层面的风险地图、人员撤离程序，以及用于提倡减少风险的各种教材和意识提高活动。

识别、评估、预防和减少风险是风险管理的步骤，在风险转移（即：保险）之前进行。对于非寿险保险公司来说，这些步骤包括减少与有形资产如住宅、办公场所、工厂、设备、货物、车辆和船舶相关的风险，还包括责任风险以及与无形资产相关的风险。对于寿险和健康险保险公司来说，这些步骤包括减少安全和健康风险，包括提倡安全和身心健康生活方式的保险计划。保险业还进行和支持关于老龄化、长寿、发病率和慢性病方面的研究，涵盖领域包括纳米技术风险、内分泌干扰素、大规模流行病和普通规模流行病、转基因生物、持久有机污染物以及电磁场。

保险公司负责管理风险。保险公司运用专业知识回顾历史——利用以往事件集成数据——也进行前瞻性展望——用模型计算风险环境演变中的敞口。保险定价以及其他政策条款和条件可提供清晰的风险信号并回报，为减少风险所做的努力。保险公司生活在其服务的社区之中，亲身经历灾难及其负面后果。当灾难发生时，保险公司帮助社区从经济和社会影响中恢复过来。保险公司调动自有资源及其供应链伙伴的资源以对客户的损失做出响应。保险业的经验告诉我们，灾害的发生正在日益频繁和严重。由于人口增长和城市化带来的更高水平的敞口，预期未来数十年将导致损失大幅增长。诸如保险等风险分担和风险转移机制对于帮助社区和国家应对这些危险将具有重要性。但是社区必须学会更好地保护自己、减少可避免的损失并打造恢复力以应对发生的事件。这是简单的经济常识。例如，在灾害风险减少方面每花费 1 美元，将会节约花在灾后重建上 2 ~ 10 美元。

对减少灾害风险的投资越高，遭受的经济、社会和环境损失就越低；社区和国家就会更安全和更具恢复力；需要更少的公共和私营部门基金用于救灾和灾后重建，从而有利于更好地投资；并具有更多可支付的保险用于帮助社区管理灾害不确定性以及意外损失造成的财务困境。

2. 保险公司作为机构投资者的职能①

保险公司承保风险，并对于理论上应当反映风险经验和敞口的保费进行

① 联合国环境规划署金融行动计划保险工作组（2009）：《全球可持续保险现状：在保险中了解和整合环境、社会和治理因素》。

评估。这些保费被集中在一起之后成为金融资产基金的组成部分，保险公司将其投资以产生额外收入，从而增强其对投保人履行义务（如保险理赔）的能力以及其他能力。因此，除风险管理者和风险承担者外，保险公司还是机构投资者。

在全球，保险业管理着 29 万亿美元的资产①。保险公司可以通过跨资产级别和地理区域投资为可持续发展提供支持。例如，对可再生能源、可持续农业和林业、医疗保健、废弃物管理、普惠金融、可持续水管理以及气候和灾害恢复力基础设施进行投资。

保险公司作为机构投资者的作用对于保险运营具有重要作用。

保险公司可以双向获得收入，一方面通过保险业务获得保险收入（即理赔及其他成本低于保费），另一方面通过投资获取收入。图 2 是其机构投资价值链的一个简单版本，保险公司构成了资产所有者（包括养老金基金、政府储备金基金、基金会以及其他机构）、沿价值链各种参与者以及资本、活动和信息流等群体的一部分。

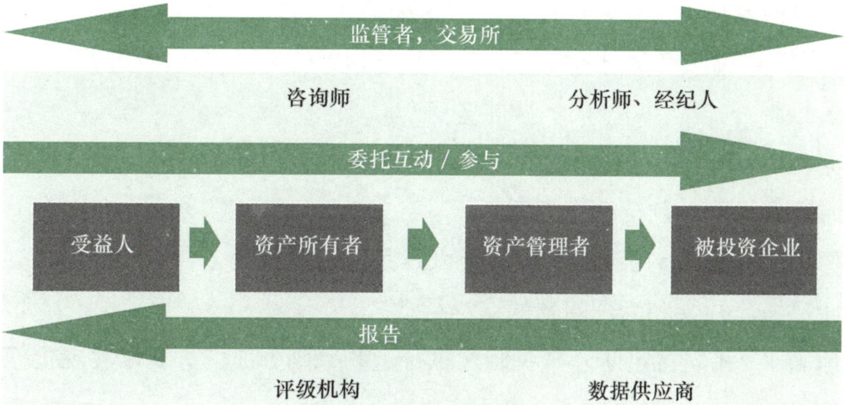

图 1　机构投资价值链

资料来源：联合国环境规划署金融行动计划。

保险业的风险管理、保险及投资运营是错综复杂的系统，其中包含许多参与者和职能，在此基础上所构成的保险行业还未能获得诸多利益相关方的简单的和完全的理解。

---

① 英国金融游说团体 TheCityUK（2014）：《2014 英国基金管理：对国际基金的一个吸引力建议》。

二、全球保险业与可持续发展原则的诞生

近年来，联合国支持的用于推广可持续发展的全球原则——可持续保险原则与负责任投资原则——已被全世界的保险公司采用。两种原则均属于自愿和主动性原则。

（一）可持续保险原则

由联合国秘书长签署支持的可持续保险原则作为全球框架用于应对环境、社会和治理方面的环境、社会和治理风险与机会。这些原则的结构是根据保险公司的影响范围确定的。其影响首先来自该保险公司核心业务，包括企业战略、风险管理与承保、产品和服务开发、理赔管理、销售和市场营销以及投资管理。这些原则还扩展至该保险公司与其客户和业务伙伴之间的关系并提倡全社会的广泛行动。为了向公众证明其责任感和透明度，这些原则的一个基本方面就是由保险公司每年信息披露其执行进展。

原则 1：我们将会把与我们的保险业务相关的环境、社会和治理问题纳入决策过程。

原则 2：我们将与客户和业务伙伴合作提高关于环境、社会和治理问题的意识，管理风险并制定解决方案。

原则 3：我们将与政府、监管者以及其他利益相关方合作在全社会促进开展关于环境、社会和治理问题的广泛行动。

原则 4：我们将定期公布我们在执行这些原则方面的进展以展现责任感和透明性。

关于监管者参与问题，以下是原则 3 和原则 4 阐述的可能行动。

“支持可推动减少风险、创新及更好地管理环境、社会和治理问题的审慎政策、监管和法律框架”。

“与政府和监管者开展对话以制定综合的风险管理办法和风险转移解决方案”。

“与客户、监管者、评级机构以及其他利益相关方开展对话以获得对通过执行这些原则信息披露的价值的共同认识了解”。

这些原则由联合国环境规划署金融行动计划经过一系列的探索性研究制定完成。这些原则的产生来源是由来自保险业及其利益相关方至少500名高级代表参与的一项全球咨询进程，由2012年联合国可持续发展大会启动。这些原则适用于保险业各个部门、所有地区以及保险业所有参与者。

这些原则提供了关于可持续保险的定义："可持续保险是一种战略方法，通过识别、评估、管理和监督与环境、社会和治理问题相关的风险与机会，保险价值链中包括与利益相关方互动在内的所有活动均以一种负责任和前瞻方式进行。可持续保险的目标在于减少风险，制定创新解决方案并提高业务绩效，为环境、社会和经济可持续性做出贡献。"

该原则已成为确定关键可持续性指标的保险业标准，这些指数包括道琼斯可持续性指标、富时社会责任指数以及巴西交易所上市企业可持续性指标。此外，该原则已推动形成了联合国与保险业之间规模最大的合作倡议——可持续保险原则倡议。自2014年11月开始，有至少70家机构已采用这些原则，它们拥有全球15%的保金和8万亿美元的管理资产。

可持续保险原则倡议的愿景是建设一个具风险意识的世界，在其中保险业得到信任并可在打造一个健康、安全、恢复力和可持续社会的过程中充分发挥作用。可持续保险原则倡议的目标是更好地理解、预防和减少环境、社会和治理风险，同时更好地管理机会以提供优质且切实可信的风险保护。

（二）负责任投资原则

负责任投资原则（PRI）由投资者倡议与联合国环境规划署金融行动计划及联合国全球契约联合制定，是投资者共同将六项负责任投资原则付诸实践的一个国际网络。其目标在于了解环境、社会和治理问题对于投资者的含义并支持签约者将这些问题纳入其投资决策和产权实践过程中。通过执行这些原则，签约者对制定更具持续性的全球金融系统做出了贡献。这些原则包含一系列可将环境、社会和治理问题纳入到各级别资产投资实践中的可能行动。负责任投资就是要根据各机构投资战略、方法和资源量身定制的一项进程。该原则在设计上与在传统信托框架内运营的大型、多元化和机构投资者的投资方式兼容①。

---

① 责任投资原则 / www. unpri. org/about - pri/about - pri/。

原则 1：我们将在投资分析和决策过程中纳入环境、社会和治理问题。

原则 2：我们将作为积极所有者在我们的产权政策和实践中纳入环境、社会和治理问题。

原则 3：我们将鼓励我们投资的实体对环境、社会和治理问题进行适当的信息披露。

原则 4：我们将在投资业中提倡接受和执行这些原则。

原则 5：在执行这些原则过程中我们将共同合作以提高我们的有效性。

原则 6：在执行这些原则过程中我们将报告各自的活动和进展。

关于监管者参与方面，以下是原则 4 阐述的可能行动。

“支持有利于执行这些原则的监管或政策发展”。

负责任投资原则倡议提供了关于负责任投资的定义：“负责任投资是明确意识到环境、社会和治理因素对于投资者的相关性并将市场的长期健康和稳定作为一个整体的一种投资方法。负责任投资承认，长期可持续回报的产生依赖于稳定、运行良好和治理良好的社会、环境和经济系统。”

负责任投资原则的驱动力来自于金融界日益意识到对环境、社会和治理问题进行有效的研究、分析和评估是对中长期投资的价值和绩效进行评估的一个基本部分，这种分析应当提供关于资产配置、股票筛选、投资组合构建、股东参与及投票方面的信息。负责任投资要求投资者和企业以更广泛的视角充分意识到面临的各种风险与机会，根据其客户和受益人的短期和长期利益进行资本配置。负责任投资原则倡议相信，经济效率和可持续的全球金融系统对于创造长期价值是必要的，这种系统将会对长期负责任投资带来回报并整体上对环境和社会有益[①]。

2006 年由联合国秘书长启动的负责任投资原则倡议已成为领先全球网络，投资者可在其中公开展示其负责任投资承诺，与其同行开展合作并共同学习关于环境、社会和治理问题的金融和投资含义，并将这些因素纳入其投资决策和产权实践之中。代表着至少 45 万亿美元管理资产的 1200 多家机构投资者已采用这些原则[②]。

---

①② 责任投资原则 / www. unpri. org/about - pri/about - pri/。

（三）将可持续保险原则与负责任投资原则相互联结

可持续保险原则（PSI）与负责任投资原则（PRI）都是由联合国支持的关注与环境、社会和治理问题相关的风险与机会的全球性、自愿性和主动性框架。可持续保险原则是保险业框架，它可以扩展保险公司的影响范围，涵盖保险公司的所有核心运营，包括但不限于投资管理。另一方面，负责任投资原则是机构投资业框架，包括保险和非保险机构（如保险公司、养老金基金、政府储备基金、基金会、捐赠基金、受托机构、投资管理公司）。因此其涵盖范围仅在于投资管理，可进行更为全面的管理。

可持续保险原则与负责任投资原则都是金融部门的全球框架。这两项原则与提倡所有行业部门采用可持续业务实践的联合国全球契约原则的目标一致并作为其补充内容。联合国全球契约衍生自人权、劳工、环境及反腐败领域的普遍接受原则。

三、国际保险监管者协会及保险核心原则

2011 年，国际保险监管者协会（IAIS）宣布采用《国际保险监管者协会保险核心原则、标准、指南和评估法（ICPs）》的修订版。《国际保险监管者协会保险核心原则、标准、指南和评估法》构成了全球接受的框架，用于根据世界银行和国际货币基金联合制定的《金融部门评估规划》（FSAP）对监管制度进行评估。新的《国际保险监管者协会保险核心原则、标准、指南和评估法》在 2003 年修订的上一版基础上根据保险市场的发展和监督得来。修订中考虑了自《金融部门评估规划》评估中取得的经验以及由 20 国集团财政部长和央行行长以及财务稳定性委员会提出的建议。修订后的《国际保险监管者协会保险核心原则、标准、指南和评估法》包含用于指导宏观审慎监督领域未来工作的全新准则，将继续作为基础以进一步强化全球范围的保险监督①。

其内容是根据新的监督文件层级进行了安排。原则声明的级别最高，其后是标准，再其后是指南。《国际保险监管者协会保险核心原则、标准、指南

① 国际保险监管者协会 / www. iaisweb. org。

和评估法》中的很多原则[①]都与可持续保险原则和负责任投资原则目标相关，比如说 ICP7（企业治理）、ICP8（风险管理与内部控制）、ICP13（再保险及其他形式的风险转移）、ICP14（估值）、ICP15（投资）、ICP16（以偿付为目的的企业风险管理）、ICP17（资本充足性）、ICP18（中介机构）、ICP19（商业准则）、ICP20（信息披露）、ICP21（反保险欺诈）、ICP22（反洗钱及打击恐怖主义融资）以及 ICP24（宏观审慎监督与保险监督）。

正如上面介绍的 IAIS 的两大核心目标一样，《国际保险监管者协会保险核心原则、标准、指南和评估法》并未针对积极支持和完全拥护可持续发展的环境、社会和治理层面的保险业及金融系统提出明确目标。例如，《国际保险监管者协会保险核心原则、标准、指南和评估法》引言表明“有效的监管和监督系统有助于维护公平、安全和稳定的保险部门以保护投保人、受益人和索赔人（合称为保单持有人）的权益和利益并有助于维护金融系统的稳定性。”但是却缺少了对环境变化做出响应的内容：“与金融系统内其他组成部分一样，保险业受广泛的社会、技术和全球经济力量影响而发生改变。保险监督系统及实践必须持续升级以应对这些发展。保险及其他金融部门的监督者和监管者应当了解和应对源于保险部门对金融和系统稳定性的担忧及其与其他金融部门的互动。”

关于《国际保险监管者协会保险核心原则、标准、指南和评估法》的介绍还提及了保险与其他形式的金融产品之间的根本区别：“保险活动的本质——为经济、金融和公司事业和家庭提供风险保障——与其他金融部门相比既有不同之处也有相似之处。与其他金融产品不同的是，保险的特征在于与生产周期相逆，签订合同的同时收取保费，并只有当特定事件发生时才会发生索赔。保险公司直接调节风险，其管理方式是通过分散化并利用一系列其他技巧强化风险池管理。”

---

① 关于 ICP 的完整内容，请登录：www. iaisweb. org/Supervisory – Material/Insurance – Core – Principles – 795 or www. iaisweb. org/Supervisory – Material/ICP – on – line – tool – 689。

四、与可持续发展相关的国际监管问题

（一）IAIS 的保险核心原则在可持续发展的环境、社会和治理层面问题上不明确

在全球层面，《国际保险监管者协会保险核心原则、标准、指南和评估法》为保险业提供了已被接受的监管框架。然而，《国际保险监管者协会保险核心原则、标准、指南和评估法》并未清晰和明确指出关于可持续发展的环境、社会和治理层面。没有任何一条《国际保险监管者协会保险核心原则、标准、指南和评估法》原则明确意识到环境、社会和治理与可持续发展经济层面之间的联动关系，以及环境、社会和治理风险与机会对于保险业务的重要性。大体来说，《国际保险监管者协会保险核心原则、标准、指南和评估法》不足以推动可持续发展问题常规系统性地纳入保险监管。

（二）自然灾害与气候变化及其他环境风险互相交织

保险监管长期以来一直关注的是与自然灾害如地震、飓风和水灾相关的风险管理，同时确保市场为家庭和企业提供可负担的保险，并且保险公司有能力履行其对投保人的义务。因自然灾害导致的经济损失已“失控”，对直接损失至少低估了 50% 。本世纪迄今为止，因灾害导致的直接损失约为 2.5 万亿美元[①]。自然灾害和气候变化日益交织，但两者之间的关系、不同之处和含义却未必见得得到了正确的理解。自然灾害与气候变化往往被错误地认为是同义词，或者甚至笼统地称为环境风险。自然灾害与人为灾害（如导致环境污染的工业事故）之间也具有重大区别。例如，要评估自然灾害风险的可预测性，需要水文气象学和/或地质资料等科学数据，而评估环境污染风险则更多地取决于工业企业风险管理和/或安全文化（如人类行为）。总而言之，与环境损害索赔相比，对因自然灾害导致的财产损失进行量化更快，而环境损

① 联合国环境规划署关于可持续金融系统设计的调查（2014）：《让金融系统与可持续发展协调一致：邀请及背景简报》。

失的量化可能需要几年甚至几十年时间完成[①]。

（三）气候变化是一种重大风险，但应对措施往往只是被动适应

迄今为止，气候变化是保险业内市场创新、政策管理和分析的驱动力——如今正在刺激产生新的保险监管方法。在美国，2008 年，美国保监会（NAIC）通过了一份有关气候变化对监管影响的白皮书，2009 年又批准了一项行政要求，即保险公司应向监管者披露其面临的气候变化风险及采取的应对行动。有些州还强制要求保险公司披露信息，尤其是加州。2012 年，NAIC 修订了《2013 财务状况审查员手册》，以确保保险公司采取措施应对与气候相关的风险。这些修订内容包含了着眼于风险的审查问题，对审查员作必要指导，向保险公司提出有关气候变化对其偿付能力潜在影响方面的问题。这些问题专门设计给审查员识别未减缓的风险，并为其提供框架以审查这些风险及其对保险公司进行资产投资和产品定价的影响。在欧洲，作为英格兰银行的一个分支，英国审慎监管局（PRA）已经接受政府的邀请，将于 2015 年 7 月完成一份《气候变化适应报告》。该报告将提供关于下一次英国气候变化风险评估方面的信息，将于 2017 年呈交给英国国会。该报告着眼于保险，并将审查气候变化对英国审慎监管局目标产生的影响以及保险监管在支持气候变化适应方面的作用。在编写该报告的过程中，英国审慎监管局将采取阶段性方法，包括对保险公司与气候相关的风险进行调查[②]。

保险监管似乎并未着眼于气候变化问题的缓解方面，即人类活动导致的温室气候排放的减少，尤其是支持可促进低排放和资源效率经济转型的保险产品开发的监管创新。对于保险业来说，战略监管对气候变化的反应延迟可能导致诉讼增长，包括针对保险公司提出的诉讼也包括由保险公司提起的诉讼。2009 年，瑞士再保险公司发出警告：气候变化导致的损失将与保险业数十年来承受的由石棉引发的财务损失相当。2014 年，美国的农民保险公司起诉伊利诺伊州的 200 个社区，认为这些社区未能采取足够措施预防 2013 年气

---

① 欧洲保险（2013）：《建议书：欧洲保险对欧洲委员会〈关于自然和人为灾害保险的绿色报告〉的回应》。

② 联合国环境规划署关于可持续金融系统设计的调查（2014）：《让金融系统与可持续发展协调一致：邀请及背景简报》。

候变化引发的水灾导致的损失[①]。

数年来，保险业已设法解决了一些遗留问题，这些问题被定义为因过去发布的政策而导致的潜在损失敞口，新的诉讼理论可能会引发索赔，而在当初承保时绝对不会想到。一个经典的案例就是石棉，过去几十年直到今天，保险业已支付了巨额赔偿。潜在的遗留问题可能是因未能采取措施应对气候变化而引发的纳米技术风险或责任风险。并非所有关于环境、社会和治理问题的对话都是“安全”或者“轻松”的，因为这些对话可能不仅涉及未来提供的保险范围，还包括可能需要重新解读以往的保险条款[②]。

（四）保险可获得性在发展中国家是关键重点，小额保险监管框架正在形成

贫困、社会不平等、自然灾害以及气候变化都更加使获得保险成为政策和监管的当务之急，从而减轻脆弱性并有助于脱离贫困陷阱，尤其是发展中国家。然而，获得可负担的保险与风险定价之间可能存在市场紧张因素，使低收入群体无法获得保险[③]。监管者要想维持平衡尤其艰难。有些时候，保险的可获得性及可负担性与其监管和监督的保险公司的理赔能力（资本充足率及偿付能力）之间出现目标冲突。例如，高保费预先排除了金融包容性，而费率不足（价格与风险不相当）可能最终导致保险公司破产，可能无力偿付理赔，这样保险公司就会共同从某一特定保险范围或市场上撤出[④]。

在国际上，2009 年由 IAIS 与一些多边机构、政府以及其他机构共同成立的获得保险倡议，正在致力于为低收入消费者提供有广泛基础的、以需求为导向的可持续保险[⑤]。

该倡议的活动以两大支柱为基础：为政策制定者及监督者提供所需的关于金融普惠性方面的知识（如进行良好的监管实践从而为 IAIS 提供全球普遍接受的保险标准，比如说《国际保险监管者协会保险核心原则、标准、指南和评估法》）；促进对这些知识的有效利用（如帮助监管者在国内监管框架内

①③④ 联合国环境规划署关于可持续金融系统设计的调查（2014）：《让金融系统与可持续发展协调一致：邀请及背景简报》。

② 联合国环境规划署金融行动计划保险工作组（2009）：《全球可持续保险现状：在保险中了解和整合环境、社会和治理因素》。

⑤ www. a2ii. org/about - the - initiative/faq. html。

执行《国际保险监管者协会保险核心原则、标准、指南和评估法》)。

一些地区性补充项目已开始启动，例如《亚洲促进亲贫保险市场监管框架》。该项目于2013～2015年执行，支持亚洲的保险监管者增强推动亲贫保险。该项目采用了获得保险倡议法和IAIS全球工具以帮助保险监管者创建能力，目前已在印度尼西亚、蒙古、尼泊尔、菲律宾、泰国和越南创办了关于普惠保险的互动交流论坛①。

此外在2012年，IAIS还正式通过了《支持建立包容性保险市场的监管与监督应用文件》②。该应用文件为监管者尤其是发展中国家的监管者提供了《国际保险监管者协会保险核心原则、标准、指南和评估法》实施指南，指导其如何在保护投保人与增强全球金融稳定性两大目标之间保持平衡，并且提供了旨在开发普惠保险市场的政策。近年来，亚洲和拉丁美洲一些国家日益制定了专门的小额保险监管框架，包括巴西、中国（中国台湾省）、印度、墨西哥、秘鲁和菲律宾。正在考虑制定小额保险条例的地区有尼日利亚、巴基斯坦、南非以及非洲国家间保险市场大会成员国，包括中非和西非的法语国家③。

（五）充分发挥保险公司在灾害风险管理中的潜力是新的方向

随着灾害风险的增加，保险公司日益寻求各种途径以更好地了解和减少灾害风险并打造由承保范围提供的金融恢复力以外的其他恢复力。这是可持续保险原则倡议的全球恢复力项目的工作重点，目的在于深化全球对减少灾害风险的理解，评估灾害的经济、社会和环境成本，以及利用这些信息帮助全世界的政府和社区管理风险。该项目着眼于已造成全球最大规模毁坏的三大自然灾害——飓风、地震和水灾——将包括让保险监管者和政府参与到减少灾害风险的行动中，以及其与保险可获得性和可负担性之间的关联。

该倡议超越了传统的对保险业的风险融资（即保险）作用更为狭窄的关

① http：//inclusiveinsuranceasia. com/index. html。

② www. iaisweb. org/Supervisory - Material/Application - papers - 763。

③ Biener，C. 、Eling，M. 及 Schmit，J.（2013）：《小额保险市场监管：原则、实践及未来发展方向》。

注。可能有观点认为保险——金融风险转移工具——可能不是恰当的社会反应，因为保险可能会导致出现不应奖励的行为倒错且这种行为将阻碍创新。提出这一观点的同时，可持续保险原则倡议已推动保险业承诺支持政府间合作以制定2015年后联合国减少灾难风险框架。该承诺旨在增强保险业在灾害风险管理方面的充分潜力——从了解、评估、预防和减少灾害风险——到灾害反应和救灾、灾后重建、灾害风险融资以及灾害风险敏感投资[①]。

此外，目前正在进行的探索是如何将保险业常用的基于风险的评估及压力测试应用于管理金融系统其他方面的灾害风险。对保险公司进行的常规评估是为了确保他们保持偿付能力，并在每12个月的周期内对1年一遇与200年一遇的最坏事件进行有效理赔[②]。

（六）金融危机之后的监管改革正在影响保险公司作为投资者的作用

管理着全球29万亿美元资产的保险业是一个大投资者[③]。与关于《巴塞尔协议Ⅲ》对长期债务资本影响的辩论并行的是对金融改革（如《欧盟偿付能力监管标准II》）以及危机后对保险公司将其资本配置于长期基础设施的意愿进行监管带来的影响表现出来的担忧，而此时企业正在对可持续投资各种选择（如可再生能源）日益表现出兴趣。正如瑞士再保险公司和国际金融研究所指出的："诸如基础设施之类长期资产的高资本支出以及围绕实施改革存在的高度不确定性对这些投资并无裨益。"[④]针对欧洲退休基金，已经推出了作为《欧盟偿付能力监管标准II》核心的基于风险的偿付机制。这也与其他正在制定中的基于风险的偿付能力监管体系相关，例如南非的偿付能力评估与管理（SAM）体系以及中国风险导向型偿付能力监管系统（C-ROSS）。

---

① 联合国环境规划署金融行动计划之可持续保险原则倡议（2014）：《强化保险业在灾害风险管理中的完全作用：保险业支持2015年后灾害风险减少框架制定过程的承诺》。/ www. unepfi. org/fileadmin/documents/insurance_ industry_ disaster_ risk_ management. pdf。

②④ 联合国环境规划署关于可持续金融系统设计的调查（2014）：《让金融系统与可持续发展协调一致：邀请及背景简报》。

③ 英国金融游说团体 TheCityUK（2014）：《2014英国基金管理：对国际基金的一个吸引力建议》。

五、老龄化人口是全球主要挑战

2013 年，联合论坛[①]发表了关于长寿风险转移市场的总结报告，强调了许多国家面临的与老龄化人口相关的社会制度和监管方面的严重挑战。除了人类寿命正在延长这一事实，该报告还强调了长寿风险问题。报告指出，长寿风险——支付超出预期时间长度的养老金和年金的风险——使人们日益质疑现存的“退休储蓄”产品是否还可持续[②]。

该报告概括指出，从金融视角来衡量，长寿风险整体规模巨大，预期寿命每增加一年，一份一般水平的养老金的义务支付现值就增长 3% ~4%，而全球与年金和养老金相关的长寿风险总敞口范围估计为 15 万 ~25 万亿美元。这样，由于低估了长寿因素，风险持有者不得不每年额外支付总共约 4500 亿 ~1 万亿美元。由于这个原因，该报告指出，某些国家的养老基金正在日益寻求转移长寿风险。此外，报告还指出：“对于分析家、学术界以及监督者来说，长寿风险转移市场或多或少属于一个未开发领域。”[③]联合论坛的报告结论向监督者和政策制定者提出了八项建议，包括：交流与合作、了解长寿风险敞口、评估相关政策、审查长寿风险准则和法规、确保充分的风险承受能力、监督市场发展、关注尾部风险以及收集充分数据。报告强调：“长寿风险转移市场的规模不足以引发系统性担忧，然而，由于其巨大的潜在规模以及投资银行对其日益增长的兴趣，重要的是确保这些市场是安全的，包括在审慎层面和系统层面。”[④]

关于巨大的全球长寿风险敞口以及对长寿风险缓解方案需求的增加，2010 年首席风险官论坛已加以强调[⑤]。此外，虽然长寿风险主要是关于增长的预期寿命，首席风险官论坛指出了与之相反的抵消趋势，包括新出现的健

---

① 联合论坛是指在其上级委员会指导下合作的一群金融部门高级主管，包括巴塞尔银行监管委员会、国际证券委员会组织以及国际保险监管者协会。联合论坛的目标是支持银行、保险和证券业的监督者实现其监管和监督目标以及更广泛地致力于国际监管日程表的制定，尤其是指被监管的三大部门共同或之间存在的风险。

②③④ 联合论坛、国际清算银行（2013）：《长寿风险转移市场：市场结构、增长动力和障碍以及潜在风险》。

⑤ 首席风险官论坛（2010）：《长寿：CRO 简报》《新风险倡议—建议书》。

康风险和环境风险："在短期内，更多的肥胖、酒类消费以及消遣性吸毒将会影响预期寿命。长期来看，将出现气候变化挑战、水资源压力、新病原以及老龄化人口特有疾病如阿尔茨海默病的日益流行。在过去30年，至少已识别发现30种新的病原菌，包括HIV、新变体CJD（克－雅氏病）以及非典（严重急性呼吸道综合征）。这些疾病大部分源自人类与动物之间的传播，代表了风险环境发生的重大变化。"①

针对个人提供的某些长寿风险产品（如反向抵押养老保险）的本质促使产品供应商进行了治理相关的实践，也就是在其将产品和服务提供给消费者时同时确保诚实和透明。例如，英国的反向抵押养老理事会发布的行为准则中为其成员设立了严格的标准，并保证消费者信任反向抵押养老理事会成员及其产品和服务。该委员会还制定了原则声明以使其成员的行为是出于保障消费者的最佳权益，此外，委员会制定的一些准则和指南文件针对其成员提出了要求和期望②。

六、信任、声誉、问责与透明比以往更为重要

信任与声誉问题对于保险公司、银行以及更广泛的金融部门来说，始终是个严重问题。

这是一个具有根本重要性的问题。保险公司已表明："我们依赖于人们对我们行业履行义务的信任。"③ 过去五年针对商业界和政府进行的年度国际信任与可信度调查④得出了一致结果。在各行业部门中，包括银行和保险公司在内的金融服务业是最不受信任的。与之相比，技术行业是最受信任的。按3∶1的比例，大部分有见识的公众表示，政府对金融服务、能源以及食品饮料行业的监管不足。开展调查的主要原因是为了保护消费者，同时也是因为其监督需求甚至高于那些对环境、健康和经济健康具有潜在影响的行业。虽然对商业界

---

① 首席风险官论坛（2010）：《长寿：CRO简报》《新风险倡议—建议书》。

② 股票发行理事会 / www. equityreleasecouncil. com/ship - standards/。

③ 联合国环境规划署金融行动计划（2012）：《可持续保险原则》，www. unepfi. org/psi。

④ Edelman Berland（2014）：《爱德曼信任度调查：年度全球研究》。

的监管需求很高，该调查表明，许多人还要求允许商业界在关于监管的辩论和设计中发挥作用，因为多数被调查者并不认为政府本身可以制定出必要的法规，尤其是制定出所要求的具有一定复杂程度的法规。另一项重要发现是，被调查者的绝大部分（84%）相信，商业界可以在追求自身利益的同时为社会行善。该调查报告结论认为，当今的世界要求资本主义历史上的交易本质应当转型为可同时体现社会效益和股东价值的价值创造模式。报告最后是以一些为客户和社会创造了价值的公司为例强调“在资源有限和压力增长的世界，要想前进就需要以价值为基础并承诺创造更大的社会价值，以此做出妥协和选择”。

保险和金融监管者已继续加快治理和制定行业守则的步伐。例如在 2014 年，联合论坛发表了关于网点销售信息披露方面的总结报告。该报告识别和评估了关于对保险、银行和证券部门的投资和储蓄产品网点销售信息披露的监管方法中存在的不同和差距，同时也考量是否有必要针对这些部门进一步协调这些方法。报告提出了八条建议，主要作为建议，用于帮助政策制定者和监督者考虑、制定或修改其关于网点销售信息披露方面的法规①。

除网点销售信息披露以外，作为整体推进金融消费者保护工作的一部分，保险监管者正在进行以结果为导向的监管改革。例子包括英国金融市场行为监管局提出的《公平对待消费者（TCF）倡议》以及南非金融服务委员会采用的《公平对待消费者倡议》。亚洲也有一些类似的倡议，例如新加坡货币监管局针对投资产品制定的《公平交易指南》，香港货币局针对银行制定的《公平对待消费者宪章》。根据英国金融市场行为监管局规定：“所有公司必须能够证明其始终公平一致地对待消费者，高级主管层负责通过建立适当的文化以确保该公司及各级员工为消费者提供与其业务相关的结果。我们期待消费者应当成为公司经营业务的核心。消费者有望从其信任的公司获得符合其要求的金融服务和产品。满足消费者公平和合理要求应当成为公司的责任而非监管者的责任。”

---

① 联合论坛、国际清算银行（2014）：《保险、银行和证券部门的网点销售信息披露》。

窗口1 英国金融市场行为监管局《公平对待消费者倡议》六大成果

我们的消费者六大成果说明了我们通过《公平对待消费者倡议》希望为消费者取得的成果。2006年7月发表时概括为公平对待消费者——为消费者实现公平成果。这些成果仍然是我们对公司的核心期望。我们将继续使用这些成果并在指导监管决策和行动时将其作为重要因素。

成果1：消费者应当确信，他们与其交易的公司是将消费者公平待遇作为企业文化的核心。

成果2：零售市场销售的产品和服务在设计上符合特定消费群体的需求并按需供应。

成果3：消费者获得的是明确信息，在购买之前、之中和之后均得以适当了解相关信息。

成果4：消费者若收到的建议是合适的且应当是根据其情形提出。

成果5：消费者购买的产品在性能上与公司所作宣传一致，相关服务符合可接收标准且与宣传一致。

成果6：消费者在更换产品和供应商以及提交索赔申请或进行投诉时，不会面临公司施加的不合理售后障碍。

南非金融服务委员会（FSB）的公平对待消费者倡议成果与英国金融市场行为监管局的成果一致。根据该委员会2011年发布的公平对待消费者路线图，南非正在执行一项计划以对金融服务公司的市场行为进行监管，公平对待消费者倡议旨在确保将公平对待消费者根植于金融公司的企业文化之中。公平对待消费者倡议将结合采用市场行为准则和明确的规则以推动提供清晰和可测量的公平成果，并将通过推出一系列可视和可信的不公平待遇禁令来确保这些成果的产出。南非金融服务委员会还规定，公平对待消费者倡议将要求受监管公司在其与消费者关系的所有阶段均考虑其提供的消费者待遇，从产品设计和营销到提出建议，网点销售以及售后各阶段。公司最终将被要求——通过管理行为和监督——证明在其所贡献的产品生命周期的各个阶段始终如一地为消费者提供了公平待遇。

不同辖区采用的公平对待消费者倡议均符合国际保险监管者协会的第19

条保险核心原则（即“商业准则”）的目标，以及2011年由20国集团财政部长和央行行长签署通过的关于保护金融消费者的高级别原则。

窗口2　20国集团关于保护金融消费者的高级别原则

20国集团采用的这些原则属于自愿性原则。其设计宗旨是补充而不是替代现有的国际金融原则或指南。尤其应当指出的是，这些原则并不针对各部门面临的具体问题，这些具体问题是由相关的国际机构和金融标准设定者处理的（如：巴塞尔银行监督委员会、国际保险监管者协会、国际证券委员会组织）。这些原则涵盖10个关键领域：

1. 法律、监管和监督框架。
2. 监管机构的职能。
3. 消费者平等和公平待遇。
4. 信息披露与透明。
5. 金融教育与意识。
6. 金融服务供应商及授权代理商的负责任商业行为。
7. 消费者资产反欺诈和反滥用保护。
8. 消费者信息和隐私保护。
9. 投诉处理和应对。
10. 竞争。

资料来源：《20国集团金融消费者保护的高级别原则》。

七、环境责任保险复杂且不断演变

2013年，商业责任保费收入占全球非寿险保费总收入的10%。责任保险在发达国家市场（如美国、欧盟）比在新兴市场更为普遍。2013年，发达国家市场责任保险收入占全球93%[①]。

在一个国家经济发展的某一特定阶段，该国将会意识到，要实现可持续

① 《20国集团金融消费者保护的高级别原则》。

发展，社会将需要更为稳健的法律责任框架用于应对环境破坏。这是一个严肃问题，在美国曾是众所周知的难题（如超级基金），如今在整个欧洲也已显现。开发棕色地块并以负责方式处置工业废物带来的压力成为了一项持久的挑战。最好的一个例子就是石棉——被禁用多年后，仍有一些工人、推销商和拆除工人的家庭成员成为新的受害者。另一个案例是 MTBE（甲基叔丁基醚），这是一种汽油添加剂，在许多地方出现地下储罐泄漏导致的水资源污染。联合国环境规划署本身是《关于危险废物及其他废物跨界转移及其处置的巴塞尔公约》的发起者。环境责任法律框架的例子包括美国的《超级基金法》（正式名称为《1980 综合环境反应、赔偿和责任法》，或者 CERCLA）、欧盟的《环境责任指令》、墨西哥的《废物预防和一体化管理》，以及中国的《环境保护法》。对于新出现的这些责任，保险业已采取行动开发新的产品，比如说环境损害责任（EIL）保险。这些产品出现在“超级基金”之后，当时美国保险公司开始将污染责任保险从一般责任保险中分离出来。这一专门的环境损害保险在 90 年代早期得以继续发展，既承保突发性污染也包括渐进式污染，此后在欧洲和全球开始被采用。最近，承保环境损害责任的保险公司开始探讨自然资源损害及生物多样性损失等新问题[①]。

下面是法律框架的一个例子——欧盟《环境责任指令》。

2004 年开始实施的欧盟《环境责任指令》（ELD）建立了一种法律框架预防和补偿环境损害。“污染者付费”原则是其根本性原则。欧盟所有成员国关于将《环境责任指令》转换为国内法律的工作于 2010 年完成。《环境责任指令》解决的是“纯生态损害”，其基础是公共机构的权力和职责（“行政管理”）[②]。因此，责任索赔由公共管理者而不是由受损的第三方提出。造成环境损害的营运方的责任不是向他人支付损失补偿而是“修复”受损环境[③]。这有别于针对“传统损害”（如财产损失、经济损失、人身损伤）制定的民

① 联合国环境规划署金融行动计划保险工作组（2007）：《为可持续性保险：领导者为何以及如何做到的》。

② 欧洲委员会：《环境责任》，http：//ec. europa. eu/environment/legal/liability/。

③ 劳合社：《环境：环境保护领域的欧盟立法和倡议》《这些造成了需保险保护的新责任和风险》，www. lloyds. com/the – market/operating – at – lloyds/regulation/government – policy – and – affairs/european – union/environment。

事责任制度。《环境责任指令》将“环境损害”定义为受保护物种和自然生境所受到的损害，以及对水和土壤造成的损害。从事《指令》附录Ⅲ所列危险活动的营运方负有严格赔偿责任（无需证明其错）。从事附录Ⅲ所列活动之外的其他职业活动的营运方对受保护物种或自然生境负有过失损害责任。按要求应当在经营活动与所受损害之间建立一种因果关系。相关自然人或法人以及环境非政府组织有权向主管机关要求采取其认为必要的修复行动①。《环境责任指令》下的严格赔偿及基于过失的责任体系有别于美国超级基金的纯粹严格赔偿体系。此外，与超级基金不同的是，《环境责任指令》不具有追溯性，在其实施之前发生的损害不予赔偿。

虽然《环境责任指令》得到完全实施，但仍然存在关于如何修复受损环境以及如何发挥保险作用方面的问题。2010 年欧洲委员会向欧洲议会报告，关于《环境责任指令》有效性的可得信息不足以得出具体结论。欧洲委员会应当在 2014 年底之前向欧洲议会和欧洲理事会提交关于《环境责任指令》有效性及应用方面的报告并负责审查。该报告的一个关键部分就是确定是否有必要在欧盟强制推行《环境责任指令》保险，以及是否应当扩展属于严格责任制的活动②。

根据欧洲保险联合会统计，欧洲保险和再保险联合会代表了 34 家国家保险协会和 95% 的欧洲保费收入，《环境责任指令》保险产品的设计需要关于《环境责任指令》、环境风险及保险解决方案方面的技术专长，以及收集和评估广泛信息，如：工业营运方活动方面的信息，包括操作程序以及使用、生产和或储存的物质；由工业营运方维护的设备设施方面的信息（型号、尺寸、序列、条件、维修）以及所采取的任何损失预防和/或风险缓解措施；周围环境的性质；工业营运方的损失历史；环境地点的历史；工业事故发生之前的污染程度；损失预防、缓解及环境修复措施成本和支出。

承保风险并不是唯一因素。《环境责任指令》类损失需要新的索赔管理技巧。在风险评估过程中，如果承保的保险公司进行适当调查以获得相关信息，那么索赔管理者在处理索赔要求时就较为顺利。保险业还支持与主管机关建

---

① 欧洲委员会，《环境责任》/ http：//ec. europa. eu/environment/legal/liability/。

② 欧洲保险（2014）：《简报纪要：环境责任保险发展调查》。

立有效的合作关系，根据《环境责任指令》要求，主管机关或者接受由责任营运方建议采取的预防或修复措施，或者制定自己的预防或修复措施[①]。

自愿参加的环境责任保险在德国拥有很高的渗透率，这表明弹性保险解决方案如果设计良好是可以满足环境责任需求的，环境风险意识也可提高。在欧盟成员国之间，环境责任保险是通过采用不同的机制提供的，比如说环境责任储备基金、对现有一般责任制的认可，以及独立经营的环境责任保险。然而在欧盟许多成员国，涵盖环境损害预防及修复等方面责任的保险产品仍在开发之中。自2004年通过《环境责任指令》以来，这一类保险的可获得性已得到提高，但是市场中的财政能力仍低于其他更为发达的责任保险市场（如汽车或一般第三方责任保险）[②]。

2014年，欧洲委员会考虑采用一种在全欧盟范围与《环境责任指令》相关的强制性保险制度，欧洲保险联合会除了响应还对欧盟保险市场进行了调查以确定环境责任保险的可获得性。该调查表明，欧盟成员国为满足市场需求推出了许多不同的保险解决方案。欧洲保险联合会表示：这“清楚证明了自愿和自由的市场正在应对这一挑战，有不同的产品和方法可用，‘一刀切’在欧盟将不可行。相反，一刀切的方法可能会阻碍各成员国现有保险产品的良好发展势头。”欧洲保险联合会还表示：“不同的消费者和市场需要不同的政策和涵盖水平，各成员国的保险公司按市场需求行事。不同国家的市场处于不同的发展阶段，但在为欧盟提供环境责任保险方面，将继续有正面发展。”

调查主要发现：在多数市场，所有的《环境责任指令》风险均有保险覆盖（主要措施、补充措施、补偿性修复措施），有一系列多样化的解决方案，这反映了不同市场中存在着不同需求。

- 关于《环境责任指令》风险的承保保险，或者作为一般责任制度的一部分，或者是由单个保险公司或环境责任储备基金提供的独立环境责任保险。
- 《环境责任指令》保险涵盖范围的主体约为100万～500万欧元，依赖市场需求。

---

① 欧洲保险（2008）：《环境责任指令：强化可持续保险解决方案》。

② 欧洲保险（2013）：《建议书：欧洲保险对欧洲委员会〈关于自然和人为灾害保险的绿色报告〉的回应》。

• 一些市场中存在的环境责任保险容量已达到 5000 万欧元，或者也可按照要求高于这一总数。

• 不同的风险由不同市场涵盖，某些风险如环境损害风险，在成员国中属于标准险，而其他一些风险如业务中断险则地位不同。

• 有一半被调查的国家提供跨国保险产品。

• 关于《环境责任指令》保险索赔，只有少数几份报告。

欧洲保险联合会指出，"调查表明，若在欧盟范围内推行强制性保险制度将无法满足不同成员国消费者的不同需求"。这意味着没有"通用模式"。强制性保险将会剥夺签订合同的自由，有可能导致成本增加和消费者选择范围减小。此外，若消费者需求增加，市场具有增加环境责任保险总量可获得性的能力。最后，有一种观点认为，政策制定者关于保险摄取量的担忧可通过着眼于提高《环境责任指令》认识的运动以及国家层面的《环境责任指令》执法予以有效解决。

仍处于辩论之中的其他问题包括：严格赔偿责任的潜在延伸、对大气以及外来侵入物种的环境损害范围延伸、陆地损害和水体损害的重要阈值、现有可供选择的《环境责任指令》防御体系的协调统一，以及对国际公约目前涵盖的工业活动的考虑①。根据欧盟成员国 2013 年提交的国家报告，欧洲委员会将报告《环境责任指令》应用过程中取得的经验，但是这只可能在 2014 年之后发生②。

八、保险监管和可持续发展展望

（一）环境、社会和治理风险可能脱离审慎监管框架或法律框架的发展③

2009 年，联合国环境规划署金融行动计划对全球保险行业和可持续发展

---

① 欧洲保险委员会（2014）：《欧洲保险委员会关于〈环境责任指令〉有效性的 BioIS 研究的评论：适用范围和例外》。

② 欧洲委员会：《环境责任》，http：//ec. europa. eu/environment/legal/liability/。

③ 联合国环境规划署金融行动计划保险工作小组（2009）：《可持续保险的全局状态：在保险中理解和融入环境、社会和治理因素》。

问题开展了开拓性的调查。调查结果与监管框架和法律框架相关，其所产生的反响延续至今。该调查的关键内容是要求调查对象判断环境、社会和治理（ESG）因素在7点演进发展进步标尺上所处的位置，该标尺的起点为“未加考虑的因素”，终点是“完善的监管框架和法律框架”（见图2）。

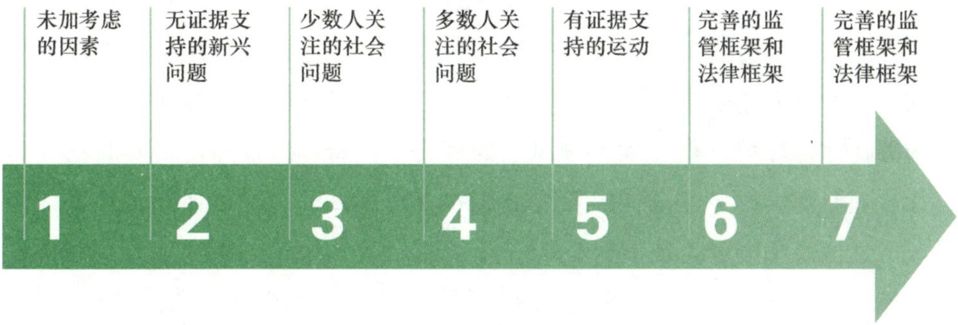

图2 演进发展标尺

资料来源：联合国环境规划署金融行动计划。

被调查的12个主要的环境、社会和治理因素如下。

环境：气候变化、生物多样性丧失和生态系统退化、水资源管理、污染。

社会：金融普惠、人权、新兴的人为健康风险、人口老龄化。

治理：法规、信息披露、道德规范和原则、利益一致性。

调查对象还被要求就其潜在的频率、严重程度和不可控性，对环境、社会和治理因素（也就是风险）的相同主体进行评估。本调查更为深刻的见解之一是，保险承保人[①]根据风险频率、严重程度和不可控性判断环境、社会和治理风险具有重大潜在损失的程度。然而，在演进发展标尺上，社会对这些环境、社会和治理风险的反应却表明，社会反应“滞后于”承保人对涉及的风险的评估，而且解决可持续发展问题的审慎监管框架或法律框架并不完善。因此，由此产生了一个令人感兴趣的问题，即监管或法律框架是否是可保险性的前提条件，还是仅仅是影响承保流程的许多重要问题之一。这对环境、社会和治理风险而言是一个不可忽视的问题，其中许多风险是动态的系统性风险，并涉及公共物品。从保险业的角度来看，调查结果表明，环境、社会和治理风险可能会“脱离”旨在解决可持续发展问题的审慎监管框架或法律

① 承保是评估、定义和定价保险和再保险风险的过程，包括在适当情况下拒绝此类风险。

框架的发展。这一点非常重要，因为保险行业是受到高度管制的，而且调查统计显示，“法规”是影响承保的头号因素，也是风险程度的头号因素。

保险公司的责任包括经济方面，以及如何成为公民社会的一部分；而且调查数据显示，环境、社会和治理风险的动态特性需要同样的动态框架来缩小差距，并引领以行业为主导的、对许多全球环境、社会和治理风险的应对工作，但解决可持续发展问题的审慎监管框架或法律框架并不完善。该项全球调查是本研究基础的最后部分，促进了可持续保险原则的制定，旨在以积极的方式弥合环境、社会和治理风险的社会、监管和法律差距。其目的是为了让这些原则发挥全球可持续发展框架的作用，可以引导行业向良好实践迈进、汇集信息和资源、使监管机构和政策制定者知情、创建全球可持续性论坛、在市场间促进包容性、促进创新型解决方案并加快合作行动。

（二）缺乏将可持续发展融入保险监管的全球共同框架

至今为止，在将可持续发展问题系统地纳入常规保险监管方面，尚无全球共同框架。尽管在全球和国家层面上，保险监管框架正在积极解决某些可持续发展问题，如社会不平等和无法获得保险，但仍有许多工作要做。然而，在可持续发展的环境、社会和治理维度的背景下，不应该孤立地看待这些问题。

总体而言，包括国际保险监管者协会（IAIS）的保险核心原则在内的保险监管框架和实践更加关注保险“为恢复力提供保险”的作用，却较少关注“为可持续性提供保险”的作用。此外，作为风险管理者和机构投资者（即超出了它们作为风险承担者的角色），保险公司在应对可持续发展挑战的背景下似乎未能充分发挥作用。

与此同时，关于可持续发展的全球原则的出现为保险业提供了关键理念。例如，可持续保险原则（PSI）和负责任投资原则（PRI）与国际保险监管者协会（IAIS）的保险核心原则的“总资产负债表法”（即资产和负债）和新的风险偿付能力监管框架（如欧盟偿付能力监管标准 II）一致。可持续保险原则（PSI）和负责任投资原则（PRI）是框架和倡议，它们能够促进更好地理解和管理环境、社会和治理风险和机遇，并增强保险公司向保单持有人履行自己的义务的能力。此外，作为全球性框架，这些原则提出了关于未来的一致观点，并旨在与目前的具体行动一道共同促进支持可持续发展的转型和系统性变化。

事实上，为了获得强化的、更为全面的方法，越来越多的全球保险公司在国家风险管理中对环境、社会和治理问题进行评估，而此前的国家风险管理集中在信贷、政治和金融风险标准上①。保险业也逐渐认识到新兴的环境、社会和治理问题，如声誉、法律和交易风险背景下的人权②。与保险业务的承保相比，对环境、社会和治理问题的理解和将其纳入投资管理之中历来是保险公司的弱项。然而，作为机构投资者，保险公司将有可能在推动可持续发展方面发挥作用③。在这个紧要关头，作为机构投资者，英杰华集团保险公司已经制定了一份白皮书，列出了可持续的资本市场路线图以及联合国可持续发展目标应如何管理全球资本市场④。

可持续发展问题的交集性对保险业、企业、政府和社会构成了共同的风险。这为开展合作提供了强烈的动机，也为创新型解决方案提供了新的机遇。随着可持续发展事务日益纳入到保险公司和全社会的议事日程之中，日益明显的一点是：正式的保险监管框架将需要积极系统地做出整体性响应。但是，这将成为一个实实在在的挑战，因为近年来监管负担已经被视为全球保险业面临风险中最大的单一风险⑤。

参考文献

[1] 获得保险计划/ www. a2ii. org/about-the-initiative/faq. html

[2] 安联开放知识．中国在国与国之间促进小额保险．2012。http：//knowledge. allianz. com/finance/microfinance/？1992/china-promoting-microinsurance-across-nation.

[3] 怡安奔福．中国财产与责任保险与再保险市场报告．2013

[4] 英杰华．可持续的资本市场路线图：联合国可持续发展目标利用全球资本市场．2014

[5] Biener、C.，Eling，M.，Schmit，J. Schmit，j．小额保险市场的监管：原则、实践和未来的发展

---

① 首席风险官论坛（2013）：《国家风险管理中的环境、社会和治理因素：新视野》。

② 首席风险官论坛（2014）：《人权和公司保险》。

③ 联合国环境规划署金融行动计划保险工作小组（2009）：《可持续保险的全局状态：在保险中理解和嵌入环境、社会和治理因素》。

④ 英杰华（2014）：《可持续的资本市场路线图：联合国可持续发展目标利用全球资本市场》。

⑤ 金融创新研究中心（2013）：《2013 年保险尴尬事：金融创新研究中心调查保险公司面临的风险》。

方向 . 2013
[6] 金融创新研究中心 . 2013 年保险尴尬事：金融创新研究中心调查保险公司面临的风险 . 2013
[7] 首席风险官论坛 . 寿命：首席风险官简报，新兴风险计划——意见书 . 2013
[8] 首席风险官论坛 . 国家风险管理中的环境、社会和治理因素：新视野 . 2013
[9] 首席风险官论坛 . 人权和公司保险 . 2014
[10] 中国保险监督管理委员会 . 中国风险导向的偿付能力体系的概念框架 . 2014
[11] 中国人寿保险有限公司 . 第九届国际小额保险会议发言：介绍中国人寿小额保险的发展 . 2013
[12] 欧洲保险委员会 . 关于环境责任的可保险性的白皮书 . 2007
[13] 欧洲保险委员会 . 环境责任指令：加强可持续发展的保险解决方案 . 2008
[14] 欧洲保险委员会 . 环境责任指令指南：保险承销商和索赔处理员的实用指南 . 2009
[15] 国务院发展研究中心 . 中国绿色金融：实践和经验（初稿）. 2014
[16] 国务院发展研究中心 . 中国绿色金融：金融机制让绿水青山变成“金山银山” . 2014
[17] 国务院发展研究中心 . 中国绿色金融的发展中存在的问题和政策建议 . 2014
[18] 调查公司 . 爱德曼信任度调查报告：年度全球研究 . 2014
[19] 房产价值释放委员会 . www. equityreleasecouncil. com/ship-standards/和 www. equityreleasecouncil. com/what-is-equity-release/.
[20] 欧洲委员会，环境责任/ http：//ec. europa. eu/environment/legal/liability/
[21] 英国金融市场行为监管局 . 公平对待客户 . 2013. www. fca. org. uk/firms/being-regulated/meeting-your-obligations/fair-treatment-of-customers
[22] 金融服务委员会 . 公平对待客户：路线图 . 2011. https：//www. fsb. co. za/feedback/Pages/tcf-home. aspx
[23] 20 国集团/经合组织关于金融消费者保护的 20 国集团高层原则 . 2011
[24] 中国香港特别行政区政府，成立独立保险业监管局 . 2014. http：//www. hkma. gov. hk/media/eng/doc/key-information/press-release/2013/20131028e2_ annex2. pdf.
[25] 香港金融管理局、中国香港特别行政区政府，公平对待顾客宪章 . 2013. http：//www. hkma. gov. hk/media/eng/doc/keyinformation/pressrelease/2013/20131028e2_ annex2. pdf.
[26] 欧洲保险委员会，立场书：欧洲保险委员会对欧盟委员会关于自然和人为灾害保险的绿皮书的回应 . 2013
[27] 欧洲保险委员会 . 简要说明：环境责任保险发展的调查 . 2014
[28] 欧洲保险委员会 . 欧洲保险委员会对关于《环境责任指令》有效性的 BioIS 研究的评论：范围和例外 . 2014
[29] 国际保险监管协会/ www. iaisweb. org
[30] 国际保险监管协会 . 支持包容性保险市场的监管和监督的申请文件 . 2014
[31] 国际保险监管协会 . 保险的核心原则、标准、指南和评估方法 . 2013
[32] 国际劳工组织的影响保险基金 . www. microinsurancefacility. org/about/what-is-microinsurance
[33] 联合论坛，国际清算银行 . 长寿风险转移市场：市场结构、增长动力和障碍、潜在风险 . 2013
[34] 联合论坛，国际清算银行 . 保险业、银行业和证券业的销售点信息披露 . 2014
[35] 劳合社/环境：环境保护领域的欧盟立法和倡议。这些造成了要求保险保护的、新的债务和风险 . www. lloyds. com/the-market/operating-at-lloyds/regulation/government-policy-and-affairs/european-union/environment
[36] 麦肯锡公司 . 不确定性下的增长：中国寿险业的趋势、问题和前景 . 2012

[37] 环境保护部．环保部和中国保险监督管理委员会共同启动环境污染强制责任保险试点项目. 2013. http：//english. mep. gov. cn/News_ service/news_ release/201302/t20130227_ 248567. htm
[38] 新加坡金融管理局，《财务顾问法》（Cap. 110）：公平交易准则——董事会和高级管理层负责向客户提供公平交易的结果 . 2013. http：//www. mas. gov. sg/ ~ /media/MAS/Regulations% 20and% 20Financial% 20Stability/Regulations% 20Guidance% 20and% 20Licensing/Financial% 20Advisers/Guidelines/Fair% 20Dealing% 20Guidelines% 20% 2020% 20Feb% 202013. pdf
[39] 负责任投资原则 . www. unpri. org/about-pri/about-pri/
[40] 促进亚洲扶贫保险市场监管框架/ GIZ，http：//inclusiveinsuranceasia. com/index. html
[41] 瑞士再保险公司．西格玛报告：小额保险——为 40 亿人的风险提供保护 . 2010
[42] 瑞士再保险公司．西格玛报告：责任索赔趋势——新兴风险和反弹的经济驱动力 . 2014
[43] 瑞士再保险公司．西格玛报告：2013 年自然灾害和人为灾害 . 2014
[44] 瑞士再保险公司．西格玛报告：2013 年世界保险——转向复苏 . 2014
[45] 可持续航运倡议，http：//ssi2040. org
[46] 金融游说组织 TheCityUK. 2014 年英国基金管理：对国际基金有吸引力的提议 . 2014
[47] 日内瓦协会 . Étudeset 档案 377 号摘要（工作报告系列）：中国的环境损害责任保险 . 2011
[48] 联合国．世界人口老龄化 . 2013
[49] 联合国环境规划署．针对清洁能源技术的政策风险保险机制 . 2009
[50] 联合国环境规划署．中国的绿色长征 . 2013
[51] 联合国环境规划署金融行动计划．可持续保险原则 . 2012. www. unepfi. org/psi
[52] 联合国环境规划署金融行动计划保险工作小组．为可持续性投保：领袖为什么和如何做 . 2007
[53] 联合国环境规划署金融行动计划保险工作小组和气候变化工作小组．使森林具有竞争力：为耐久性探索保险解决方案（概念文件）. 2008
[54] 联合国环境规划署金融行动计划保险工作小组．可持续保险的全局状态：在保险中理解和融入环境、社会和治理因素 . 2009
[55] 联合国环境规划署金融行动计划的可持续保险原则．在灾害风险管理中充分发挥保险业的作用：保险行业承诺支持 2015 后减少灾害风险的框架的开发流程 . 2014
[56] 联合国环境规划署对金融体系设计的调查．让金融体系与可持续发展协调一致：邀请及背景简报 . 2014
[57] 联合国世界环境与发展委员会．我们共同的未来 . 1987

绿色债券市场的国际实践

概　　要

本文概述了绿色债券主题，及其在国际市场中的创新结构、最新发展趋势和对中国发展绿色债券的启示。一个关键信息是，绿色金融除了可以提供绿色效益，还能协助贯彻实施金融改革，解决中国金融体系中的不平衡。另一个关键信息是，为构建绿色债券市场提供支持，可以使中国在资本市场为绿色增长融资方面担当全球领导角色。

（一）为何要发展绿色债券

低碳经济所需的投资规模，需要来自债券市场和机构投资者的共同行动。超过 100 万亿美元并且还在增长的债务资本市场是全球资金的主要来源，也是资本渠道再融资的核心组成部分。

绿色债券是募集资金专款专用于绿色项目的债券。该债券可以由公司实体、中央和地方政府及开发银行发行，并由机构投资者或散户投资者购买。这是一种很容易识别并且推广的绿色投资手段。

（二）国际上涌现的绿色债券实践

1. 政策框架

各国政府可以通过如下两个杠杆撬动债券市场来实现其在低碳和绿色发展方面的目标。

（1）制定减少相关项目风险的政策和监管框架。这包括一系列从绿色信贷规定到长期价格机制，如上网电价补贴政策等措施。

（2）运用公共财政工具和手段提供绿色债券发行规模、市场流动性以及投资者所需的风险/回报表现。这些包括：政府和开发银行示范发行；对绿色收益债券、双重追索权债券给予政策支持，并且支持确立绿色定义。还包括利用税收激励机制，以及使用去风险化的工具，比如担保和第一损失准备金。最后，政府可以为公共基金如主权财富基金等设定绿色投资要求。

2. 主要的政策支持范例

（1）公共示范发行，尤其是以绿色市政债券的形式，也包括国家的开发银行债券。这可以增加绿色债券的供给，并为其他发行人提供一个可供复制的模型来启动市场。

（2）绿色市政债券的双重追索权结构，指投资者同时对相关标的资产以及政府的资产负债表具有追索权。这种结构将在不增加投资者风险的前提下，提升对投资者的透明度。因此，双重追索权结构为从完全实体抵押发行绿色债券过渡到绿色资产抵押证券提供了有益的桥梁作用。

（3）绿色暂持融通和信用增级：许多规模较小的绿色项目需要进行聚合以达到债券市场所需的发行规模。暂持融通从一系列银行中汇聚绿色贷款，是促成规模的一种有益工具，特别是在中国绿色债券市场的初级阶段。此外，随着中国不再为所有债券提供隐性政府担保，最初此类暂持融通发行的债券可能需要直接的信用增级以满足投资者在风险－收益上的偏好，增加绿色债券的交易量。

（4）对来自国有企业债券和公司债券的利息收入实行税收减免。按照美国之前的市政债券和中国的政府债券的做法给予利息收入免税优惠，这将会推动应税投资者支持国有企业债券和公司债券的发行。

（5）相对于“棕色”贷款，为“绿色”贷款提供差别价格机制。政策制定者可以通过设立投资者绿色投资要求及开发银行债券发行来支持绿色债券的发行差别利率（如 25 个基点），或为绿色债务性产品提供差别的银行资本充足率要求。因为绿色贷款的发展能够促进通过绿色证券化，利用绿色债券进行再融资，所以它对于绿色债券至关重要。

3. 全球绿色债券市场的当前趋势

（1）市场拓展有望持续。贴标绿色债券市场发展迅速，从 2013 年 110 亿美元的发行量，到 2014 年增长至近 400 亿美元，到 2016 年总发行量达到 810

亿美元，2017 年预计达到 1500 亿美元。

（2）绿色债券的新发行人。市场发行由开发银行主导转型为公司专款专用绿色债券发行占多数。城市和市政债券也已进入绿色债券市场。这是未来发展的一个重要领域，因为城市和次主权实体要筹集资金，以满足绿色基础设施的要求。越来越多的开发银行也通过发行绿色债券来启动国内市场——国际金融公司（IFC）明确表示已在秘鲁通过这种方式启动市场，德国复兴信贷银行，即德国的发展银行也已在国家层面提供了示范发行。

（3）绿色债券的新类型。迄今为止的大多数绿色债券发行都是资产挂钩型，而不是资产抵押型，这意味着债券投资者只对于发行实体具有追索权，但收益与绿色资产挂钩。然而，随着市场日趋成熟，直接由绿色资产收益支持的绿色资产抵押债券正在出现。资产抵押证券特别重要的一点是，它将汇聚分散的可再生能源和能效市场，使其达到债券市场所需的发行规模。

（4）信息披露制度和绿色投资定义正在开发。“气候债券标准和认证机制”目前正在制定绿色投资的标准化、科学化定义；当绿色债券市场的发展超出大型受托银行和机构范围，延伸到较小的机构和区域性发行时，这种工作对于下一阶段的增长就显得尤为重要。发布于 2014 年 1 月的《绿色债券原则》是关于绿色债券设计和信息披露特点的一套自愿性指引。在中国“十三五”规划广泛的政策领域中，为绿色债券进行贴标可以作为分配资金和环境效益的绩效指标。

一、为何要发展绿色债券

低碳经济所需的投资规模，需要来自债券市场和机构投资者的共同行动。规模超过 100 万亿美元并且还在增长的债务资本市场是全球资金的主要来源，也是资本渠道再融资的核心组成部分。机构投资者为债券市场提供大笔资金，其中债券在机构投资者的投资组合中占据了主导份额，并且这一份额还在日益增长（占其资产的 50% ~60%）。

除了具有资金，机构投资者还有长期负债，这可以很好地契合绿色基础设施的投资特点。机构投资者对固定收益工具需求的上升已成定势，对资本增值证券如股票或高波动性证券（例如私募股权投资和风险投资）的需求较低。这其中主要有两个原因。

首先，由于发达国家养老金制度中参保人员的老龄化提高[①]，需要转型为更可预测的投资以满足短期支出。

其次，因为债券具有内在的期限，并需要不断置换，而对于一个长期持有的股票投资组合则不必如此。换句话说，如果项目融资的基础和需求到位，就会有源源不断的再投资资本通过债务工具投向绿色和气候资产。

低碳技术、商业模式和企业的日益成熟意味着风险正在下降，并且更加适合机构投资者的风险－收益投资组合。

最后，越来越多的机构投资者正将可持续发展纳入其投资决策。

作为回应，在过去的10年中，世界各地已开发出一系列计划，利用债券将资本引入对于解决环境挑战如气候变化至关重要的投资领域。气候债券倡议组织（2016）指出，在2016年中约有6940亿美元的存量债券与气候变化解决方案相关[②]，大约1180亿美元作为贴标绿色债券发行，其中60%以上来自政府部门的发行。简单来说，这些绿色债券的募集资金专款专用于绿色项目。到目前为止，由绿色债券资助的绿色项目包括可再生能源发展、能效建筑、改善供水和低碳交通的环保投资。一个关键点是，债券的绿色资质取决于与债券发行挂钩的项目或资产，而不是发行绿色债券的实体的绿色资质。这使得各种不同的发行人都有资格发行绿色债券。发行人可以是中央或地方政府，也可以是跨国开发银行、商业银行或公司。

在实践中，在更广泛的市场中，绿色债券与普通债券的设计相同——发行实体担保在一定时间内偿还债券，再加上固定或可变的回报率[③]。不同的是债券募集资金应透明地用于绿色用途。表1详述了对应于固定收益市场中的标准资产类别，绿色债券是如何运作的。

---

① UN and Eurostat sources to come。

② 除注明外所有金额以美元计。

③ Environmental Theme Bonds：a major new Asset Class brewing，excerpt from Sustainable Banking – Risk and Opportunity in Financing the Future，edited by Joti Mangat，published by Thomson Reuters 2010。

表 1　　　　绿色债券类型

资产类别	发行人	描　述
主权债券	中央政府	一个国家可以发行绿色债券，其募集资金专款专用于具体的绿色计划，甚或用于支持一个国际倡议如联合国绿色气候基金（UN Green Climate Fund）
次主权债券	地方政府/省市政府债券	市政公债可以按照几种形式，如一般责任债券（类似于主权债券）或收益债券（其现金流来自一个方案或项目，并专款专用于偿还债券）。这两种类型的债券可以与具体绿色基础设施或公共服务供给挂钩 例如，法国城市可持续发展债券，马萨诸塞州，约翰内斯堡
	政府机构债券	政府相关机构往往侧重于环境和社会的目的。在美国，有可能通过政府机构购买经济适用房债券。国家发展金融机构和绿色银行也是公共部门的发行人，可以圈定债券，使其用于绿色目标。最后，政府支持的基础设施领域机构，如铁路和水利水务基础设施也可能适合这一类别 例如，北威州银行，北欧投资银行，欧洲铁路融资公司（Eurofima）
次主权债券	超国家债券	这在本质上与主权债券相同。一般责任债券，其募集资金分配给符合条件的投资 例如，世界银行和国际金融公司绿色债券，欧洲投资银行气候债券
金融机构债券	商业银行	一家银行可以发行与符合条件的贷款池挂钩的债券：风能和太阳能、铁路、绿色建筑 例如，美国银行
非金融机构公司债券	公司	这些是由公司发行的债券，在公司的资产负债表中有大量绿色资产 例如，法国电力、苏伊士环能集团、西班牙阿本戈集团
	特殊项目实体（SPVs）	这些是由项目开发公司或绿色项目的特殊目的实体发行的债券 例如，汉农阿姆斯特朗（Hannon Armstrong）

续表

资产类别	发行人	描 述
资产担保债券	商业银行	资产担保债券一般是在具体立法下由银行或通过合同文件发行。资产担保债券的投资者对担保债券计划背后的金融机构（担保债券的发行人）和担保池中的相关资产具有双重追索权。资产池一般包括住宅或商业按揭贷款或公共部门的资产 例如，德国 Munchner Hypo 住房银行
结构性融资或证券化	公司	公共事业公司可以发行结构性资产担保债券，以此降低可再生能源资产的资金成本
	暂持融通机构/金融公司	公司寻求对成熟的贷款或资产投资组合进行再融资，这样可以将资金回收并投入新的贷款或开发项目，以获得更好收益 例如，丰田汽车低排放的贷款，太阳能城市，太阳能屋顶证券

二、国际上绿色债券的新兴实践

（一）政策框架

长期以来，政府已利用了多种多样的政策工具促进经济转型，以提供增长和稳定性。其中许多工具可以使政府通过撬动债券市场，实现其公共的低碳和绿色发展目标。政策工具拉动两个具体杠杆：第一个杠杆涉及减少实体经济中相关项目风险的政策和监管框架。绿色债券与其他法规和绿色信贷工具共同引入融资，而非取代已有的政策倡议。第二个杠杆是运用公共财政工具和手段支持私人发行的规模、流动性以及使市场增长的必要风险/回报表现，并且为公共基金设定绿色投资要求。具体见表 2。

公共部门应选定信贷支持措施（例如担保），以有效地使用公共资金，这样政府只需承担市场无法解决的特定风险，例如政策风险。公共部门应避免使用覆盖所有绿色投资风险的全面担保，它使市场严重偏离或者仅挑选胜出者。我们的目的是通过提供适合投资者风险 - 收益投资组合的绿色投资机会启动绿色债券市场。

表 2　支持绿色债券市场的政策框架和公共金融工具[①]

政策类别	政　策	描　述	案　例
旨在减少相关风险的政策	绿色政策框架	通过对项目的长期价格信号减少投资者风险，例如上网电价补贴政策、碳定价	购电协议巩固美国的几个绿色债券发行，例如加利福尼亚州黄玉太阳能电厂的债券发行
针对债券发行的公共政策	政府债券发行	在中央和地方层面通过一般责任债券直接筹资，将部分资金专款专用于绿色目的。债券由税收担保	迄今的绿色市政债券发行，包括：哥德堡和斯德哥尔摩（瑞典）；法兰西岛大区，普罗旺斯（法国）；加利福尼亚州（美国），马萨诸塞州（美国），纽约（美国），华盛顿特区（美国）；约翰内斯堡（南非）；安大略省（加拿大）
	对收益债券的支持	募集资金用于具体项目。债券通过这些项目的现金流担保	在夏威夷，政府已经通过立法，发行 1 亿美元的绿色基础设施收益债券，以资助当地的清洁能源升级。收入债券将通过家庭和企业的电费附加费偿还，并不纳入州债务限制和一般责任保证范畴
	对双追索权债券的支持	为优先领域募集资金。双重追索权债券由发行人的整体信用度以及具体项目所筹资金的现金流同时作担保。它们通常吸引比发行人本身更高的评级	海外私人投资公司（OPIC）——美国政府的开发金融机构，于 2014 年 9 月在智利发行了一只太阳能项目债券。其回报来源于太阳能项目的收益流，使投资者接触到资产表现，但同时由 OPIC 担保，以保持其低风险

① For more details，see Kidney and Oliver（2014）：Growing a Green Bonds Market in China。

续表

政策类别	政策	描述	案例
针对债券发行的公共政策	对绿色定义的支持	公共部门对于商品化定义和监管/审核机制的支持使发行人更容易了解什么是符合资格的绿色债券；对于买家，公共部门支持其就发行人的绿色主张进行对比；对于投资者，公共部门支持其将收益用于承诺领域	中国已经制定若干行业的能效和绿色基础设施、绿色服务的绩效标准和法规。中国也有例如通过采用清洁发展机制和制定地方排放交易系统，制定绿色保证和核审系统的经验
	绿色银行的债券发行	通过公共部门银行和建立的基础设施基金筹集资金资助绿色项目	康涅狄格州能源金融与投资局（CEFIA）已经获准发行 5000 万美元的债券，并由国家专项资金储备基金的专款专用账户担保
金融工具支持的发行	税收激励	对于债券持有人的税收减减免或等值的直接补贴可以既吸引资金又减少发行人的融资成本	清洁可再生能源债券（CREBs）和合格节能债券（QECBs）计划给予债券持有者税收减免或对发行人支付利息的直接补贴，以减少发行人支付利息的负担
	担保	部分贷款担保、履约担保、保险产品和打包的债券，已推出了一段时间使其有较强信贷历史	在 2014 年 8 月，英国政府的基础设施基金（国债的一部分）提供 4850 万英镑的债券发行贷款担保，为绿色生物发电项目 Speyside 融资
	第一损失准备金	公共机构采用次级债务位置	2013 年，在欧盟的“项目债券倡议”中，欧洲投资银行在债券发行中采用第一损失准备金，该倡议用于资助“大加伯德输电工程海上风电项目”。该项目将海上风电接入英国电网
支持需求方的指令	给公共部门投资机构设定绿色使命	指导养老金、社会保障和其他国家资金将其固定收入预算中的一部分资金分配给绿色债券	不适用。在 2014 年春天，挪威的主权财富基金表示可能责成一笔款项用于绿色投资

值得一提的是，显性的信用增强机制和担保仍未在中国境内债券市场积极使用。相反，由于政府一直在积极参与担保政府实体和规模较大金融机构所发行的债券，市场存在对于隐性政府信用担保的普遍共识。中国一直不存在违约行为，直到2014年，一家太阳能科技公司成为第一家无法支付息票的中国境内发行人，这一案例显示中央政府的隐性全面担保正在退出。随着中国寻求转型至更为市场化的金融体系，不断有声音呼吁摒弃隐性担保。例如，国务院在2014年10月宣布中央政府在未来将不再为地方债务提供担保（Tu，2014b）。减少隐性担保意味着显性的信贷增级可能是必要的，特别是在市场初期阶段，这能够使绿色债券发行具备可接受的风险水平。

传统上，这种“显性”的信用增级和担保在中国只被用于境外（点心）债券市场。境外市场最常用的信用增级工具是由第三方金融机构出具的支持函，以及境外子公司和境内母公司之间一定期限的财务支持及偿付能力的协议。然而，一般投资者对于这些机制表示担忧。作为应对，新的担保监管框架和信贷增级被颁布，这使公司更容易担保境外债券发行，并促进债券发行。2013年6月开始生效的一套措施，使境内债券发行人可以用跨境担保发行捆绑债券。新的指引将鼓励新债发行，特别是对于寻求资助海外项目和并购的公共和私营公司。不过，这一做法的主要缺点是担保将仅被用于海外项目的债券发行，而不能提供给通常为国内项目融资的开发商。了解中国债券市场中信用增级和担保的总体格局，对于制定支持绿色债券的具体机制至关重要，因为政策支持是新兴市场的重要推动力①。

① The sources of this information are the following webpages：http：//www. ifrasia. com/china – simplifies – fx – guarantees/21147373. article；http：//www. financeasia. com/News/388363，china8217s – new – cross – border – security – regime. aspx；http：//www. ifrasia. com/bonds – haitong – raises – us $900m – with – credit – enhanced – debut/21115001. article；http：//www. reuters. com/article/2013/12/06/china – banks – idUSL2N0JL0BB20131206；http：//blog. creditlime. com/2010/08/24/china – bond – insurance – 1/；http：//www. ft. com/intl/cms/s/0/97899572 – acfa – 11e2 – 9454 – 00144feabdc0. html? siteedition = intl#axzz392C1yzU9；http：//www. iflr. com/Article/3217156/How – Chinese – real – estate – credits – are – using – credit – enhancement. html；https：//www. moodys. com/research/Moodys – Credit – support – structures – for – Chinese – offshore – bonds – need – careful – – PR_ 268065；http：//www. globalcapital. com/article/k33lnz93nxwg/offshore – china – credit – enhancement – concerns – mount – fidelity；http：//www. garp. org/media/529773/cdscreditrisk_ haiyunzhang092710. pdf；http：//blogs. reuters. com/macroscope/2013/03/21/yield – is – king – in – chinas – dim – sum – offshore – yuan – bond – markets/；http：//media. mofo. com/files/Uploads/Images/120221 – financier – worldwide – dim – sum – bonds. pdf；http：//www. incomepartners. com/sites/default/files/China's_ Onshore_ and_ Offshore_ Markets_ 0. pdf。

1. 公共示范发行：市政债券和开发银行

公共示范发行对于发展绿色债券市场非常关键，除了通过确立发行流程和框架为其他发行人提供范例，它还提供了流动性和市场规模。在债券市场中，发挥作用的主要实体是地方政府和开发银行。中国市场是有空间通过这些渠道发行绿色债券的。其他国家有一些公众示范发行的例子。例如，德国的开发银行——德国复兴信贷银行已发行两只绿色债券，以发展其国内市场。在城市层面，瑞典的哥德堡和南非的约翰内斯堡是开展绿色债券项目的范例。

开发银行在国内债券发行所占的巨大份额为绿色债券发行提供了大好机会。

对于绿色城市债券，中国的快速城市化无论是在低碳转型还是在金融实力方面，都提高了城市的作用。自2014年春以来，债券政策的新趋势和监管变化使得10个省市能够直接发行债券，这意味着绿色债券在中国的城市层面存在巨大潜力。绿色城市债券可用于资助一系列的绿色项目，对于中国的城市来说主要类别包括铁路运输、可再生能源和清洁用水。绿色城市债券在中国可发行于国内市场，或以人民币结算的境外债券市场，以广泛吸引投资者，并向国际投资界显示中国正在发展绿色债券市场的进程中担当全球领导角色。

2. 公共支持范例：为绿色市政债券提供双重追索权

政府实体可以发行双重追索权债券，以弥补专项债券与绿色资产抵押证券的差距。如上所述，前者由发行实体担保，后者的绩效由相关的绿色资产决定，各级政府和政府相关机构可以发行双重追索权绿色债券或有政府担保支持的收益债券。双重追索权债券首先赋予投资者对发行机构的追索权，这与绿色一般责任债券相同，然而，倘若发行机构违约，投资者将对相关绿色资产池具有追索权。双重追索权债券提高透明度，让投资者深入了解相关绿色资产的绩效，而无需承担将投资回报直接建立在这些资产绩效上的风险。

通过将债券转为新的双追索权工具，双追索权绿色债券将是提升中国省级债务透明度的一种方式。这种双重追索权绿色债券的首要功能就是为投资者提供分析绿色资产绩效的经验，使投资者避免承担更高的风险。

双重追索权债券所带来的风险减少和透明度的提升十分符合近期中国市场债券的政策发展。省级债务的透明度也在一定程度上得到了提升，2014年国家发改委要求在中国发行的市政债券需披露收益的使用途径（Tu，2014a）。

双重追索权绿色债券也通过为投资者提供相关资产的金融和绿色绩效的深入分析进一步提升了透明度。中国的市场债券遵守国务院在2014年10月的公告，即中央政府将不再为地方债务提供全面担保，因此双追索权债券由于其能够降低风险的特点对于中国市政债券市场的投资者可能更具吸引力（Tu，2014b）。

使绿色资产符合双追索权债券可以成为从公共抵押贷款过渡到政府和社会资本合作模式的一个选择。例如，地铁系统的贷款可以通过双追索权债券进行再融资，投资者在对一个资产池具有追索权之外，还能获得省级担保①。随着投资者对绿色资产的绩效更加熟悉，投资者将不再需要对发行机构的追索权，然后市场就可以发展绿色资产担保证券。促成资产抵押证券的发行对于债务重重的市政府将是有益的，因为发行资产抵押证券能使市政府的资产负债表摆脱债务。

德国慕尼黑 Munchner Hypo 银行近期的“社会”抵押债券为发行双重追索权绿色债券提供了明确的范例。

3. 政策支持范例：绿色暂持融通和信用增级

开发主流绿色债券市场需要债券发行达到一定的交易规模。规模较小的贷款和资产（包括来自中小企业的贷款和资产）需要进行恰当聚合和打包。这与绿色投资尤为相关，因为许多可再生能源和能效投资的规模都较小。理论上银行可以执行这种聚合功能，然而实践中，中国的单个银行通常都缺乏对于某种特定类型绿色投资的足够贷款量，从而使绿色投资聚合无法达到债券市场所需的绿色债券重复发行的水平。这意味着我们需要通过跨银行合作集合资产形成暂持融通方案，直至贷款量充足。为绿色债券设置一个合作式的独立暂持融通还有一个额外的好处，即它能够通过设定一定的贷款条件来达到暂持融通的聚合水平，从而推动跨银行绿色贷款协议的标准化。中国在《绿色信贷指引》方面的经验显示了具备一个统一的标准，以确保绿色金融创新得到有力执行的重要性。

正如其他国家在绿色和其他资产暂持融通实体的成功案例，在中国，暂持融通实体可有多种形式。

第一，现有的开发银行可以主持一个绿色暂持融通实体——欧洲投资银

---

① For more details see Kidney and Oliver (2014): Growing a Green Bonds Market in China。

行已经开发了这一模型，即可再生能源私营投资平台（REPIN），该模型可以作为一些中国主要开发银行的模板。

第二，省级政府可以支持为绿色融通建立一个新的实体。例如美国的能效贷款暂持融通（WHEEL）就是一个很好的案例。该倡议从选定的州和地方能源贷款项目聚合住宅能效贷款并放入暂持融通。一旦总贷款池足以满足机构投资者的投资需求，WHEEL 即发行债券对该功能进行资本重组，使其可以购买新一轮的贷款。WHEEL 建立在公私合营关系上，在这种模式下州政府提供启动资金并与非营利机构合作开发项目，但牵头银行和渠道实体都是私营的。

第三，绿色银行可为来自其他商业银行的绿色贷款提供一个暂持融通。

除了能够聚合贷款并推进标准化，这样一个暂持融通功能在必要的时候可以有选择性地提供信用增级，使评级不够高的绿色债券能够吸引机构投资者，以适应市场的风险状况。例如，来自开发机构的低级和夹层债务可能促成投资者在恰当的投资级别上发行绿色债券，以吸引私人资本。欧洲投资银行的 REPIN 途径是暂持融通功能的一个例子，它会为绿色发行将聚合、标准化和信用增级结合起来。欧洲投资银行（EIB）的“项目债券倡议”说明了如何利用信用增级为绿色项目融资，在该倡议下 EIB 在融资机构中提供了第一损失准备金。

4. 政策支持范例：绿色投资税收减免

可以通过给予绿色债券投资利息收入免税优惠来支持绿色债券投资。在美国，税收激励计划已成为债券市场发展的一个重要组成部分，也已落实用于支持可再生能源和能源效率债券。美国市场的例子显示了对债券的税收激励可通过多种方式落实。

（1）税收减免债券。债券投资者获得税收减免而不是利息收入，因此发行人不需要支付其绿色债券发行的利息。在清洁能源领域的一个案例就是美国联邦政府的清洁可再生能源债券（CREBs）和合格节能债券（QECBs）计划（能源项目协会，2012）。该计划使得市政府发行的应税债券以清洁能源和节能为目的，市政债券息票的 70% 由联邦政府对债券持有人的税收减免和补贴提供。这种结构将适合于中国的绿色债券。

（2）直接补贴债券。债券发行人得到政府的现金返还，以补贴其净利息支付。这种结构也用于美国的 CREB 和 QECB 计划。这种结构适合于中国的所有绿色债券潜在发行人。

（3）免税债券。债券投资者不需要支付所持有绿色债券的利息收入税（这样发行人可以获得较低利率）。这类税收激励措施与中国的非政府性债券发行相关，通常中国国内投资者要缴纳25%的税（Liu，2014）。这种类型的税收激励通常应用于美国市场的市政债券。特别是在绿色债券领域，一个突出的案例是巴西对为风电项目融资的债券发行实行免税。

5. 政策支持范例：环境绩效决定贷款的差别价格

绿色信贷的发展对于绿色债券至关重要，大量的绿色贷款流量可以提供创建一个主流绿色债券市场所需要的交易规模。

中国金融格局中对于银行贷款的高度依赖提供了一个重要机遇，为贷款项目通过债券进行再融资的潜力巨大。然而，来自银行的绿色证券或债券发行意味着需要大量的绿色贷款流量。由此可见，刺激绿色债券的政策也会增加源于银行的绿色债券金额。尽管《绿色信贷指引》是中国实践此类政策的初步探索，相对于“棕色”贷款，为“绿色”贷款提供差别价格机制是进一步促进绿色贷款的政策备选方案。

政策制定者可以通过设立投资者绿色投资要求及开发银行债券发行来支持绿色债券的发行差别利率（如25个基点），或为绿色债务产品提供有差别的银行资本充足率要求。为确保优惠政策待遇仅针对环境效益，相关审核、认证和标准化体系应落实到位[①]。对绿色进行审核和认证可以是对发行人获得优惠贷款利率的要求。设立差别价格机制，除了给发行人留出足够的成本节省（20~22个基点），使其可以吸引绿色项目贷款，同时较低利率可以完全覆盖发行人在认证过程中的成本（3~5个基点）。《绿色信贷指引》在确保绿色合规方面存在的问题表明了强有力审核过程和共同标准的重要性。合规方面出现问题的原因之一是该指引缺乏明确的绿色定义标准。

对于绿色的优惠贷款过程，可以通过不同的政策来实现。

绿色优惠贷款政策正好适合目前中国在环境风险信息披露方面取得的进展。2014年3月，中国实施了环保信用评级，公司将被标记为四种颜色，那些被标记为红色（最差评级）的公司将面临银行的信贷限制（彭博新闻社，

---

① For more detail，see Kidney and Oliver（2014）。

2014）。自1990年以来，巴西一直将绿色纳入信用奖励授予程序①。然而巴西和中国的绿色政策还都未能提供系统化的差别价格贷款。对绿色绩效的信息披露应与中国金融市场总体信息披露指引相一致。然而，值得注意的是，中国可能需要对贴息做出监管改革，为必要规模的绿色贷款提供补贴。目前贴息率受到限制，其上限是由央行设置的基准利率，即当年的实际利率或3%。此外，贴息最长为3年。考虑到许多绿色投资的长期投资视野，这种对于期限的限制尤成问题。

（二）绿色债券市场发展趋势

1. 贴标绿色债券的发行持续增长

绿色债券市场发展迅速，从2013年110亿美元的发行量增长至2014年的近400亿美元规模，2016年总发行量达到810亿美元，2017年预计达到1500亿美元。

2016年7月发布的《债券与气候变化市场现状报告2016》指出，截至当时，全球气候相关债券市场规模达到6940亿美元，贴标绿色债券市场与去年同期相比保持不断增长，贴标绿色债券规模达到1180亿美元。报告预计，贴标绿色债券市场到2018年能够达到每年3000亿美元的发行量。具体见图1。

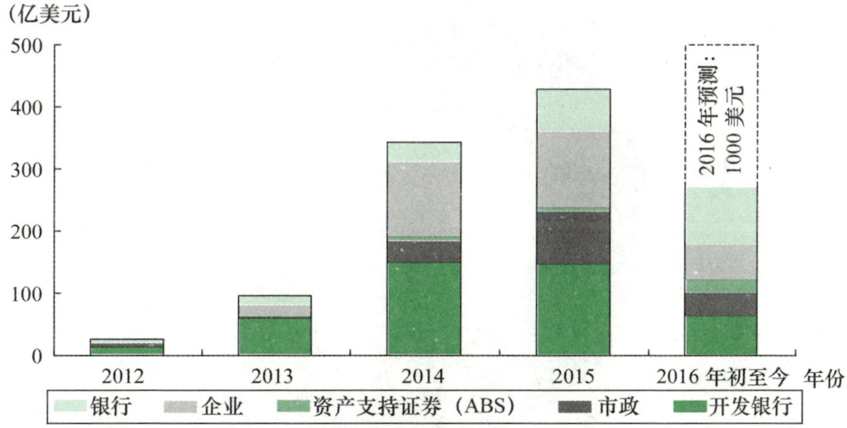

图1　全球绿色债券市场的快速增长

① BNDES Annual Report 2011。http：//www. bndes. gov. br/SiteBNDES/bndes/bndes_ en/Hotsites/Annual_ Report_ 2011/Capitulos/institutional_ operations/the_ bndes_ and_ the_ green_ protocol. html）。

欧洲投资银行是2014年和2015年绿色债券的最大发行人。近期以来，开发银行同时还扮演着一个重要的角色，即贴标绿色债券的基石投资者。开发银行的发行量逐年增长，而且新发行人已进入市场。尽管自从首只企业绿色债券发行以来，开发银行所占的市场份额有所降低，但它们仍是较大规模的发行人，而且这对满足AAA级债券投资需求来说是至关重要的。德国复兴信贷银行（KfW）在欧洲具有明确的投资委托要求，而国际金融公司（IFC）也对印度PNB住房金融公司（PNBHousingFinance）所发行的绿色债券进行了大量投资。

企业债券与市政债券发行量持续增长。随着新发行人进入市场，预计这一增长势头还会继续。2015年已有累计超过45家不同的企业及银行发行人发行了绿色债券，这在2013年时仅有30多家，而2012年时还不到10家。首只由市政部门发行的绿色债券诞生于2012年，而来自美国市政市场的贴标绿色债券直至2014年才开始出现。自那以后，来自美国市政和世界上其他国家城市债券发行量的不断增长，预计这一趋势还会继续。

（1）评级和期限。现有债券存量中43%的债券具有AAA评级，这主要是由于发行人为大型开发银行，如世界银行、国际金融公司（IFC）及欧洲投资银行，见图2所示。82%的绿色债券为投资级债券。

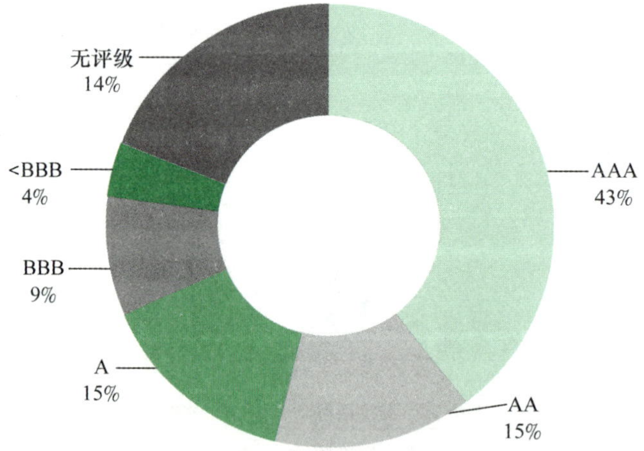

图2　贴标绿色债券市场中的评级分布

贴标绿色债券的平均期限在5～10年之间。这与未贴标气候相关债券有所不同：未贴标气候相关债券多为长期，其中70%为10年期或以上。这是由于气候相关债券市场以铁路行业的大型国有企业为主导，而这类项目的投资周期都是比较长的。见图 3 所示。

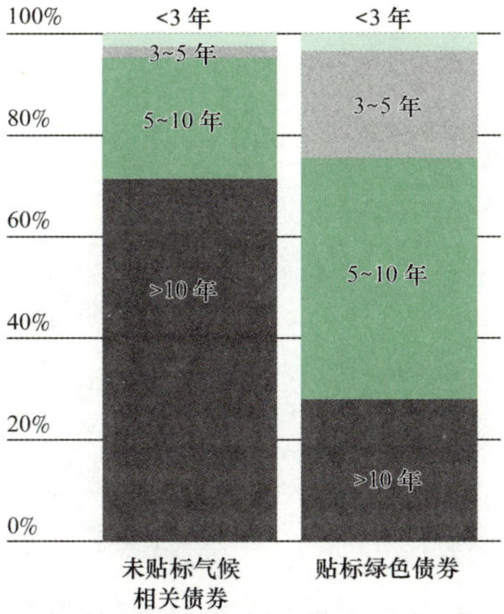

图 3　贴标绿色债券与未贴标气候相关债券的期限结构比较

（2）地区分布。亚洲是绿色债券发行增长最快的地区，2015 ~ 2016 年增长 6 倍。亚洲从 2015 年第四大发行地区升至 2016 年的第一大发行地区。其中，中国成为 2016 年初至今的最大发行国。欧洲地区在 2016 年的发行量比 2012 年高出 24 倍。见图 4 所示。

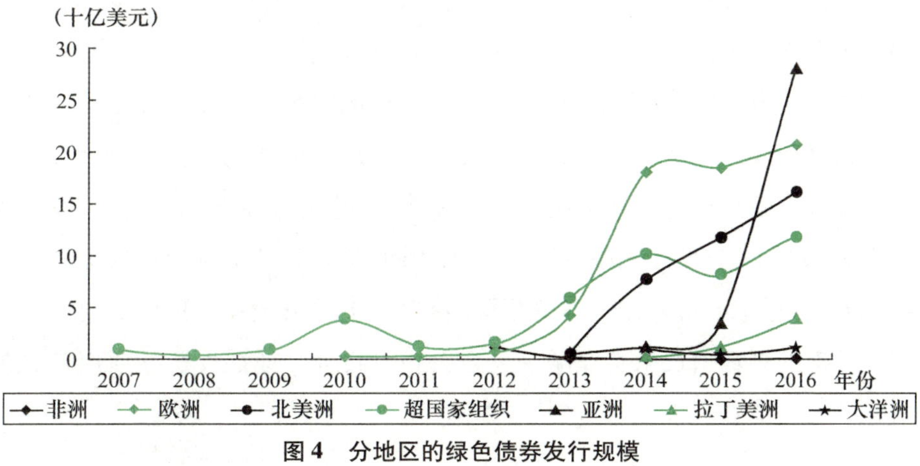

图 4　分地区的绿色债券发行规模

（3）募集资金用途。贴标绿色债券被用于一系列主题项目融资，其中最大的主题为能源，其次是建筑与工业。多领域主题债权构成了市场的49%，其募集资金被用于一系列混合项目。预计用于能源、建筑与工业主题的资金比例相同并各占15%。见图5所示。

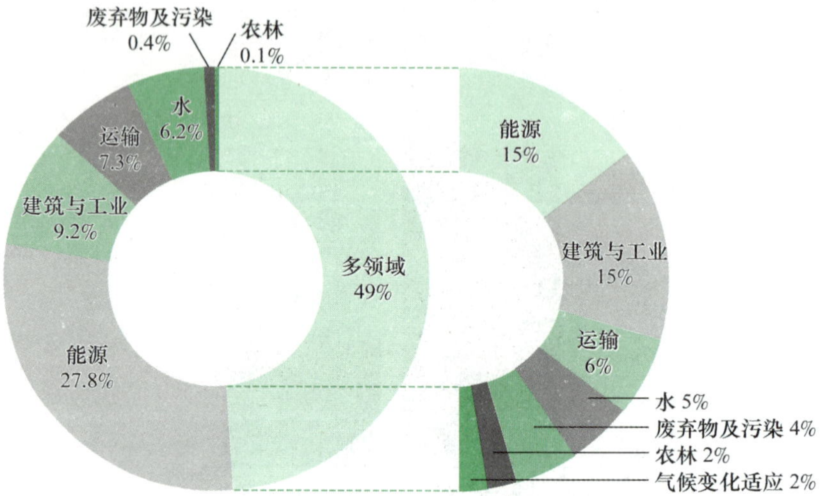

图5　绿色债券市场覆盖一系列广泛领域

与在气候相关债券市场中所占的比例而言，运输主题债券在贴标绿色债券市场中的规模相对较小，这是因为专门为运输项目发行债券是绿色债券市场近期才展现出来的特征。丰田公司在2014年发行的为电动和节能车辆贷款融资的资产抵押债券，是首只完全属于运输主题的绿色债券。自那以后，一些运输管理机构相继加入，如2015年加入的伦敦交通局（Transport for London）和2016年加入的大型发行人纽约大都会运输署。

（4）绿色债券的发行人。市场向专款专用的绿色公司债券转型，这些债券目前占贴标发行的大多数。此外，发行个别绿色债券的规模有所增加。绿色公司债券也已扩展至亚洲，亚洲第一只贴有绿色标签的公司债券于2014年7月发行。2014年6月，中国明确表示有1640亿美元的债券与低碳经济相匹配[①]。这仅仅是来自绿色单一经营公司的潜力，这意味着整体的潜力更大，因为绿色债券的多数增长来自非单一经营公司发行人，他们发行专项用于绿色或气候项目的债券。

① Climate Bonds Initiative，2014。

城市和市政债券也已经进入了绿色债券市场。2013 年和 2014 年见证了绿色城市和市政债券的发行，巴黎大区（巴黎）、马萨诸塞州、哥德堡、斯德哥尔摩和约翰内斯堡都发行了债券。这是未来增长的一个重要领域，因为城市和次主权实体需要（尤其在新兴市场中）筹集资金，以满足气候基础设施要求。绿色城市债券可由各种各样的实体以多种多样的结构发行。迄今为止大多数的城市和市政债券都是由城市或市政当局发行的一般责任债券。然而债券也可以由城市的实体，如运输机构或经批准的与城市有公私合营关系的公司，发行一般责任债券或收益债券。此外，在那些没有发行债券权力的城市，中央政府和各开发银行可以发行一般责任绿色城市债券，并将资金专款专用于某个城市的绿色项目。

正如在第一部分所讨论，中国有巨大的空间发展绿色市政债券；目前的城市化趋势意味着城市和市政府发挥越来越大的经济作用，而近期监管改革正在打开实现这一债券空间潜力的机会，因为一些市政府将被允许发行债券（经济学人，2014）。绿色城市债券也可由市政公共事业公司、公私合营或为市政府建设绿色资产的私营公司发行。

越来越多的国家开发银行发行绿色债券，以启动国内市场。德国的开发银行——德国复兴信贷银行于 2014 年 7 月发行其首只绿色债券，规模为 15 亿欧元，专项用于资助可再生能源。紧接其后的第二只绿色债券于 2014 年 10 月发行，规模为 15 亿美元。斯堪的纳维亚开发银行也为其本国市场发行绿色债券，国际金融公司表示以发行绿色债券作为其新的目标（并且在这种情况下发行了 1500 万秘鲁币绿色债券）。中国的开发银行可以参考这些进展启动一个国内的绿色债券市场。

（5）债券计价货币。以美元和欧元计价的债券构成了 80% 以上的发行量，见图 6。这一点与气候相关债券市场有所不同：气候相关债券市场的发行币种分布较为平均，而且还包含了较多新兴市场的货币。贴标绿色债券市场有 25 种代表性货币。随着中国政府正努力将中国打造成为最大的绿色债券发行国，绿色债券市场将会看到更多的以人民币发行的债券。

（6）标准有助于扩大市场。过去三年里绿色债券市场的快速成长，也伴随着一些针对这些债券所声明的环境效益的质疑。因为对“绿色”缺乏一个清晰且广为接受的定义，许多投资者对“漂绿”产生了担忧，即有些债券所

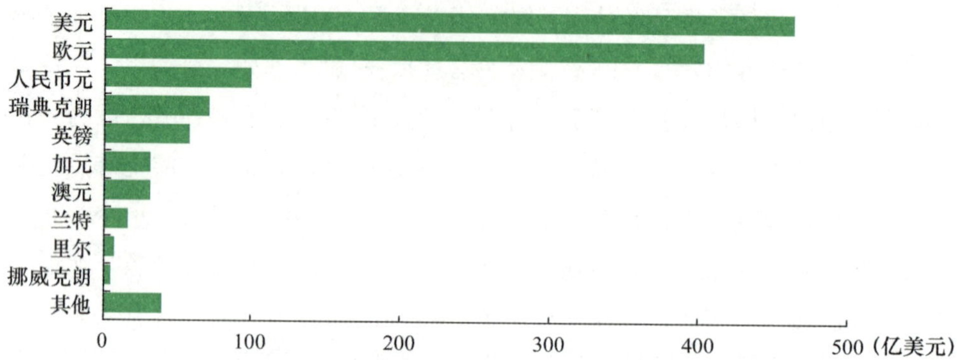

图6　以美元和欧元计价的债券占发行量的80%

融资的项目只有很少或不确定的环境效益。这一问题不但会挫败市场信心，而且会妨碍为低碳经济转型融资所作的努力。

绿色债券原则（Green Bond Principles，GBP）外部审查或意见以及气候债券标准（Climate Bonds Standard）机制，是解决“漂绿”问题的工具。

绿色债券原则于2014年由多个银行机构共同发起，明确了绿色债券的流程和透明度。其四条自愿性原则主要涉及发行过程、披露及报告，而有关“何为绿色”的问题则由第三方来处理。

接受过外部审查的债券约占贴标绿色债券市场的60%（见图7所示），这一数值历年来相对稳定。外部审查在市场中起到重要作用，而且可以通过采用统一的标准来得到进一步加强。

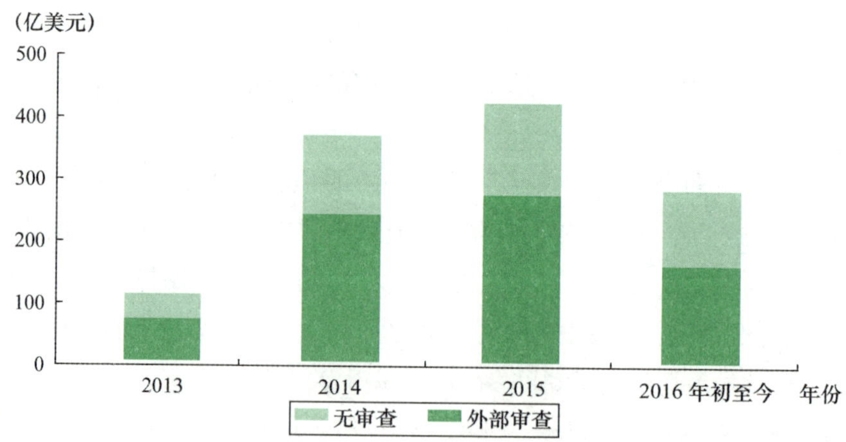

图7　59%～66%的绿色债券已接受过外部审查

气候债券标准委员会（Climate Bonds Standard Board）对标准的制定以及

贴标绿色债券市场的认证进行监督。该委员会召集科学家、投资者及专家委员会中的其他专业人员，为能够采用绿色债券融资的资产和项目制定标准。气候债券标准的优势在于为“何为绿色”设定了清晰且具有科学基础的条件。这一标准与绿色债券原则的要求相吻合。

2. 市场增长的坚实基础

贴标绿色债券市场的持续增长势头体现出投资者对气候相关投资的需求。对投资者来说，绿色债券与其他可选投资相比，不仅具有相当的收益及评级，还因其募集资金被用于解决气候变化的资产或项目而可以带来附加益处。不论在成熟市场还是新兴市场，绿色债券的超额认购都已成为普遍现象。这是因为管理着数万亿美元的投资者显示出他们对于气候变化风险的担忧。

气候相关债券市场显示出了能提供将资金转向气候相关投资项目机会的未贴标债券的规模。这还说明了若未来这些发行人所发行的债券得到贴标，绿色债券市场能进一步成长。

与企业绿色债券中的持续增长相结合，贴标绿色债券市场到 2018 年能够达到每年 3000 亿美元的发行量。气候变化相关的投资每年需要 2.5 万亿 ~3 万亿美元，其中 60% ~70% 将进入新兴市场。债券市场达到足够吸引力的一个指示应当是一年至少有 1 万亿美元的气候相关债券发行量。这是 2020 年的目标。

为了实现这一目标，我们建议采取下列措施。

（1）发展地方绿色债券市场。保险投资者及养老基金已是贴标绿色债券市场的主要驱动力，扮演着国际投资者这一重要角色，它们将会在各个国家刺激绿色债券发行量。但国内资本也需要得到流通。这将需要做到以下几点努力。

①公共机构及银行发行示范性的国内绿色债券。这样做的目的是为了让国内投资者的需求浮出水面，为其他投资者发行提供指导并为一个初期市场带来流动性。我们预期这将出现在诸如巴西、墨西哥和韩国等国家。

②召集国内市场发展合作，包括与机构投资者的合作。例如，墨西哥证券交易所正在主持一个气候债券工作组。

③改善监管以鼓励资金向气候相关投资流动。这将包括两点：一是提高可投资性，如土地使用分区，将高密集型开发置于地铁站项目之上，并将房

产升值部分用于建设地铁线路；二是改善资本市场，如去除限制绿色债券投资的条件。中国将其国内银行间债券市场向海外投资者开放就是利于绿色债券投资的政策变化的例子。

（2）足以迎接挑战的雄心。尽管我们面临巨大的挑战，但是投资机会也相当广泛。国家及地方政府应将它们已有的气候变化应对计划进一步变为能够推动融资战略的绿色投资计划。一些国家的行动已显示出其所追求的目标，如印度设立了到2022年新型可再生能源容量达到175千兆瓦的目标，并且还对铁路开发、水资源基础设施及智能城市制定了同样庞大的计划。据YesBank预计，单单是为实现印度的清洁能源目标就需要700亿美元的债券投资。而中国所追求的目标更加远大：央行认为中国要想实现绿色转型，需要每年至少实现3000亿美元的投资，而这其中能来自财政支持的比例仅为15%。德国、法国及墨西哥政府同样具有雄心壮志；其他国家也会在今年随即采取行动。

（3）政府采取行动的机会。世界各地有数万亿美元的可投资项目必须得到开发，以快速减少碳排放并有助于经济体适应已经开始的气候变化。这些项目所涉及的领域有清洁能源、低碳运输和气候适应型水资源基础设施。同时，我们身处在一个充斥着资本的世界，其中许多投资，如德国政府债券投资在历史性的低收益资产上——无法为养老金和保险基金负债融资。这些资金需要具有一定收益的投资机会。

对绿色债券的强烈需求表明投资者显然被绿色交易所吸引。上百年来，政府采用政策、担保和长期合同来设计项目，从而吸引机构资金。将绿色基础设施项目引入市场的行动将为养老金和保险基金带来交易量并提供投资者所需的风险/收益配比。但我们需要立即行动起来。这就意味着从创建巧妙的政府和社会资本合作关系到改善监管以支持绿色投资所涉及的一切行动。如此我们才能看到所需的每年1万亿美元绿色债券的发行量。

结　论

绿色债券市场已在全球兴起。与企业绿色债券中的持续增长相结合，贴标绿色债券市场到2018年能够达到每年3000亿美元的发行量。为了实现这一目标，建议采取下列措施：发展地方绿色债券市场；国家及地方政府应将它们已有的气候变化应对计划进一步变为能够推动融资战略的绿色投资计划；政府立即行动起来，采用政策、担保和长期合同来设计项目，从而吸引机构资金投资绿色项目。

中国的绿色债券市场拥有巨大机遇。过去十年，中国整体债券市场取得惊人发展，2016 年以来更迅速地成为绿色债券市场的领跑者。绿色金融可以提供绿色效益，为中国所需大规模环境投资提供一种融资方式，协助贯彻实施金融改革，解决中国金融体系中的不平衡，绿色债券市场也与中国的其他政策优先领域相匹配，特别是在发展国家的金融市场和确保持续经济增长方面，可以使中国在资本市场为绿色增长融资方面担当全球领导角色。

参考文献

[1] Amin, Ng and Holmes 2014: How to finance China's low carbon pathway. E3G Policy Paper July 2014.

[2] Berlin, K., Hundt, R., Muro, M. &Saha, D. (2012). State clean energy finance banks: New investment facilities for clean energy deployment. Washington, D. C.: Brookings Institution.

[3] Bloomberg News, 2014: China to assign some credit ratings on environmental protection. Available from: http://www.bloomberg.com/news/2014-01-02/china-to-assign-some-credit-ratings-on-environmental-protection.html

[4] CBRC (2013) Notice for Green Credit Statistical Report

[5] China Securities Regulatory Commission (2012) The 12th five-year plan for the development and reform of the financial industry. Beijing, China

[6] Climate Bonds Initiative (2014) State of the market

[7] EDHEC Risk Institute. (2013). Investment solutions for East Asia's pension savings. Retrieved from http://www.edhec-risk.com/features/RISKArticle.2013-07-24.1131

[8] Energy Programs Consortium. (2012) QECB Memo September 2012. Retrieved from http://www.energyprograms.org/wp-content/uploads/2012/09/QECB_ Memo_ 9-5.pdf

[9] The Economist (2013): Can Chinaclean up fast enough? Retrieved from: http://www.economist.com/news/leaders/21583277-worlds-biggest-polluter-going-green-it-needs-speed-up-transition-can-china/comments

[10] The Economist (2014): Municipal bonds-back to the future. Retrieved from: http://www.economist.com/news/china/21602752-local-governments-will-once-again-be-allowed-sell-bonds-back-future

[11] Holmes, I. (2013) Bankers are ahead of politicians on climate change. Retrieved from: http://www.e3g.org/library/bankers-are-ahead-of-politicians-on-climate-policy

[12] HSBC (2013) The rise of the Redback II: An updated guide to the internationalization of the renminbi. Hong Kong: HSBC.

[13] ICMA (2014): Green Bond Principles. Available from: http: //www. icmagroup. org/Regulatory – Policy – and – Kidney, S. (2013) . Regulator update: China's excellent green credit guidelines are…mandatory! . 16 October 2013. http: //www. climatebonds. net/2013/10/regulator – update – chinas – green – credit – guidelines/

[14] Liu, B. (2014): China onshore bond compendium 2014. Standard Chartered April 2014.

[15] Market – Practice/green – bonds/green – bond – principles

[16] McKinsey Global Institute. (2013a) . China's rising stature in global finance. Retrieved from http: //www. mckinsey. com/insights/winning_ in_ emerging_ markets/chinas_ rising_ stature_ in_ global_ finance

[17] People's Daily Online. (English) . (2010, July 22) . China develops 5 – trillion – yuan alternative energy plan. Retrieved from http: //english. peopledaily. com. cn/90001/90778/90862/7076933. html

[18] Sorge, M. , Zhang, C. , &Koufopoulos, K. (2013) . Information sharing, creditor rights, and short – term debt. Warwick Business School Working Paper. U. K. : University of Warwick.

[19] State Council. (2013a) . Guidance on the financial support for economic restructuring and upgrading transformation. Beijing, China.

[20] State Council. (2013b) . Views on accelerating the development of energy conservation and environmental protection Industry. Beijing, China. Retrieved from http: //www. ccchina. gov. cn/Detail. aspx? newsId = 41046&TId = 60

[21] Tu, Lianting (2014a): China turns to bond market for municipal debt. Bloomberg News. 22. 05. 2014. Retrieved from: http: //www. reuters. com/article/2014/05/22/china – municipals – idUSL1N0O70AE20140522

[22] Tu, Lianting (2014b): China set rules for local debt revamp. Bloomberg News. 09. 10. 2014. Retrieved from: http: //www. reuters. com/article/2014/10/09/emergingmarkets – bonds – idUSL3N0S31IM20141009

[23] Ye, X. & Lim, W. (2013) . Prudential sees deeper reforms after QFII boost. Bloomberg. Retrieved from http: //www. bloomberg. com/news/2013 – 07 – 14/prudential – sees – deeper – reforms – after – qfii – boost – china – overnight. html

[24] Bonds and Climate Change The state of the market in 2016, Prepared by Climate Bonds initiative, Commissioned by HSBC, July, 2016.

[25] 气候债券倡议组织编制，汇丰银行委托撰写．债券与气候变化：市场现状报告 2016. 2016 年 7 月

将投资战略与气候情景协调一致：金融机构的视角

斯坦. 杜普雷（Stanislas Dupré）　雅各布·托马（Jakob Thomä）

概　要

（一）2°投资概念

2°投资可以定义为引导金融投资组合的投资战略和框架，这些投资组合与基于 +2°C 气候目标制定的投资路线图协调一致。2°投资的核心是资本配置与流通所面临的挑战，涉及弥补长期资金缺口、增加气候友好型资产配置并减少高碳资产的配置。这一概念以及相关的投资战略适用于各种类型的金融机构，包括机构投资者和银行。

目前，金融机构还无法测量气候变化对其影响程度。关于其投资战略与本国或国际环境目标的一致性方面，它们同样无法提供信息。由此推论，无法将2°投资概念转化为实践。寻求实现环境目标的金融机构缺乏所需的工具。担心其在“绿色经济”转型过程中将面临长期风险的主流金融机构无法测量和管理这些风险。试图为金融部门制定政策激励机制的政策制定者则缺乏适当的指标来开发定向激励机制，而定向激励机制与其环境政策目标肯定是协调一致的。

（二）与金融系统的关联性

从金融机构的视角来看，2°投资概念对于其气候绩效具有关键意义。对投资对象以及银行和资产业主而言，绿色金融目标在投资链各个环节都将产生重大影响。以交易流为例，欧洲的一项研究发现，技术开发领域和技术采购领域与气候变化相关的累积融资需求已分别达到3500亿欧元和1.65万亿欧元（Barclays / Accenture，2011）。关于投资组合目前还没有同样的大胆预测，因此投资者金融组合中的“绿色份额”很可能有必要提高到5%～10%。

与“绿色金融”相关的经济变革同样需要新的风险管理战略。经济模式的变化可能会影响有形资产的价值继而影响金融资产的价值——包括股票、债券，或者影响房地产、商品以及项目资金。关于2°C情景下各种资产的风险收益组合变化的一个模型表明，其对金融组合将产生10%以上的长期组合风险（Mercer，2010）。

（三）测量与管理气候绩效及金融组合风险：国际实践

目前，有三种方法用于测量金融机构的气候绩效。但是，目前这三者中还没有哪种方法能够为基于气候目标调整投资战略提供全面信息。尽管有些个案，但是监管和政策框架中依然未全面采纳这些框架。

社会责任投资框架采用环境、社会和治理（ESG）指标来对资本配置决策施加影响。但是，这些指标却不是直接关注气候变化因素的，也不作为测量影响的工具使用。其结果是这些指标无法为基于2°C气候目标调整投资战略提供有意义的信息。目前，法国政府正在探索制定SRI标签，专门用于能源转型。

融资项目排放方法学是力图对金融机构融资和投资活动产生的“碳足迹”进行测量的指标。其缺点是在总体涵盖范围方面存在局限性并仅能提供高碳投资活动方面的信息。约有40位资金经理及机构投资者对融资项目排放进行了核算。但是，迄今为止，这一报告活动似乎没有为投资决策提供什么依据。

绿色/棕色比率重点在于界定何为“绿色”资产、何为“棕色”资产，以在投资中分享其红利。在现阶段还没有什么标准用于界定“绿色”与“棕色”。在实际应用方面，NGO的倡议项目和部分基金已从“棕色”部门撤出。另一项应用则是金融市场股权和固定收益指数，已经开始剔除“棕色”资产或将重点放在“绿色”资产之上。在政策方面，2012年，斐济央行要求斐济所有商业银行须将其至少2%的信贷或相等负债用于可再生能源部门。

资产层面的风险评估框架日益精细，然而用于评估银行和投资者的风险指标却依然有限，使得这些指标无法更加全面地纳入到投资实践和监管之中。对资产层面的风险评估而言，已经开发出了首批投资者工具，特别是彭博的碳风险评估工具，但是，迄今为止，还无从知晓这一工具是否对投资决策发挥过影响。对投资组合与银行层面的风险而言，尽管已经制定了一些特别的倡议，却还没有形成标准的方法学。这些试图测量碳风险的倡议通常最后都不具备重要意义。

气候绩效与风险指标可以纳入到“绿化中国金融部门”项目子课题组中的诸多“姊妹”研究课题之中，包括保险部门监管、宏观审慎监管、货币政策和开发“绿色”债券市场。

（四）趋势与后续步骤

未来数年，在气候绩效和风险框架方面可能会发生重大演变。尽管目前风险指标有限，但在未来数年，不同参与方提出的倡议可能会大幅改善风险框架。气候绩效指标也在不断制定之中，一方面将改善现有框架，另一方面则是寻求“基于科学”的替代方法以测量气候绩效。

目前，有越来越多的呼声要求投资者和银行基于气候目标对其活动进行调整，确定该领域内的目标。法国外长 Laurent Fabius 呼吁资产业主将其资产组合的 10% 配置到“气候友好型”投资方面。基于气候政策计划 CPI 报告的发现和国际能源组织（IEA）路线图，以美国为基地的 CERES 组织建议机构投资者设定目标，将其投资组合的 5% 配置到清洁能源方面，而基于定义，估计目前这一比率仅为 1% ~2% 。

气候绩效和风险指标的改进可能有助于支持金融监管和政策工具更多地驱动资本为低碳经济转型提供融资。在这一背景之下，焦点将更为聚集在信息披露和报告的透明度之上，同时，也会为定向激励机制提供足够精细化的指标。这些可能会涉及货币政策工具、金融监管、公共激励机制与核算及信息披露。

（五）对中国的意义

在未来几年中国金融部门的改革进程之中，尤其是对于绿色信贷指南、资产管理监管和宏观审慎风险框架，气候绩效和风险指标可以扮演重要的角色。还有助于为缔约方的 2015 年谈判提供依据。

- 对绿色信贷指引的意义：气候绩效核算框架可以作为创建量化目标的

后续工作纳入到绿色信贷指南之中以改进现行的报告制度。

• 对缔约方谈判的意义：中国的谈判人员可利用确定目标的框架，针对将（公共和私营）金融部门作为气候变化谈判进程中关键利益相关方的议题表达立场。

• 对资产管理增长的意义：预期中国资产管理的增长将得益于重大的监管改革。气候绩效指标和风险框架可以纳入到这一改革进程之中。

• 对中国金融系统风险的意义：风险指标有助于为中国的监管者提供金融部门与低碳经济转型相关的风险信息。

前　言

（一）2°投资概念

2°投资概念。与低碳经济转型相关的长期和气候友好型投资需求促成产生了"2°投资"这一理念。2°投资可定义为投资战略和政策框架，这种投资战略和政策框架可形成与基于 +2°C 气候目标制定的投资路线图协调一致的金融组合。

1. 资本重置与流通挑战

2°投资概念的核心是与打造一个 2°C 世界相关的资本重置和流通挑战。

长期资本流通：经合组织（OECD）（2012/13）、世界经济论坛（2012，2013）以及 30 国集团（2013）强调，实体经济中的长期投资需求与资产业主资产负债表上的长期资产份额之间日益出现差距。根据麦肯锡全球研究所（2011）的研究认为，2020 年，全球经济将可能面临 12.3 万亿美元的股权融资差距。弥补长期融资差距对于气候友好型资本的流通将具有关键作用。

重置资本到气候友好型投资：关于气候变化，预计到 2050 年，清洁能源投资每年将产生额外的 1 万亿美元投资需求（IEA，2014）。这些投资的融资既需要银行发挥更重要的作用（Credit Suisse/WMF，2011）（Barclays，Accenture，2011），同时也要求机构投资者发挥更大的作用（CPI，2013a）。这方面相关的政治信用来自法国外交部长 Laurent Fabius（COP21 主持人），他号召资产业主将其资产组合的 10% 用于气候友好型投资（le Figaro，2014）。

减少高碳资本支出：要实现气候目标，就需要某些高碳部门（例如开采和生产部门）逐步和相对减少资本支出，同时将资本重置到低碳部门的低碳技术（即，汽车部门的低碳汽车，能源部门的可再生能源）（IEA，2014）。因此，高碳部门应当避免部分可预见性资本支出，否则将导致出现“搁浅资产”（Carbon Tracker Initiative/ Grantham Research Institute，2014）。为了避免超出与 +2°C 气候目标相关的“碳预算”，很大部分的化石燃料储备不应当进行开采（Meinshausen et al.，2009）。同样，IEA（2012b）预测如果不采取进一步行动，到 2017 年温室气体排放锁定的能源方面的基础设施将超出所制定的 2°碳预算（见图 1）。

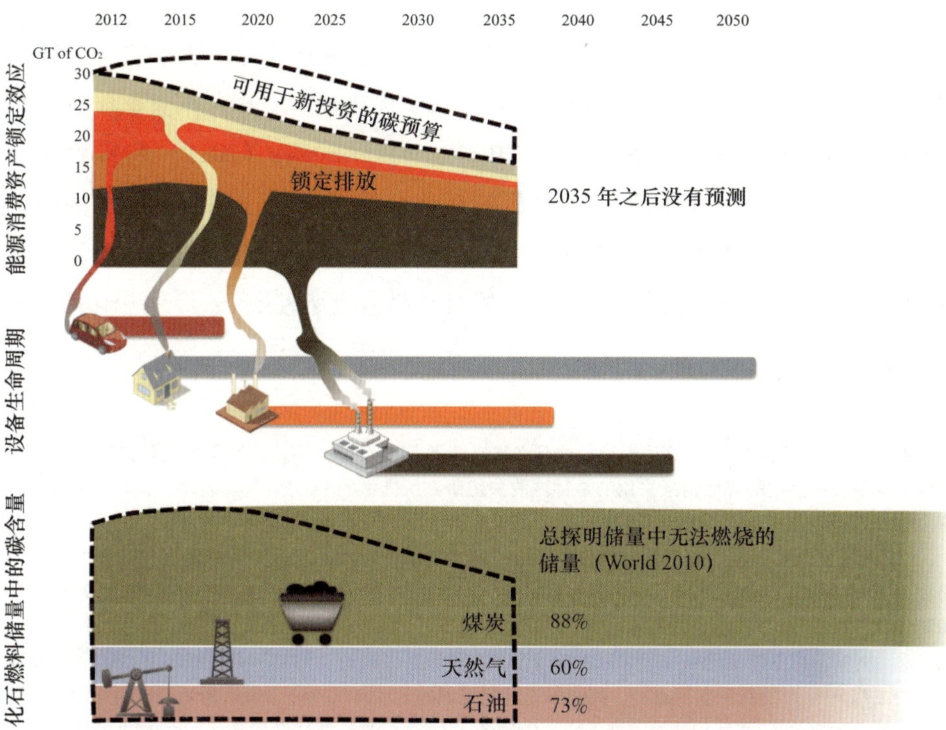

图 1　排放锁定能源基础设施及化石燃料储量

资料来源：“2°投资倡议”，IEA（2009 年、2010 年、2011 年），碳跟踪组织（2011 年、2013 年）。

对于银行和资产所有者而言，重置挑战意味着他们必须在融资资金流及其资产配置方面实现“棕色到绿色”的转变。

2. 本报告的组织

本报告组织如下。前言介绍了 2°投资的概念并详细介绍了对资本重置和流通挑战进行量化的框架。第 2 节突出介绍了 2°投资对于"投资对象"（企业、政府和家庭）所作资本支出决定以及"投资人"（机构投资者、银行）所作投资决策的意义。第 3 节回顾了金融机构对气候绩效以及与这些情景相关的风险进行测量和管理方面的国际实践。讨论主要聚焦在金融机构针对气候目标确定目标方面的问题以及相关的风险管理问题。另外还将简要讨论 2°投资对于本报告背景下生成的其他报告的意义。第 4 节讨论的是关于 2°投资概念的未来趋势和辩论，第 5 节将简要描述对于中国的意义并进行总结。

（二）2°C 路线图和投资情景

1. 从气候情景到能源技术路线图

目前，用于确定 2°C 经济投资需求的框架是基于将气候情景转化为能源技术路线图①。最为突出的全球情景是由 IEA 提出的②，虽然环境非政府组织和一些研究机构如绿色和平组织（2012）、WWF/Ecofys（2011）和世界能源委员会（2013）也开发出了作为替代的其他全球情景。这些组织和机构的不同之处通常在于，他们挑战碳捕获和储存（CCS）以及核能在 IEA 情景中的主导作用，同时强调运输模式转变的相对贡献。此外也开发了一些国家层面的具体情景③。

---

① 气候情景通常以碳预算为模型，并且在未来能源基础设施方面，开发不同的轨迹以符合气候目标。本报告中介绍的多数情景采用的是德国波茨坦研究所提供的 RC3PD 排放轨迹，有一半的机会可将全球变暖限制在 +2°C 以内。

② IEA 已开发了与 2°C 气候目标协调一致的两种情景，一种是为《世界能源展望》开发的时间跨度为 2014 ~ 2035 年的 450 情景，另外一种是为《能源技术展望》开发的 2DS，时间跨度为 2014 ~ 2050 年。

③ 例如，荷兰能源研究中心（ECN）设计了几种情景以讨论"清洁"荷兰经济（1990 ~ 2050 年实现碳减排 80%）的几种实现途径。英国国家电网规划的"Gone Green"情景是为了推动英国的能源系统转型，到 2050 年实现相同的减排目标。1998 年，加拿大能源委员会启动了"加拿大的能源技术未来"项目，并且每隔两年修订一次。该项目的目标是启发关于能源技术和系统未来多种可能性方面的战略思考，并提高政府的长期规划能力。关于中国的战略，也规划了一些情景。最为突出的例子就是彭博新能源财经提出的"中国电力部门的未来"，其中包括 2030 年几个不同情景下的中国能源组合模式；美国花旗银行的"中国的峰煤"则聚焦于 2030 年中国的煤炭消费模式；还有就是劳伦斯伯克莱国家实验室与中国能源工作组共同开发的几种情景，分析了能效政策在中国转型实现低排放轨迹并实现密度减排目标中的作用。更多信息请参考（World Energy Council，2013）、（ECn，PBL，2011）、（National Grid，2014）、（natural Resources Canada，2000）、（Bloomberg New Energy Finance，2013）、（Citi Research，2013）、（LBNL & China Energy Group，2011）。

2. 从能源路线图到投资需求

能源路线图正日益转变为投资路线图。从全球层面而言，目前正在开发投资路线图的三大主要组织包括：制定能源投资需求路线图的 IEA（2014）和世界能源委员会（2013），制定更广泛的基础设施投资需求路线图的经合组织（2012），以及仅限于制定低碳投资需求路线图的法兰克福金融管理学院/彭博新能源财经（2014）。图 2 所示为 IEA 制定的投资路线图。彭博新能源财经情景则专注于“清洁能源”投资需求，预计到 2030 年，2°C 情景下的全球年均“清洁能源”投资需求将达到 1 万亿美元。考虑到目前的气候融资水平约为 3560 亿～3630 亿美元，这些投资情景表明二者之间存在着一个巨大的差距（CPI，2013）。

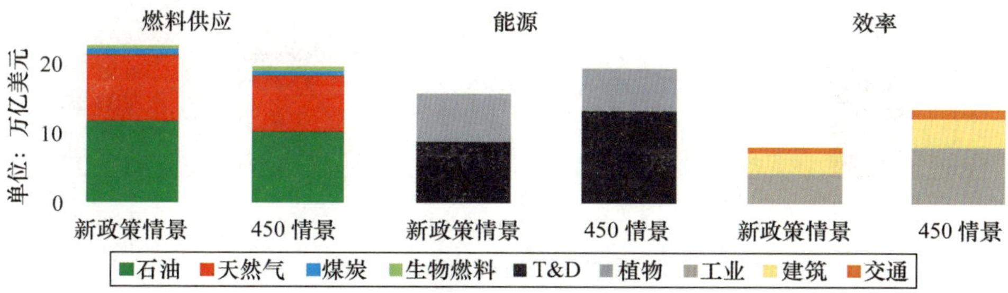

图 2　2014～2035 年不同情景下能源供应和效率的全球累计投资

资料来源：IEA WEO 2014 年。

3. 分析中的差距

目前若要将能源情景及相关投资路线图转变为有意义的可供金融机构使用的基准，还存在着诸多挑战。以下是对主要挑战的概括介绍。

研发支出：迄今为止，能源投资路线图中的研发投资在很大程度上还属于低度开发①。以水泥部门为例，IEA 预计到 2050 年，63% 的生产方面的排放可以通过碳储存技术捕获。这意味着即使在乐观的 CCS 情景下，仍有约1/3的排放需通过其他手段实现减排。与此相关的研发将起重要的桥梁作用，尤其是关于可替代水泥的低碳材料的研发支出，即以工业规模对一般的珊瑚礁或蛋壳重新进行化学加工（Lafarge Group，2004）。

① IEA“能源技术展望”情景并没有涵盖各种技术的研发支出，不过除了 CCS 之后，这一情景只依赖最佳可应用技术。至于高碳部门如何引进突破性技术方面的需求和展望，这里并没有讨论。

错失部门及时间框架：能源投资路线图通常会错失从气候变化角度来看相对比较重要的一些部门，例如农业和土地利用①。此外，多数部门只能提供到2050年以前的指南。IEA情景只能以主要股指为例对市场资本化进行有限说明（见图3）。

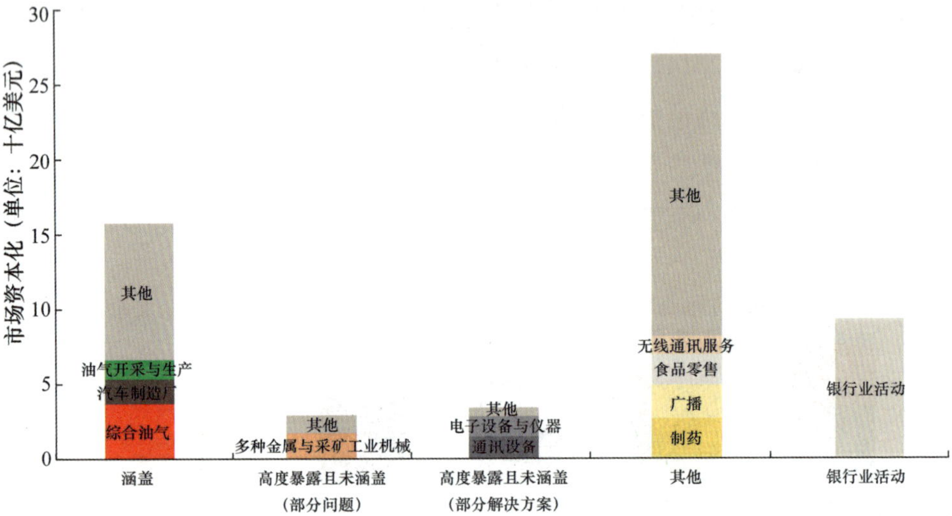

图3　主要部门进行的市场资本化

资料来源：2°投资倡议，数据流数据（2013）。

资本类型：多数投资路线图并不对不同类型的资本加以区别。比如说，要将运输部门的能源路线图转化为对债务融资的意义，就需要将飞机制造和低碳航空燃油行业的开发资本与航空公司采购资本、机场基础设施投资加以区分。

不确定性：投资路线图面对的一个挑战是，某些议题具有很高的不确定性，比如说资本支出变化。例如，2012年投资水平较低，在很大程度上是由于该年太阳能发电系统价格较低（Bloomberg，2014）。

谁为目标：能源投资路线图通常是为能源部门制定的，因此需将其“转换”为金融机构。

① 在IEA情景中，22.76%的减排依赖于土地利用模式的改变，在路线图中并没有描述相关行动和意义。

一、与金融系统的关联性

（一）对投资对象的意义

1. 融资资本支出

首先，能源投资路线图作为指南由企业、家庭和国家用于资本支出方面的决策。确实，在这一背景下，这些情景（只要它们涵盖相关部门）对企业、家庭和国家的意义比其对金融机构的意义更为直接，以下章节将加以讨论。要想确定投资需求以理解这些情景对于企业、家庭和国家的意义，关键信息就是对产权（见图4）和融资结构（见图5）的分析。到目前为止，最普遍的来源是储蓄或收入方面的自融资，比如说政府，是来自税收收入。这一类分析清晰描绘出了能源投资路线图对于关键利益相关方的意义。

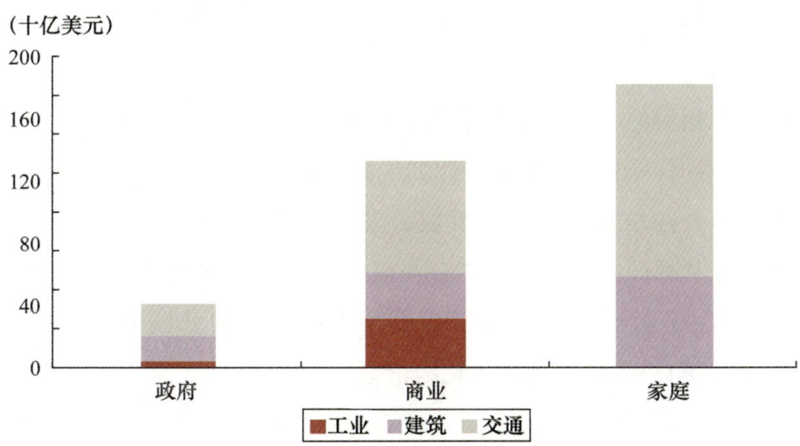

图4　2014～2035 年不同所有权类型和部门新政策情景中的能效年均投资

资料来源：IEA（2012）。

2. 减损风险

在锁定排放及资本重置方面的结论基础上，能源投资情景还意味着固定资产可能会面临减损风险。与碳相关的损害在未来将会发生，届时由于监管和市场环境发生意外改变，资产产生的净现金流将会下调。风险范围包括低于预期的回报率，以及过早发生投资关闭。书面上的概念适用于可与低碳技术竞争的任何长期高碳资产，包括基础设施（发电厂、化石燃料储备、水泥

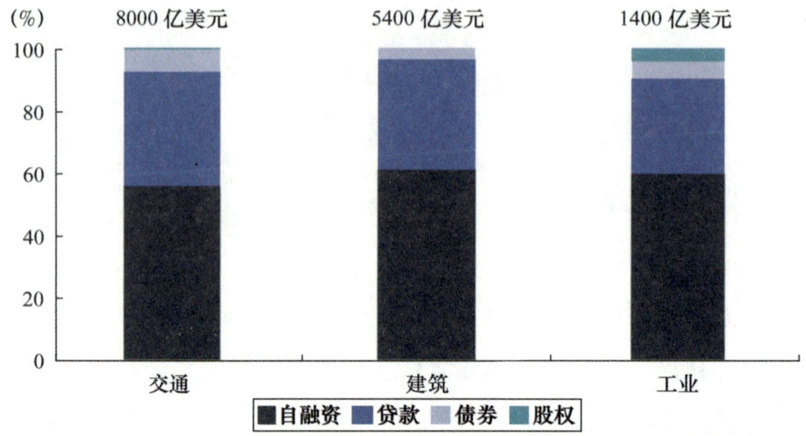

图5 2014～2020年新政策情景下不同部门和融资渠道的能效投资估值

资料来源：IEA（2012年）。

和钢厂、机场和高速路）、产品开发计划（汽车、飞机、发电技术）以及房地产和肥料耕地。然而，迄今为止，对相关风险进行定义和量化的各种尝试仅仅针对少数几个部门，包括发电①、石油②、住宅建筑③和耕地④。

3. 错失机会

与减损风险相关的一个方面就是气候友好型投资中的“错失机会”。对此IEA（2014）提供了一个当前个案：比如说德国公共部门，对于可再生能源能力和生产出现的大幅增长未能及时反应，未能及时调整其燃料组合方案。过去这些年德国公共部门出现困境固然存在诸多原因（牛津大学史密斯商学院，2013），部分原因是由于他们错失了将可再生能源作为德国能源转型（Energiewende）计划的一部分进行资本化的机会。

---

① 由于来自可再生能源的竞争，碳排放政策的限制，以及部分由于能效问题造成的需求萎缩，2011～2013年，欧洲电力部门的化石燃料电厂确实遭受了300亿欧元的损失（Ernst and Young，2013）。股权投资者也遭受了严重后果：2008年当欧洲的能源部门处于巅峰时，前20名企业资产总值约为1万亿欧元。到2013年10月，则降为还不到原来的一半（The Economist，2013）。

② 以英国为基地的碳追踪计划（2012）的分析结果表明，到2025年，预计有1.1万亿美元的专项资本支出所对应的市场价格将达到95美元，远远高于低碳情景下的预期价格。

③ 在法国，SHIFT项目对抵押贷款违约风险与住宅能源消费结构（能效以及对个体运输方式的依赖程度）之间的关系进行了分析研究。结论认为，若能源价格上涨一倍，低收入、高密度能耗家庭的按揭拖欠率将会上升，因此号召将能源风险纳入到社会住房自有计划中。

④ 牛津大学史密斯学院（2013）“搁浅资产研究计划”中描绘了农业部门的损失风险，并将这些风险在各种类型资产中的配置进行了排序。

（二）对银行和资产所有者的意义

1. 金融部门路线图

迄今为止，将能源－气候投资路线图“转化”为金融部门目标或约束力方面的尝试非常有限。之所以出现这种分析差距，很大一个原因是由于与这种“转换”相关的技术挑战。以下是对这方面核心问题的一些描述，尤其是分析能源投资路线图对于交易流、资产配置和更广泛的投资战略的意义。

2. 对交易流的影响

要理解投资路线图对于融资活动的意义，需对不同技术的所有权演变、融资结构，以及债券市场和银行借贷的相对作用作出假定。2011 年，Barclays 与 Accenture 为欧洲开发了一种情景：如何规划直到 2020 年的发电、公路交通和建筑效率等部门的技术融资。这一情景是基于对这些技术交易历史的分析和推断制定的。作者已确定了技术开发的累积融资需求为 3500 亿欧元，技术采购的累积融资需求则为 1.65 万亿欧元（见图 6 和图 7）。

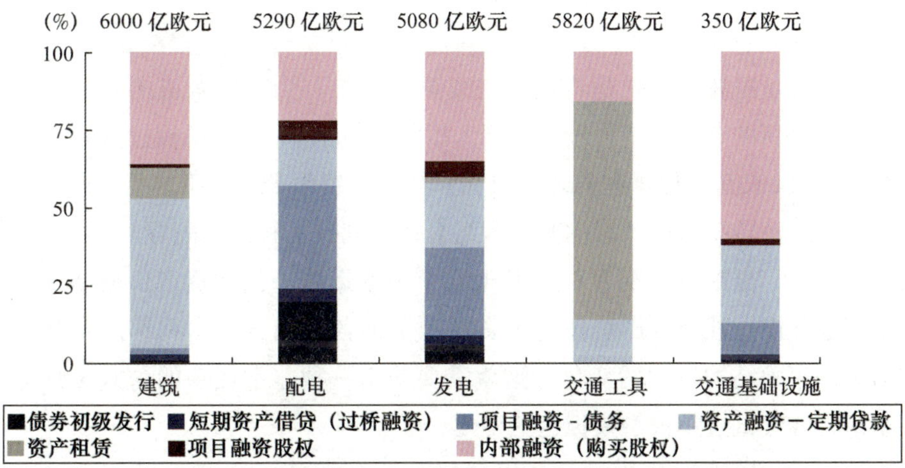

图 6　欧盟 25 国不同融资渠道累积采购资本（2011～2020 年）需求

资料来源：Barclays/Accenture（2011）。

在融资开发过程中，股票发行起关键作用，而留存收益、贷款和债券则是采购融资的主要渠道。为了实现融资，金融部门应当开发绿色种子资本、风险资本和私募股权基金，为创新提供资金，使股票和债券得以流通，从而保证企业能够提供扩张和采购资本，还应开发为小规模项目启动贷款的能力。

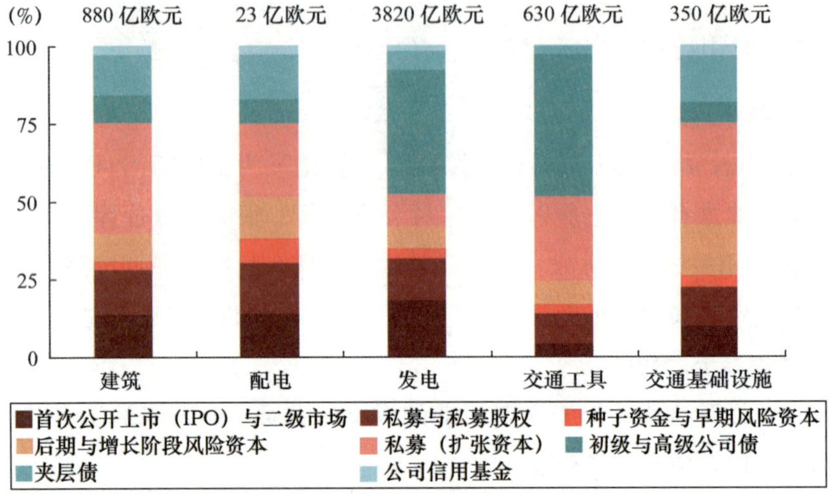

图 7　欧盟 25 国不同融资渠道累积采购资本（2011～2020 年）需求

资料来源：Barclays/Accenture（2011）。

在 Barclays/Accenture 提供的发现基础上，数月之后瑞士信贷和世界自然基金会预计，2020 年银行的相关业务机会将达到 250 亿～300 亿美元。迄今为止，还未为其他地区设计出这种路线图。

3. 对资产配置的影响

资产存量配置的演变是将投资路线图“转化”为对金融机构意义过程中的第二步。新的金融资产将最终被列入银行（贷款账户）、机构投资者（投资组合），以及家庭（储蓄和养老金权利）的资产负债表。对于这些资产业主而言，低碳经济转型将由此影响其资产组合按不同技术和部门配置①。除可创造出新资产外，金融资产配置将受其他几个因素影响，包括资产价格演变、平均信用成熟度，涉及资产负债表上资产项下的各个细分技术和部门及其债务和监管约束力结构发生的变化。这就需要采用一种非常复杂的公式。只有几家组织曾经尝试过用模型模拟这些变化。

2013 年，CPI 对机构投资者以“吸收”预期新资产流为目的增加可再

---

① “转化过程”中的一个主要障碍在于，现有部门及业务分类（包括 GICS、ICB 和 Bloomberg 的上市股票业务，Barclays 和 Merril Lynch 的债券业务，以及 SIC 和 NACE 的信贷业务）无法正确反映各种能源技术的配置。事实上多数部门只是统分为棕色和绿色技术。美国统计部门按 1000 个类别进行分类，这正好说明了这种障碍：某种特定的类别是专指玉米饼生产，但是可再生能源、燃煤、燃气和核电厂也都属于这一类别。

生能源资产配置的能力进行了预测①。他们得出的结论是，机构投资者对其可再生能源基础设施投资的直接配置进行调整的能力有限，但由于其通过股票和公司债券投资组合进行间接配置，是可以满足调整需求的（见图 8 和图 9）。

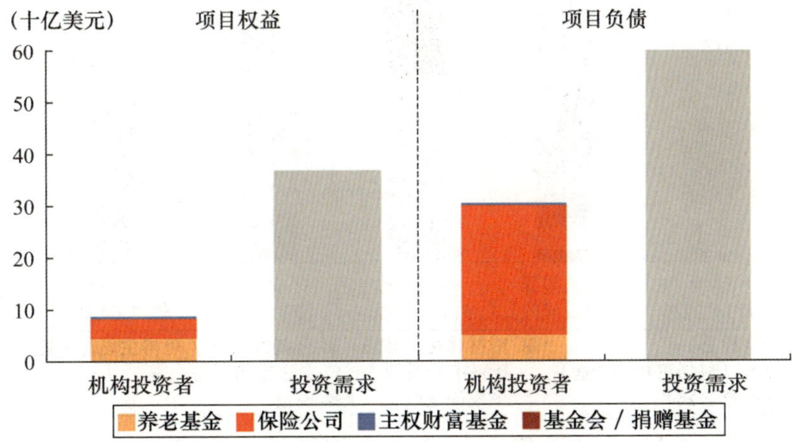

图 8　年投资潜力与 OECD 预期投资需求

资料来源：CPI（2013）。

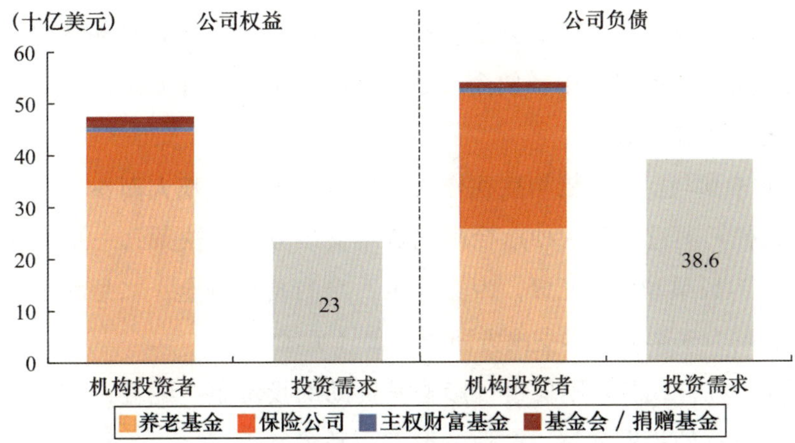

图 9　企业投资需求

资料来源：CPI（2013）。

几年之前的 2010 年，咨询公司美世（Mercer）曾尝试采用另一种方法：他们将 2°C 情景下各种资产的风险－收益均衡性变化制成模型，然后将其对

① 机构投资者投资于可再生能源领域所面临的挑战。

资产配置的影响水平进行了计算（见图 10）。他们得出的结论是，不同情景对投资组合配置具有极大影响。

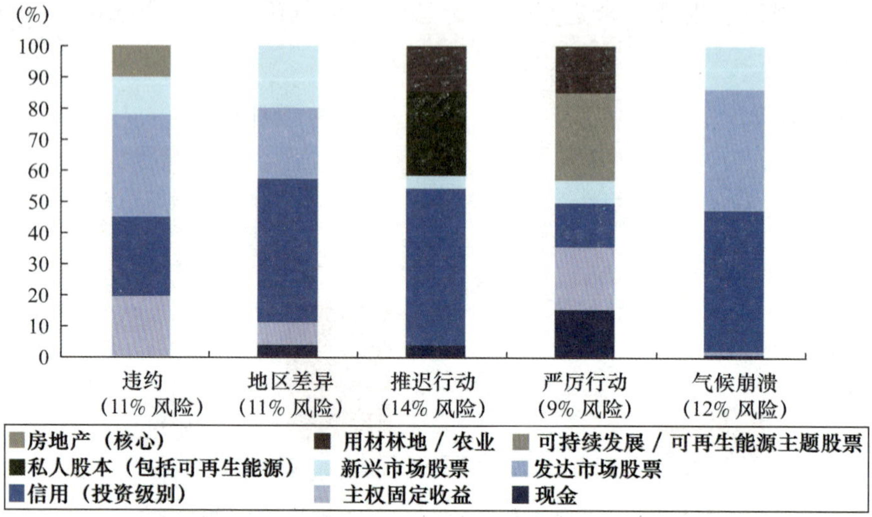

图 10　7% 回报率目标及不同情景下的投资组合图例

4. 对资产业主投资战略的意义

对于金融机构而言，其投资组合的调整途径和方法学显然各不相同，这取决于他们如何理解其作用和使命。然而，不论采用何种方法，资产业主可以分三个阶段采取行动。

（1）股东参与。金融机构往往作为大股东或关键债权人而参与决策。按这种方式，他们通过以下两种途径影响资本支出方面的决策：一是增加新发行的“绿色”股票和债券配置，为“绿色”项目提供资金；二是利用其投票权或股东影响力来影响资本支出方面的决策（见图 11）。

有了这一杠杆，股东不仅可以影响其资助的投资组合配置，并且可以影响来自留存收益的投资配置。产业若要实现技术转型，这一途径是关键，此外，留存收益也像电力和能源部门一样起关键作用①。到目前为止，股东对资本计划的决策方面的参与还是非常有限的：一方面还需要提倡股东参与；另一方面，透明度要求方面也面临着更多挑战，因为相关部门的企业往往不报

① 以 OECD 电力部门为例，2012 年 74% 的资本支出来自“内部融资”（即留存收益）。资料来源：2°投资倡议。

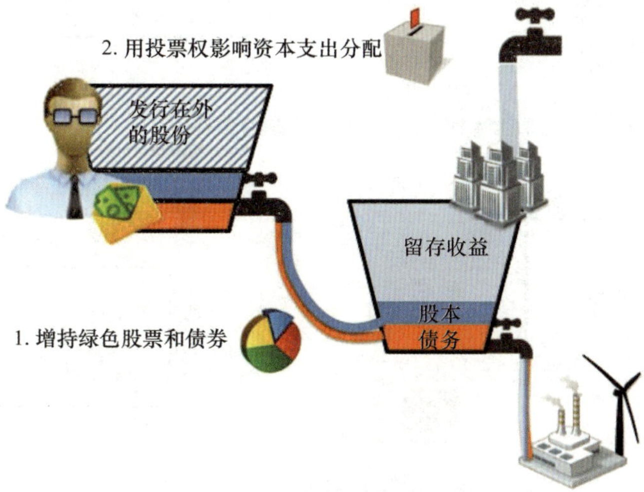

图 11　股东参与途径

资料来源：2°投资倡议（2014）。

告能源技术方面的资本支出细目。

（2）引导力。为了增加对某些特定资产的投资并限制对其他资产的投资，银行可以利用其对资本流的引导力（见图 12）。对于被授权须采取气候缓解措施的银行而言，其目标是增加（或减少）对绿色和棕色资产的“需求”，从而影响投资对象的成本和资金可获得性，还有可能影响其投资能力。整体配置主要由实体经济中投资机会（即对资本的“需求”）的风险收益均衡性决定，但是在做出何种选择方面，金融部门也可以施加影响。在投资产品的设计和分配方面尤其体现这一点，特别是在许多国家，产品是卖给零售客户而不是由他们购买的（AMF，2013）。在这种情况下，财政激励措施可以发挥重要作用。

（3）未处理资产的重置。机构投资者、资产经理和银行可直接影响以气候减缓为目标的“绿色”和“棕色”投资对象的成本和资金可获性，或者简单地管理其未来气候政策的风险水平。这一杠杆与引导力密切相关，但它适用于对股票的管理而不是对资金流的管理。从政策制定者和公众角度而言，聚焦在这一范围之内更为容易，因为多数金融机构宁愿公告其拥有或管理的未处理资产而不愿公布其通过不同活动引导的资金流。针对不同的气候情景，金融机构可采取不同的定位。

被动战略的观点是，公共政策的改变将会导致实体经济的资金“需求”，

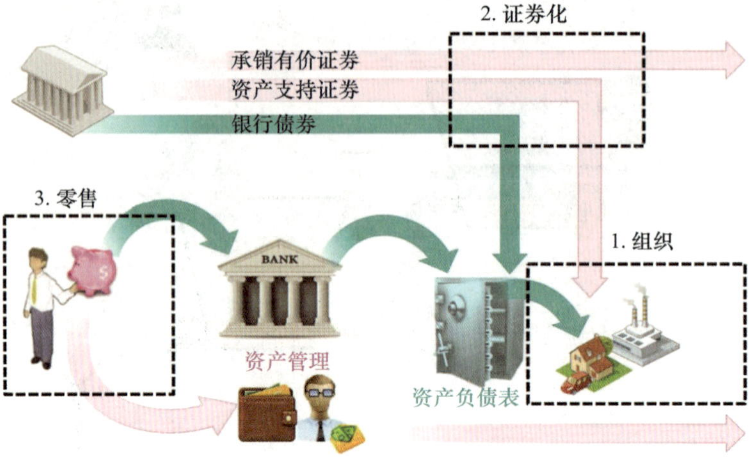

图 12　银行资金引导行动点

资料来源：2°投资倡议。

金融机构的作用就是在照常保持投资框架的同时对这一需求作出反应。这是迄今为止金融部门的主要定位。

积极战略意味着金融机构不断更新其对与能源转型相关的金融风险和机会的定价方式。这种方法在美国和英国的一些金融机构中似乎占主导地位。

主动法认为，若金融部门采取主动措施以改变其资产配置和投资战略，可以支持实体经济中的投资重置。与这一方法相关的政府措施是，政府寻求在公共金融机构使命以及金融监管和激励机制中植入经济目标。

（三）主要驱动力和障碍

下面将简要强调主要金融部门根据前面描述的路线图调整其投资战略方面的具体驱动力和障碍。

1. 驱动力

声誉：声誉成本通常是由公众压力产生的一种作用。这方面的例子包括针对美国美林证券公司的雨林行动网络运动（2014），英国针对苏格兰皇家银行（RBS）的 Platform / WDM 平台运动（2014）。在这两个个案中，两家银行分别做出了回应，主要是试图降低融资项目排放。在中国，“绿色流域”及其合作伙伴几家非政府组织开始发布煤炭金融排行榜。这些例子表明，公众压力确实可以产生影响，但这种压力通常局限于引导具体的金融机构和高碳融资，并不解决更广泛的气候目标一致性问题。

2. 信托责任

另一个驱动力与信托责任这一概念相关，其中包含“审慎投资者原则”。有观点认为，配置高碳“有毒”资产的投资者面临着巨大的碳风险，过度配置可造成违反其信托责任①。从目前来看，未来这一概念可能会获得新的牵引力，因为在能源转型的背景下，对信托责任的解释将更为宽泛，对于最佳多样化的构成标准将更具前瞻性（2°，2013b）。不过迄今为止，这种说法的影响力尚属有限。

3. 公共财政

在许多国家，公共财政是气候友好型资本的最主要来源，也是带动私人资本的主要杠杆（CPI，2013b），IDB（2013）评定其杠杆因子水平为 2x ~ 25x。虽然公共财政具有重要作用，但并不能全面解决 2°C 投资在金融系统中遇到的关键障碍，下面将概括介绍。

4. 关键障碍

气候和碳风险管理框架。由于着眼于短期风险，采取回顾式风险分析，加上对 2°C 气候目标的质疑，气候和碳风险框架无法全面考虑长期风险。有一个例子可以突出说明，短期风险视野造成了气候政策与气候风险之间，以及与金融分析家或股权基金经理认为与相对较短的平均持有期相关的风险之间失去关联（见图 13）。除这些挑战以外，目前最大的一个障碍可能在于核算：因为风险过于复杂和多层面，很可能需要对资产进行逐项分析，而相关的数据收集和研究基础设施尚未全面开发。

5. 目标设定和重置

政策制定者在设定目标时，金融机构在制定战略资本流通/重置战略时，面临的一个主要障碍在于基本的核算框架。现有指标基本上无法提供关于金融机构与经济转型情景的关联水平方面的信息。对于投资者而言，这些指标没有纳入战略层面，也不适用于帮助开发主流金融产品（即基准指标、投资组合优化工具）。

---

① 此处举例说明的论点由碳追踪计划以及 Al Gore 提出。

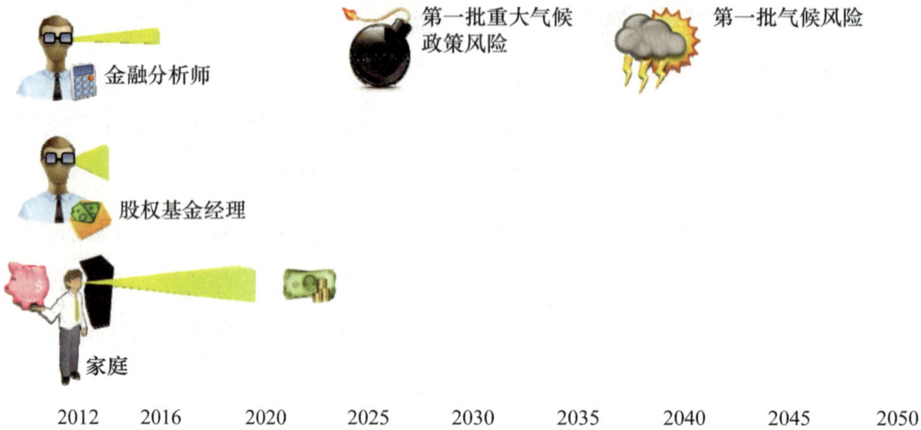

图 13　股权基金投资链中的时间视野差异

资料来源：2°投资倡议。

6. 公共政策激励机制

现有的金融政策和监管框架在很大程度上忽略了气候目标，其中只有少数几个显著例外。中国的绿色信贷指南可以说是改变这一现状的第一步（2°，2013c）。在某些情况下比如根据《巴塞尔协定Ⅲ》，监管甚至可能会导致对短期投资的更多激励而影响长期气候友好型资金融资。结果是，由于主流气候政策无力应对，政策工具无法解决金融部门的障碍。

二、测量和管理气候绩效和金融投资组合：国际实践

在资本重置和流通挑战的背景下，有一些倡议可帮助金融机构对其气候绩效和金融组合风险进行测量和管理。随着 2015 年将在巴黎举行的全球气候谈判的日益临近，这些倡议在过去几个月也获得了惊人的发展。它们主要关注如何强化气候绩效和风险测量方法及其在监管框架和投资工具中的应用。本节将回顾气候绩效和风险测量方面的国际领先实践，概括讨论其应用。第 3. 3 节将简要介绍这些方法是如何应用于更广泛背景下的研究课题，即作为本报告“姊妹”课题的研究课题。

（一）目标设定框架的现状

将气候因素纳入到投资决策的两种方法之一是，确定与为能源技术转型

提供资金的金融组合相关的目标。这些目标的基础是方法学，用于测量其与目标或既定目标的一致性。以下是对相关方法学的总结（见表1）。

表1　　相关方法学总结

方法学	方　法	缺　点
1. ESG/SRI 评分和筛选	评估以环境标准为基础的资产和投资组合	以投资进程为基础而不是对资本支出产生实际影响，事实上并不聚焦气候变化问题
2. 投资组合的碳足迹	测量金融活动的融资项目排放	缺乏关于排放的前瞻性分析，无法提供关于“绿色”投资方面的信息
3. 绿色/棕色比率	测量“绿色”和“棕色”资产配置	缺乏对“绿色”（和“棕色”）强有力定义的广泛共识

1. 社会责任投资（SRI）框架

（1）方法。SRI基金采用环境、社会和治理（ESG）指标来影响资本配置方面的决策，通常是以管理进程和“评分”系统为基础的指标，其中量化指标和“最高水准”法仅发挥有限作用，“最高水准”法聚焦的是ESG得分最高者，即使是在人们广泛关注的化石燃料等行业也是如此①。目前有一系列ESG指标供应商。由于这些指标更注重以过程为基的方法，在方法论意义上通常更易于执行。

关于ESG指标的一个例子是由全球领先的ESG数据和研究供应商之一MSC ESG研究机构提供的ESG研究方法学。MSC ESG研究机构采用的数据来自企业档案、媒体、政府、第三方数据供应商以及非政府组织。首先将行业分为80多个组，每一家企业均被分入某个行业组，而每一个行业组拥有一套独特的ESG评分数据和加权值。针对适用于该行业组的每一数据类目，该研究模型产生了无数的次要分数（见图14）。该模型将所有的次要分数合计后得出了企业所需的环境、社会和治理三项分数，并最终表示为一个ESG综合得分。每一家企业的ESG得分均在一个以字母表示的9点标尺上标示，标度为自AAA（最高）至C（最低）（MSCI，2014）。

---

① 此论点已受到某些批评，主要来自Novethic（2013）。

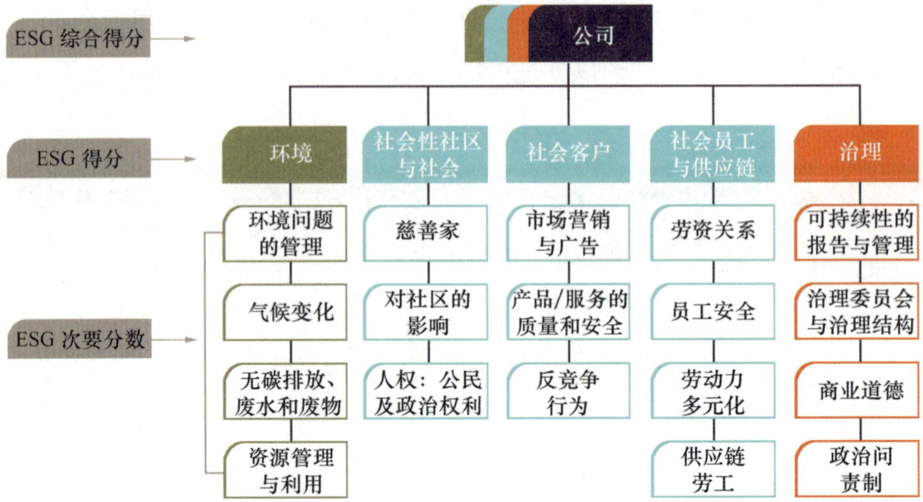

图 14　MSCI 环境、社会和治理框架一览

资料来源：MSCI，（2014）。

（2）缺点。从气候变化角度而言（MSCI，2014），SRI 框架具有一些缺点。首先，它们并不直接聚焦于气候变化方面的考虑而是采取一种更宽泛的方法。其次，它们不可作为测量影响水平的工具使用。结果是，它们无法提供关于根据气候目标调整投资战略方面的有意义信息。

（3）应用。尽管如此，有一些倡议提出使用 SRI 框架来对基金加贴标签。法国政府目前正在探索开发一种专用于能源转型的 SRI 标签。这一想法是为了累积足够大的标签基金以促进资本重置（目标）。在欧洲层面上，《已包装零售投资产品指令》解决了在关键信息文件中以一种标签（第 8 章第 5 段）来表示对社会及环境友好型投资的需求。然而，这一监管规定未能产生令零售投资者满意的 ESG 信息，原因是（第 34 章）“在这一点上，缺乏一定的标准或正式程序，客观证实这些投资的目标是成为社会或环境友好型……”（欧洲委员会，2014）。到 2018 年时若有令人满意的量化指标，在对该指令进行审议时将试图解决这一问题。

2. 融资项目排放方法学

（1）方法。融资项目排放（FE）方法学是指用于测量金融机构融资和投资活动“碳足迹”的指标。迄今为止已开发出十几种不同的 FE 方法学（2°，2013a）。与融资项目排放相关的目标或者是相对值（即上一年度足迹、同行或一种指数），或者是绝对值（即对于碳预算来说）。这种方法学针对不同的关键核算问题（见图 15）以及数据差距反应等问题而互不相同。在这一领域，目前正在制定几个标准化倡议，包括联合国环境规划署金融行动机构针对融资项目排放制定的《温室气体议定书》指南以及由法国环境和能源署资助的“Association Bilan Carbone”。

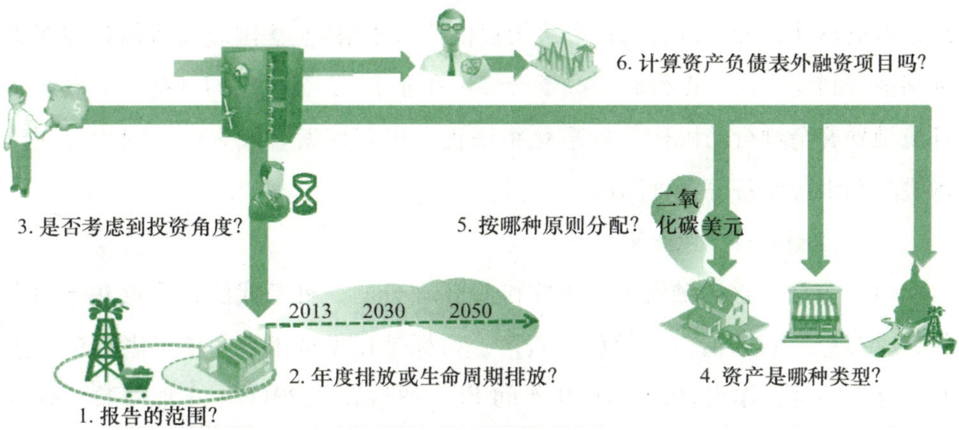

图 15　融资项目排放方法学的关键方法论问题一览

资料来源：2°投资倡议（2012）。

这种方法学的一个例子就是“南极碳”。这一方法学采用数据将投资对象的年均排放分为范围 1 和范围 2，而范围 3 排放则部分基于 CDP 数据。此外，这一方法还提供与气候相关的关键绩效指标方面的量化数据。这一方法学至少可以部分调整重复核算问题。对于股票而言，这一模型以报告和模拟数据为基础涵盖了 50000 股股票。因此，这一模型以回归模型和推断为基础综合使用了报告数据和估算数据。关于结果，可登录 yoursri. com 和 Bloomberg Screener 查询。

（2）缺点。FE 方法学目前存在一些缺点。首先，许多方法学并不对供应链和产品使用排放进行说明①，并且它们一般不涵盖所有的资产级别。然而更为重要的是，从气候角度而言，融资项目排放方法学仅提供关于高碳投资方面的信息。融资项目排放较低的投资组合不能提供其对于 2°C 情景融资贡献

① 根据国际上应用最广泛的核算工具《温室气体议定书》，温室气体排放分属于三个类群或“范围”。范围 1 和 2 涵盖直接排放源（例如，公司自有车辆使用的燃料以及采购的电力），范围 3 排放则指该机构活动产生的所有间接排放，包括来自供应商和消费者产生的排放。

率方面的信息①。并且由于各种类型的排放均得到同等对待，它们似乎不适于提供风险敞口方面的信息，

（3）应用。约有40位资金经理及机构投资者对融资项目排放进行了核算（Corporate Knight，2014）。但是，迄今为止，这一报告活动在很大程度上受绿色市场驱动，似乎没有为投资决策提供什么依据②。法国政府目前正在探索强制报告制度，这一点得到一些资产经理和业主③、金融机构支持，而联合国环境规划署金融行动机构等标准化组织正在更多探索替代方法，因为存在技术挑战和银行储备等各种问题。

3. 确定绿色/棕色比率

（1）方法。这是融资项目排放和ESG评分的一种替代法，重点在于确定何为“绿色”资产何为“棕色”资产，目标是在投资组合中能二者都包括进来。有趣的是，作为2000~2009年间ESG评估以及2011年实地测验的融资项目排放评估的先驱者，法国公共金融机构CDC正在制定一种基于绿色和棕色配置的方法。这方面存在的主要挑战是如何界定“绿色”和“棕色”资产（Solactive，2014）。关于绿色资产，OECD已确定了一些不同方法（OECD，2012）。其结论突出说明了对于某些部门（如可再生能源）、商品（如碳能源授信）、服务（如废物管理）和技术（如能效提高）而言，各种定义之间存在着相当大的共同交集。同时，依然存在一些意见分歧（例如，关于核能、关于生物燃料的共识变化，对于农业等部门而言的模糊性）。在界定金融机构“绿色”投资这一背景下，最著名的组织是气候债券倡议CBI。CBI目前正在努力创建一个“气候债券分类体系”，其基础是采用扫描法对各部门和各种技术按其对2°C世界的贡献率逐一归纳（气候债券，2014）。

（2）缺点。现阶段，仍未有可用于界定“绿色”和“棕色”的标准。例

---

① 若融资项目排放水平较低，则简单表明该组合投资主要面向与气候变化和能源基础设施无关联的低碳部门（如金融部门、制药厂等）。

② 例如，2014年北欧基金Nordea对其碳足迹进行了评估，但是分析表明，其碳密度降低是由于对信息技术和卫生等部门的加权值增加了，同时对能源和材料部门的加权值下降了，而不是由于更多配置了针对这些领域的‘气候解决方案’（Marriage，2014）。

③ 例如，法国的公共养老金基金ERAFP在2014年公布了其温室气体足迹，并且正在倡导其他公共金融机构也公布其温室气体足迹。

如关于债券的“绿色性”，业内人士已通过不同的方式进行界定（如企业气候债券，大多属于自标签）。目前还不存在任何一种强有力的方法可有效界定和测量这一尺度，甚至连一个概念框架都不存在。另外一个挑战在于房地产部门，其建筑能效投资可能比实际状态要“更绿”，但仍未与2°C能效目标协调一致。

（3）应用。在美国，一场日益壮大的撤资运动促使教育和宗教机构、城市和州政府以及其他公共服务机构开始撤销对化石燃料的投资。迄今为止，“无化石燃料运动”已获得11所大学和近30个城市的支持承诺，还包括几十个基金会和宗教机构（Go Fossil Free，2014）。2014年3月，挪威的一些基金开始考虑制定撤资战略，而挪威养老金基金Storebrand已从10家化石燃料公司撤资（Financial Times，2014）。这些倡议在很大程度上依赖于将“棕色”粗略界定为化石燃料资产（如煤、气和油）。

对这一方法的另一个应用是在金融市场股票及固定收入指数领域。这里，主题指数是在排除“棕色”资产或聚焦“绿色”资产的基础上制定的。关于固定收入指数，目前Solactive提供仅有的绿色债券指数（Solactive，2014），虽然Barclays和MSCI已公开宣布将于2014年7月推出这样一种指数（即RENIXX World、ALTEXGlobal以及S&P Global Clean Energy Index等）。至于政策方面，有一项值得注意的政策，虽然它只能算作全球金融视角的外围。斐济央行于2012年规定，斐济所有的商业银行须将其至少2%的信贷和相等债务配置到可再生能源部门（斐济储备银行，2012）。

（二）气候和碳风险管理现状

对于家庭、政府和企业而言，以及由此推论对于金融机构而言，资产减损正在成为日益严峻的挑战。迄今为止，关于碳风险方面的问题对于大多数金融机构似乎不是严重问题，但是未来风险将日益突出。下面将在资产层面、投资者投资组合层面以及银行投资组合层面对碳风险管理进行综述。

1. 资产层面的风险管理

（1）方法。资产层面的风险评估通常在于情景分析，从而理解高碳行业的碳风险水平，有针对性地调整对贴现现金流量（DCF）的计算以说明与直接或诱导二氧化碳排放相关的价格较高问题。这些方法由经纪公司和气候敏感型行业的研究者事先进行过测试。根据几项研究发现，2°C 情景对于企业价值的影响水平为：对石油企业影响 35%，对纯粹采煤企业 44%，对汽车制造企业和铝生产企业则达到 65%（见图 16）（Carbon Trust/ McKinsey，2008；HSBC，2012）。

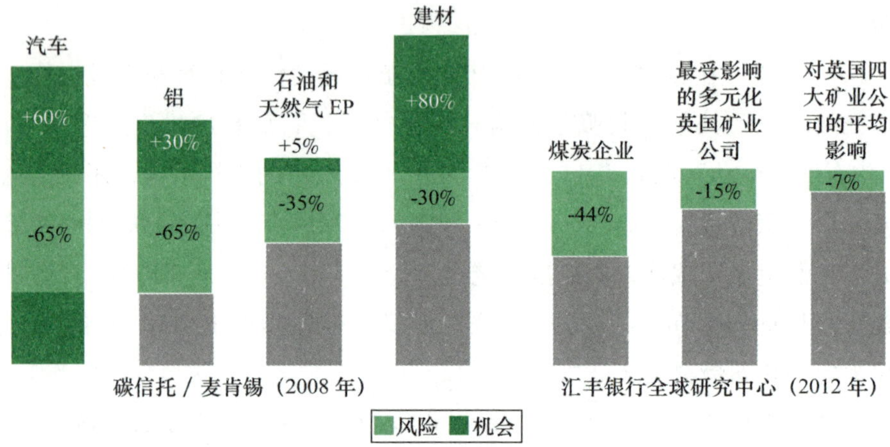

图 16 选定股票在 2°C 世界中的市场风险价值

资料来源：2°倡议（2012）。

（2）缺点。针对数据可获得性进行的企业层面的分析可以说更为直接，若对行业水平的碳风险进行评估则较为复杂。在不同行业之间，碳风险的最终后果不可能均匀分配，因为许多高碳资产在成本曲线上处于独特位置①。此外在短期视野内，从金融机构的视角来看，资产层面的风险多数并不属于严重风险。

（3）应用。目前这一方法正在转化为投资者工具。在以上介绍的方法基础上，2013 年彭博推出了碳风险评估工具测试版，股权基金经理可使用该工具测试低油价和高碳价情景对化石燃料和电力行业股票的影响水平。迄今为止，这种工具是否影响投资决策尚未明确。至于监管方面，2010 年 2 月美国证券交易委员会发布了《气候信息披露诠释指南》，其中包括气候和碳风险（SEC，2014）。然而直到今天，该指南对于上市公司的碳和气候风险配置几乎没有影响（Ceres，2014）。

① “碳追踪计划”正在拟定一个研究项目以详尽解答这一问题。

2. 投资组合层面的风险评估

（1）方法。美世（2010）、法国的 FRR 项目（2009）以及绿色欧洲基金会（GEF/profundo，2014）的工作成果是，他们提供了迄今为止唯一的投资组合层面的风险评估框架范例。美世评估了气候政策和变化对各种参数可能产生的影响水平，包括 GDP、投资流量、缓解和适应成本等参数。然后他们将其对各个资产级别的风险收益均衡性（股权、主权固定收入、股票、企业债券、现金）以及一些具体子类目（可再生能源股票、农业等）的影响水平进行了模型试验，从而制定出各种情景下的理想配置战略。Mercer 得出的结论是，气候政策风险约占平均投资组合整体风险配置的 10%（见图 17）。2008 年启动的 FRR 项目是以更广泛视角（环境：气候、化石资源、生物多样性和水）以界定投资战略为目标的一个同类项目。该项目报告（自标签为初步报告）提议在四种（气候）情景下，对于将环境问题纳入战略配置的几种不同方法进行研究。在每一种情景下，针对不同的资产级别制定了风险/收益比率，并对其地域和部门影响进行了探讨。

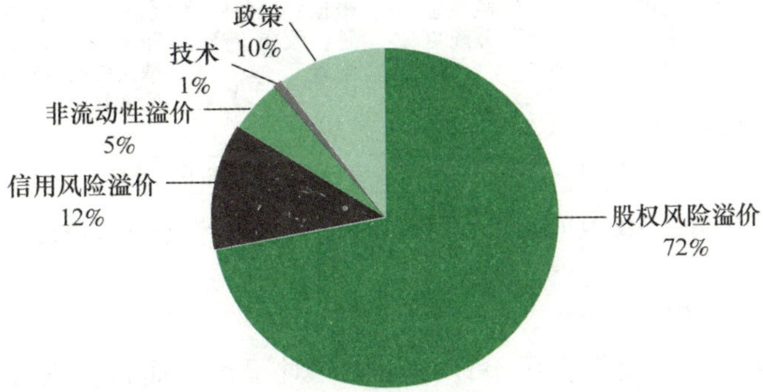

图 17　“默认案例”中代表性投资组合风险构成

（2）缺点。除方法学方面的局限性之外，这种方法的一个缺点在于，多数机构投资者的投资视野短于政策和实际气候风险实现的预期时间框架。书面意义上的气候风险往往比较严重，但在当前投资框架的短期聚焦范围内，气候风险不一定会导致资产配置方面的重大改变（Axa，2014）。

应用。报告发表一年后，Mercer（2012）对参与研究的 14 家机构进行了调查。结论之一是，半数参与者决定在未来的风险管理和/或战略资产配置中纳入气候变化方面的考虑，而 40% 的参与者尚未做出决定，还有一家机构不打算进行任何改变（见图 18）。项目参与方对其参与战略做出的改变最为明显，表明资产配置和投资决策对于投资者来说并不总是解决气候变化问题的最有力工具。据我们了解，前面阐述的时间视野问题也是 FRR 计划在其配置战略中未能首次纳入环境和气候变化方面考虑的原因。很可能是由于投资决策和使命的时间视野问题，与气候变化相关的风险未被视为严重风险，因此决策者未将其纳入考虑范围。在 FRR 个案中，这可以解释为何项目组决定结束对这些方法学的研究工作。

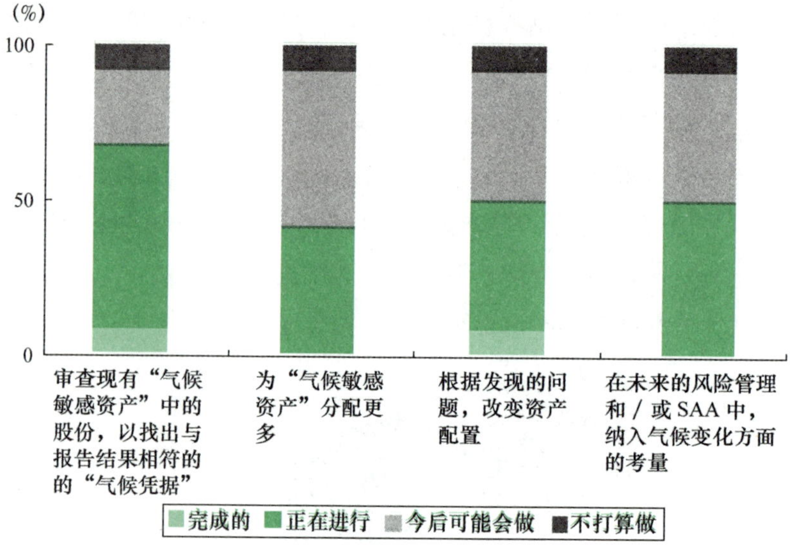

图 18　MERCER 风险分析后的“实地测验”参与者变化

3. 银行风险评估

（1）方法。与投资组合风险评估相似，对于银行而言，碳和气候风险评估是有限的。绿色欧洲基金会（GEF）于 2014 年发表了关于这一议题的唯一一项主要研究。结果表明影响水平有限，具体包括：欧洲银行部门总资产损失 0.4%，欧洲养老金基金部门损失 2.5%。有趣的是，欧洲的机构投资者之间存在着较大差异，比如说英国的大学养老金计划损失略高于 7%。除本报告外，瑞银集团（UBS）启动了一项内部审查以对银行部门的气候和碳风险进行压力测试，审查仍在进行中。该项压力测试主要关注银行机构面临的气候风险，但同时也评估碳风险。关于该项审查所采用的方法论模式，目前没有公开资料（UBS，2014）。

（2）缺点。关于绿色欧洲基金会的研究，其分析仅限于与化石燃料相关的碳风险而并未考虑其他部门（如电力、运输等部门）。此外，正如该项研究所确定，以短期时间视野来看，金融机构面临的风险未达到严重水平。对于投资者而言，报告结论认为，所计算出的损失相当于整体股市一个月期间的正常发展动态。

（3）应用。除瑞银集团之外，未见有其他金融机构或政策制定者对该方法的应用。然而，随着联合国环境规划署金融行动机构针对碳资产风险进行的大量研究工作，可以合理预期的是，未来几年将进行新的实地测验。

（三）对平行研究流派的意义

由2°投资倡议为国际可持续发展研究所书写的本报告，是更广泛的关于“绿化中国的金融系统”的集中研究的一部分。以下重点介绍关于本报告研究课题与其“姊妹”研究课题之间的关联性。

保险部门监管：碳（及气候）风险方面的考虑很可能成为未来保险监管的一个关键部分。本报告尤为关注的问题是与环境相关的风险和机会。为保险商测量这些资产和投资组合层面风险的能力，很可能成为保险公司有效监管和有效执行的一个关键先决条件。

宏观审慎监管：本研究流派解决的是与碳密集型资产减损相关的金融系统潜在风险。同样，关于测量资产减损风险方面，与本报告的关键关联性也有体现。

货币政策：本研究流派关注的是已在其使命中纳入环境和社会政策目标的各央行和监管机构的国际经验。旨在促进“气候友好型”投资组合和目标设定的激励机制将依赖于相关的方法学。

开发债券市场：本研究聚焦的是旨在鼓励环境可持续活动借贷的债券市场开发方面的支持政策，尤为关注绿色债券。本报告中涵盖了气候债券方面的研究，这是对资本从棕色资产重置到绿色资产的一种支持方式，具体关注的是如何界定“绿色”资产。

三、趋势与后续步骤

未来几年，预期将出现一些关键发展动态，包括用于测量气候绩效和风险的方法学及其应用，以及更广泛的框架。

（一）气候绩效和风险框架演变

未来两年，气候绩效和风险框架很可能出现重大演变。

关于风险评估方面，取得了一些进展。

• 碳追踪计划（Carbon Tracker Initiative）带来的一阵热潮触发了对“搁浅资产”进行研究的一种竞争形式并带动了其他一些非政府组织（如 CERES）、大学（如牛津大学史密斯商学院“搁浅资产计划”）以及卖方研究机构（如 Kepler-Cheuvreux 和 HSBC）。美国和欧洲的一些基金会目前正在规划以数百万美元的资金花费数年时间对这些课题进行研究，目的是制定概念框架、量化新部门面临的风险，并且让金融部门参与进来。

• 《温室气体议定书》、联合国环境规划署金融行动机构以及 JP Morgan-Chase 将于 2014 年 9 月发表一份关于“碳资产风险”评估方面的指南草案。这一倡议的预期结果是，2015 和 2016 年可以获得更进一步的发展和进行更多的实地测验。一些主要金融机构正在积极参与工作组的工作[①]。

• Mercer 正在规划在 2014 和 2015 年与一些投资者合作以更新其风险为基础的方法学框架，并且考虑将分析工作扩展至部门方面的考虑。

关于气候绩效方面，也取得了一些进展。

• 世界资源研究所（WRI）、发展规划委员会（CDP）和世界自然基金会（WWF ill）正在制定一个指南文件并将于 2014 年底之前发表，从而帮助企业确定具有科学性和可信性的温室气体减排目标。

• 如上所述，正在计划执行一些倡议项目以有助于融资项目排放核算的

---

① 参与者包括美国银行、摩根大通、瑞银集团、美国花旗银行、美国富国银行、德意志银行、意大利联合信贷银行、法国巴黎银行、法国兴业银行、美国道富银行、卡尔弗特新兴欧洲可持续发展基金、英国保诚集团以及德国安联集团。

标准化工作，包括将由联合国环境规划署金融行动机构/《温室气体议定书》制定的一项全球性倡议以及由 ADEME 拟将制定的法国倡议。

• 自 2015 ~2017 年，由 2°投资倡议带头的 12 家组织联盟（大学、股票研究公司、指数供应商等）将与一些投资者、银行和政府机构合作，微调并扩展将投资需求转化为融资和配置目标这一工作①。该项目将制定一种方法学，以测量金融资产和金融投资组合与气候及相关投资情景之间的一致性，从而解决相关的数据需求并在该方法学基础上打造金融产品（如指数、投资组合优化工具）。

（二）自愿承诺与目标设定

要求投资者和银行根据气候目标调整其投资活动的呼声越来越高。在 CPI 报告结论和 IEA 路线图的基础上，以美国为基地的 CERES 组织在 2014 年向联合国总部提交了一份报告，建议机构投资者设定目标，将其投资组合的 5% 配置到清洁能源方面（Fulton/Capalino，2014），而基于定义，估计目前这一比率仅为 1% ~2% （见图 19）②。应当注意的是，这些数据主要属于大概的预估值，用于公众交流而不是符合科学标准的学术研究结果。然而，这些建议似乎吸引了气候政策制定者的注意，甚至导致了目标的野心“膨胀”，例如 2014 年 7 月，身为 COP21 主持人的法国外交部长 Laurent Fabius 号召“2020 年将绿色资产的标准投资组合配置目标设定为 10% 而不是今天的 1%”（le Figaro，2014）。在这一背景下，围绕着 COP21 将会有很多辩论，呼吁金融机构结为伙伴，从而为转型提供资金以实现一个 2°C 世界。

（三）对金融公共政策的潜在意义

当前的趋势日益指向将金融政策和监管框架调动起来作为工具，从而驱

---

① 该联盟包括 2°投资倡议、世界自然基金会、发展规划委员会、气候债券倡议、开普勒资本市场、苏黎世大学、SMASH 以及法国的法兰克福学派。该联盟已获得一些公共和私营金融机构的批准，包括法国和德国的政府部门，以及一些非政府组织和学术机构。该项目仍处于融资阶段，投资者包括欧洲委员会和其他一些国际基金赞助者。

② 这种假设具有很大的局限性，比如说如何测量与主权债券投资相关的“绿色”配置这种问题，或者说如果投资对象的足迹尚不清晰这种情况。

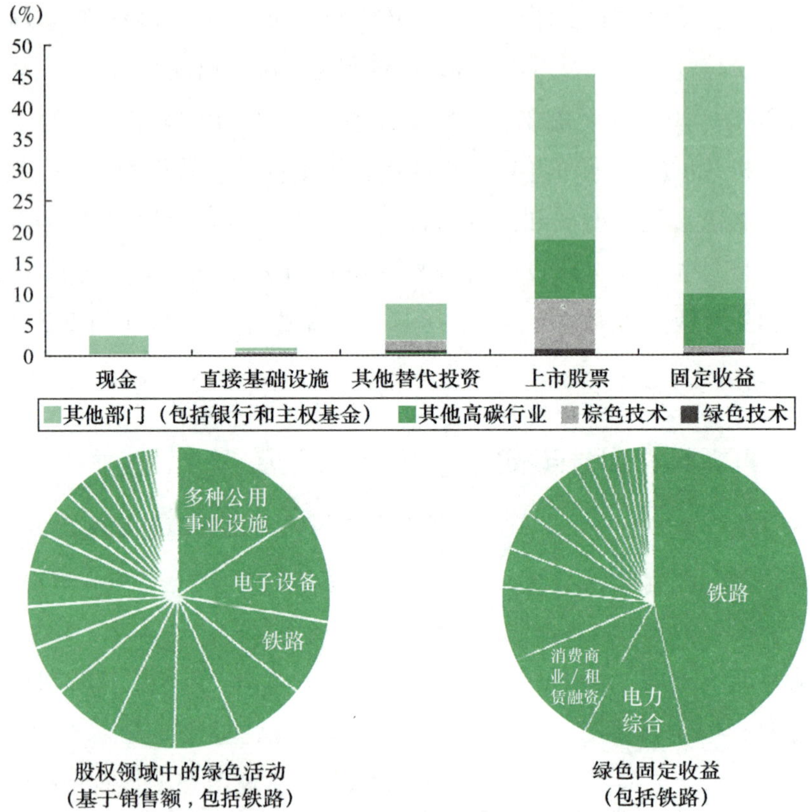

图 19　代表性机构投资者的投资组合中绿色和棕色资产现有配置

资料来源：2°投资倡议估值，基于 MSCI ESG 提供的研究数据（2014）。

假设和类别：MSCI ESG 研究提供的绿色创新者清单是用于按主题收入（企业绿色配置百分比）来估算主要指标中绿色活动所占比重。在个案中，CAC 40、Stoxx 600、S&P 500、Dax 30、FTSE 100、MSCI World 以及 MSCI ACWI 均未有重复出现。用于环境创新者的五大类别中，只保留了绿色建筑、替代能源和清洁技术，而可持续水资源和污染预防则忽略不计。采用的部门分类法是 GICS－4（次产业），与 ISIC 和 NAICS 相匹配。铁路部门被评为 100% 绿色，不论其来自 MSCI 的主题收入属于何种类别。棕色技术主要是石油天然气和煤炭企业，而其他一些高碳部门是指其能效挑战配置较高的其他部门。

使资本为低碳经济转型提供资金。在这一背景下，不仅对于信息披露和报告透明度的关注更高，并且指标的精细化水平也足以应用于定向激励机制。表 2 是对现有金融政策工具的回顾，这些工具可能用于嵌入气候缓解目标或碳风险评估目标。一个具体的例子是目前欧盟关于修订《职业退休条款制度（IORP）指令》的建议。该建议书第 29 条要求针对这些制度进行气候应力测试。然而，如果没有相关的应力测试框架，该条款在执行过程中将面临重大障碍。

表 2　将“绿色金融”纳入全面考虑的潜在政策工具

类　型	工　具	举　例
货币政策工具	碳环节政策工具	“创建可作为央行合法储备的碳资产”
	抵押框架	“通过抵押框架区别治理提高‘绿色’资产流动性”
金融法规	压力测试	“将碳风险纳入压力测试框架”
	资本储备要求	“在资本储备要求下扩展保险公司的投资组合匹配范围”
	借贷指南	“制定将环境考虑和风险纳入投资过程的指南”
	借贷授权	“确定‘高危害’”部门的借贷限制
	抵押市场	“在抵押起始框架内为气候友好型房屋所有权提供激励机制”
	碳市场	“在监管保护下设计碳市场以保证透明度”
	基准	“执行主流指标的‘多样化评估’并强化相关报告制度”
	信用评级原则	“强化关于碳风险报告的规定”
公共激励机制	税收激励机制	“为投资于低碳资产的存款利率和养老金基金利益提供税收激励”
	大众银行	“撬动大众银行以增加私营部门的‘绿色’资产投资”
核算与信息披露	开发新指标	“投资于开发并采用更精细化的碳指标以反映气候友好性和碳风险问题”
	KIDs 治理原则	“将气候友好性及碳风险指标纳入 KIDS 计划”

资料来源：2°投资倡议（2013）。

四、中国背景下的意义

本文的关注点是一种环境报告制度，亦即与气候变化相关的环境报告制度。在这种关注的基础上，就可对概念框架进行详尽描述，也可详细介绍关于方法学及其应用方面的最新进展，以及尚存挑战和预期发展。虽然已选定关注点，仍需强调的是，这种分析活动可以扩展至各种类型的环境核算和方法学。本章将回顾这种分析对于中国政策背景的潜在意义。

（一）对实施绿色信贷指南的意义

关于绿色信贷指南以及企业环境信用评估的现有评估框架与国际实践是

一致的。与此同时，该评估框架面临着一些挑战。首先，关于提供量化指标方面，该框架可提供改善空间。其次，该框架不提供关于银行部门与中国政府环境政策目标一致性方面的量化信息。第三，关于如何在政策框架内纳入这些指标，仍有一些途径有待探索。

为了使中国的政策制定者能够测量中国银行部门的业务活动与环境政策目标之间的一致性并制定相关的政策激励机制，我们建议首先应当制定新的指标，在此基础上中国政府可测量“五年规划”中银行贷款账目与投资者投资组合之间的一致性①。制定这种指标的目的是测量银行的金融活动与中国的环境政策目标之间的一致性。特别是可以关注对“两高一低”和战略性产业的投资，并且关注这些投资是否与政策路线相背离。本研究项目可与现有国际研究项目特别是欧洲的研究项目挂钩②，或者也可独立运行。本研究项目的任务目标是为政策制定者、监管者、银行官员和投资者提供一个总控指标。

与该指标相关的结果是，报告制度和信息披露水平得到了改善。另一方面，应当对企业报告制度指南进行更新以促进采用新指标。同样，中国政府可采用这一指标报告中国的金融部门在与政策目标协调一致方面的进展。

除报告制度框架方面发生的变化外，该指标也可用于与其应用相关的直接激励机制，这一点可通过省级层面的实地测验进行测试。这些激励机制可用于调整“绿色”储蓄账户的利率条款（在这些指标基础上确定）、针对金融机构制定的“最佳表现”财政激励机制，也可用于调整企业环境信用评估的评分系统，并在借贷账目指标的基础上为表现优秀者提供信用中介。除为商业金融机构制定政策激励机制外，对于本建议书的直接政策性应用依赖于强制要求中国的政策性银行采用。这样首先可以确保其活动与政策目标之间的一致性，其次也可作为“实地测验”建议由中国的商业国有银行采用。

① 由于当前的“五年计划”将于2015年结束，提出这一条政策建议的前提是“十三五”计划的时间框架为2016～2020年。假设这一评估框架并不依赖于五年政策规划，但同样适用于针对市场开发的“转型路线图”。以气候变化为背景，这方面的范例是IEA“世界能源投资展望”，其中分别描绘了2035和2050年的能源技术和投资路线图。

② 在欧洲，以2°投资倡议为首的联盟正在规划于2014年11月启动一个研究项目，该项目将制定一个欧洲评估框架以使和金融机构测量其投资组合与气候目标之间的一致性。

（二）与“绿色金融”相关的财务风险

中国建立可持续增长模型的途径在于经济模式的转型。正如2°投资倡议报告的姊妹课题中所概述（参见“搁浅资产风险与机会”），要确保以低成本顺利转型将面临一个巨大挑战。尤其是所谓的“搁浅资产”可能会产生成本。“搁浅资产”被定义为“因非预期或提前划减、贬值或负债转换而遭受损失的资产。”在中国的背景下，这种资产尤其可能出现在“两高一低”行业（高能耗、高污染、低产出行业）。上面提出的较好的风险指标可用于管理这些风险并为国家能源委员会的一些相关机构提供降低风险方面的政策指南，尤其是为国土资源部、住房和城乡发展建设部以及环保部。

（三）资产管理行业的发展

在中国推动资产管理行业发展的背景下，关键是要避免欧美资产管理行业由于依赖高碳金融产品而产生的“遗留”成本。这些遗留成本的一个关键组成部分就是基准股指和债券指数，尤其是作为行业配置指南的市值加权股指，其与市场多样化和低碳转型路线图并非协调一致①。发展中行业同时也是开发环境友好型替代产品的窗口机会，这些替代产品与政策目标相关联并且享受公共部门激励机制，而欧美开发的这类产品则相反。

因此在资产管理行业的发展背景下，可以授权中国主要的股票交易所（如上海股票交易所）开发一个可投资股指系列，整体上以及在各个组分基础上，与中国的环境政策目标相一致。由于COP21的良好势头和推进力，最近几个月欧洲已经开发了一些此类“气候相关”指数。尤其是着眼于即将到来的COP21，通过提供投资工具等政策相关指标，中国可以将其资产管理行业置于类似的“脱碳化”轨道之上。同样，指数可与股交所要求的相关信息披露相关联，既包括气候相关指数也包括非气候相关指数，以及与这些指数的应用相关的潜在政策激励机制。

---

① 2012年，石油天然气部门在主要市值加权指标（S&P500，FTSE100，MSCI World，Stoxx600）的资本总支出中的比重为30%～45%，而它在全球所有上市股票中约占10%。2°投资倡议（2014）《碳偏见：基准投资对于长期和气候金融的意义》。

参考文献

[1] degrees investing initiative （2013a） . From Financed Emissions to Long-Term Investing Metrics： State-of-the-Art Review of GHG-Emissions Accounting for the Financial Sector. Retrieved 10 21， 2014， from http： //2degrees-investing. org/.

[2] degrees investing initiative （2013b） . Is the Exposure of Institutional Investors to Fossil-Fuels Assets a Breach of Their Fiduciary Duty. Retrieved 10 21， 2014， from http： //www. 2degrees-investing. org/IMG/pdf/landscaping_ carbon_ risk_ v0. 2. pdf.

[3] degrees investing initiative （2013c） . Mobilising Private Capital for Climate-Friendly Investments： The Role of Financial Regulatory Regimes. Retrieved 10 21， 2014， from http： //www. 2degrees-investing. org/.

[4] AXA. （n. d. ） . （2. d. investing， Interviewer） .

[5] Barclays / Accenture （2011） . Carbon Capital-Financing the Low Carbon Economy. Retrieved 10 21， 2014， from http： //www. accenture. com/SiteCollectionDocuments/PDF/Accenture_ Barclays_ Carbon _ Capital. pdf.

[6] Bloomberg New Energy Finance （2014） . Global Trends in Renewable Energy Investment 2014： Key Findings. Retrieved 10 21， 2014， from http： //www. unep. org/pdf/Green_ energy_ 2013-Key_ findings. pdf.

[7] Bloomberg New Energy Finance （2013） . The Future of China's Power Sector. Retrieved from http： //about. bnef. com/white-papers/the-future-of-chinas-power-sector/.

[8] Brookings Institute （2013） . The Chinese Financial System. Retrieved 10 21， 2014， from http： //www. brookings. edu/ ~/media/research/files/papers/2013/07/01% 20chinese% 20financial% 20system% 20elliott% 20yan/chinese% 20financial% 20system% 20elliott% 20yan. pdf.

[9] Carbon Tracker Initiative / Grantham Research Institute （2014） . Wasted Capital and Stranded Assets. Retrieved 10 21， 2014， from http： //carbontracker. live. kiln. it/Unburnable-Carbon-2-Web-Version. pdf.

[10] Carbon Trust / McKinsey （2008） . Climate Change-A Business Revolutions. Retrieved 10 21， 2014， from https： //www. carbontrust. com/media/84956/ctc740-climate-change-a-business-revolution. pdf.

[11] Carbontracker （2014） . Carbon Supply Cost Curves： Evaluating Financial Risk to Oil Cpaital Expenditures. Retrieved 10 22， 2014， from http： //www. carbontracker. org/report/carbon-supply-cost-curves-evaluating-financial-risk-to-oil-capital-expenditures/.

[12] Ceres. （2014） . Cool Respone： The SEC Corporate Climate Change Reporting. Retrieved 10 21， 2014， from http： //www. ceres. org/resources/reports/cool-response-the-sec-corporate-climate-change-reporting.

[13] Citi Research. （2013） . The Unimaginable： Peak Coal in China. Retrieved 10 22， 2014， from https： //archive. org/stream/801597-citi-the-unimaginable-peak-coal-in-china/801597-citi-the-unimaginable-peak-coal-in-china_ djvu. txt.

[14] Climate Bonds. （2014） . Taxonomy of Corporate Bonds. Retrieved 10 21， 2014， from http： //www. climatebonds. net/standards/taxonomy.

[15] Corporate Knights. （2014） . The Magazine for Clean Capitalism. Retrieved 10 21， 2014， from http： //www. corporateknights. com/.

[16] CPI. （2013b） . Landscape of Climate Finance. Retrieved 10 21， 2014， from http： //climatepolicyinitiative. org/wp-content/uploads/2011/10/The-Landscape-of-Climate-Finance-120120. pdf.

[17] CPI. (2013a). The Challenge of Institutional Investment in Renewable Energy. Retrieved 10 21, 2014, from http://climatepolicyinitiative.org/wp-content/uploads/2013/03/The-Challenge-of-Institutional-Investment-in-Renewable-Energy.pdf.

[18] CPI. (2013). The Global Landscape of Climate Finance 2013. Retrieved 10 21, 2014, from http://cnsnews.com/sites/default/files/documents/The-Global-Landscape-of-Climate-Finance-2013.pdf.

[19] Credit Suisse / WWF. (2011). Transition to a Low Carbon Economy: The Role of Banks. Retrieved 10 21, 2014, from http://www.longfinance.net/images/reports/pdf/cs_lowcarbon_2012.pdf.

[20] ECN & PNL. (2011). Verkenning Van Routes Naar Een Schone Economie in 2050. Den Haag.

[21] Ernst and Young. (2013). Benchmarking European Power and Utility Asset Impairments. Lessons from 2012. Retrieved 10 22, 2014, from http://www.ey.com/Publication/vwLUAssets/Benchmarking_European_power_utility_asset_impairments/$FILE/Benchmarking_European_PU_21_June%202013_DX0192.pdf.

[22] European Commission. (2014). Packaged Retail Investment Products Directive.

[23] Financial Times. (2014). Norway Spurs Rethink in Fossil Fuel Companies. Retrieved 10 21, 2014, from http://www.ft.com/cms/s/0/4b1c89dc-a313-11e3-ba21-00144feab7de.html.

[24] Frankfurt School / BNEF. (2014). Global Renewable Energy Investment Trends 2014. Retrieved 10 21, 2014, from http://www.unep.org/pdf/Green_energy_2013-Key_findings.pdf.

[25] FRR. (2009). Comment Prendre en Compte l'Environnement dans la Politique d'Investissement du FRR. Retrieved 10 21, 2014.

[26] Fulton / Capalino. (2014). Investing in the Clean Trillion: Closing the Clean Energy Investment Gap. Retrieved 10 21, 2014, from http://www.ceres.org/resources/reports/investing-in-the-clean-trillion-closing-the-clean-energy-investment-gap-executive-summary.

[27] GEF / Profundo. (2014). The Carbon Bubble: The Price of Doing Too Little, Too Late. Retrieved 10 21, 2014, from http://reinhardbuetikofer.eu/wp-content/uploads/2014/03/GND-Carbon-Bubble-web1.pdf.

[28] Go Fossil Free. (2014). Divestment Commitments. Retrieved 10 21, 2014, from http://gofossilfree.org/commitments/.

[29] Greenpeace. (2012). Energy (R) evolution. Retrieved 10 21, 2014, from http://ec.europa.eu/energy/nuclear/forum/opportunities/doc/competitiveness/2008_09_16_energy_revolution_2009.pdf.

[30] Group of Thirty. (2013). Long-Term Finance and Economic Growth. Retrieved 10 21, 2014, from http://www.group30.org/images/PDF/Long-term_Finance_hi-res.pdf.

[31] HSBC. (2012). Coal and Carbon: Stranded Assets-Assessing the Risk. Retrieved 10 21, 2014, from http://divestum.files.wordpress.com/2013/02/hsbc-coal-report-summary.pdf.

[32] IBD. (2013). The Role of National Development Banks in Catalyzing International Climate Finance. Retrieved 10 21, 2014, from http://www.adfiap.org/wp-content/uploads/2013/04/IDB-The_Role_of_National_Development_Banks_in_Catalyzing_International_Climate_Finance-2013.pdf.

[33] IEA. (2012a). Energy Technology Perspectives. Retrieved 10 21, 2014, from http://www.iea.org/publications/freepublications/publication/EnergyTechnologyPerspectives_ES.pdf.

[34] IEA. (2014). World Energy Outlook Special Report Investments. Retrieved 10 21, 2014, from http://www.iea.org/publications/freepublications/publication/weio2014.pdf.

[35] Lafarge Group. (2004). Sustianability Report. Retrieved 10 21, 2014, from http://www.lafarge.fr/06142005-publications_sustainable_development-Lafarge_sustainable_report_2004-uk.pdf.

[36] LBNL & China Energy Group. (2011). China's Energy and Carbon Emissions Outlook to 2050. Retrieved 10 22, 2014, from http://china.lbl.gov/sites/all/files/lbl-4472e-energy-2050april-2011.pdf.

[37] Le Figaro. (2014). Dereglement Climatique: L'Appel de Fabius. Retrieved 10 21, 2014, from http://www.lefigaro.fr/flash-eco/2014/07/06/97002-20140706FILWWW00141-dereglement-climatique-l-appel-de-fabius.php.

[38] Marriage, M. (2014). Nordea Reveals Carbon Footprint of Funds. Retrieved 10 22, 2014, from Financial Times: http://www.ft.com/intl/cms/s/0/45b13d08-fdf4-11e3-acf8-00144feab7de.html#axzz3GnZj8kiC.

[39] McKinsey Global Institute. (2011). Farewell to Cheap Capital. Retrieved 10 21, 2014, from http://www.mckinsey.com/insights/global_capital_markets/farewell_cheap_capital.

[40] Mercer. (2010). Climate Change Scenarios-Implications for Strategic Asset Allocation. Retrieved 10 21, 2014, from http://www.calpers.ca.gov/eip-docs/about/video-web-center/videos/pension-investments/mercer-study-allocation.pdf.

[41] Mercer. (2012). Through the Looking Glass: How Investors Are Applying the Results of the Climate Change Scenarios Study. Retrieved 10 21, 2014, from http://www.ifc.org/wps/wcm/connect/df5b210049f05559b354ff21a6199c1f/How_investors_are_applying_climate_change.pdf?MOD=AJPERES.

[42] MSCI. (2014). MSCI ESG Research Methodology.

[43] National Grid. (2014). UK Future Energy Scenario. Retrieved from http://www2.nationalgrid.com/uk/industry-information/future-of-energy/future-energy-scenarios/.

[44] Natural Resources Canada. (2000). The Energy Technology Futures Project: Scenarios to 2050.

[45] Novethic Research. (2013). Choosing to Measure the ESG Performance of Investments. Retrieved 10 22, 2014, from http://www.novethic.fr/fileadmin/user_upload/tx_ausynovethicetudes/pdf_complets/2013_ESG_indicators_study.pdf.

[46] OECD. (2012). Defining and Measuring Green Investments: Implications for Institutional Investors' Asset Allocations. Retrieved 10 21, 2014, from http://www.oecd.org/pensions/WP_24_Defining_and_Measuring_Green_Investments.pdf.

[47] OECD. (2013). Promoting Long-Term Investment by Institutional Investors: Selected Issues and Policies. Retrieved 10 21, 2014, from http://www.oecd.org/pensions/private-pensions/48281131.pdf.

[48] OECD. (2012). Strategic Transport Infrastructure Needs to 2030. Retrieved 10 21, 2014, from http://www.oecd.org/futures/infrastructureto2030/49094448.pdf.

[49] OECD. (2012). The Role of Banks, Equity Markets and Institutional Investors in Long-Term Financing for Growth and Development. Retrieved 10 21, 2014, from http://www.oecd.org/finance/private-pensions/G20reportLTFinancingForGrowthRussianPresidency2013.pdf.

[50] Oxford University Smith School. (2013). Stranded Generation Assets. Retrieved 10 21, 2014, from http://www.smithschool.ox.ac.uk/research/stranded-assets/Stranded%20Generation%20Assets%20-%20Working%20Paper%20-%20Final%20Version.pdf.

[51] RAFP. (2014). ERAFP commissions the first carbon audit of its investments in listed equities. Retrieved 10 22, 2014, from http://www.rafp.fr/download.php?file_url=IMG/pdf/PR_Carbon_Audit_ERAFP.pdf.

[52] RAN (Rainforest Action Network). (2014). Bank of America. Retrieved 10 21, 2014, from ht-

tp：//www. ran. org/bank-america.

[53] Reserve Bank of Fiji. (2012) . Agricultural and Renewable Energy Loan Ratio-Press Release .

[54] SEC. (2010) . SEC Issues Interpretive Guidance on Disclosure Related to Business or Legal Developments Regarding Climate Change. Retrieved 10 21, 2014, from http：//www. sec. gov/news/press/2010/2010-15. htm.

[55] Solactive. (2014) . Green Bond Index .

[56] UBS. (n. d.) . (2. d. initiative, Interviewer) .

[57] WDM (World Development Movement) . (2014) . Dirty Money：Corporate greenwash and RBS coal finance. Retrieved 10 21, 2014, from http：//www. wdm. org. uk/dirty-money.

[58] World Economic Forum. (2012) . Measurement, Governance and Long-Term Investing. Retrieved 10 21, 2014, from http：//www3. weforum. org/docs/WEF _ IV _ MeasurementGovernanceLongtermInvesting_ Report_ 2012. pdf.

[59] World Economic Forum. (2011) . The Future of Long-Term Investing. Retrieved 10 21, 2014, from http：//www3. weforum. org/docs/WEF_ FutureLongTermInvesting_ Report_ 2011. pdf.

[60] World Energy Council. (2013) . World Energy Scenarios：Composing Energy Futures to 2050. Retrieved 10 21, 2014.

[61] WWF/Ecofys. (2011) . Energy Report. Retrieved 10 21, 2014, from https：//www. wwf. or. jp/activities/lib/pdf_ climate/green-energy/WWF_ EnergyVisionReport. pdf.

国际绿色金融案例

案例一　美国金融体系支持清洁能源发展现状、问题及启示

面对环境污染和气候变化的挑战，许多国家都面临如何从依赖化石能源到依赖清洁能源的转型[①]，毫无疑问，能源转型需要金融体系的支持。尽管美国拥有全球最发达的金融体系，但在为清洁能源项目提供融资支持方面，表现却差强人意。究其缘故，既有金融体系自身的原因，也有外部环境欠佳、政策措施不到位等金融体系以外的原因。分析美国金融业在支持清洁能源方面存在的诸种问题，对我国绿色金融的发展能够带来有益的启示。

（一）美国金融体系支持清洁能源发展现状

1. 美国清洁能源投资面临巨大融资缺口

进入21世纪以来，全球清洁能源投资整体呈现上升态势。根据彭博新能源财经（BNEF）发布的数据，2004年全球清洁能源投资总额在600亿美元左右，2016年跃升为2875亿美元，13年时间增长近5倍。不过，在全球清洁能源投资整体上升的背景下，美国的清洁能源投资却显得相对波澜不惊。

2008年美国还是全球清洁能源投资最大的国家，2009年被中国超越。其后经过一轮反复，自2012年直到2016年，中国代替美国连续几年居于全球清洁能源投资第一大国之位。其中，2016年中国清洁能源投资总额达到878亿美元，远高于美国的586亿美元。具体见表1所示。

---

① 本文所讨论的清洁能源主要是指太阳能、风能、地热等可再生能源。

表 1　　近年来中美清洁能源投资额对比　　单位：亿美元

年　份	美国投资额	中国投资额
2011	559	474
2012	530	638
2013	484	613
2014	518	895
2015	560	1105
2016	586	878

资料来源：历年彭博新能源财经（BNEF）：《清洁能源报告》。

是什么因素影响了美国清洁能源投资未能稳步增长？许多人将最大的阻碍因素归咎于融资能力的严重不足①。确实，美国清洁能源的投资需求和融资能力之间存在巨大缺口。根据联合国环境规划署（UNEP）在 2016 年发布的报告，2005 ~2014 年间，美国清洁能源的平均年度投资金额为 440 亿美元，而投资需求则高达 4420 亿美元，实际投资金额不足投资需求的 10%。如果以化石能源的使用量在未来 20 年内减少 40% 作为分析情境进行预测，美国清洁能源的年度投资缺口高达 1520 亿美元②。

2. 现有金融体系未能为清洁能源发展提供稳定的资金支持

一般来说，清洁能源的融资渠道主要包括资产融资、公开市场融资、VC/PE融资、小容量分布式电源项目融资，以及政府、公司的研发费用融资等。不同的融资渠道适用于投资的不同阶段。目前美国清洁能源投资中综合运用了上述多种融资渠道。不过，各类融资渠道有一个共同特点，即年度融资额波动均很大，换句话说，清洁能源项目的融资来源缺乏充分的稳定性。具体如表 2 所示。

（1）资产融资，指利用企业资产负债表中的资产来获得融资，包括利用某项资产向银行进行抵押贷款，或者针对某种设备进行融资租赁。2014 年，美国清洁能源融资来源的 40% 来自于资产融资，可谓是最大的融资渠道，但

---

① 例如，在 2015 年 7 月举行的白宫清洁能源投资峰会上，时任美国能源部长莫尼兹认为：“目前，应对气候变化的最大挑战就是清洁能源融资难。政府正努力吸引各界投资。”

② UNEP, ALIGNING THE FINANCIAL SYSTEM WITH SUSTAINABLE DEVELOPMENT IN THE UNITED STATES OF AMERICA INQUIRY，Jan. 2016。

表 2　　2014 年美国清洁能源融资结构

融资渠道	融资金额（亿美元）	占　比
资产融资	180	40. 18%
公开市场融资	106	23. 66%
VC/PE	33	7. 37%
小容量分布式电源融资	129	28. 79%
合　计	448	100. 00%

资料来源：UNEP，ALIGNING THE FINANCIAL SYSTEM WITH SUSTAINABLE DEVELOPMENT IN THE UNITED STATES OF AMERICA INQUIRY，Jan. 2016。

在 2005 ~ 2014 的 10 年间，资产融资的金额波动颇大，平均为 234 亿美元，顶峰是 2011 年的 460 亿美元，低谷 2014 年仅为 180 亿美元。

（2）公开市场融资，指通过多层次资本市场进行的股票融资，包括首次公开发行（IPO）以及通过二级市场、可转换债券等方式进行的再融资。2014 年通过公开市场进行的清洁能源融资为 106 亿美元，占全部融资来源的 24%。不过，在两年前的 2012 年，清洁能源的公开市场融资只有区区 15 亿美元。

（3）风险资本和私人股权基金（即 VC/PE）。美国的 VC/PE 行业十分发达，但在清洁能源投资领域发挥的作用却很有限。在 2005 ~ 2014 的 10 年间，清洁能源投资中来自 VC/PE 的比例在 2008 年达到最高点，但也只有 69 亿美元，2014 年更是只有 33 亿美元，在全部融资来源中占比 7%。

3. 税收优惠政策成为吸引金融市场投资者进入清洁能源领域的最重要驱动力

从金融市场角度看，清洁能源项目对投资者最大的吸引力来自美国联邦政府提供的相关税收优惠政策。具体来说有以下三种。

（1）加速折旧。清洁能源项目往往要求巨额资本投入。对于资本投资者而言，折旧期越短，意味着能够从当期收入中抵扣的投资额越多，税收负担因而得以减轻。根据美国当前联邦税法，允许清洁能源资产按照 5 年期计提折旧，这远远超过资产本身通常 20 年甚至更长的使用期限。

（2）投资金额的税收扣减。2017 年之前，对于太阳能、小型风电等项目，美国税法允许在项目投资成本 30% 的比例内进行税收扣减；其他清洁能源技术的投资税收扣减额为 10%。不过，自 2017 年 1 月 1 日以后，所有清洁能源项目的投资税收扣减额统一为 10%。

（3）产量的税收扣减。美国税法允许针对清洁能源生产出来的电力进行一定比例的税收扣减。例如，根据现行规定，利用风能等清洁能源生产出来的电力在运营的首个 10 年间可以获得每兆瓦时 22 美元的税收扣减。

对于那些税收负担很重的投资者而言，美国联邦政府针对清洁能源项目所提供的税收优惠政策很有吸引力，一些大的银行、保险公司和利润率很高的大公司，也因此成为过去十多年来美国清洁能源项目的重要资金提供者。

（二）美国金融体系支持清洁能源发展中存在的问题

美国拥有全球最发达的金融体系，不过，令人略感意外的是，近年来在不少地区兴起的绿色金融，在美国的发展却并不十分突出，美国金融体系在支持清洁能源方面的表现也并不尽如人意，清洁能源领域存在的巨大投融资缺口就是明证。

影响金融体系在美国清洁能源投资领域扮演更重要角色的因素十分复杂，既有外因，也有内因。这里重点强调以下几个方面。

1. 美国联邦政府对清洁能源发展的态度和政策导向存在很大的不确定性，不利于金融市场形成正确的预期并采取积极的行动

能源转型这一战略任务，无论从其重要性还是复杂性来看，都不是单靠市场机制的力量就能独立承担的，需要政府的高度介入。政府介入的方式，一方面包括明确清晰的态度，以便向市场传递正确的信号；另一方面则包括持续一致的政策，以激励市场采取正确的行动。无论在激发市场的“知”方面，还是激励市场的“行”方面，美国政府离清洁能源发展的要求还离得很远。

具体来说，清洁能源发展面临的首要问题是如何与传统的化石能源展开竞争，包括在争取市场资源和政府支持方面的竞争。尽管自 1973 年石油危机之后美国就开始逐渐重视清洁能源的发展，但更多是出于能源独立的考虑，而不是环境保护的考虑（朱彤，2016）[①]。由于较少从环保和气候变化等可持续发展角度考虑清洁能源问题，再加上化石能源行业拥有强大的实力和游说

① 朱彤：“德国与美国当前能源转型进程比较分析”，《国际石油经济》，2016 年第 5 期。

能力，美国历届政府对清洁能源投资的重视程度前后并不一致。例如，奥巴马政府重视气候变化问题，任内出台了不少有利于清洁能源发展的政策，并带领美国签署加入了为2020年后全球应对气候变化行动作出安排的《巴黎协定》。不过，新上任的特朗普总统对气候变化议题则表现出消极的态度，已经签署行政令，推翻奥巴马的"清洁能源计划"，撤销减少新建燃煤电厂二氧化碳排放的规定，甚至屡次威胁要退出凝聚了全球共识的《巴黎协定》。联邦政府前后不一的态度，势必对清洁能源投资带来阴影。

美国政府对清洁能源态度的不确定影响了政策的不确定。主要体现在两个方面：一是化石能源行业受到巨额补贴。据统计，美国油气行业和煤炭行业每年接受的各类税收补贴金额分别高达93亿美元和15.5亿美元①。高额的化石行业补贴显然与发展清洁能源的政策背道而驰。二是有关新能源税收优惠政策是否可持续存在不确定性。例如，美国有关清洁能源产量税收扣减的政策是1992年引入的，其后的政策效力一直是以频繁延期的方式实现的，每次政策的延期，都面临很多争议，甚至还出现过由于政策更新不及时而导致投资者受损的情况。

正是由于美国政府未能就清洁能源的发展给出明确而前后一致的态度及持续的政策框架，导致金融市场无法形成明确而一致的预期，从而影响了对清洁能源融资的各种投入。相比之下，不少研究认为，欧洲地区政府整体上对清洁能源和可持续发展更为重视，因此欧洲金融机构相比美国金融机构在对绿色金融产品和服务的开发应用方面，起步更早，投入更多②。一个例证是，在美国清洁能源融资市场上，非政府贷款大部分由外国银行而不是美国本土银行提供。根据2010年的数据，美国清洁能源贷款市场主要包括26个经营者，其中只有6家是总部设在美国的银行（如花旗、摩根斯坦利等），其

① Metcalf, G., "Using Tax Expenditures to Achieve Energy Policy Goals," National Bureau of Economic Research, January 2008, available at http://www.nber.org/papers/w13753.pdf。

② 例如，联合国环境规划署2007年发布的报告认为，多数的欧洲银行相比北美银行，面临更严格的来自于公众和政府的环境检查，因而不断投入更多的时间、资源用于设计和开发环境金融产品和服务。资料来源：UNEP, FI "Green financial products and services: current trends and future opportunities in North Amercia", Aug. 2007, www.unepfi.org/fileadmin/documents/greenprods_01.pdf。

余都是欧洲银行[①]。不少人将外国银行相对更加活跃的现象归因于他们在清洁能源融资领域相比美国本土银行拥有更加丰富的经验。

2. 现行税收优惠政策效率偏低，受惠面较窄，无法产生充分的激励效果

目前美国的一些银行和机构投资者之所以愿意为清洁能源项目提供融资，最重要的驱动力是看重联邦政府实施的税收优惠政策所带来的额外价值。然而，时至今日，清洁能源税收优惠政策表现出来的低效甚至无效问题日益突出，严重影响了激励效果的发挥。

（1）能够享受实际税收优惠政策的企业相对有限。不管是投资税收扣减还是产量税收扣减，为了实现降低税收负担的目的，首先企业必须有盈利，只有净应纳税所得额为正，这一税收优惠政策才有意义[②]。而在资本密集型的清洁能源项目中，在实施加速折旧方式下，企业盈利比较困难，这限制了税收优惠政策的惠及面。

（2）税收优惠政策所吸引的投资者类型相对有限。税收优惠政策对那些有较高税收负担的机构有特别的吸引力，正因为如此，商业银行成为目前美国金融市场为清洁能源项目融资的主力。然而由于很多商业银行在 2008 ~ 2009 年国际金融危机中受到重创，可贷款或可投资资金明显减少，因而影响了对清洁能源项目的融资。

在美国金融市场上，一些主流的机构投资者（如养老基金、主权债务基金等）拥有更加稳定的长期资金来源，与清洁能源项目的融资需求更为契合，然而他们却很少参与清洁能源项目投资。其中一个重要原因在于这类机构本身往往享受很多免税待遇，税收负担不重，单靠税收优惠政策很难吸引其加入清洁能源投资领域。

现行税制问题突出体现在美国绿色市政债券市场的发展上。不少国家都在尝试借助绿色债券市场为清洁能源等绿色项目提供资金。在绿色债券的培育期，通过公共机构的示范发行为市场提供指导是一个重要的发展途径。由于美国拥有发达的市政债券市场，这意味着通过地方政府及其代理机构示范

---

① “Rrenewable Energy Project Finance in US: an Overview and Midterm Outlook”, https://www.greentechmedia.com/images/wysiwyg/reports/MintzLevin – FINAL.pdf。

② 所谓税收扣减，英文叫做 tax credits，指直接从企业应交的税额中扣减的部分。例如企业应交 100 元税款，如果税收扣减额为 20 元，则实际的税收负担为 80 元。

发行市政债券，有望在美国清洁能源项目融资中扮演重要角色。然而目前来看，美国绿色市政债券发行量很少。其中一个阻碍因素就在于税制。

美国市政债券对投资者最大的吸引力在于投资收益免缴联邦所得税，而这种免税的价值只对那些需要缴税的主体才有吸引力，对于养老基金、401（k）等退休账户持有人而言，其投资收益本来就无需缴税，因此回报率相对较低的市政债券对这些投资者而言没有什么吸引力。正因为如此，美国市政债券的投资者主要是个人、相互基金、财产保险公司等短期资金提供者，而不是养老基金等长期资本提供者。这也就意味着，在现行税制下，通过发行绿色市政债券来为清洁项目融资，缺乏充分的投资者基础。

3. 美国资本市场运行模式与清洁能源投资的特点并不匹配

尽管美国拥有高度发达的资本市场，但从当前运行模式看，资本市场还没有为清洁能源项目融资做好充分准备。主要体现为以下四点。

（1）资本市场往往存在决策短期化的倾向，更看重短期回报，对于气候变化等长期挑战还没有充分考虑。换句话说，气候变化风险及相关的环保政策行动尚没有充分“内部化”。

（2）资本市场投资者非常看重流动性要求，流动性高的资产往往具有高估值。然而，由于清洁能源项目十分复杂、面临很高的技术风险、投资回报期很长、参与者有限等原因，往往不能满足投资者对高流动性的要求。

（3）缺乏必要的金融基础设施。清洁能源行业历史不算悠久，缺乏有关投资项目以及投资结果的充分数据。投资者经常很难理解项目的真正意义以及潜在收益和风险状况，从而影响了对投资的判断。

（4）相关的金融创新尚缺乏法律支持。在美国传统的油气项目中，一种特殊的组织形式——业主有限合伙制（Master Limited Partnerships，MLP）① 被广泛应用，主要原因在于 MLP 具有有限责任、税率极低、灵活性强、相对回报率高等优势，对投资者，特别是个人投资者很有吸引力。目前美国不少金融中介机构都呼吁将 MLP 作为清洁能源项目的主要组织方式。然而，在现行

---

① MLP 是指一个有限合伙企业将有限合伙的税收优势及公开交易证券的流动性优势结合起来。有限合伙的税收优势是指 MLP 不会同时在公司和股东层面纳税，而只是将所有税收事务传递给份额持有人，由其在个人层面纳税，在法人实体上并不被征税。MLP 可以在公开交易所交易，以提高投资流动性，并吸引更多投资者。

法律下，MLP只适用于传统油气资源的开发，不能运用于风力、太阳能等清洁能源的开发项目中。

（三）对我国的启示

近年来我国清洁能源投资持续超过美国，我国绿色金融在绿色债券等细分领域的发展势头也超过了美国①，然而这并不意味着我国就可以高枕无忧。无论是化石能源向清洁能源的转型，还是支持这一转型的绿色金融体系的发展，对于中美两国以及世界其他国家而言，都是崭新的课题，都处于探索学习阶段。美国遇到的许多问题在我国也同样遇到。因此，美国的经验带给我国很多有益的启示。

1. 政府应向市场传递清晰明确而前后一致的信号

金融是市场体系的有机组成部分，金融市场参与者的行为依赖于清晰、稳定、可预期的公共政策。美国历届政府对能源转型前后不一的态度以及对化石能源采取的巨额补贴政策，不利于金融体系对清洁能源投资的支持。

在我国，绿色转型和绿色金融发展过程中也存在政策模糊和不一致之处。例如，在绿色债券的“绿色”界定方面，央行主导下的绿金委标准和发改委标准之间存在差异，而且两个标准缺少互认，对市场形成一定困扰。再比如，我国绿色发展并不完全排斥化石能源的使用。在此情况下，化石能源政策如何与清洁能源政策相互协调，如何把握好二者的度，需要特别注意。不解决这些关键问题，就无法避免政策的模糊性，也无法引导金融市场形成正确的预期。

2. 能源转型和绿色金融发展需要全方位的政策组合，不能单纯依靠财税激励

美国吸引金融市场支持清洁能源投资，主要依靠税收优惠政策；在我国，财政补贴是推动清洁能源投资的利器。然而，不管是在我国还是美国，单纯依靠财税激励都被证明是远远不够的②，必须依靠更加全面的政策组合。财税

---

① 根据气候债券组织2016年8月发布的气候债券年度报告，中国以2460亿美元的发行存量成为气候相关债券的最大发行国，占全球总量的36%，美国排在第二位，占16%。

② 例如，我国清洁能源发展过程中出现了不少骗取财政补贴的案例。

以外的政策包括：加大企业环境违法的惩罚力度；建立强制性的上市公司和发债企业环境信息披露制度；优化金融基础设施建设，降低投资者对绿色资产的“搜索成本”和信息不对称水平，增加绿色投资的吸引力；等等。

3. 鼓励资本市场创新，增强资本市场对能源转型的支持力度

在我国，发展迅速的绿色信贷、绿色金融债等均是以银行作为向实体经济的主要融资渠道，资本市场的作用远远没有发挥出来。相比之下，尽管现阶段美国资本市场对清洁能源投资的支持力度还很不够，但凭借其雄厚的实力以及创新精神，一旦解决了政府态度、法律框架等问题，绿色资本市场预计将发展非常快。这启示我们，在有效控制风险的前提下，资本市场的创新步伐不应该停止，否则无法满足实体经济转型的需要。

（田　辉）

案例二　南非绿色经济转型与绿色金融发展的经验和教训

（一）南非经济亟须向绿色化转型

南非位于非洲最南部，是一个中等收入的发展中国家。2015 年南非名义 GDP 总量为 3126.6 亿美元，人均 GDP 为 5689 美元。南非经济以农业、制造业和采矿业为主，其拥有十分丰富的自然资源，是世界五大矿业国之一，矿产开采量约占全非洲的 45%。

长期依赖矿产资源的南非经济也产生了较为严重的环境问题。丰富的自然资源储备和政府对煤电行业的财政补贴使得南非成为世界上碳排放强度最大的国家之一。尽管近年来单位产出的碳排放强度逐渐下降，但相比于大多数 OECD 国家，其下降幅度仍较缓慢。与此同时，南非的生态环境又是十分脆弱的，其 1/4 的淡水资源正在面临威胁。南非经济的绿色化转型凸显出迫切性和必要性。

显然，南非政府也意识到了问题的严重性，粗放式增长不仅破坏了自然环境，也使得失业、贫困和社会不平等等社会问题变得更加棘手。在处理此类问题上，政府毫无疑问应扮演重要的角色——事实也确实如此，2013 ~ 2016 年间已有 8270 亿南非兰特被投入到能源、水资源和环保的基础设施建设中，而接下来直到2028年之前还会有4万亿南非兰特的资金投入；但只依赖政府是远远不够的，随着南非主权信用评级的下调，财政约束使得政府不得不寻找社会资本的加入。现阶段社会资本已经开始广泛投资于可再生能源和提高能源使用效率的项目中，而在其他绿色产业技术方面也需要吸引更多的社会资本，因此发展绿色金融对于转型期的南非经济而言十分必要。

（二）绿色金融政策法律体系改革

在绿色金融政策方面，南非经历过三次较为重要的治理规则的变化，相关法律体系的出台对于绿色金融的发展起到了有力的推动作用。

1. 《国王准则》（*The King Code*）

南非公司治理准则《*King* Ⅰ》（1994年）、《*King* Ⅱ》（2002年）和《*King* Ⅲ》（2009年）是一个非立法性的准则，但在约翰内斯堡股票交易所名单之列的公司有义务在一些强制性原则上遵守准则内容。该准则提供了公司治理问题的一般性原则。绿色金融政策在《*King* Ⅲ》中出现，所有约翰内斯堡股票交易所在列的公司被要求发布整合报告（integrated report），若未按时发布必须做出解释。整合报告涵盖了公司活动对经济、社会和环境的影响，旨在表明公司是如何创造并长期保持股东权益的。具体见表3。

表3　国王准则改革与整合报告内容与实施情况

改革内容	改革主体	执行责任方	改革监督体系	改革的影响
要求公司在年报中就可持续发展相关的问题进行回顾和展望，说明公司是如何创造价值并进行价值分配的，以及如何消除对环境和社会的不利影响	国王准则委员会（The King Code Committee）、约翰内斯堡股票交易所	对在约翰内斯堡股票交易所名单之列的公司施加强制性要求，要求其严格执行，否则需给出解释	市场实现自我监管，约翰内斯堡股票交易所没有责任审查整合报告是否符合要求	报告的内容涉及面很广，但其包含的信息并未被有效利用

2. 《社保基金法案》第36章第28条例（*Regulation 28*）

该条例延拓了金融审慎监管的定义，将ESG（即Environment、Society和Governance的首字母缩写）风险因素也包含进去，规定基金受托人必须对影响基金资产长期可持续性表现的因素给予足够重视，这些因素包括环境、社会和治理风险。但该条例并没有要求社保基金直接投资于某些公共目的性资产。见表 4 所示。

表 4　　第 28 社保条例内容及实施情况

改革内容	改革主体	执行责任方	改革监督体系	改革的影响
延拓了金融审慎监管的定义，要求社保基金投资者进行投资决策时必须将 ESG 风险因素也包含进去	金融服务理事会、南非国库、ASISA 领导下的投资与储蓄行业	对社保基金的监管责任	并未得到清晰的解释，金融服务理事会有权利向基金受托人证实方案的执行情况，但尚未这样做过	提高了对环境、社会问题的认识，但并未改变委托管理

3.《投资责任准则》(*The Code for Responsible Investment in South Africa*)

《投资责任准则》是 2011 年 7 月发布的主要针对机构投资者的自愿性准则，是对机构投资者履行第 28 条例中责任的指引。见表 5 所示。

表 5　　《投资责任准则》内容及实施情况

改革内容	改革主体	执行责任方	改革监督体系	改革的影响
是机构投资者履行社保第 28 条例中及国王准则中相关责任的工具箱	由 IoDSA 领导的自愿性准则，投资与储蓄行业得到了 ASISA 的大力支持	激励社保基金和经营保险业务的公司采纳该准则	通过信息披露实现市场的自我监督	截至目前已得到资管行业 1/3 的支持，但对于核心的投资领域影响较小

治理规则的改变旨在通过合作缓解私人部门、政府和其他利益相关者之间的压力。

治理规则倾向于走“基于原则”（principles-based）的道路，即公司自愿遵守指导性原则，但必须披露出对指导性原则的实施情况，以及为什么不遵循这样的原则等。这种强制机制依赖市场力量来鼓励企业自我监管，而不是直接的惩罚性制裁。通过披露信息，公司将自身暴露于声誉风险中，信息的不准确、不及时将导致公司丧失信誉，而如果能证明公司的 ESG 投资可以获得超额回报，无疑将吸引到更多投资者。

尽管新的治理规则为发展绿色金融提供了切入点和基本框架，但在具体实施中，新的治理规则可能最终只带来一些形式上的变化，并不能真正影响到投资决策和资本配置。一些公司可能会在整合报告中披露 ESG 风险因子并增加风险溢价，但在做具体决策时并不能真正地将这些风险因素考虑在内，而一些受访者甚至感到治理规则革新可能会拖慢改革的速度。

总体而言，治理规则的变化为南非绿色金融发展提供了可依据的法律体系，推动了金融机构开始向绿色化转型。

（三）当前南非绿色金融探索和实践分析

南非的绿色化转型是在可持续框架中进行的。所谓可持续框架，其实包含三个领域的问题：环境、社会和治理问题（ESG）。在整合和解决这三方面问题的实践中，南非金融部门起到了主导作用。市场参与者对于可持续框架中的三大问题所给予的关注度和支持力度并不相同，例如在治理问题方面已经有了不少卓有成效的改革措施，而社会问题也吸引了大量关注和资源支持，但市场主体似乎并未将环境问题放在足够重要的位置。下面从不同部门的角度分析南非金融业为达到 ESG 目标而进行的探索与实践。

1. 储蓄和投资行业

储蓄和投资行业主体尝试了许多能在实现 ESG 目标的同时也具有合理的项目回报率的策略，如表 6 所示。

表 6　　储蓄和投资行业与 ESG 相关的策略

名　　称	内　　容
ESG 整合（ESG Integration）	将 ESG 因素整合进投资项目的分析研究中
投资者参与（Investor Engagement）	以影响公司治理和发展可持续性管理的方式参与
筛选审查（Screening）	从社会和环境的角度对项目进行审查
主题投资（Thematic Investment）	以可再生能源和农业为投资领域的基金
影响力投资（Impact Investment）	投资具有正向社会影响力的项目

储蓄和投资行业主要是通过将 ESG 目标纳入投资决策这一方式参与到对绿色转型的支持中的。2014 年的调查报告显示，在 1115 只基金中有 71% 的投资资产涉及上述策略中的一项或多项，其中最受欢迎的策略为 ESG 整合和投资者参与（见表 7）。Sinclair et al.（2012）利用南非市场上的股票创造了一

个假设的投资组合，证实该投资组合可以在节碳的同时也能保证获得市场基准的收益率。与公募基金相比，私募股权基金和风险投资基金更偏向于在农业、社会经济基础设施、普惠金融、中小企业发展和可再生能源等领域采取以主题投资和影响力投资为主的策略。然而，图 1 的数据表明投资人的参与度其实很有限，只有 10% 的资本在项目分析、估值、决策等整个过程中均保持了这样的策略。

表 7　不同策略的实施情况

	ESG 整合	投资者参与	筛选审查	主题投资	影响力投资
总投资额（十亿美元）	480	465	142	18	6
完整实施	10%	9%	22%	5%	25%
部分实施	47%	37%	44%	40%	58%
有限实施	43%	54%	33%	55%	17%

资料来源：African Investment for impact Barometer survey（2015）。

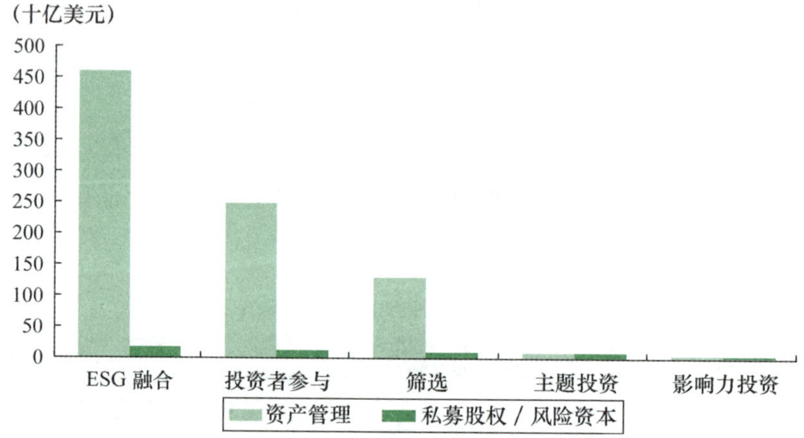

图 1　不同投资策略占比

公共部门投资基金如公共投资公司（PIC）、GEPF 以及半国营的社保基金都是十分重要的投资者，如 2011 年 GEPF 基金将其资产总额的 5% 约合 70 亿美元的资金投向了 ESG 领域。

尽管市场已经开始关注 ESG 问题并在一定程度上将其作为评估投资决策的因素之一，但不得不承认大多数投资仍是关于那些与矿产和化石燃料相关的热门股票，因此投资者对环境风险的重视程度需要进一步提升。

2. 商业银行部门

南非政府采用了合作性的监管方法来促使商业银行承担起社会责任、采用 ESG 治理标准并加入国际合作。声誉以及同行压力促使更多的银行参与到诸如 UNEP 金融倡议项目、赤道原则、BASA 可持续发展金融论坛等。

商业银行部门主要通过对项目融资中 ESG 风险的管控从而实现对绿色经济转型的支持。南非最大的四家商业银行在管理项目融资中的 ESG 风险时已经采用了赤道原则，其中两家最大的商业银行明确表示原则上不会对没有达到标准的项目进行融资。通过实施赤道原则，商业银行在 ESG 风险识别和评估方面的能力得到了提升，通过帮助借款人降低风险以达到放贷标准，商业银行也扩大了潜在客户群体。

尽管大型商业银行在推行赤道原则方面起到了推动绿色转型的作用，但项目融资的整体规模只有 1000 万美元左右，这在四大银行的总贷款中只占一个很小的比例（某银行高管透露仅占该行贷款总额的 2%）。而在项目融资之外的领域推行赤道原则非常困难，因为银行没有足够的信息和控制权。为弥补这些领域的空白，一些银行开始在贷前审查中考察环境和社会风险因素，但想要量化或标准化这些非金融的变量并不容易，目前尚处于尝试阶段。

一些商业银行家提到，《国家环境管理法案》（*National Environmental Management Act*）和近期的环境立法促使许多金融机构在信贷评估阶段更多地关注 ESG 风险，这主要是考虑到潜在的贷款人责任（lender liability）——将污染事件的成本内部化到贷款发放者，促使其对借款人的环境污染风险进行评估。尽管大部分商业银行家支持“贷款人责任”原则，但也认为该政策的实施可能会有不利影响。因为抵押品风险的提高，很可能会削弱信贷可得性。此外，目前的环境立法仍较为模糊且责任过于宽泛，该原则实施的影响尚待检验。因此总的来说，商业银行家认为该项立法会催生政策不确定性，对立法是否能达到预期效果持谨慎态度。①

---

① 关于“贷款人责任”，BASA 提出了一个“安全港模型”，美国 CERCLA 法案曾使用过。该系统中存在一个“超级基金”来处理环境危害事件，处理完毕后再向包括贷款人在内的环境污染责任人进行追偿。如果贷款人可以证明其在放款过程中严格进行了环境风险审查，那么就可只承担有限责任。

总而言之，尽管商业银行部门在项目融资领域“绿色化”中取得了一定成果，但在其他业务中对资金的把控力度仍不足；此外，贷款人责任政策有较强的不确定性。

3. 为绿色发展基础设施融资

2011 年南非政府启动了一项可再生能源独立发电采购项目（Renewable Energy Independent Power Producer ProcurementProgramme，REIPPPP），通过一系列的高透明度、高效率的竞价选出投资人与购买人签订电力购买协议，同时获得政府的担保。这样的制度设计大大提高了项目的融资可能性。

与商业银行业的谨慎态度相比，REIPPPP 吸引了大量社会资本的投资。三轮投标过后，64 个项目中有 56 个为项目融资，约 2/3 的融资都为长期债务融资，1/4 为股权融资或股东贷款。商业性金融机构起到了主导作用，因为 2015 ~ 2017 年的长期债务中有 86% 的融资额来自他们。大量社会资本的涌入使得原本并不显眼的可再生能源部门在 REIPPPP 推出之后已经使南非跻身世界清洁能源投资大国的前十位。

REIPPPP 的成功可归结为三点，首先招标过程透明化，其次交易对于市场主体是有利可图的，再次政府担保显著减少了投资者的风险。REIPPPP 有三大值得投资的特征：清晰的目标和准则、低风险的现金流以及可靠的交易对手。然而，值得注意的是项目投资者和银行所视为的两大关键瓶颈并没有得到解决，银行的信贷审查流程没有改变，政府也没有给出一个完整的绿色经济路线图。

除可再生能源之外，其他一些技术如尾气排放污染控制、快速公共交通等也需要投资。但商业银行和机构投资者认为这些项目的风险调整后收益率并没有足够的吸引力。一方面，中小型新技术公司基本为创业公司，生存力较差；另一方面，大规模基础设施项目，除可再生能源之外，应用的是未经市场检验的技术，且长期政策方向不明朗。因此政府需对拟大力发展的绿色经济领域加大政策扶持力度，以达到引导绿色项目投资的目的。

（四）存在的问题

南非政府已经积极实施了一系列重要的绿色经济政策，见表 8 所示。

表 8　　南非绿色经济政策总结

	内　容
1	通过建立碳排放税制度和碳排放权交易市场，释放强有力的碳排放价格信号
2	取消对能源密集型经济的补贴和扶持
3	建立绿色经济的政策框架，包括监管方法与激励制度、行业标准以及与国际市场一体化
4	通过实施能源与交通政策加速绿色投资
5	消除实体经济和金融部门、长期战略计划之间的政策不一致性
6	推行旨在改变消费习惯和生产模式的教育项目
7	能改变金融机构对绿色投资认知的示范项目

虽然已实行的绿色经济转型政策起到了一定成效，但在实施过程中，仍出现了诸如投资项目少、信息效率低下、政策不确定性强等问题。

1. 绿色投资项目吸引力不足

目前来看，最大的难题在于银行可以接受的项目过少。许多人士表示风险 - 收益特质良好的项目很少，而绿色经济项目的交易成本却很高。多数银行家表示鉴于 REIPPPP 的成功，说明经济上可行的绿色投资项目才能成功融资，因此政府应当减少对绿色投资收益的潜在处罚。

2. 信息流通效率有待提高

在引入了新的治理规则之后，整合报告成为可持续发展问题相关的信息载体。然而整合报告具有鲜明的“形式大于实质”的特点，多数企业只是将其作为年度报告例行公事的一部分，而并没有提供足够的信息以帮助投资者识别企业经营中的环境风险。这尤其体现在量化信息的缺乏，原始数据散落在系统的各个角落，数据之间可比性较弱，对环境风险的分析工具也并非标准化的，因此对环境风险进行评估困难重重。

除了量化信息缺乏之外，南非并没有 ESG 评级部门。这就会导致每个投资机构都要独自对 ESG 因素进行研究，这无疑是十分费时费力的。因此总体而言，南非发展绿色金融的过程中亟须提高整个金融部门的信息沟通效率。

3. 社会对环境风险的重视程度有待提高

前文中已指出，相比较于治理问题和社会问题，人们对环境风险的重视程度相对不足。这体现在多个方面：首先，在这个领域发布信息的金融媒体十分欠缺，缺乏有权威的评级部门；其次，金融业从业人员的重视程度也有欠缺，基金受托人在有限的时间和资源下需要达到行业基准的业绩表现，因此可能无暇顾及ESG问题。也有人指出，在受托人和资产管理人之间充当桥梁的资产投资顾问并没有尽到足够的责任来指导对项目环境风险的评估。因此，政府应加强宣传和监督，提高社会对绿色发展的重视程度。

4. 政府政策有待合理化

富有争议性的政策实施可能会削弱金融机构的积极性并挤出投资项目，如前文中提到的“借款人责任”，需要与更加清晰化的环境立法相配合。

此外，商业银行与政策性金融机构之间也存在协调问题。政策性金融机构的定位是投资于更具有风险性的早期不成熟的技术领域，然而其也可以投资商业银行涉足的较为安全的投资项目，如此一来就会产生竞争，甚至挤出社会资本。因此，政府应将政策性金融机构退出与商业机构竞争的领域，以鼓励更多的社会资本投资绿色项目。

总而言之，政府的激励政策有待进一步加强，其激励方式也有待进一步合理化。

（五）对中国的启示

中国政府对绿色金融的发展十分重视，“十一五”期间绿色金融政策体系已经开始初步确立，2015年中共中央国务院印发《生态文明体制改革总体方案》则首次明确了建立中国绿色金融体系的顶层设计。央行、银监会、证监会、保监会、发改委等各部委机关分别印发了关于绿色信贷、债券和保险的政策文件，绿色金融在金融市场中的规模和影响力正在逐步扩大。

南非与中国在推行绿色金融的过程中采用的方式、框架以及实践情况均有不同。首先，发展绿色金融是南非经济可持续化转型框架中的一个重要方面，其可持续框架内同时包含了环境、社会和治理三方面的内容，其改革更具系统性，涉及面也更为广泛。而中国的改革政策则只涉及“绿色金融”。

其次，中国的绿色金融发展主要靠政府推动，是自上而下的改革。而南非的绿色金融改革是自上而下与自下而上相结合，其利益相关者对环境问题的认识程度高于中国。中国的绿色金融改革出现的问题是政策很多，实施不行，中央和地方政府之间的意愿、政府和市场之间的意愿存在偏差。南非在法律和投资者监管方面推行的政策条例值得我们学习，如社保基金的法律中国没有，保险公司也没有类似规则。南非银行业在绿色金融改革方面有不错的效果，而中国则没有，企业的信息披露中与绿色经济相关的内容也很少。对监管层而言，应当加强对企业的信息披露监管，尤其是发行后的披露，以促进信息流通效率的提升。

（靳　琦）

作者介绍

国务院发展研究中心课题组

张承惠　国务院发展研究中心金融所所长、研究员，中国金融学会副秘书长、中国房地产学会副会长，社科院研究生院博导，享受国务院特殊贡献专家津贴。1994 年毕业于中国社科院研究生院，获经济学博士学位。此后进入国务院发展研究中心工作，历任宏观经济研究部副研究员、研究员、研究室副主任，技术经济研究部研究室主任、技术经济研究部副部长，国务院发展研究中心金融研究所副所长，2011 年任金融所所长。主要研究领域包括金融改革、中小企业融资、公共投资等。曾参加 20 余项国务院发展研究中心的重点课题，主持研究 50 多个课题，公开发表论文 300 余篇，七次获得中国发展研究奖。

张丽平　经济学博士，国务院发展研究中心金融所副所长、研究员。主要研究领域为国际贸易、国际金融、国际经济合作。先后主持和参与了“中国金融改革与金融安全”“人民币区域化”“新形势下中国对外贸易转型升级研究”“中美战略及经济对话及相关问题研究”“2030 年的中国”等重大研究项目。著有《中美产业互补性研究》《产业升级与国家竞争优势》。曾于 2006 年 9 月至 2007 年 3 月在日本国际通货研究所访问学习，进行东亚货币金融合作方面的研究；2011 年 10 月至 2012 年 1 月在美国彼得森国际经济研究所访问学习，进行中国对美直接投资方面的研究。

田辉 毕业于南开大学，保险学方向学士，保险精算方向硕士，公司金融方向博士，人保集团（PICC）博士后，具有中国注册会计师资格。2007 年进入国务院发展研究中心金融研究所工作，现为副研究员、保险研究室副主任，主要从事保险市场以及其他非银行金融机构方面的政策研究。参与的重大研究课题包括“中国保险市场开放战略”“中国农业保险和巨灾保险制度”“人民币国际化背景下的中国债券市场发展”“场外股权交易市场”等。曾于 2012 年 9 ~12 月在日本经济产业研究所（RIETI）访问学习，从事贸易信用保险的研究。

卓贤 国务院发展研究中心发展战略和区域经济研究部研究室副主任，副研究员，全国金融青联委员。2007 年 6 月在西南财经大学获金融学博士学位；2007 年 7 月至 2010 年 6 月在工商银行总行公司金融业务部门工作；2010 年 6 月至今在国务院发展研究中心发展战略和区域经济研究部工作。主要研究领域是金融改革、城镇化和绿色金融。

王刚 经济学博士，金融学博士后，副研究员，高级经济师职称。特许金融分析师、金融风险管理师、中国注册会计师、律师资格。2007 ~2008 年接受国家留学基金资助，在美国奥本大学从事对冲基金监管制度研究。2010 年 6 月起在中国银监会从事博士后研究，2014 年起进入国务院发展研究中心金融研究所工作。主要研究领域：金融监管、金融法和金融风险管理。参与“中国金融改革战略”等重大课题研究，著有《对冲基金监管制度研究》。

陈宁 国务院发展研究中心金融研究所助理研究员，特许金融分析师、中国注册会计师。2007 年英国剑桥大学获金融学硕士学位。2008 ~ 2011 年在毕马威会计师事务所咨询部门工作。2012 年至今在国务院发展研究中心金融研究所工作。主要研究方向为国际金融。

王洋 国务院发展研究中心金融研究所助理研究员。2008 年在南开大学获经济学博士学位。2008 ~2010 年在中国东方资产管理公司研发中心工作。2010 ~2015 年在中信建投证券股份有限公司研究发展部工作。2016 年至今在国务院发展研究中心金融研究所工作。主要研究领域：宏观经济和金融市场。

郑征 国家发展和改革委员会投资研究所副研究员，投融资室副主任。主要从事宏观经济分析、固定资产投融资、房地产投资以及区域发展规划方面的政策与实践研究。联系邮箱，zhengzheng421@ sina. com。

马中 经济学博士，中国人民大学环境学院院长，国家重点学科“人口、资源与环境经济学”责任教授，博士生导师。兼任中国环境与发展国际合作委员会委员、国家环境保护部科技委员会委员、战略环境影响评价顾问委员会委员、中国环境科学学会常务理事，《中国环境科学》《自然资源学报》《湿地科学》、*Sustainability Science* 杂志编委。美国未来资源研究所教授研究员。主要从事环境与自然资源经济学的教学与研究，涉及的领域包括环境政策、环境管理体制、经济手段、湿地生物多样性、经济评价等、循环经济等。曾任《RFF 环境经济学丛书》中方主编、中国环境与发展国际合作委员会环境与自然资源定价与税收课题组中方组长，主持亚洲开发银行和全球环境基金“三江平原湿地保护”、环保部和世界银行“环境管理职能转变和体制创新”、科技部、环保部和建设部“水体污染控制与治理专项——水环境保护价格与税费政策示范研究”等项目。获 2009 年绿色中国年度人物。

国际可持续发展研究院课题组

谢孟哲（Simon Zadek） 以个人身份参与本书写作。他目前是联合国秘书长执行办公室高级金融顾问，同时担任联合国环境规划署自 2014 年初发起的“可持续金融体系探寻”项目联席主任。他还是新加坡管理大学讲授三方伙伴关系的高级研究员和访问教授，以及牛津大学马丁学院的高级研究员。他曾任清华大学经管学院访问学者，国际可持续发展研究院高级研究员，商业之社会学院网络的杰出高级研究员。他现在还担任首屈一指的可持续投资基金－世代投资管理基金的顾问委员。谢孟哲创办并担任国际智库 AccountAbility 首席执行官至 2009 年，此前他是新经济基金会发展总监，以及道德贸易倡议的创始主席和全球报告倡议组织的创始指导委员会成员。

马汉理（Mark Halle） 国际可持续发展研究院高级研究员。他于 2002 至 2016 年担任国际可持续发展研究院欧洲办公室执行主任并负责其在中国的所有项目。马汉理的职业生涯聚焦于环境政策，先后任职于联合国环境规划署，世界自然基金会，世界自然保护联盟，获得广泛成就与认可。对于如何实现经济政策改革以满足可持续发展之需求的极大兴趣，令他创办了国际可持续发展研究院欧洲事务办公室，从事投资，贸易和

补贴政策研究，并发起了绿色金融体系改革的研究项目。马汉理在可持续发展各项领域都发表过文章和演说，一直居住于瑞士。

本·凯德科特（Ben Caldecott） 英国牛津大学史密斯企业与环境学院的项目主任，并在此创办及指导了搁浅资产项目。威尔士亲王国际可持续性小组顾问，以及绿色联盟、碳追踪倡议组织、自然资本宣言及牛津大学的社会责任投资审查委员会等诸多董事会和顾问小组的成员，北京大学访问学者和牛津大学客座教授，皇家亚洲学会和皇家地理学会资深会员。曾经就读于剑桥大学和伦敦大学亚非学院，主修经济学并专攻发展学和中国学。此前，曾分别任投资银行“气候变化资本”政策负责人，智囊机构“政策交流”总监，彭博新能源财经政府顾问部负责人，英国能源和气候变化部战略局任副主任，英国绿色投资银行委员会引路人。

尼克·罗宾斯（Nick Robins） 联合国环境规划署“可持续金融体系设计之探寻”项目联席主任。他在可持续发展政策、研究和金融方面有着20余年的经验。此前任伦敦汇丰银行卓越气候变化中心主任时（2007～2014），开展了在清洁技术增长、气候脆弱性、绿色刺激和搁浅资产等问题上的投资研究。他曾先后担任亨德森全球投资者的SRI研究部门负责人及SRI基金负责人，并发表了投资基金首份碳审计，联合设计了未来行业基金。他也曾为国际环境与发展研究院和欧洲委员会环境局工作，并曾在可持续发展工商理事会为1992年地球峰会的《改变进程》一书工作。他也是多家国际机构及组织的顾问。他在2009年、2011年、2012年和2013年均获得欧洲投资研究方面的汤森路透Extel“最佳分析员”奖。

皮埃尔·莫宁（Pierre Monnin） 经济政策委员会（CEP）研究员，研究货币政策的分配效应。此前，他曾在瑞士国家银行（SNB）任职10年，为银行董事会提供金融市场和货币政策方面的咨询，制定稳定金融的措施并将其纳入银行的货币政策框架。他还曾在曼投资公司（Man Investments）担任量化分析师，为其制定替代投资资产分配战略。莫宁拥有苏黎世大学经济学博士学位，伦敦大学玛丽女王学院经济学硕士学位，纳沙泰尔大学统计学硕士和经济学学士学位。

亚利山大·巴卡维（Alexander Barkawi） 经济政策委员会创始人及领导者。此前，他曾任可持续资产管理指数公司（SAM Indexes）总经理，负责将道琼斯可持续性指数（DJSI）发展成为可持续投资的主要参考依据之一。加入SAM之前，他领导了Oikos组织（为在经济学和管理领域教学与研究中面向全球宣传可持续性问题的组织）活动的国际化工作，并在该组织中担任基金会受托人理事会主席。亚历山大拥有瑞士圣加仑大学经济学系硕士学位，博士论文为《20世纪90年代的埃及社会变革》。

索尼·卡普尔（Sony Kapoor） 经济学家，金融领域专家及实践者，国际智库 Re – Define 主任，联合国环境规划署绿色金融方面特别顾问，世界经济论坛未来资产管理全球议程理事会成员。曾就读伦敦政治经济学院、德里大学和印度科技学院。曾在经济及金融政策方面给多边组织、投资者、中央银行、欧洲和新兴经济体提供建议，并在伦敦政治经济学院多个学科任职，是发展和政府部门的高级客座研究员及其系统风险中心的战略顾问。曾为欧洲银行管理局利益相关者集团首任主席，欧盟委员会和国际货币基金组织客座研究员。曾被 Europanova 和欧洲之友选为欧洲青年领袖，被世界经济论坛选为全球青年领袖。

布奇·巴卡尼（Butch Bacani） 联合国环境规划署金融行动机构（UNEP FI）“保险业促进可持续发展原则”（PSI）项目创建者及负责人（联合国和保险业最大合作项目，致力于解决环境、社会和治理风险与机遇的全球性框架），主要关注制定贯彻 PSI 全球战略和工作计划。此前（2006 ~2010）他负责 UNEP FI 的保险和投资项目。巴卡尼先生曾撰写开拓性的研究，与联合国环境规划署“可持续金融体系设计之探寻”共同负责关于保险政策和法规如何可以更好地支持可持续发展的全球磋商。之前，巴卡尼先生是先锋集团再保险业务负责人，致力于与全世界领先的保险公司和再保险公司开展工作。

肖恩·肯德尼（Sean Kidney） 气候债券倡议组织首席执行官。该国际非政府组织致力于通过调动债券资本市场来寻找气候解决方案，其项目包括绿色债券定义与认证制度；为欧洲委员会在动员私营部门资本解决气候变化方案中所扮演的角色制定提案；并在推动绿色债券市场成长方面与世界各地投资银行的合作。肯德尼先生同时为“使用气候融资来撬动可持续交通”的德国国际援助部 TRANSfer 专家组成员、可持续金融市场网络董事。曾担任过英联邦秘书处气候金融专家委员会成员，为一些澳大利亚养老基金提供咨询。

帕里克·奥利弗（Padraig Oliver） 气候政策倡议组织分析师，帝国理工学院环境科技硕士，常驻意大利。自 2006 年开始有关中国和欧洲气候政策研究方面工作。此后至 2012 年，致力于清洁发展机制能力建设，可再生能源融资，能源效率和清洁发展机制市场分析。2011 年以来研究低碳项目债券投资者需求；设计并实施气候债券标准和认证机制；在已用于气候解决方案的债券数量上定期发布更新；并概述了用于帮助绿色债券市场成长的政策框架。

贝亚特·索诺德（Beate Sonerud） 气候债券倡议组织政策分析师，负责与公共政策相关研究项目，为该组织博客贡献政策和市场分析文章。此前，她曾在汇丰银行从事气候变化研究，在 Xyntéo 担任低碳顾问。她是帝国理工学院环境科技硕士，巴斯大学经济与国际发展一等学士。曾为施密特－麦克阿瑟奖学金在循环经济方面的研究员，并在可持续商业和金融方面撰写博客。

斯坦. 杜普雷（Stanislas Dupré） 2°投资倡议的发起人和董事。此前曾在 Utopies（乌托邦，可持续性风险与机遇战略规划）任执行董事。2007 年他为“资助温室气体排放”首次开发跨资产评估法，自那时起他就开始关于 2°投资的研究。2010 年，他撰写了一本书介绍关于 2°投资的概念。他还是绿色私募股权基金 NCEM 的非执行董事，以及纽约泛欧交易所低碳指标、可持续发展 SRI 基金标签（Novethic SRI funds label）以及 EIO 低碳指标等专家委员会的成员。

雅各布·托马（Jakob Thomä） 2°投资倡议的项目经理，为该组织的国际合作关系管理提供支持，并作为研究助理支持该组织的研究工作；伦敦大学亚非学院一等荣誉学位毕业。他还是关于融资排放指标的 2°投资倡议研究的合著者。托马先生曾在柏林、伊斯坦布尔、北京和巴黎工作。目前，他在撰写研究生论文的同时在北京大学开展中国绿色金融监管方面的研究工作。他还曾在英格兰银行和 21 世纪可再生能源政策网实习。

原版跋

推动绿色、包容性经济发展是人类的新使命，是保证经济、社会可持续发展，化解不断增长环境压力的必由之路。但是迄今为止，在全球金融体系的几千万亿美元中，只有少量被用于这个方向。这种严酷的现实，让我们开始考虑如何通过制度、规则和政策的调整，通过改进政府与市场在这个领域的作用方式，通过设计一个有效行动框架，来“绿化”金融体系，推动金融资源更多地投向节能减排、减少环境污染等与可持续发展密切相关的项目中去。为此，国务院发展研究中心（DRC）金融所与国际可持续发展研究院（IISD）合作，开展了《中国绿色金融：经验、路径与国际借鉴》的课题研究。该课题旨在通过对中国绿色金融实践的分析，提出基于可持续发展的、绿化中国金融体系的具体建议。

课题的研究包括两个阶段，时间跨越三个年度。第一阶段从2013年5月至2013年底，为课题前期的基础性研究。第二阶段从2014年初至2015年1月，重点针对特定领域深化研究。在此期间，课题组曾多次举办课题研讨会，并赴欧洲和美国了解国际最新动态。

课题组成员来自国内外相关领域的专家及研究人员①。中方课题组负责人为张承惠，课题协调人张丽平。课题组成员包括田辉、王刚、卓贤、陈宁、郑征、马中及中国人民大学环境学院课题组。王海芹、武红也参与了课题初

① 具体作者及机构介绍见“作者介绍”部分。

期的研究工作。外方课题组负责人为谢孟哲及马汉理，课题协调人余晓文，作者包括本·凯德科特、尼克·罗宾斯、皮埃尔·莫宁、亚历山大·巴卡维、索尼·卡普尔、布奇·巴卡尼、肖恩·肯德尼、帕里克·奥利弗、贝亚特·索诺德、斯坦·杜普雷、雅各布·托马、玛丽安娜·哈格·席尔瓦、基思·约翰逊、杰西卡·罗宾逊。

在课题研究期间，银监会审慎规制局（原统计部）叶燕斐主任、环境保护部环境与经济政策研究中心、兴业银行、国家发改委宏观研究院投资研究所给课题组提供了很大帮助；挪威南森研究所及联合国环境规划署“可持续金融体系设计之探寻”项目（UNEP－Inquiry）对课题研究给予了支持；中国发展基金会对课题成果的发布、中国发展出版社对课题报告的及时出版给予了匡助，在此一并表示深深的感谢。

2015 年 3 月于北京

Postscript

Shifting to a green, inclusive economy development is critical to sustainable development, and to coping with growing environmental pressure. Yet today, only a small part of our stock of hundreds of trillions of global financial assets is managed with a view towards a green future. . The question of how to "green" the financial system and mobilize more resources into energy conservation, emission reduction, pollution reduction and ecosystem protection is therefore urgent. It will require institutional, regulatory and policy changes, and adjustments both by government and market actors. Therefore, the Development Research Center (DRC) of State Council has collaborated with International Institute for Sustainable Development (IISD) to carry out the research "China's green finance: experience, pathway and international lessons". The research aims to providing specific proposals on greening China's financial system, based on analysis of China's green finance practice.

The research was carried out in two phases over 3 years. The first phase of early stage research took place from in late 2013. This was followed by a second phase of in-depth research over the course of 2014. During this period, the research team organized workshops in Beijing and undertook a study tour to Europe and U. S. to explore international experience.

The research team was composed of experts and researchers from both China and abroad. The China expert team was led by Chenghui Zhang and coordinated by Liping Zhang. Team members include Hui Tian, Gang Wang, Xian Zhuo, Ning Chen, Zheng Zheng, Zhong Ma and research team in the School of Environment & Natural Resources, Renmin University of China. The interternational expert team was led by Simon Zadeck and Mark Halle, coordinated by Kelly Yu. Authors include Ben Caldecott, Nick Robins, Pierre Monnin, Alexander Barkawi, Sony Kapoor, Butch Bacani, Sean Kidney, Padraig Oliver, Beate Sonerud and Stanislas Dupré, Mariana Hug Silva, Jakob Thom?, Keith L. Johnson and Jessica Robinson.

During the research, Mr. Yanfei Ye from CBRC Prudential Regulation Bureau (previously Statistical Division), Environment and Economic Policy Research Center of Ministry of Environment, China Industrial Bank, Investment Research Institute of Academy of Macroeconomic Research NDRC provided significant support to the research project. Norway's Fritjof Nansen Institute and the UNEP-Inquiry into the Design of a Sustainable Financial System also supported the research. The China Development Fund helped and the China Development Press contributed to the timely publication of the report. We would like to express our deep gratitude to all of them.

张承惠 Mark Halle

March 2015, Beijing